Hessen
Verfassung und Politik

Schriften zur politischen Landeskunde
Hessens

Band 4

Herausgegeben von der
Hessischen Landeszentrale für politische Bildung

Hessen

Verfassung und Politik

Herausgegeben von
Bernd Heidenreich und Klaus Böhme

Mit Beiträgen von
Eckhart G. Franz, Hartwig Brandt, Winfried Schüler,
Peter Fleck, Ewald Grothe, Gerhard Menk,
Barbara Dölemeyer, Wolfgang Klötzer,
Manfred Köhler, Marie-Luise Recker,
Helmut Berding, Friedrich von Zezschwitz,
Klaus Lange, Rolf Groß, Lothar Scholz
und Dirk Berg-Schlosser

Verlag W. Kohlhammer
Stuttgart Berlin Köln

Stuttgart Berlin Köln
Verlagsort: Stuttgart
Gesamtherstellung:
W. Kohlhammer Druckerei GmbH + Co. Stuttgart
Printed in Germany

Inhaltsverzeichnis

II. Verfassungspolitik

III. Verfassung und politische Bildung

Bernd Heidenreich und Klaus Böhme

Einleitung

1996 jährte sich zum 50. Male das Inkrafttreten der Hessischen Landesverfassung, die den normativen Rahmen, das institutionelle und wertmäßige Fundament des politischen Lebens in Hessen bildet und als älteste heute noch gültige Landesverfassung Deutschlands sich seit nunmehr über fünf Jahrzehnten bewährt hat. 1998 feiern wir das 150. Jubiläum der Revolution von 1848 und der

Foto Nr. 1: Heinrich von Gagern (1799–1880), der am 19. Mai 1848 gewählte Präsident, vor der ersten gesamtdeutschen Nationalversammlung in der Frankfurter Paulskirche.
Historisches Museum, Frankfurt a. M.

Paulskirchenversammlung, die zu den großen demokratischen Traditionen Deutschlands zählen und einen entscheidenden Schritt auf dem Weg zu einem Europa der Menschen- und Bürgerrechte, der individuellen Selbstbestimmung und der sozialen Gerechtigkeit bilden. Die Hessische Landeszentrale für politische Bildung nimmt dieses Doppeljubiläum zum Anlaß, um im Rahmen ihrer Schriften zur politischen Landeskunde den Band »Hessen. Verfassung und Politik« vorzulegen und damit vor allem an die in die Zukunft weisenden Rechtstraditionen in den Grenzen unseres Bundeslandes zu erinnern, wie sie sich für das 19. Jahrhundert etwa in den Konstitutionen einzelner hessischer Territorien konkretisieren.

Diese Rechtstraditionen haben nicht immer die ihnen gebührende Beachtung und Anerkennung gefunden. Dabei haben sie nicht nur die Rechts- und Verfassungsentwicklung in Hessen, sondern auch das staatliche Leben in Deutschland und die Entwicklung des demokratischen Rechtsstaates maßgeblich beeinflußt.

Dies wird vor allem im ersten Teil des Bandes deutlich, der Beiträge zur Verfassungsgeschichte Hessens und seiner wichtigsten Territorien versammelt. Bereits die von Eckhart G. Franz in seinem Aufsatz über Landstände und Landtage in Hessen beschriebene jahrhundertelange alte Tradition landständischer Mitbestimmung kann als eine Vorstufe für die Entwicklung des Parlamentarismus betrachtet werden. Das gilt in noch weit stärkerem Maße für die Zeit nach dem Untergang des alten Reiches in den Stürmen der französischen Revolution und der napoleonischen Kriege, in der Hessen in das Zentrum der deutschen Rechts- und Verfassungsentwicklung rückte. Die Aufsätze von Winfried Schüler (Nassau), Peter Fleck (Hessen-Darmstadt), Ewald Grothe (Hessen-Kassel), Gerhard Menk (Waldeck) und Barbara Dölemeyer (Frankfurt) zeichnen davon ein eindrucksvolles, wenn auch sehr unterschiedliches Bild, ohne daß damit eine vollständige Verfassungs- oder gar Verwaltungsgeschichte aller Territorien angestrebt wird, aus denen sich das heutige Bundesland Hessen zusammensetzt. Wichtiger scheint der Nachweis, daß Hessen vor dem Hintergrund jenes »säkularen Transformationsprozesses, der gegen Ende des Jahrhunderts in Amerika und in Frankreich die ersten demokratischen Verfassungen hervorbrachte und das Fundament für die parlamentarische Demokratie unserer Zeit legte«,[1] zu einem wichtigen Glied in der Kette des deutschen Frühkonstitutionalismus wurde.

Das gilt insbesondere für das Herzogtum Nassau. Als erster der 41 Staaten des Deutschen Bundes erhielt das kleine Herzogtum im Jahre 1814 eine landständische Verfassung von durchaus liberalem Zuschnitt, die nicht nur Freiheit der Meinungsäußerung, religiöse Toleranz, Pressefreiheit und persönliches Eigentum garantierte, sondern auch bereits zwei Kammern mit dem Recht der Ausgabenkontrolle und Steuerbewilligung vorsah. Hessen-Darmstadt folgte 1820, Hessen-Kassel immerhin 1831. Bedenkt man, daß König Friedrich Wilhelm IV von Preußen noch am 11. April 1847 anläßlich der Eröffnung des Vereinigten Landtages erklärte, »daß es keiner Macht der Erde gelingen soll, Mich zu bewegen, das natürliche ... Verhältniß zwischen Fürst und Volk in ein conventionelles, constitutionelles zu wandeln«,[2] so kann man ermessen, wie weit der Konstitutionalismus und die Ideen des liberalen Verfassungsstaates in Teilen unseres heutigen Bundeslandes bereits fortgeschritten waren. Das geht auch aus Hartwig Brandts Darstellung des deutschen Frühkonstitutionalismus hervor, die den Untersuchungen über einzelne hessische Territorien vorangestellt ist.

So war es wohl nicht ohne innere Konsequenz, daß das erste deutsche Parlament in der Freien Reichsstadt Frankfurt am Main zusammentrat. Mit der dort am 28. März 1849 verabschiedeten Reichsverfassung, die im Mittelpunkt des Beitrages von Wolfgang Klötzer steht, war das Fundament für den demokratischen Rechtsstaat in Deutschland gelegt. »Das Eindringen des neuen Freiheitsgedankens ins Volk und das Eindringen des Volkes in die Politik ...« – so schrieb der Frankfurter Historiker Otto Vossler 1948 – »das ist der eigentliche und bleibende Erfolg der Paulskirche.«[3] Auch in dunkelster Zeit blieben der Grundrechtskatalog und das Verfassungswerk der Paulskirche Orientierungspunkte für ein demokratisches Deutschland, die ihren Niederschlag nicht zufällig noch in der Weimarer Reichsverfassung und im Bonner Grundgesetz gefunden haben.

Freilich haben auch diese demokratisch-liberalen Traditionen, die etwa in der von Manfred Köhler vor dem Hintergrund der Revolution von 1918/19 analysierten Verfassung des Volksstaates

Foto Nr. 2: Die Frankfurter Paulskirche, Sitz der ersten deutschen Nationalversammlung, Symbol für das Streben der Deutschen nach Freiheit und Einheit, um 1903.
Historisches Museum, Frankfurt a. M., C 29634.

Hessen fortwirkten, den nationalsozialistischen Unrechtsstaat nicht verhindern können. Marie-Luise Reckers Aufsatz über Hessen im Dritten Reich macht deutlich, wie vollständig es den Nationalsozialisten gelang, demokratische Kultur und Verfassungsordnung auch in Hessen zu zerstören. Dennoch konnten die Hessischen Verfassungsväter und -mütter an die Verfassungstraditionen des 19. Jahrhunderts anknüpfen, als sie 1946 nach Hitler-Terror, Krieg- und Gewaltherrschaft die Grundlagen für einen demokratischen Neubeginn schufen. »Tradition und Neuanfang« überschreibt Helmut Berding daher auch folgerichtig seinen Aufsatz zur Verfassung des Bundeslandes Hessen, in der sich die Entschlossenheit der Alliierten und der neugegründeten Parteien spiegelt, die Konsequenzen aus der nationalsozialistischen Diktatur zu ziehen und den Weg für den Aufbruch in die Demokratie zu ebnen.

Der zweite Teil des Bandes lenkt den Blick von der Verfassungsgeschichte auf die Verfassungsordnung, in der wir leben. In ihrem Mittelpunkt steht daher die durch die Volksabstimmung vom 1. Dezember 1946 angenommene und von der Landesregierung am 11. Dezember 1946 proklamierte Verfassung des Landes Hessen, die maßgeblich zur politischen, sozialen und kulturellen Integration in unserem Bundesland beigetragen und etwa durch die herausgehobene Stellung der Grundrechte (»Die Rechte des Menschen«, Art. 1 - 63 **HV**) auch auf das spätere Grundgesetz der Bundesrepublik Deutschland gewirkt hat. Bis heute stellt sie die Basis der parlamentarischen Demokratie in Hessen dar.

Friedrich von Zezschwitz deutet ihre Entstehung als Ausdruck des gesellschaftlichen Umbruchs nach 1945, erläutert die besondere Rolle der Sozial- und Wirtschaftsverfassung und stellt wichtige Akzente unserer Verfassung (z. B. die sozialstaatliche Ausrichtung, das Streikrecht- und Aussperrungsverbot, das Verhältnis von Staat und Kirche, die Schulverfassung, etc.) in ihren historischen Kontext. Klaus Lange weist der Verfassungsrechtsprechung die Aufgabe zu, Verfassungsnormen in ihrer Bedeutung für eine Gegenwart mit veränderten Verhältnissen und Wertvorstellungnen zu interpretieren, beschreibt das Verhältnis von Verfassungsgerichtsbarkeit und Fachgerichtsbarkeit und gibt einen Überblick über wichtige Entscheidungen des Staatsgerichtshofs zur Hessischen Verfassung (z. B. zum Wahl-, Personalvertretungs- und Schulrecht). Rolf Groß zeichnet die Fortentwicklung der Hessischen Verfassung durch verfassungsändernde und einfache Gesetzgebung nach und macht dabei deutlich, daß sich die Hessische Verfassung trotz Wahrung ihres formalen Bestandes stets als flexibel genug erwiesen hat, um auf neue Herausforderungen angemessen zu reagieren.

Dem Begriffspaar Verfassung und politische Bildung ist der dritte Teil des Bandes gewidmet. Dieser Aspekt ist aus Sicht der politischen Bildung von besonderer Bedeutung – ist es doch ihre Aufgabe, die Entwicklung freiheitlich-demokratischen Bewußtseins zu fördern und dazu zu ermutigen, für die Verfassung einzutreten und sie gegen Gefährdungen zu verteidigen. Denn der demokratische Rechtsstaat lebt von der Bereitschaft seiner Bürgerinnen und Bürger, die in der Verfassung normierten Regeln und Werte zu respektieren und sich für sie zu engagieren. Angesichts einer keineswegs überwundenen Parteien-, Politik- und Staatsverdrossenheit sind Kenntnis und problemorientierte Auseinandersetzung mit den Grundwerten und Inhalten unserer Verfassung gerade für junge Menschen unerläßlich. Ihre Vermittlung ist ein Schwerpunkt jeder politischen Bildungsarbeit.

Lothar Scholz berichtet daher über seine Erfahrungen mit der Verfassung in Schule und Unterricht und zeigt methodische Ansätze auf, die es erlauben, Schülerinnen und Schüler zu einer eigenständigen Auseinandersetzung mit der Verfassung zu motivieren. Dirk Berg-Schlosser beschäftigt sich mit dem Zusammenhang von Verfassungspatriotismus und Bürgergesellschaft und kommt dabei zu dem optimistischen Ergebnis, daß die im Sternbergerschen Begriff des Verfassungspatriotismus proklamierte Symbiose von gemeinschaftsstiftenden und demokratischen Elementen in Hessen weitgehend geglückt ist und sich hier eine breitgefächerte Bürgergesellschaft und Staatsbürgerkultur entwickelt hat.

Aufgabe politischer Bildung bleibt es, diese politische Kultur zu pflegen und weiterzuentwickeln. Die Publikation »Hessen. Verfassung und Politik«, deren Illustrationen Helma Brunck zusammenstellte, soll durch ein besseres Verständnis von der Geschichte und der Verfassung unseres Bundeslandes einen Beitrag zur Entwicklung und Festigung demokratischer Einstellungen und Verhaltensweisen leisten und die Überzeugung festigen, »daß Deutschland nur als demokratisches Gemeinwesen eine Gegenwart und Zukunft haben kann« (Präambel).[4]

Anmerkungen

1 Helmut Berding, Die Verfassung des Herzogtums Nassau vom 1./2. 9. 1814 in: Hessischer Landtag, (Hg.), Hessische Schriften zum Föderalismus und Landesparlamentarismus Nr. 3, Wiesbaden 1991, S. 39 f.
2 Friedrich Wilhelm IV, Reden und Trinksprüche, Leipzig 1835, S. 41 ff.
3 Otto Vossler, Die Revolution von 1848 in Deutschland, Frankfurt 1948, S. 85.
4 vgl. Hessische Landeszentrale für politische Bildung, (Hg.), Faksimile der Verfassung des Landes Hessen, Wiesbaden 1996, S. 3

Eckhart G. Franz

Landstände und Landtage in Hessen bis zum Ende des Alten Reiches

750 Jahre Volksvertretung in Hessen? In einer Zeit, die Geschichte vor allem als Steinbruch für farbenfrohe Jubelfeiern zu nutzen sucht, könnte sich der Hessische Landtag auf die Szene des Jahres 1247 am Marburger Marktbrunnen berufen, die nicht nur in der prächtigen Aula-Ausmalung der Philipps-Universität als Geburtsstunde des Landes Hessen gefeiert wird. Die ludowingischen Landgrafen von Thüringen, seit über 100 Jahren zugleich Herren des Landes Hessen, waren mit dem Tod Heinrich Raspes im Mannesstamm erloschen. Herzogin Sophie von Brabant, Tochter der wenige Jahre zuvor heiliggesprochenen Landgräfin Elisabeth, kam mit ihrem knapp dreijährigen Sohn Heinrich nach Marburg, um ihn von den Grafen, Rittern und Städten Hessens zum neuen Landesherrn ausrufen zu lassen. Das in der Landeschronik des Wigand Gerstenberg gezeichnete Bild eines Huldigungs-Landtags projektiert Verhältnisse seiner eigenen Zeit ins Mittelalter zurück. Es ist damit wohl als fiktiv einzustufen – auch wenn es so gut zu der wenige Jahre zuvor, am 1. Mai 1231, im sogen. »Reichsweistum« König Heinrichs (VII.) festgelegten Mitwirkung der »maiores et meliores terre«, der Großen des Landes, an neuen Gesetzen und anderen Grundsatzentscheidungen der Landesregierung passen würde, die man gemeinhin an den Anfang der landständischen Geschichte in Deutschland stellt.

Trotzdem gibt es auch in Hessen, nicht nur bei den hierauf besonders stolzen Nachbarn in Württemberg, eine jahrhundertealte Tradition landständischer Mitbestimmung, die in unterschiedlichen Formen immer wieder wirksam geworden ist. Daß schon der rechtlich anfechtbare Herrschaftsanspruch des ersten Landgrafen von Hessen, der bis zur Erhebung in den Reichsfürstenstand 1292 umkämpft war, nur mit der tatkräftigen Unterstützung von Adel und Städten durchsetzbar war, steht außer Zweifel. Der am 1. September 1263 »im Felde bei Langsdorf« geschlossene Vertrag zwischen Landgräfin Sophie und dem Mainzer Erzbischof Werner wurde von den hessischen Rittern verbürgt.[1] Deutlich faßbar ist ein korporatives Auftreten der hessischen Stände in der zweiten Hälfte des 14. Jahrhunderts, im langwierigen Streit um den Herrschaftsanspruch des zunächst für den geistlichen Stand bestimmten Landgrafen Hermann, den der Onkel, Heinrich II., nach dem vorzeitigen Tod des Thronerben Otto zum neuen Landesherrn bestimmt hatte. Gegen den nach dem Wappen-Stern der Grafen von Ziegenhain benannten »Sternerbund« der hessischen Ritterschaft mit den Grafen und Fürsten des Umlandes gewann Landgraf Hermann der Gelehrte auf einem Landtag im Februar 1372 die Unterstützung der oberhessischen Städte. »Mit gunst, willen unde vorhengnysse unsir stede« verfügte er 1375 zur Abwendung der Landesnot eine »Ungeld« genannte Verbrauchssteuer, die allerdings im Nordteil des Landes keine Gegenliebe fand: Kassel und die niederhessischen Städte verbanden sich 1377/78 mit Burgmannen und Adel des Landes. Als nach dem Tod des politischen Hauptgegners, des Mainzer Erzbischofs Adolf aus dem Nassauer Grafenhaus, der Frankfurter Frieden von 1394 kurzfristig Ruhe geschaffen hatte, sehen wir Landgraf Hermann Ende März 1396 auf einem Tag in Kassel in Verhandlungen mit den Städten beiderseits des Spießes, wie sie sich für die künftige Stellung von Kriegsvolk und »gelde darzu« »selbir geschatzit«.[2]

Dokumentiert vor allem dann, wenn sie sich in einer der zeittypischen Einungen zusammenschlossen, um ihre überkommenen Rechte gegen die neuaufgebauten Landesherrschaften zu verteidigen, leisteten die Stände zugleich einen wichtigen Beitrag zur territorialen Staatsbildung. Wie dies auch die hessischen Beispiele zeigen, waren es vor allem Erbfolgestreitigkeiten, äußere oder innere Gefährdung des Landes, die ein eigenständiges Handeln der Stände provozierten. Im Stift Fulda bewirkte die Mißwirtschaft des Fürstabts Konrad von Hanau, daß der fuldischen Adel gegen den mit

Mainz verbündeten Landesherrn mit dem Hessen-Landgrafen Hermann paktierte. Ende 1380 verbanden sich die Ritter, »lande und lutin« zum Nutzen, mit den Städten des Stifts, und als der Abt daraufhin gegen die Städte vorging, kam es Anfang 1382 zu einem Bündnis zwischen Adel, Städten, Stiftskapitel und Klöstern, das den aus dem Amt vertriebenen und im Folgejahr ermordeten Abt durch eine ständische Pflegschafts-Regierung ersetzte.[3] Nach der Beilegung der Krise mit der Neuwahl Abt Friedrichs von Romrod gab es wechselnde Konstellationen. Grundlage für die künftige Entwicklung wurde die 1395 im »Statuten«-Vertrag zwischen Abt und Kapitel unter Mitwirkung des Adels festgelegte Verpflichtung, daß der neugewählte und alle künftigen Äbte »ritter, knecht und alle burger und stete, die zu dem stifte gehoren, getreulich schauren, schirmen und verantworten und bei guter gewonheit bleiben lassen« sollen, »als das herkomen ist«.

Zu einer festeren Ausformung landständischer Mitwirkung im eigentlichen Hessen kam es erst in der zweiten Hälfte des 15. Jahrhunderts, als sich die Landgrafen-Brüder Ludwig II. und Heinrich III. um die Aufteilung ihres eben durch die Grafschaft Ziegenhain erweiterten Herrschaftsbereichs, die Abgrenzung zwischen Ober- und Niederfürstentum Hessen, stritten. Rund 20 »Landtage« mit Vertretern von Städten und Ritterschaft sind in den Jahren 1459–1472 nachgewiesen. Bevorzugter Treffpunkt wurde die bereits erwähnte Warte am Spieß unweit des Klosters Spieskappel. An der alten Grenze zwischen Ober- und Niederhessen legte der als feierliche Pergamenturkunde mit vielen Siegeln überlieferte »Abschied« des am 4. Mai 1467 gehaltenen »gemeinen dages« fest, daß der Bruderzwist durch einen 20köpfigen Ausschuß von »ritterschaft und lantschaft in Hessen und an der Loyne«, jeweils fünf Adels- und fünf Städtevertretern aus beiden Landesteilen, geschlichtet werden sollte. 1487 bestätigten die Stände mit ihren Siegeln die erneute Teilung der zwischenzeitlich um das Katzenelnbogener Erbe erweiterten Landgrafschaft unter den gleichnamigen Brüdern Wilhelm I. und Wilhelm II. In der Folgezeit, ab 1498, nahmen auch die »Prälaten«, Repräsentanten der in die Landesherrschaft eingebundenen Stifte und Klöster, an den Landtagen teil.

Manifest wurde die gewachsene Bedeutung der Stände, als diese im Sommer 1509, nach dem Tod des schon vorher regierungsunfähigen Landgrafen Wilhelm des Mittleren, der seit der Jahrhundertwende wieder das ganze »Land zu Hessen« in einer Hand vereint hatte, gegen die testamentarisch festgelegte Regentschaft der Landgräfin Witwe Anna für den minderjährigen Sohn Philipp revoltierten und ein »ständisches Regiment« unter dem Vorsitz des Landhofmeisters Ludwig von Boyneburg einsetzten. Mit alsbald aufflammenden Interessengegensätzen, Verärgerung über die z. T. eigennützige Willkürherrschaft der »Regenten«, die zu deren

Foto Nr. 3: Einung der am 29. Juli 1509 am Spieß versammelten hessischen Stände gegen gewaltsame Übergriffe der Landgräfin Mutter Anna »wider ihre Privilegien und altes Herkommen«. Pergamenturkunde mit 14 Siegeln.
Hessisches Staatsarchiv, Darmstadt, Abt. A 9 Nr. 1.

Sturz, zum Bündnis einer vom Erbmarschall Hermann Riedesel geleiteten Ständegruppe mit der wiedereingesetzten Landgräfin-Mutter führten, wurde die gebotene Chance zu dauerhafter Gewaltenteilung verspielt, auch wenn der Abschied des Treysaer Landtags vom 14. Februar 1514 die Rolle der Stände klarer als zuvor festgeschrieben hat.

Die selbständige Regierung des jungen Landgrafen Philipp, den die Geschichtschreibung »den Großmütigen« nannte, begann 1518 mit der bitteren Niederlage gegen den Reichsritter Franz von Sickingen, der in seinem Fehde-Angriff auf die Darmstädter Obergrafschaft von der in Gernsheim versammelten »Regenten«-Fraktion der hessischen Ritterschaft unterstützt wurde. Nach der gewaltsamen Niederwerfung der Sickingenschen Ritterbewegung 1522/23 ist dann aber mit den Städten auch der Adel dem Aufgebot des Landgrafen gefolgt, als er 1525 gegen die auf Hessen übergreifenden Bauernunruhen zu Felde zog.[4] In dem von Philipp systematisch ausgebauten territorialen Verwaltungsstaat war die Mitwirkung der Stände eng begrenzt. In die mit der Einführung der lutherischen Reformation verknüpfte politisch-kirchliche Neuordnung hat man sie allerdings ganz bewußt mit eingebunden. Auf einem im Herbst 1527 nach Kassel berufenen Sonderlandtag billigten Ritterschaft und Städte die bereits weitgehend vollzogene Aufhebung der Stifte und Klöster, wie die vom Landgrafen geplante Verwendung des Kirchenguts für die neue Landesuniversität Marburg und das von den Ständen überwachte Sondervermögen des »gemeinen Kastens«, das nicht allzulange Bestand hatte. Bis heute erhalten blieben die damals als Ausgleich für die aufgehobenen Nonnenklöster zur Versorgung unverheirateter Töchter des Adels eingerichteten »ritterschaftlichen Stifte« Kaufungen und Wetter.

Im fuldischen Klosterstaat hatte sich, vielleicht angespornt vom Erfolg der Ständerevolte in Hessen, schon 1510 eine neue Einung der Ritterschaft gebildet, die im März 1516, in offenem Konflikt mit dem neuen Fürstabt Hartmann von Kirchberg, einen ersten gemeinsamen Landtag von Adel, Städten und Domkapitel durchsetzte, ermutigt und unterstützt von der hessischen Landgräfin Anna, die die Stände im eigenen Lande gerade so nachdrücklich in ihre Schranken gewiesen hatte. Im Fuldischen mußte der aus dem

Land getriebene Abt die Regierung in einem am 23. April 1518 geschlossenen Vergleich mit »Dechant und Kapitel, auch Ritterschaft und Landschaft« des Stifts zwei ständischen Statthaltern überlassen, die für den noch minderjährigen Koadjutor Johann von Henneberg regierten. Letztlich war es dann noch einmal die hessische Intervention, der Einmarsch Landgraf Philipps zur Niederwerfung der in Fulda zunächst erfolgreichen Bauern-Revolution, der in den anschließenden Verhandlungen des Jahres 1526 über die von den Hessen geforderten Kriegskosten zur endgültigen Festigung einer landständischen Mitregierung führte.

In der Landgrafschaft haben die Stände, wie Günter Hollenberg in seiner im Rahmen der Parlamentarismus-Dokumentation des Hessischen Landtags entstandenen Edition der »hessischen Landtagsabschiede« aus den Jahren 1526–1603 nachgewiesen hat, auf die weitgehenden Mitspracherechte der Abschiede von 1509 und 1514 im späteren 16. Jahrhundert nie wieder Bezug genommen. Die nach Bedarf geladenen Stände berieten zum Teil getrennt, auf gesonderten Städtelandtagen über die Erhebung der Landsteuer, auf Rittertagen über militärisch-politische Probleme, seltener gemeinsam, vor allem in den zahlreichen Landtagen des Krisenjahres 1547 nach der Niederlage im Schmalkaldischen Krieg. Der weitere Ausbau des fürstlichen Verwaltungsstaats ließ dann allerdings mit dem zunehmenden Finanzbedarf auch das Gewicht der Stände wieder wachsen, da die dazu notwendige Steuerbewilligung mit entsprechenden politischen Auflagen verbunden werden konnte.

Hollenberg liefert in Einleitung und Anhängen seines Dokumentenbandes instruktives Material über Zusammensetzung und Arbeitsweise der Stände, wobei die hier für das 16. Jahrhundert erarbeiteten Formen und Strukturen in den Grundzügen bis zum Ende des Ancien Regime und darüber hinaus weitergewirkt haben. Der Landtag begann mit der Ladung durch den Landesherren, der Termin, Ort und Beratungsgegenstände festlegte. Das Treffen unter freiem Himmel, auf dem Feld am Spieß, wurde schon bald durch Tagungen in geeigneten städtischen Gebäuden ersetzt. Die allgemeinen Landtage wurden zumeist vom Landgrafen selbst mit einer von seiner Verwaltung erarbeiteten »Proposition« eröffnet, die dann in der Ritterschaft und in der von den Stadtdeputierten gebil-

Foto Nr. 4: Sogenannter »Brudervergleich« der vier Landgrafen vom 28. Mai 1568 über die Ausführung des väterlichen Testaments, die Regelung noch offener Punkte wie die Verteilung der Schulden und die künftige Abhaltung gemeinschaftlicher Landtage, besiegelt von den 4 Landgrafen und ihren Ständen.
Hessisches Staatsarchiv, Darmstadt, Abt. B 1 Nr. 106 b.

deten »Landschaft« getrennt, erst im engeren Kreis dazu bestellter Ausschüsse erläutert und beraten, anschließend im Plenum diskutiert wurde. Bei abweichenden Voten in den Kurien konnte es weitere Beratungsrunden geben, bis ein tragbarer Konsens erzielt war, der dann Grundlage des wiederum von der Kanzlei entworfenen und im Plenum gebilligten »Abschieds« wurde. Die Stände verbanden ihr Votum vielfach mit der Vorlage ebenfalls eingehend beratener »Gravamina«, Beschwerdeschriften, die allerdings vom Landgrafen grundsätzlich nicht als Vorbedingung, etwa für eine Steuerbewilligung, anerkannt wurden. Doch mußte zumindest nachträglich eine formelle Beantwortung erfolgen. Die Dauer eines Landtags lag üblicherweise zwischen einem und fünf Tagen, wobei z. T. mehrtägige An- und Abreisen dazukamen. Die Kosten trug beim Adel der einzelne Deputierte oder die entsendende Familie, bei den städtischen Vertretern die Stadtkasse.

Angelehnt an die Ritterschaftskurie des in der Landgrafschaft begüterten Adels gab es im Landtag auch weiterhin oder wieder »Prälaten«: die wegen der ihnen übertragenen Klostervermögen in dieser Funktion geladenen Vertreter der Landesuniversität, die Vorsteher der hohen Landeshospitäler und der Ritterschafts-Stifte Kaufungen und Wetter, zeitweilig auch der Landkomtur des Deutschen Ordens in Marburg. Bei der Ritterschaft wie bei den »landtagsfähigen« Städten wurde schon zu Philipps Zeiten vielfach nicht der »große Haufen«, sondern, vor allem zu ausgesprochenen Steuerlandtagen, nur eine begrenzte Anzahl, ein »Ausschuß« geladen. In jedem Fall war eine bevollmächtigte Stellvertretung möglich. Die kleineren Städte Reinheim und Zwingenberg ließen sich auf Landtagen, die in Ober- oder Niederhessen stattfanden, schon aus Kostengründen oft durch die Darmstädter mitvertreten.

Eine bäuerliche Landschafts-Vertretung, wie sie in manchen Teilen Südwestdeutschlands üblich war, in Tirol, im Fürstbistum Salzburg, auch in den habsburgischen und markgräflich badischen Gebieten um Oberrhein und Schwarzwald, hat es in Hessen nie gegeben. Man hat vielfach postuliert, daß auch die auf Adel und Städte beschränkten Landtage letztlich mittelbar – der Adel in Wahrnehmung der Interessen der ihm untertänigen Landbevölkerung – doch das gesamte Land, »Land und Leute«, vertreten hätten.[5] Hier hält Hollenberg entgegen, daß dies allenfalls da gelten könne, wo die ländlichen Untertanen einer adligen, kirchlichen oder städtischen Unterherrschaft unterworfen waren. In Ober- und Niederhessen zählten aber mehr als 50 Prozent der Bewohner

Ludwig / von Gottes Gnaden /
Landgraff zu Hessen / Graff zu Catzenelnbogen / etc.

VEste liebe Getrewe / Nach dem wir auß vornehmen Vrsachen / vnd sonderlich zu erhaltung vnnd mehrer fortpflantzung vnserer Christlichen Religion / der vngeänderten Augspurgischen Confession / wie nicht wenigers auch vff vnterthenigs suchen vnd bitten / vnserer getreuwen Ritter- vnnd Landschafften / bewogen worden / in vnserm Orth Landes ein Gymnasium oder Schul anzuordnen / Jnmassen wir dann solches durch Gottes Hülff vñ Beystand allbereits zu Werck gerichtet / vnd dañ bey nechst zu Giessen deßwegen gehaltenem Communications Tag / der Außschuß von Ritter- vnd Landschafft vnsers angefallenen Theils deß Ober Fürstenthums Hessen / wie auch Graue vnd Herrschafften vntertheniger Affection / vnd desto besserer fortsetzung solches Christlichen Wercks ein Stewr auff vier Jahr dero gestalt bewilliget / daß vns jedes Jahrs zwey Ziel / nemlich zum Ersten / acht Tage nach Ostern / vnd dann zum andern Ziel den ersten Octobris, von allen ihren in vnserm Ort Landes gelegenen vnd wesenden Haab vnd Gütern / Zinsen / Renthen vnnd Gefällen / dem Treysischen Anschlag nach / von jedem hundert Gülden Capital ein halben Schreckenberger jedes Ziel erlegt vnd richtig gemacht werden solle.

So ist demnach an euch vnser Befehl in Gnaden / daß ihr zufolg beschehener Bewilligung mit Erlegung so wol ewer selbst / als auch ewer Angehörigen / gebürende Zustewr euch also gefaßt machet / damit ihr jetzt erwehnte bewilligte Zustewr vorstehenden ersten Ziels vff Donnerstag den ersten Monats Maij, dem Vesten vnd Ersamen / vnsern lieben Getrewen / Hans-Georgen von Trohe / vnd Daniel Stammen / Renthmeistern zu Giessen / beneben richtiger Vrkund lieffern möget.

Das wollen wir vns also zu euch in Gnaden versehen / Datum Darmbstatt am 18. Aprilis, Anno &c. 1606.

Foto Nr. 5: Gedrucktes Ausschreiben vom 18. April 1606 zur Erhebung der vom Gießener Landtag bewilligten Sondersteuern für die Universitätsgründung.
Hessisches Staatsarchiv, Darmstadt, Abt. E 2 Nr. 6/4.

in den Ämtern zum direkten »Domanium« des Landesherren, blieben also eindeutig außerhalb des Vertretungsbereichs der Landstände. Im Katzenelnbogischen um Darmstadt, wo es wenig landtagsfähige Städte und kaum adlige Grund- und Gerichtsherrschaften gab, war dieser Anteil sogar noch höher.[6] In Hessen ging man gleichwohl stets davon aus, daß die Steuerbewilligung der Städte die unmittelbar nicht beteiligten landesherrlichen Ämter einbeziehe.

Auch die Landstände selbst betrachteten sich in den Verhandlungen um die Aufteilung der Landgrafschaft unter den Söhnen Landgraf Philipps 1567/68, mit der ihnen eine neue Rolle zuwuchs, ohne Zweifel als legitimierte Vertretung des gesamten Landes. Philipp hatte in seinen mehrfach geänderten Testamenten, die von den Ständen bestätigt wurden, nach Streitigkeiten um die Ausstattung der Söhne aus der Nebenehe, auf die ursprünglich vorgesehene Unteilbarkeit des Landes verzichtet. Er hatte zugleich eindeutig festgelegt, daß die ideelle Einheit der Gesamtlandgrafschaft auch nach der Teilung weitergelten sollte, manifestiert in gemeinschaftlichen Einrichtungen wie der Landesuniversität und dem Samthofgericht in Marburg, der Verwaltung der sogen. Hohen Hospitäler und den gesamthessischen Landständen. Die Gemeinsamkeit der von den Erbmarschällen der Familie Riedesel präsidierten Stände ist trotz zunehmender Verselbständigung der Teil-Landgrafschaften bis in die Streitigkeiten um das Erbe des 1604 verstorbenen Landgrafen Ludwig von Hessen-Marburg, die dann im 30jährigen Krieg in den bewaffneten Konflikt des sogenannten »Hessenkriegs« mündeten, gewahrt worden. Die Tatsache, daß vor allem die Städte, z. T. zur Vorbereitung der »großen« Landtage, Regional- oder »Partikularlandtage« abhielten, stand dem nicht entgegen.

Wie frühere Krisenzeiten haben auch der 30jährige Krieg und die damit verbundenen Lasten die Stellung der Landtage gestärkt. Als in Hessen-Kassel 1623, nach einem negativen Reichshofrats-Urteil zum Marburger Erbstreit, der Einmarsch der kaiserlichen Armada drohte, versuchten die Stände, insbesondere die Ritterschaft, Landgraf Moritz durch »halsstarrige« Verweigerung der Kriegssteuern zum Einlenken zu zwingen. Es war formal zweifellos Hochverrat, wenn »Ritter- und Landschaft des Niederfürstentums« dann auf einem ohne den Landgrafen einberufenen Sonderlandtag in Hersfeld im Frühsommer 1625 direkte Verhandlungen mit dem Liga-Feldherrn Tilly anknüpften und schließlich 1627 in offenem Aufruhr den Thronverzicht des für das Land zur Gefahr gewordenen Landgrafen erzwangen. Als der Tod König Gustav Adolfs die im Bündnis mit Schweden für die Kasseler Sache erzielten Erfolge wieder zunichte machte und Nordhessen mit dem sogen. »Kroa-

Foto Nr. 6: Kurt VI. Freiherr Riedesel zu Eisenbach, Erbmarschall und damit Präsident beider Landtage in den für die Ständegeschichte wichtigen Jahrzehnten um den Westfälischen Frieden, von 1640–1665.
Hessisches Staatsarchiv, Darmstadt, R 4 Nr. 1880.

tenjahr« neue Verwüstungen drohten, lud Erbmarschall Georg Riedesel Anfang Februar 1637 auf eigene Faust einen »Kommunikationstag« der ober- und niederhessischen Stände nach Treysa und Ziegenhain, um über die verfeindeten Landgrafen in Kassel und Darmstadt und ihre Regierungen hinweg eine Beendigung des »leidigen Kriegswesens« zu erzwingen. Der noch während des Kriegs vors Reichskammergericht getragene Konflikt der mit dem Westfälischen Frieden wiederausgesöhnten Landesherrn mit der unbotmäßigen Ritterschaft, die auf offizieller Fortführung der gesamthessischen Landtage zu bestehen suchte, wurde nach der reichsrechtlichen Beschränkung der Ständerechte im Regensburger Reichsabschied von 1654 durch einen am 2. Oktober des Folgejahres geschlossenen Vergleich zugunsten der Landgrafen entschieden.

Für den fuldischen Landtag brachte der Dreißigjährige Krieg insofern eine Änderung, als der in der Reformation evangelisch gewordene Stiftsadel seine Aufnahme in die Reichsritterschaft durchsetzen konnte und mit dem Vertrag vom 15. Mai 1656 endgültig aus dem Landtag ausschied. Die seitdem auf das geistliche Stiftskapitel und die Städte beschränkten Stände des Stifts verloren in der Folge rasch an Bedeutung. Nach den beiden Landtagen von 1662 dauerte es volle vier Jahrzehnte, bis die Stände 1702 zur kriegsbedingten Erhöhung der Steuern noch einmal zusammengerufen wurden. Kurz darauf wurde die an sich ständisch kontrollierte »Landesobereinnahme« endgültig von der landesherrlichen Verwaltung übernommen.

Landstände, die bedarfsweise zur Steuerbewilligung, aber auch bei Erbfällen im Grafenhaus einberufen wurden, gab es schon seit dem 16. Jahrhundert auch in der Grafschaft Waldeck. Die wichtigen Hausverträge von 1685/87, die für die Zukunft die ungeteilte Vererbung der Grafschaft nach dem Erstgeburtsrecht festlegten, sind unter Mitwirkung der »Deputierten von Ritterschaft und Städten des Landes« abgeschlossen worden, die auch die Sondersteuern für den barocken Schloßbau in Arolsen bewilligen mußten. Zumindest Ansätze zu einer Beteiligung der »Landschaft« an der Steuerbewilligung hat Volker Press für das frühe 17. Jahrhundert in den Solmser Grafschaften nachgewiesen,[7] während es in den nas-

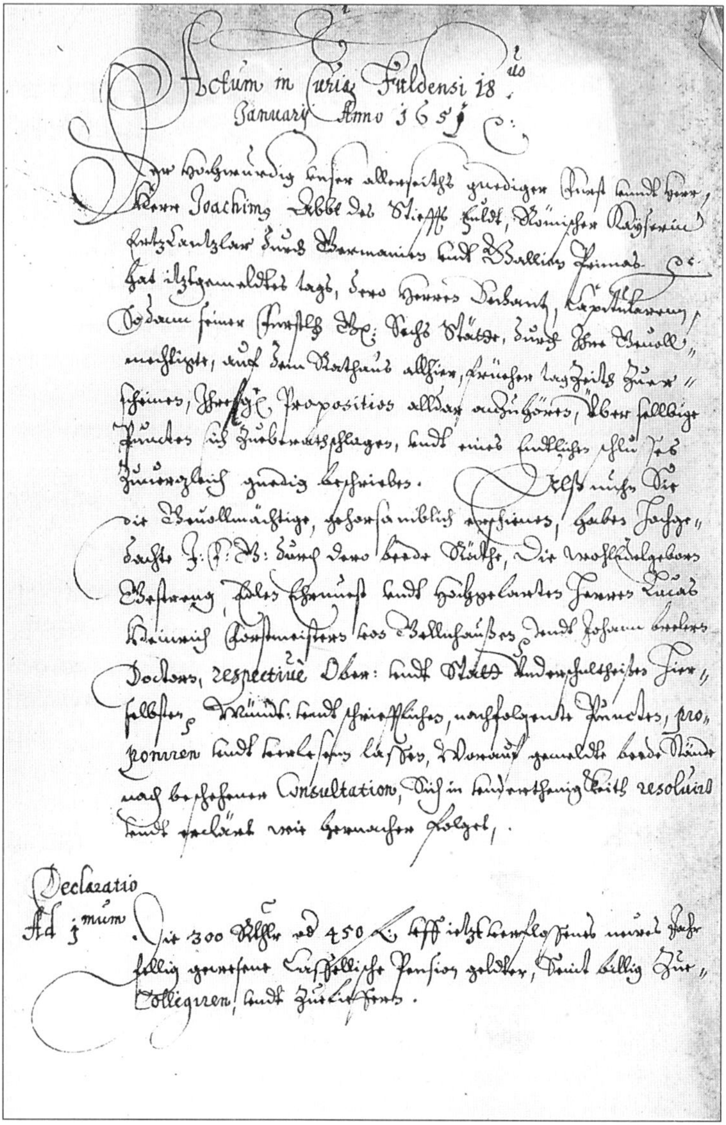

Foto Nr. 7: Abschied eines Landtags (»Landesversammlung«) von Domkapitel und Städten des Stifts Fulda vom 18. Januar 1651 mit Bewilligung von Steuern und Anleihen.
Hessisches Staatsarchiv, Marburg, Best. 90 a Nr. 775.

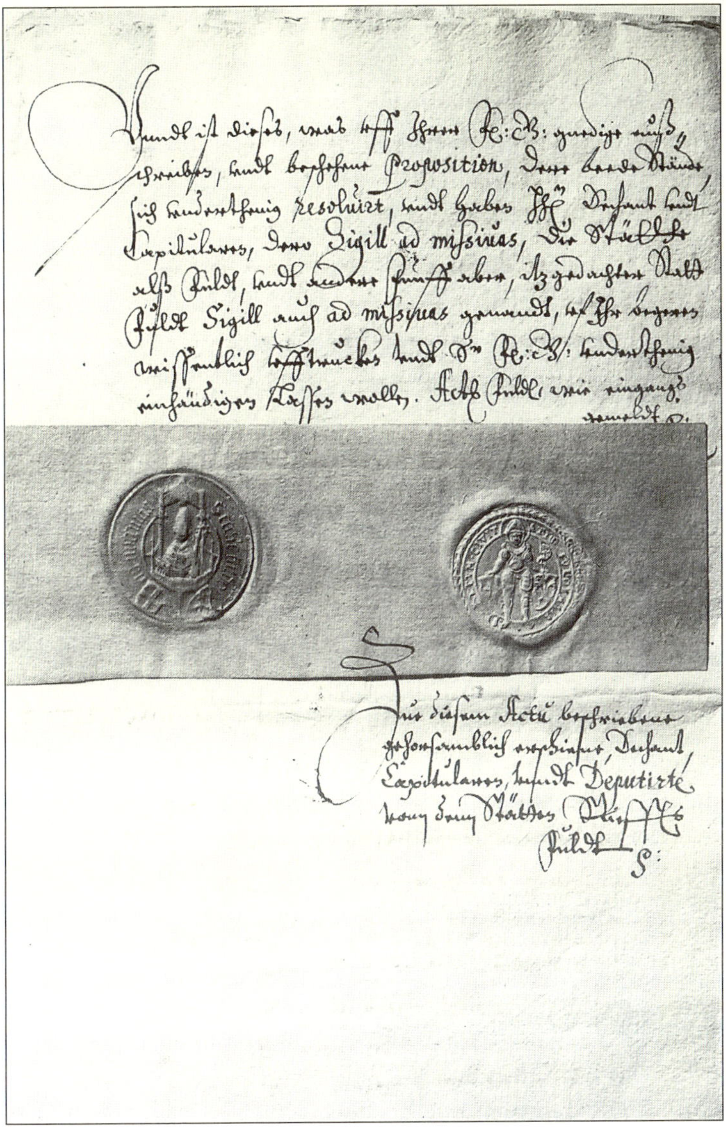

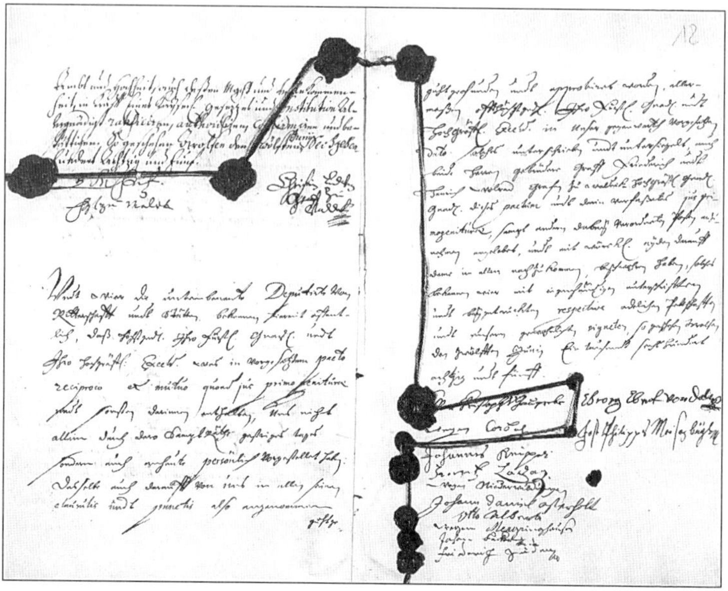

Foto Nr. 8: Bestätigung der Primogenitur-Ordnung des Hauses Waldeck vom 12. Juni 1685 durch die »Deputierten von Ritterschaft und Städten des Landes«.
Hessisches Staatsarchiv, Marburg, Best. 115 I Pak. 1.

sauischen Territorien offenbar bis zum Ende des alten Reiches keinerlei landständische Aktivitäten gegeben hat.

In den Landgrafschaften Hessen-Kassel und Hessen-Darmstadt hat sich die Rolle der Landstände im letzten Jahrhundert des Ancien Regime sehr unterschiedlich entwickelt. In Hessen-Kassel sicherte der Erfolg der von Landgraf Karl initiierten Subsidienpolitik des sogen. »Soldatenhandels«, die der Landtag 1677 beim Abschluß der ersten Truppenverträge mit Lothringen und Dänemark sanktioniert hatte, den Landgrafen eine vom Landtag nicht kontrollierte Einnahmequelle, die das Gewicht des ständischen Steuerbewilligungsrechts reduzierte. Gebraucht wurden die Stände in der vom Übertritt des Thronfolgers Friedrich zum Katholizismus ausgelösten Staatskrise des Jahres 1754, als der Landtag die Garantie der evangelischen Konfession des Landes in der soge-

Foto Nr. 9: Statue für Landgraf Friedrich II. auf dem Friedrichsplatz in Kassel, die von den hessen-kasselschen Ständen bereits zu Lebzeiten des Fürsten 1775 bei Bildhauer Johann August Nahl in Auftrag gegeben worden war.
Foto: Stadtmuseum Kassel.

nannten »Assekurationsakte« übernahm. Nach dem Siebenjährigen Krieg, in dem die Stände für die Aufbringung der französischen Kriegskontributionen sorgen mußten, tagte der hessenkasselsche Landtag nur noch in der Form des »engeren Ausschusses«, der in sechsjährigem Turnus einberufen wurde, um die Fortbewilligung der regulären Landsteuern zu beschließen, letztmals im Winter 1797/98.

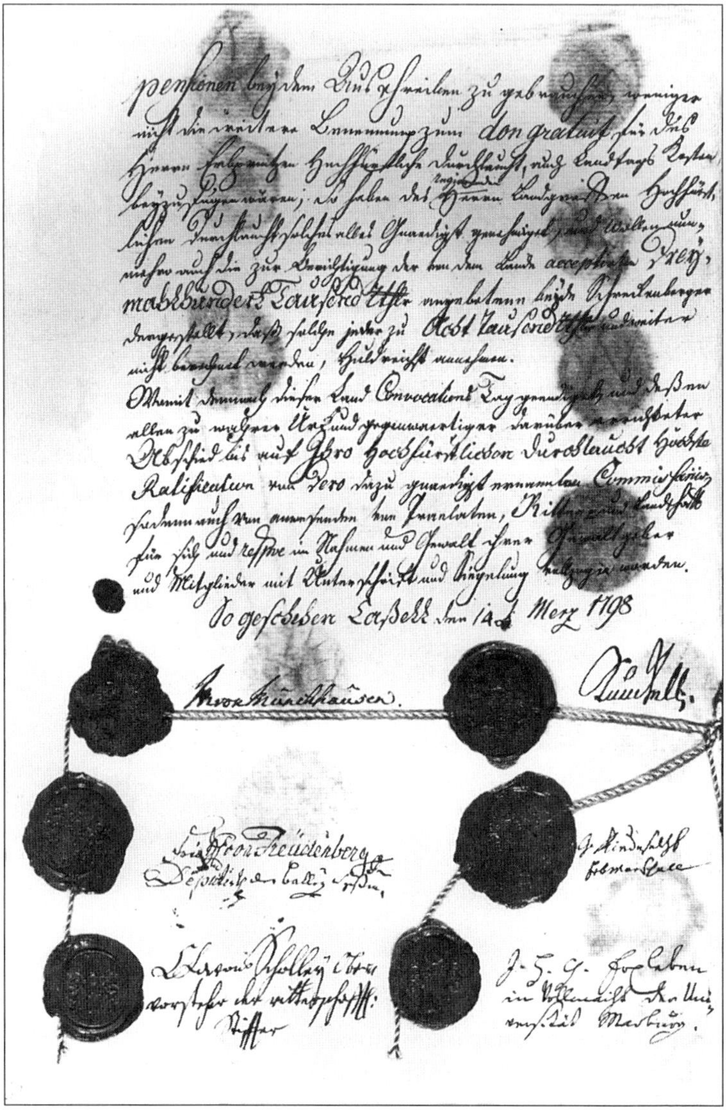

Foto Nr. 10: Abschied des nach kriegsbedingter Unterbrechung des üblichen sechsjährigen Turnus am 14. März 1798 in Kassel geschlossenen Ausschuß-Landtags der Landgrafschaft Hessen-Kassel, des letzten Kasseler Landtags vor dem Ende des Alten Reiches. Letzte Seite mit Unterschriften. Hessisches Staatsarchiv, Marburg, Urk. Landtagsabschiede.

In der seit den barocken Extravaganzen Landgraf Ernst Ludwigs hoffnungslos verschuldeten Darmstädter Landgrafschaft waren fürstlicher Landesherr und Regierung in sehr viel stärkerem Maße von der Mitwirkung der Stände abhängig. Sichtbares Zeichen ist der Torso des von Louis Remy de la Fosse geplanten, neuen Residenzschlosses in Darmstadt, dessen Bau nach dem Verbrauch der 1715 von den Ständen bewilligten »Schloßbaugelder« eingestellt wurde. Die für die Reformpläne des Ministers Friedrich Karl von Moser zur Sanierung der Landgrafschaft notwendige Kreditbürgschaft der Landstände mußte auf dem Butzbacher Landtag im Sommer 1776 mit erheblichen Konzessionen erkauft werden. Zu den positiven Ergebnissen des Landtags gehörte die im Folgejahr unter Mitwirkung der Stände eingerichtete »Brandassecurationsanstalt«, die nachmalige Hessische Brandversicherungskammer Darmstadt, die ihre Selbständigkeit erst in jüngster Zeit verloren hat. Die zwecks Gewinnung einer möglichst breiten Basis für die Reformen erörterte Einbeziehung des Bauernstands war aufgrund nachdrücklichen Widerstands vom Geheimen Rat unterblieben. Ein letzter »ganz enger Ausschuß«-Landtag zur Bewilligung einer landständischen Garantie für eine neue Millionen-Anleihe hat in Darmstadt noch im Januar 1806 getagt.

Mit dem Untergang des Heiligen Römischen Reiches Deutscher Nation war auch die Zeit der Landstände alten Stils vorüber. Kurfürst Wilhelm I. in Kassel, der 1803 einen der mit Beseitigung der geistlichen Fürstentümer freigewordenen Kurhüte übernommen hatte – er war durch den lukrativen Einsatz der hessen-kasselschen Truppen in Amerika der wohl finanzkräftigste deutsche Fürst jener Zeit –, hat den im Folgejahr gestellten Antrag des Erbmarschalls auf turnusmäßige Einberufung des Landtags kurz und knapp abgelehnt: »in Ermangelung besonderer Veranlassung und zu Ersparung der . . . beträchtlichen Kosten«. In Darmstadt nutzte Landgraf Ludwig X., der mit der Rheinbund-Gründung im Sommer 1806 Großherzog Ludewig I. geworden war, die »unumschränkte Machtvollkommenheit« der neugewonnenen Souveränität und erklärte mit Patent vom 1. Oktober d. J. alle Landstände in den hessischen Stammlanden wie in der neuerworbenen Provinz Westfalen für aufgehoben. Der notwendigen »Verähnlichung der Verfassung«

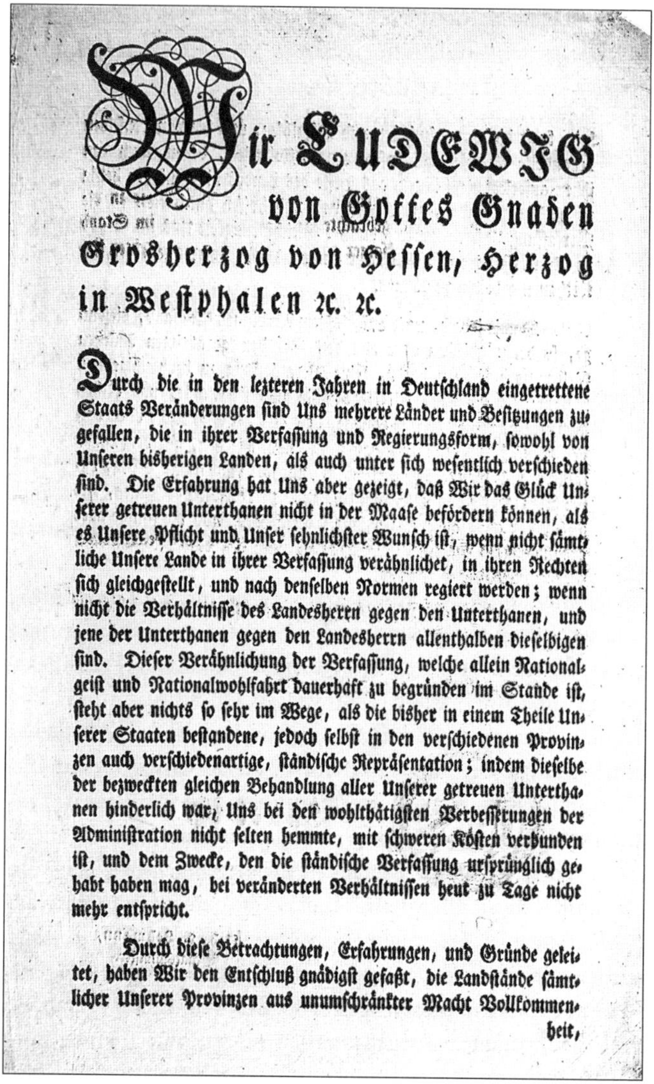

Wir Ludewig
von Gottes Gnaden
Grosherzog von Hessen, Herzog
in Westphalen ꝛc. ꝛc.

Durch die in den lezteren Jahren in Deutschland eingetrettene Staats Veränderungen sind Uns mehrere Länder und Besitzungen zugefallen, die in ihrer Verfassung und Regierungsform, sowohl von Unseren bisherigen Landen, als auch unter sich wesentlich verschieden sind. Die Erfahrung hat Uns aber gezeigt, daß Wir das Glück Unserer getreuen Unterthanen nicht in der Maaße befördern können, als es Unsere Pflicht und Unser sehnlichster Wunsch ist, wenn nicht sämtliche Unsere Lande in ihrer Verfassung verähnlichet, in ihren Rechten sich gleichgestellt, und nach denselben Normen regiert werden; wenn nicht die Verhältnisse des Landesherren gegen den Unterthanen, und jene der Unterthanen gegen den Landesherrn allenthalben dieselbigen sind. Dieser Verähnlichung der Verfassung, welche allein Nationalgeist und Nationalwohlfahrt dauerhaft zu begründen im Stande ist, steht aber nichts so sehr im Wege, als die bisher in einem Theile Unserer Staaten bestandene, jedoch selbst in den verschiedenen Provinzen auch verschiedenartige, ständische Repräsentation; indem dieselbe der bezweckten gleichen Behandlung aller Unserer getreuen Unterthanen hinderlich war, Uns bei den wohlthätigsten Verbesserungen der Administration nicht selten hemmte, mit schweren Kösten verbunden ist, und dem Zwecke, den die ständische Verfassung ursprünglich gehabt haben mag, bei veränderten Verhältnissen heut zu Tage nicht mehr entspricht.

Durch diese Betrachtungen, Erfahrungen, und Gründe geleitet, haben Wir den Entschluß gnädigst gefaßt, die Landstände sämtlicher Unserer Provinzen aus unumschränkter Macht Vollkommenheit,

Foto Nr. 11: Gedrucktes Patent des mit der Rheinbund-Gründung zum Souverän gewordenen Großherzogs Ludewig I. von Hessen vom 1. Oktober 1806, mit dem er die Landstände mit Hinweis auf »die in den letzten Jahren in Deutschland eingetretenen Staatsveränderungen aus unumschränkter Machtvollkommenheit« für aufgehoben erklärte.
Hessisches Staatsarchiv, Darmstadt, Abt. E 3 A Nr. 42/10.

des neuen Landes stehe »nichts so sehr im Wege als die bisher in einem Teile unserer Staaten bestandene ... ständische Repräsentation«.[8] Daß es tatsächlich um die mitbestimmungsfreie Durchsetzung der von der Bürokratie geplanten Reformen ging, dokumentiert die gleichzeitig verfügte Aufhebung der bisherigen Steuerprivilegien des Adels, der die Ritterschaft im Landtag kaum zugestimmt hätte.

Die Landstände der Fürstenstaaten des Ancien Regime waren sicher keine repräsentativen Volksvertretungen im Sinne des modernen Verfassungsrechts. Dennoch greift eine abwertende Etikettierung als Interessenvertretung privilegierter Minderheiten eindeutig zu kurz. In der korporativen Ordnung des alten Reiches bildeten die Stände ein unverzichtbares Gegengewicht zum unkontrollierten Mißbrauch absoluter Fürstenmacht. Die Bedeutung des Steuerrechts bedarf gerade in unseren Tagen keiner besonderen Betonung. Trotz beschränkter Kompetenzen in anderen Bereichen – die Gesetzgebung war zumindest in den »beiden Hessen« der ständischen Mitwirkung entzogen – waren die Stände in gewichtigen, »Land und Leute betreffenden Sachen, wenn es die Notdurf erfordert«, heranzuziehen, wie dies der 1. Artikel des Kasseler Vergleichs-Abschieds von 1655 festlegte, eine Bestimmung, die vor allem in Krisenzeiten Bedeutung gewann. Auf den zur Steuerbewilligung periodisch einberufenen Landtagen boten zudem die von den Ständen beschlossenen »Gravamina«, »Petita« oder »Desideria« die keineswegs nur im Eigeninteresse genutzte Gelegenheit, die Anliegen des Landes zu Gehör zu bringen.

Schon in den in napoleonischer Zeit neubegründeten Rheinbund-Staaten, im Königreich Westphalen und im Großherzogtum Frankfurt des zunächst zum Fürstprimas des Rheinbundes bestellten Mainzer Ex-Kurfürsten Karl Theodor von Dalberg gab es Ansätze zu neuartigen konstitutionellen oder – wie man in der Geschichtsschreibung gemeinhin sagt – »scheinkonstitutionellen« Vertretungsorganen nach dem im Gefolge der »großen Revolution« in Frankreich entwickelten Vorbild. Die 1807 von Kaiser Napoleon selbst erlassene »Constitution« für das »Royaume de Westphalie« seines Bruders Jérôme sah neben dem zur Beratung von Budget und Gesetzesvorlagen bestellten Staatsrat in den Artikeln 29-33 ein parlamentarisches Zustimmungsgremium, die »Etats« oder »Stände des Königreichs« vor, deren Mitglieder von staatlich ernannten Wahlkollegien aus den wichtigsten Berufsgruppen der ländlichen Grundbesitzer, der Kaufleute und Fabrikanten und der »Gelehrten und Künstler« gewählt werden sollten. Dic nach dem Organisations-Dekret für das Großherzogtum Frankfurt vom August 1810 entsprechend konzipierten »Stände« haben nur einmal, im Oktober desselben Jahres, in Hanau getagt. Für die erstmals zum 1. Dezember 1809 nach Kassel geladenen »Stände des Königreichs« sind zwei Sessionen nachgewiesen. Die ambitiösen Pläne für das westphälische Ständehaus in Kassel blieben auf dem Papier. Die Masse der königlichen Gesetze und Verordnungen wurde - wie im damals ständelosen Großherzogtum Hessen - ohne ständische Mitwirkung als »Dekret« erlassen. Als Episode sind auch diese parlamentarischen Ansätze erinnernswert, obwohl sie die weitere Entwicklung nur bedingt beeinflußt haben.

In den Beratungen über die Neuordnung Deutschlands auf dem Wiener Kongreß votierte die von den Bevollmächtigten des Kurfürsten und des Großherzogs von Hessen, der Herzöge von Nassau, des Fürsten von Waldeck und der Freien Stadt Frankfurt mitunterzeichnete »Note der Neunundzwanzig« vom 16. November 1814 ausdrücklich für Festschreibung landständisch-parlamentarischer Mitbestimmung im Rahmen des neuzuschaffenden Verfassungssystems, wie dies die Bundespläne des Freiherrn vom Stein und Wilhelm von Humboldts schon im Winter 1813/14 gefordert hatten. Die künftigen landständischen Verfassungen der einzelnen Bundesstaaten sollten der gewählten Landesrepräsentation die entscheidende Stimme in Gesetzgebungs- und Haushaltsfragen, die Kontrolle über die Staatsfinanzen und ein Anklagerecht gegen Mißbrauch der Regierungsgewalt garantieren. Die deutsche Bundesakte vom 18. Juni 1815 konstatierte in Artikel 13: »In allen Bundesstaaten wird eine landständische Verfassung stattfinden.«

Im wiederhergestellten Kurhessen versuchte die Restaurationspolitik schon im Winter 1814/15 eine nur geringfügig modifizierte Wiederherstellung der vorrevolutionären Stände, die lediglich durch bäuerliche Deputierte ergänzt werden sollten. Auch das erste Darmstädter Landstände-Edikt vom 18. März 1820 wollte dem

Landtag die Mitwirkung an der Gesetzgebung versagen. Die endgültigen Verfassungen, die in Darmstadt im Dezember 1820, in Kassel erst unter dem Druck der Juli-Revolution Anfang 1831 verabschiedet wurden, in beiden Fallen unter aktiver Mitwirkung der gewählten Parlamente, schufen trotz grundsätzlichen Festhaltens am monarchischen Prinzip konstitutionelle Vertretungskörperschaften neuer Art, die den Weg zum demokratischen Parlamentarismus des 20. Jahrhunderts gebahnt haben. Dennoch wurden viele Elemente der altständischen Tradition übernommen und weitergeführt. Das galt für die privilegierten Vertretungsrechte des Adels, von Kirche und Universität als Nachfolger der einstigen »Prälatenbank« und bevorrechtigten, »landtagsfähigen« Städte, für das Fortleben der alten »Kurien« im »Zweikammersystem«, für die eröffnende »Thronrede«, die in Einzelvorlagen aufgelöste »Regierungs-Proposition«, die formal devoten »Adressen« der Stände an den Landesherren und den abschließenden »Landtagsabschied«. Die beiden Kammern des längst von den modernen politischen Parteien geprägten Darmstädter Landtags firmierten offiziell bis zur Revolution von 1918 als »Landstände des Großherzogtums Hessen«.

Anmerkungen

1 Quellennachweise u. a. im Katalog der von den Hessischen Staatsarchiven zum Hessentag 1983 in Lauterbach gestalteten Ausstellung »Landstände und Landtage in Hessen«.

2 Zitate nach Friedrich Küch (Bearb.): Quellen zur Rechtsgeschichte der Stadt Marburg, Bd. 1. Marburg 1918, S. 105, 125.

3 Karl Grossart: Die Landstände in der Reichsabtei Fulda und ihre Einungen bis zum Jahre 1410. In: Fuldaer Geschichtsblätter 13, 1914, S. 49 ff.

4 Vgl. dazu zuletzt Günter Hollenberg: Landgraf Philipp von Hessen und die hessischen Landstände im Bauernkrieg. In: Zs. des Ver. f. Hess. Gesch. 92, 1987, S. 123 ff.

5 So u. a. Karl Bosl: Die Geschichte der Repräsentation in Bayern. München 1974, S. 3 f.

6 Vgl. Günter Hollenberg: »Landstandschaft und Repräsentation«, in der Einleitung seines Bandes: Hessische Landtagsabschiede 1526–1603. Marburg 1994, S. 20–23.

7 Press, Volker: Die Landschaft aller Grafen von Solms. Ein ständisches Experiment am Beginn des 17. Jh. In: Hess. Jb. f. Landesgesch. 27, 1977, S. 37–106.

8 Druckexemplar u. a. StA Darmstadt, Abt. E 3 A Nr. 42/10.

Literaturhinweise

Demandt, Karl: Die hessischen Landstände im Zeitalter des Frühabsolutismus. In: Hess. Jb. f. Landesgeschichte 15, 1965, S. 38–108

Franz, Eckhart G., und Jürgen Rainer Wolf: Landstände und Landtage in Hessen. Von der Einung des Mittelalters zur demokratischen Volksvertretung. Darmstadt 1983

Glagau, Hans (Hrsg.): Hessische Landtagsakten. Bd. 1: 1508–1521. Marburg 1901

Hollenberg, Günter (Hrsg.): Hessische Landtagsabschiede 1526–1603. Marburg 1994

Ders.: Hessen-Kasselische Landtagsabschiede 1649–1798. Marburg 1989

Herrmann, Fritz H.: Der Untergang der althessischen Landstände. Teil 1: Die Verfassung der hessen-darmstädtischen Landstände im Ausgang des 18. Jh. Darmstadt 1933

Jäger, Berthold: Das geistliche Fürstentum Fulda in der frühen Neuzeit: Landesherrschaft, Landstände und fürstliche Verwaltung. Marburg 1986

Rieger, Bernhard: Die hessen-darmstädtischen Landstände und der Absolutismus. Darmstadt 1894

Zimmermann, Ludwig: Zur Entstehungsgeschichte der hessischen Landstände. In: Zs. d. Ver. f. hess. Gesch. 63, 1952, S. 66–82

Hartwig Brandt

Der deutsche Frühkonstitutionalismus

I.

Daß der deutsche Konstitutionalismus des 19. Jahrhunderts im Innenraum des aufgeklärten Fürstenstaates entstanden sei, ist ein in der Forschung gut begründetes und auch jetzt noch gut begründbares Urteil. Alle Verfassungsstaaten von innovatorischem Rang waren zuvor absolutistisch geprägte Gebilde gewesen. Später, als sie napoleonisch geworden waren, durchliefen sie eine zweite Schule der Administration.

Weiten wir den Blick ins Ganze, so ging der »harten« Geschichte der Verfassungen eine »weiche« von Publizistik und politischer Theorie voraus: eine gewaltige Produktion reformerischer, liberaler, »jakobinischer« Literatur, aber auch gegenrevolutionärer Texte, also solcher, welche die Grundlagen des Konservatismus legten. Auslöser war die Französische Revolution. Anfangs, als die Veränderungen nur Paris und danach Frankreich erfaßten, waren die deutschen Reaktionen auf einen moralischen Ton gestimmt, der indes auch ein Ton der Ferne war. Später, als die Revolution exportiert und der Bestand des Alten Reiches prekär wurde, gewannen Pläne an Resonanz, welche auch den eigenen Verhältnissen zu Leibe rückten.

Vor 1789 gab es in Deutschland kein Beispiel aufgeklärt-liberaler, das heißt naturrechtlich-»atomistischer« Literatur. Es gab ein ständisch-libertäres Denken, es gab einen ins Aufgeklärte gewendeten Absolutismus, es gab auch eine breite, der »Verbesserung« der öffentlichen Zustände geltende Publizistik. Aber es fehlte das Werk, welches das Neue antizipierte.

Erst mit dem Umsturz in Frankreich änderte sich dies, trat auch die Literatur mit neuen Entwürfen hervor. Manche Autoren waren bestrebt, den aufgeklärten Absolutismus konstitutionell zu überschreiten und fortzudenken. Kant entwarf das Modell einer liberalbesitzbürgerlichen »Republik«. Wiederum andere versuchten sich, französischen Vorbildern folgend, an Plänen für eine künftige – liberale oder demokratische – Verfassung. Indessen sind die publizistischen Impulse dieser Jahre, der 1790er Jahre, durch die Napoleonisierung Deutschlands um ihre Wirkung gekommen.

Eine zweite Phase konstitutioneller Vorgeschichte in Deutschland war die Epoche der Rheinbundstaaten. Napoleon hatte in Frankreich die Revolution »geschlossen«, in Deutschland das Ancien régime beendet. Dort war er der plebiszitäre Cäsar, der sich durch Taten bewähren wollte, hier der Eroberer, der Missionar der Moderne, der Vernichter der Feudalität. Die Botschaft, die er mit sich führte, war der rationale territoriale Staat. Er brauchte ihn als Satellitengebilde wie als Militärprovinz. Aber er wollte ihm auch die Revolution vermitteln, durch eine monokratische Verwaltung, aber auch durch eine Verfassung. Indessen war die Zeit zu kurz bemessen für derlei Pläne. Nur im Königreich Westfalen ist es zu einer Konstitution gekommen, einem Kunstprodukt ohne historische Tradition. Aber auch zu einem Renommierprojekt der napoleonischen Politik. Jedenfalls waren dies die Absichten, als der Kaiser die Verfassung 1807 verkündete.

Das Französische der Konstitution trat darin hervor, daß es einen Staatsrat gab, der die Vorbereitung der Gesetze besorgte. Daneben gab es die Repräsentation, gab es die »Stände des Königreichs«, welche Beschluß über die ihnen zugeleiteten Vorlagen faßten. Das Recht der Debatte war ihnen wie auch das der Initiative verwehrt. Bestellt wurden die »Stände« in einem indirekten Verfahren, das durch die Ernennung der Wahlmänner durch den König Staatsnähe verbürgte. Dazu galt ein Zensus für die Abgeordneten, 100 an Zahl. 70 von ihnen sollten aus der Klasse der Grundeigentümer kommen, 15 Unternehmer, 15 weitere sollten Gelehrte oder Angehörige anderer um das Gemeinwesen verdienter Berufe sein. So gesehen, bot die erste geschriebene Verfassung in Deutschland nur einen schwachen Konstitutionalismus, eine parlamentarische Vertretung, die eher Teil der Administration als deren Aufseher und Widerpart war.

Andererseits war das Königreich Westfalen nicht nur ein verformter Verfassungsstaat, es war auch ein Verfassungsstaat im Entstehen. Denn neben der Ministerregierung gab es Grundrechte (Gleichheit vor dem Gesetz, Freiheit von Person und Eigentum, Unabhängigkeit der Justiz u.a.m.), und auch der Landesherr war der Verfassung unterworfen. Alles dies ging erheblich über jenes Konzessionsrecht hinaus, das aufgeklärte Monarchen ihren Untertanen gewährten. Es signalisierte die Anfänge des konstitutionellen Staates.

II.

1815 trat der deutsche Konstitutionalismus in die erste Phase seiner praktischen Erprobung ein, in eine Zeit des Marsches durch die Institutionen. Es ist keine schlechte Definition des 19. Jahrhunderts, daß es sich die Vorgaben des 18. zum Pensum nahm. Freilich waren sich die Mächte des Wiener Kongresses – die verfassungspolitisch nicht nur über die Nachfolgeform des Alten Reiches entschieden – zutiefst uneins darüber, was Verfassungen im Rahmen des neuen »Bundes« bewirken und darstellen sollten. In einer ersten Phase des Kongresses wurde sogar die Restauration des Alten Reiches ins Kalkül gezogen – oder doch die Restaurierung alter Ritterrechte, die der Rheinbund planiert hatte. Dies war die Rache des Freiherrn vom Stein, des Beraters der Mediatisierten in Wien. Freilich blieben seine Vorstöße am Ende erfolglos. Mit anderen Worten: Die territoriale Integrität der napoleonischen Staaten blieb erhalten. Nur die Modellstaaten, da historisch bodenlos und ohne Anwalt, verfielen der Kassation.

Aber da gab es einen zweiten Konflikt, der nun nachfolgend fast religionskämpferische Züge annahm: Wie sollte die künftige Landesvertretung, das Parlament der neu zu schaffenden Konstitutionen, beschaffen sein? Der Kongreß, der sich im allgemeinen nicht auf die innere Politik der deutschen Staaten einließ, hatte zur Klärung der Frage einen Paragraphen, den berühmten Artikel be-

Foto Nr. 12: Zu den großen Reformern im heutigen Hessen und vor allem in Preußen gehörte der Reichsfreiherr Karl vom und zum Stein (1756–1831). Peter J. Lützenkirchen, Frankfurt a. M. o. D., Schabkunstblatt. Historisches Museum, Frankfurt a. M., C 8704.

schlossen: »In allen Bundesstaaten wird eine Landständische Verfassung statt finden.« Ein lapidarer, aber auch ein sibyllinischer Satz. War dies eine Rechtsvorschrift, war es eine Prognose? Vor allem aber: was hieß »landständisch«? Eine ganze Generation von Publizisten hat sich an dem Exegetenstreit beteiligt. Kein Thema schien brennender in der öffentlichen Debatte.

Die Auslegung war deshalb alles andere als scholastisch, weil hinter ihr höchst unterschiedliche Interessen standen. Da waren auf der einen Seite die napoleonisch geprägten Mittelstaaten – Bayern, Württemberg, Hessen-Darmstadt, Baden –, die eine Verfassung als Instrument der Staatskonsolidierung wollten, eine parlamentarische Versammlung, die nicht auf Ständen und Regionen aufruhte, sondern den Einzelnen, den Bürger zur Grundlage hatte. Verfassung und »Stände« waren nach dieser Lesart Elemente der politischen Integration, Verlängerungen der Administration in die »Staatsgesellschaft«.

Ganz anders Österreich und Preußen. Metternich, der österreichische Kanzler, war bestrebt, dem Kaiserstaat in der neuen internationalen Konferenzordnung eine leitende Stellung zu sichern. Dies setzte allerdings voraus, daß er den Vielvölkerstaat unter fester Kontrolle hielt, auch mit den Mitteln der Verfassung. Anders gesagt: In Österreich konnte ein landesweites Parlament staatssprengende Qualitäten entwickeln. Das kollegialische, das diskursiv-politische Element, so Metternichs Philosophie, sei daher zu beschränken: auf die hohe Verwaltung, wo es in Gestalt eines Staatsrats fördernd wirken werde, und auf die Provinzen, wo es dem regionalen Interesse genügenden Auslauf verschaffe.

Auch Preußen stand dem Gedanken einer Nationalrepräsentation reserviert gegenüber. Es gab die Reformzeit, gewiß. Es gab das berühmte Diktum Gneisenaus vom »dreifachen Primat der Waffen, der Konstitution (und) der Wissenschaften«. Aber schon in den frühen Bekundungen Hardenbergs und Steins war doch niemals von einer Interessenvertretung der »Gesellschaft« – und was war ein Parlament anders als diese – die Rede. Sondern immer davon, den Sachverstand der Besitzenden vor Ort der Verwaltung zuzuführen, ihn für den Staat zu nutzen. Und zu einer Obsession wuchs sich diese Vorstellung aus, als der preußische Staat nach 1815 um die Rheinlande, Westfalen und Teile Sachsens vergrößert wurde. Die zentrifugalen Wirkungen eines zentralen Parlaments schienen gar nicht absehbar zu sein. So bildete sich – nicht nur unter den Gegnern einer Verfassung – die Vorstellung heraus, daß Preußen, wolle es als transterritorialer Kunststaat überleben, andere Wege der Organisation zu beschreiten habe. Nicht der dualistische Konstitutionalstaat sei der Königsweg der Reform, sondern die Verschränkung von Administration und Parlament. Die Stände müßten Verwaltung – und die Verwaltung müsse ständisch werden.

So gab der König mehrmals ein Verfassungsversprechen, aber am Ende war es das Institut – beratender – Provinzialstände, welches die Staatsspitze konzedierte. Umgekehrt zeigte der – 1817 eingerichtete – Staatsrat alle Züge eines binnenstaatlichen Parlaments. Er wurde zwar nicht gewählt, aber er prozedierte nach einer ständischen Geschäftsordnung, und er tagte im Plenum und in Abteilungen. Preußen sei der »Tartuff« unter den Staaten, hat Heinrich Heine später gesagt.

Mehrfach ist der Bundestag bedrängt worden, dem schillernden Artikel 13 eine authentische Interpretation zu geben. Sachsen-Weimar, Lippe-Detmold und Württemberg sind nacheinander vorstellig geworden. Die Institution selbst hat sich in der Sache, was immer die Gründe sein mögen, niemals erklärt. Dafür aber ergriff Metternich im Sommer 1819 die Initiative. Er nutzte nicht nur die Revolutionsangst, die damals in der herrschenden Klasse, nicht nur in Deutschland, umging. Er nutzte die erregte Stimmung nach der Mordaktion gegen Kotzebue, den russischen Autor und Informanten. Ziel seiner Intervention war die bundesgesetzliche Einschränkung der Preßfreiheit, aber auch »verbesserte« Aufsicht über die Hochschulen. Ziel war aber auch, dem Artikel 13 eine rückwärts gewandte, eine altständische Auslegung zu geben. Mit dem ersten war er erfolgreich: Die Karlsbader Beschlüsse haben ein Zeitalter geprägt. Das andere ist ihm mißlungen. Friedrich Gentz, Metternichs Berater und Alter ego, einer der großen Publizisten der Zeit, trug der Konferenz ein langes Statement vor, das diese Auffassung als plausibel und politisch opportun erweisen sollte. Die Teilnehmer hat es nicht überzeugt.

Von diesem Augenblick an verfolgte der Staatskanzler – denn er war ein Politiker des Status quo – ein anderes Ziel: die Eindämmung der »Revolution«, nicht ihre Aufhebung. Auf einer Nachfolgekonferenz in Wien 1820 wurde eine »zweite Bundesverfassung«, die »Wiener Schlußakte«, konzipiert. Ihre zentrale Bestimmung (Art. 56) besagte, daß auch Verfassungen des modernen Typus, also solche mit Repräsentation nach »Köpfen«, nicht nach Ständen, künftig vor dem Bundesrecht bestehen sollten. Aber zugleich reservierte der Folgeartikel 57 den Landesherren in Konfliktfragen eine Art von Letztentscheid. Die Kronen seien Inhaber der Staatsgewalt, die Stände hätten nur an ihrer Ausübung teil.

Daß Metternich zu diesem Zeitpunkt ganz auf die Strategie der Eindünung und nicht mehr der rückwärtigen Korrekturen setzte, hatte mit den Verfassungsstiftungen in Baden und Bayern zu tun. Beide Staaten hatten sich 1818 Verfassungen des modernen, des repräsentativstaatlichen Typus' gegeben. Der Grund, so zu handeln, war staatlicher Erhaltungstrieb, namentlich die Furcht, der Bund könne eine ständische, was für sie heißen mochte: eine staatssprengende Lösung ins Werk setzen. So ergriffen sie die Flucht nach vorn. Das Bündnis von bürokratischem Staat und »atomistischer« Vertretung hatte einen gemeinsamen Kontrahenten: die ständische Restauration.

In Württemberg war dies im Grunde nicht anders. Die moderne Verfassung, die König Friedrich 1815 – es war die erste moderne in Deutschland überhaupt – zur Debatte stellte, scheiterte, blieb ein Konstrukt. Der heftige Protest der »Altrechtler«, der Fahnenträger des Überkommenen, brachte sie zu Fall. Aber die Nachfolge-Konstitution seines Sohnes Wilhelm setzte sich durch. Sie wurde vereinbart – dies im Unterschied zu Bayern und Baden. Aber bevor sie zustande kam, waren die »Altrechtler« gouvernemental geworden. Dem Ständebeschluß ging die Kapitulation des alten Württemberg voraus. Auch Württemberg war seit 1819 ein monarchisch-konstitutioneller Staat.

III.

Von den 41 Staaten des Deutschen Bundes waren oder wurden 37 in der Zeit des Vormärz Verfassungsstaaten. Die vier Ausnahmen bildeten neben Österreich und Preußen die Kleinstaaten Oldenburg und Hessen-Homburg. Freilich waren die Konstitutionen selbst Gebilde von höchst unterschiedlicher Prägung. Die Art der ständischen Vertretung, für die sie votierten, bietet den Schlüssel, sie nach Gruppen zu unterscheiden. Da waren zunächst die Verfassungen von altständischem Zuschnitt. Die preußischen und rheinbündischen Reformen hatten verdeckt, daß solche Traditionen fortdauerten, wenn sie sich nicht sogar regenerierten - gleichsam in den Nischen einer Revolution, die über Deutschland hinwegging. Neben den Monumenten des Neuen lebte das Alte, das sich nur zögernd und gegen Widerstände veränderte. Der Kunststaat Baden war das Zugpferd der Moderne. Aber in der deutschen Staatenwelt

Foto Nr. 13: Karl Theodor von Dalberg (1744-1817), Fürstprimas und Großherzog von Frankfurt am Main; Kupferstich.
Historisches Museum, Frankfurt a. M., C 13978. Bildquelle: Institut für Stadtgeschichten, Frankfurt am Main.
Die Entstehung des Großherzogtums Frankfurt gehörte neben dem Königreich Westfalen zu den einschneidenden Veränderungen im Zuge der staatlichen Neuordnung während der napoleonischen Zeit.

gab es noch viel 18. Jahrhundert: in den mecklenburgischen Großherzogtümern, die an ihren altständischen Verfassungen festhielten und diese bis 1918 (!) erfolgreich behaupteten, in den Reußischen Staaten, in den drei Anhalt, aber auch in den patrizischen Stadtstaaten Hamburg, Bremen, Lübeck und Frankfurt.

Da waren zum zweiten die Konstitutionen mit neuständischem Einschlag. Im Königreich Hannover gab es Ständeversammlungen aller welfischen Landesteile; erst 1819 wurden sie zu einem Gesamtlandtag vereinigt. Der Adel gab in ihnen den Ton an, aber auch die freien Bauern erhielten Mandatsrechte. Im benachbarten Braunschweig waren die Feudalvertretungen zunächst (1819) restauriert worden, aber dann wurden sie neuständisch geöffnet. 20 Bauern erhielten Sitz und Stimme im Landtag. Weiter noch gingen die thüringischen Kleinstaaten, das Großherzogtum Sachsen-Weimar-Eisenach voran, danach Hildburghausen, Meiningen, Altenburg und Schwarzburg-Rudolstadt. Sie alle gründeten in altständischen Verhältnissen, veränderten diese jedoch durch Verbreiterung des sozialen Spektrums. Neben den freien Bauern erhielten auch die Städte das Recht der Vertretung.

So bietet die deutsche Kleinstaatenwelt im Jahrzehnt der süddeutschen Verfassungsstiftungen ein Bild der Beharrung wie der neoständischen Korrekturen, kein Bild des Umbruchs oder der Orientierung an modernen Mustern. Bauern und Stadtbürger erhielten Wahl- und Vertretungsrechte, aber die Bestellung der Abgeordneten blieb ein innerständischer Vorgang, zum Teil auch Beratung und Beschluß in den parlamentarischen Gremien. Dabei bemaß sich der Anteil der einzelnen Gruppen im Landtag durchweg nach Zahlen: In Sachsen-Weimar standen 11 Rittergutsbesitzer gegen je 10 Bürger- und Bauernvertreter. In Hildburghausen hieß das Verhältnis 6 : 5 : 6. Auch anderswo wurde die Drittelparität zur Norm der Verteilung. Dabei rezipierten selbst modernere Verfassungen noch das soziale Quotensystem. Nach der sächsischen Konstitution von 1831 kamen auf 20 Rittergutsbesitzer 25 Vertreter der Städte, 25 Bauern und 5 Abgesandte des Handels- und Fabrikwesens. In Bayern ergab sich auf Grund des Schlüssels: »ein Abgeordneter je 7 000 Familien« folgende Mandatsverteilung nach Prozenten: Adlige Grundbesitzer 1/8, Geistlichkeit 1/8, Städte und

Märkte 1/4, übrige Landeigentümer 1/2. Umgekehrt waren auch die Kleinstaaten darin modern, daß sie die Gesamtverantwortung der Abgeordneten und das freie Mandat, das Verbot von Instruktionen in ihre Verfassungen schrieben. Beides im Regelfall sogar zugleich.

So bietet sich dem Betrachter eine breite Zone der Überschneidung von Altem und Neuem. Die Endpunkte der Skala bildeten auf der einen Seite das feudalständische Mecklenburg, auf der andern die repräsentativ-staatlichen Systeme Badens und Württembergs. Mit diesen Staaten ist nun auch der dritte Typus der Aufstellung genannt: eine Verfassung mit individuellem Wahlrecht und einem Bestellmodus nach Bezirken. Was alle Konstitutionen wieder verband, war der Entscheidungsvorrang der Staatsspitze, war der Überhang an Verwaltung. In Deutschland gingen die Verfassungen durch die Schule der Bürokratie. Sie waren nicht Eroberungen des Bürgertums, der »Gesellschaft« oder sonst einer Kraft, die gegen die Obrigkeit aufbegehrte. Sie waren Werkzeuge der Staatsspitze. Wie die aufgeklärten Fürsten des 18. Jahrhunderts mit der revolutionären Vertragslehre spielten, um ihrem Regiment eine fortschrittliche Legitimation zu verschaffen, so nutzten die Regierungen nach 1815 den Bonus der Konstitution. Sie gewährten Verfassungen, um heterogene Gebietsherrschaften zusammenzuführen, um die Einwohnerschaft zur Wahlbürgerschaft zu einen, um den derangierten Staatskredit zu verbessern. Die Gefahr, Ständeversammlungen könnten, wenn sie einmal begründet seien, zu einer Gegenkraft im Staat sich entwickeln, erschien den Administratoren gering. Ihre Sorge galt dem inneren Zusammenhang und der äußeren Selbständigkeit von Staaten, die der verbindenden Tradition entbehrten.

Am entschiedensten war der Verfassungswille in den süddeutschen Staaten. Am entschiedensten hier auch der Wille, den französischen »Atomismus« zur Leitlinie der Verfassungsgebung zu nehmen. Von ihnen soll im folgenden gehandelt werden.

IV.

Die konstitutionelle Monarchie war geprägt durch einen Dualismus zweier Letztbegründungen von Herrschaft. Die Staatsspitze, der Fürst, amtierte kraft Herkommen, kraft Erbrecht, die ständische Versammlung kraft Zustimmung, kraft Wahl. Es war auch der Gegensatz von Verwaltung und »Gesellschaft«, der in der Konstitution seinen Niederschlag fand. Er ist weder verfassungsrechtlich noch verfassungspolitisch jemals überwunden worden. Der Dualismus blieb die Signatur des Systems. Daß dieses über ein volles Jahrhundert hin Bestand hatte, war nicht Ausweis der Konsistenz, die ihm eignete. Es war die Schwäche des Widerparts von Krone und Administration, es war die Folge davon, daß sich die Parlamente in eine nachgeordnete Rolle fügten.

Der Landesherr war nicht nur Stifter der Verfassung, er verfügte auch über ausgedehnte Rechte. Freilich hatte er sich gebunden durch ein System nicht mehr revidierbarer Verfahren und Kompetenzen. Dieser Umstand - nicht eine - (wie auch immer) prätendierte »Fortschrittlichkeit« unterschied ihn von einem aufgeklärt-absolutistischen Monarchen.

Der Landesherr war nun Staatsorgan, und diese Verwandlung seiner Stellung zeigte sich zunächst im Besitzrecht. In der vorkonstitutionellen Epoche gab es keine festgelegte Trennung von fürstlichem Privatrecht und dem öffentlichen Recht des »gemeinen Wesens«. Nun gab es diese Trennung sehr wohl. Das herkömmliche »Kammergut« wurde aufgeteilt in Staats- und fürstlichen Privatbesitz. Zudem wurde dem Landesherrn ein festes Gehalt, die sogenannte »Zivilliste«, eingeräumt.

Die Rechte der Staatsspitze umfaßten sowohl exekutive als auch legislative Befugnisse. Der Fürst war Herr über die Administration, er ernannte Minister und Beamte aus eigenem Recht, und er war oberster Befehlshaber über das Militär. Aber er war auch Mitinhaber der gesetzgebenden Gewalt, ein Umstand, der den Dualismus noch einmal pointierte. Er allein konnte Gesetze einbringen, und jedes Gesetz bedurfte seines Plazets. Zudem wirkte er auch in die ständische Sphäre hinein. Er entschied über die Einberufung der parlamentarischen Kammern, er vertagte sie, löste sie auf – appellierte vor Neuwahlen an die Wählerschaft. Die Bestellung der Kammerpräsidien bedurfte seiner Zustimmung.

Das Verhältnis Landesherr – Regierung war in Preußen und in den Rheinbundstaaten schon im konstitutionellen Vorfeld verrechtlicht worden. Der Minister, wiewohl vom Monarchen ernannt und jederzeit entlaßbar, er war nun eine öffentliche Figur. Dies unterschied ihn vom fürstlichen Rat im absolutistischen System. Er war befugt, öffentlich für seine Politik und um seine Stellung zu kämpfen. Erst im unüberbrückbaren Konflikt war er dem Monarchen unterlegen, hatte er zu weichen: Er bat um seine Entlassung, oder er wurde zum Rücktritt gezwungen. Freilich war ein solcher Akt kein politisches Arkanum mehr wie im Absolutismus, denn der Monarch begab sich selbst in die politische Arena. Da dies aber so war, zeigte sich das Recht der Entlassung als ein durchaus zweischneidiges Schwert. Es gab Fälle, wo Minister den Landesherrn beherrschten, obwohl sich dieser ihrer jederzeit entledigen konnte. Waren Monarch und Administration die handelnde Mitte des Staates, so die Landtage die Fluchtburgen der Freiheit.

Alle frühkonstitutionellen Verfassungen enthielten Abschnitte, die von den »Rechten und Pflichten« der Bürger resp. der Untertanen handelten. Rechten des Einzelnen auf Selbstbestimmung und Beteiligung, Rechten auf ungestörte Kommunikation, Rechten auf Wirksamkeit bestimmter Institute. Aber diese Rechte waren nicht kodifiziertes Naturrecht, Festlegungen einer souveränen Bürgerschaft, sondern Gewährungen einer amtierenden, im unangefochtenen Machtbesitz befindlichen Staatsspitze. Freilich waren die Abtretungen, wie alles gesetzte Verfassungsrecht, irreversibel. Nur ein staatsstreichartiger Zugriff konnte die Verbürgungen ungeschehen machen.

Die Staatsabhängigkeit der Grundrechte trat zunächst darin hervor, daß ihnen in der Regel Vorschriften über Erwerb und Verlust der Staatsangehörigkeit vorangestellt waren. Auch die Gleichheitsgarantien, »kasuistisch gefaßt«, galten »vorwiegend in der Staatsrichtung« (D. Grimm): Gleichheit der Besteuerung, Gleichheit des Zugangs zu öffentlichen Ämtern, Gleichheit der militärischen Dienstpflicht. Bei den Freiheitsrechten wiederum mischten sich

Staatsverzicht und ein Überhang an ständischen Traditionen. Die Obrigkeit sicherte Freiheit der Person, Gewissens-, Denk- und Auswanderungsfreiheit, dazu Schutz vor willkürlicher Verhaftung und Anspruch auf ordentliches Gericht. Aber das bürgerliche Eigentumsrecht blieb nur gegen den Staat (Enteignung nach förmlicher Zustimmung der Verwaltung und nach Entschädigung) garantiert, in der Gesellschaft stieß es sich an ständischem Herkommen. Sonderrechte des Adels wurden erneuert, »Handels- und Gewerbsprivilegien« konnten fortbestehen, wenn sie weiterhin gesetzlich gesichert waren.

Prekär, wenn überhaupt garantiert, waren jene Grundrechte, die dem Schutz des Individuums galten, aber zugleich schon ins Politische hinüberspielten. So die Pressefreiheit, die, wiewohl fast überall zugesichert, durch Mißbrauchsklauseln eingeschränkt war. Aber solche Feinheiten verblaßten, wurden Theorie, als die Beschlüsse von Karlsbad die Vorzensur einführten. Dagegen fehlten unter den Zusicherungen gänzlich solche für Verein und Versammlung. Hier trat der staatsbezogene und gesellschaftsdisziplinierende Charakter der neuen Verfassungen am augenfälligsten hervor. Die Ständekammer sollte der Administration Kenntnisse und Unterstützung liefern, aber nicht eigentlich politisch sein, schon gar nicht zur politischen Gegenkraft sich entwickeln. Jedes organisierte Begehren in der Gesellschaft aber konnte in eine solche Richtung führen. »Assoziation« und Versammlung, nachfolgend Schlüsselbegriffe der Epoche, kamen in den Plänen der Verfassungsgründer nicht vor.

Die Grundrechte in den frühen Konstitutionen besaßen zuvörderst proklamative Bedeutung. Sie banden Regierung und Verwaltung nicht unmittelbar und den Gesetzgeber nur in jenen Fällen, in denen er einen Auftrag der Verfassung erfüllte. Wichtiger war dafür ihre politische Bedeutung. Sie dienten den Kammeroppositionen, sich selbst ins öffentliche Licht zu rücken, sie dienten als Instrumente, die Regierung zu bedrängen, sie zum Handeln zu zwingen. Es war das politische Salz der Debatten, wenn Grundrechtszusagen eingefordert wurden.

Die deutschen Parlamente des 19. Jahrhunderts sind nicht als Regungen einer politisch gewordenen »Gesellschaft« entstanden.

Ihnen fehlte die Mitgift und erst recht eine Epoche der Patronage, der institutionalisierten Korruption. Dies war die Ursache ihrer Schwäche, aber auch der Grund für Züge des Modernen, die ihnen eigneten. In der Gegenüberstellung von Wahlrecht und ständischer Macht wird dieses Gefälle offenbar.

Wie anderswo waren es auch in Deutschland die erworbenen Eigentumstitel, welche zur Ausübung des Stimmrechts legitimierten. Aber die Hürden waren durchweg niedriger gestellt, weniger diskriminierend die Vorschriften, durchschaubarer auch - jedenfalls gegen britische Verhältnisse gehalten. Bürgerrecht, Steuerleistung und Grundbesitz verlangte die »Neue Landschaftsordnung« Braunschweigs von 1832; Selbständigkeit, Ortsbürgerrecht und Grundbesitz die kurhessische Verfassung, die ein Jahr zuvor erlassen war. Ähnlich waren die Anforderungen, welche im Königreich Sachsen galten, aber auch in einer Reihe von Kleinstaaten der thüringischen Region. In Württemberg waren Gemeindebürgerrecht und Steuerleistung vor die Ausübung des Wahlrechts gestellt, in Baden gar nur die »Ansässigkeit als Bürger im Wahldistrikt oder Bekleidung eines öffentlichen Amtes«.

Man hat vom Zensus-Wahlrecht gesprochen, um der Praxis den rechten Namen zu geben. Und dies ist, aufs Ganze gesehen, eine zutreffende Bezeichnung. Aber es gab eben auch solche Staaten, in denen die materiellen Anforderungen an das Wahlrecht gering waren oder gar gänzlich fehlten, wo eine jährliche Staatssteuer von einem einzigen Gulden hinreichte, um Wahlbürger zu werden. Bis zu 15 % der Bevölkerung, so wissen wir, haben damals in Baden und Württemberg wählen dürfen; und der Anteil derer, die tatsächlich wählten, war eher noch höher, denn die überforderten Ortswahlbehörden ließen manches durchgehen, was nicht rechtens war. Nach 1870, unter den Bedingungen des allgemeinen (Männer)wahlrechts des Kaiserreichs, lag die Zahl der Berechtigten nur unwesentlich höher. Verglichen mit England und Frankreich waren diese Staaten fast demokratische Gebilde.

Fügen wir hinzu, daß öffentlich gewählt wurde - eine für heutige Vorstellungen eher befremdliche Bestimmung. Die Zeitgenossen indes sahen es anders. War Wählen damals schon ein neuer, ein die sozialen Verhältnisse bewegender Vorgang, so trug öffentliches

Wählen die Politik in Bezirke, in denen sie bis dahin fremd gewesen, in die Zünfte, in die Dörfer, in die Familien.

Verfolgen wir die Ergebnisse der Landtagswahlen über die Jahre hinweg, so tritt uns eine auffällige soziale Inkongruenz von Wählerschaft und Gewählten entgegen. Dominierten in den Urwähler- und Wahlmännerlisten Handwerker und Kleinbauern, so waren sie in den Landtagen selbst kaum vertreten. Hier dominierten die Advokaten und Professoren, die Appellationsgerichtsräte und Notare, die Apotheker und Lehrer – also Vertreter jener Schicht, die wir als Bildungsbürgertum bezeichnen. Freilich nicht, weil sie das Wahlrecht begünstigt hätte, sondern weil die Wählenden sich so entschieden. Übrigens ist uns der Sachverhalt auch von der Paulskirche her bekannt. Über die Gründe indes mag man streiten. War es verbreitete Meinung, den Ansprüchen des Mandats nicht gewachsen zu sein? War es die Nichtabkömmlichkeit von beruflichen Geschäften? Ein Stück Obrigkeitstradition wohl war es auch, das den Wahlentscheidungen die Richtung gab.

Schließlich die Rechte der Landtage, die indes nach Bedeutung zu gewichten sind. Den größten Aufwand erforderte die Gesetzgebungsarbeit, aber der politische Einfluß, den die Kammern durch sie gewannen, war eher gering. Bei den großen Infrastrukturvorhaben der Epoche – Grundentlastung, Kataster-, Gewerbe- und Schulgesetze – gab es kaum Differenzen zwischen Ständen und Verwaltung. Ganz anders war dies mit Haushalt und Steuern. Auch in diesem Fall galt das erste Gesetz des Parlamentarismus: Vertretungen ohne Finanzkontrolle sind nur ein Schatten dessen, was darzustellen sie vorgeben. An ihrem Steuerzustimmungs- wie an ihrem Budgetrecht erweist sich die Macht, über welche sie verfügen.

Unter den Verfassungsstaaten des Deutschen Bundes gab es, bei der Ausnahme Württembergs, keinen, der neben dem herkömmlichen Recht der Abgabenkontrolle über ein zweifelsfreies Mitbestimmungsrecht über die Ausgaben verfügte. Aber dies war nicht entscheidend. Denn in der Praxis weitete sich das anerkannte Prüfungsrecht der Stände doch sehr bald zu einem Recht der Zustimmung aus. Damit aber wurde der Etat zu einem Objekt des politischen Streits. Mehr noch: Er geriet zum Katalysator eines

Konflikts, der an die Grundlagen der Verfassung rührte. Daß die Haushaltsposten selbst dabei zunächst von geringem Gewicht, ja – hier ein Gesandtenposten, dort ein Landjäger – von subalternem Zuschnitt waren, minderte die politische Bedeutung des Vorganges nicht. Denn beide Seiten, Regierung wie Opposition, beschwerten den Streit mit jener Autorität, die sie in die Waagschale legen konnten. Jeder Haushaltskonflikt demonstrierte – ob virtuell oder praktisch – den antagonistischen Charakter des konstitutionellen Systems. Der preußische Verfassungskonflikt der sechziger Jahre war nur der Schlußpunkt einer langen Entwicklung.

Die Minister waren im konstitutionellen System die Anwälte der Politik der Krone. Sie hatten die Speere parlamentarischer Kritik auf sich zu ziehen. Freilich waren die Mittel der Landtage beschränkt, den Regierungen eine Rechenschaft abzuverlangen, die nicht folgenlos blieb. Ihre einzige Waffe war Anklage wegen Verletzung von Recht und Konstitution. Dies konnte in einem justizförmigen Verfahren geprüft werden, aber den Nachweis zu führen war schwer. Das größte Hindernis war die durchweg »staatstreue« Gesinnung der rechtsprechenden Instanz. Als politisches Instrument war das Institut Verantwortlichkeit daher kaum tauglich. Es gibt eine umfängliche zeitgenössische Literatur, die sich des Themas angenommen hat. Vielleicht gerade deshalb, weil seine praktische Bedeutung gering war. Allein in Kurhessen ist es zu einigen Verfahren gekommen.

Daß das ständische Budgetrecht die Achillesferse des Konstitutionalismus darstelle, war den Zeitgenossen sehr wohl bewußt. Denn der Staat war empfindlich, wo ihm die finanziellen Mittel abhanden kamen. Die verweigernde Kammer konnte warten, die Verwaltung konnte es nicht. Wo aber der Schiedsrichter fehlte, mußten neue Arrangements zwischen den Kontrahenten gefunden werden. So wurde schon in den dreißiger Jahren die Auffassung geäußert, daß der parlamentarische der wahre Konstitutionalismus sei – schon deshalb, weil er allein klare Verantwortlichkeiten schaffe. Johannes Schlayer, leitender Minister in Württemberg, hat diesen Weg unter seinesgleichen wohl als erster empfohlen. Wenn der parlamentarische Liberalismus das Geld verweigere, was die Regierung brauche, dann möge er selbst administrieren oder doch die

Administration verantworten. Zehn Jahre später haben Robert von Mohl und Friedrich Julius Stahl – indes von fast antipodischen Standpunkten aus – über diese Schwäche des Systems gehandelt. Die alternativen Fluchtwege, die sie erörterten, hießen Staatsstreich und parlamentarisches System.

Parlamentarismus heißt Öffentlichkeit – nach kontinental-europäischer, nicht nach britischer Lesart. Das Besondere vormärzlicher Verhältnisse trat indes darin hervor, daß die Landtage Stätten der Redefreiheit waren in einer Gesellschaft, welcher diese Freiheit verwehrt war. Die Ständeversammlungen waren nicht nur Mandatare der Wählerschaft, sie waren auch Orte offener Diskussion und Kritik in einem Land, das von der Zensur beherrscht wurde. Fast drei Jahrzehnte lang verwalteten sie die politische Meinungsfreiheit gleichsam wie ein Monopol. Ihre Debatten boten dem Publikum jene »Zeitung«, jene Information, welche der Leser in Tagblättern und Broschüren vergeblich suchte. Nur vorübergehend waren die Auflagen für das Publizieren politischer Texte gelockert: in den frühen dreißiger Jahren wie in der Zeit vor der Revolution. Zweimal hatte der Deutsche Bund die Contenance verloren.

V.

Die Verfassungsgeschichte des Vormärz hat durch das Jahr 1830 eine tiefe Zäsur erfahren. Die französische Julirevolution wirkte als Katalysator einer Politisierung, welche die Verfassungsstifter des zweiten Jahrzehnts nicht vorgesehen hatten. Nach 1815 war die »bürgerliche Gesellschaft« nur passiver Teilhaber der Konstitutionalisierung gewesen, und die nachfolgenden zwanziger Jahre hatten das Kalkül der Verfassungsmacher bestätigt: Der Fortschritt, d. h. die Dosierung des Fortschritts, war eine Sache der Bürokratie geblieben. 1830 war diese Rechnung überholt, die »halkyonischen« Jahre waren vorbei.

Da war zunächst der Prozeß der Verfassunggebung, der weiter voranschritt. Sachsen, Hannover, Braunschweig und Kurhessen traten nun ebenfalls in den Kreis der konstitutionellen Staaten. Indessen hatten sich die Verhältnisse seit 1815 grundlegend verändert. Die Setzung des neuen Rechts stand unter dem Zeichen von sozialen Unruhen und politischen Ängsten. Allein Österreich und Preußen, die Mentoren des Bundes, verharrten auch jetzt in abwartender Stellung. Österreich im Bewußtsein seines »reaktionären Staatsinteresses«, Preußen in der Zuversicht, den Prozeß auch weiterhin mit der Philosophie des Allgemeinen Landrechts zu steuern. Es war die Theorie des »vormundschaftlichen Staates« (E. Gans), welche die Strategen verfolgten.

Wichtiger noch war indes die allgemeine Tendenz, der das Verfassungsleben in den dreißiger Jahren folgte. Denn nun erst eigentlich begannen die Ständeversammlungen die Konstitutionen beim Wort zu nehmen. Sie wurden zu Instrumenten der Opposition. Erst jetzt trat der systemeigene Dualismus zutage, ja, er wurde zum vorherrschenden politischen Prinzip. Und dieser selbst war wiederum ein Teil der allgemeinen politischen Bewegung, welche die Gesellschaft erfaßte: nach den Landtagen Presse, Versammlungen und Vereine. Genauer gesagt: Es war die Politisierung durch Polarisierung des Politischen, die nun allenthalben sichtbar wurde. »So wie ein Dichter politisch wirken will, muß er sich einer Partei hingeben«, notiert Eckermann Anfang März 1832. In seinen letzten Lebenstagen wurde Goethe noch einmal zum Reflektor des Zeitgeistes.[1]

Freilich hatte das Hervortreten des Kontrovers-Politischen, des Parteiischen zwei unterschiedliche Seiten, eine des Gedankens und eine der politischen Tat. Die Liberalen mochten das Parteiprinzip eigentlich nicht. Sie wollten die Gesellschaft als ganze vertreten – gegen den »Staat«, den sie als Widerpart respektierten, ja den sie brauchten. Daher plädierten sie für eine ungespaltene Volksvertretung. Werde diese von »Parteien«, »Fraktionen« oder »Faktionen« – der Sprachgebrauch war noch fließend – beherrscht, sei das Gleichgewicht von Regierung und Parlament gefährdet. Diese Theorie, die man nach ihrem maßgeblichen Wortführer auch die Rotteckschen nennen kann, hat noch weit ins 19. Jahrhundert fortgewirkt. Aber sie wurde doch durch die Verfassungspraxis seit den dreißiger Jahren zunehmend unterlaufen. In dem Maße, wie auch die Regierungen als Wahlpartei um das Mandat der Bevölkerung warben, wurde der Anspruch der Liberalen obsolet. Wiewohl gedanklich weiter die Theorie des Dualismus pflegend, fügten sie sich politisch dem neuen Prinzip der Konkurrenz. Sie bildeten Wahlvereine, wie die Administrationen die Macht der Verwaltung nutzten. Und sie schlossen sich in den Landtagen zu Gruppen zusammen. In der kurhessischen Kammer gab es »Ultraliberale«, »Gemäßigte« und »Gouvernementale«. In Baden gruppierten sich drei politische Richtungen - »Oppositionelle«, »gemäßigte Liberale« und Regierungsanhänger - zu einer Sitzordnung, die der französischen Deputiertenkammer entlehnt war. Auch in Württemberg gab es drei politische Richtungen im Parlament. Sie bestimmten das Prozedere der Verhandlungen, entschieden über Präsidien, Ausschußsitze und das Benehmen gegenüber der Administration. Was alle drei Staaten verband, war die neue parteimäßige Struktur des Politischen - wiewohl dies noch nicht moderne Verhältnisse waren. Aber sie zerbrach den herkömmlichen verfassungspolitischen Dualismus und war dadurch virtuell »parlamentarisch«. Sie führte das konstitutionelle System in eine Übergangszone, in ein verfassungspolitisches Transitorium.

Das konstitutionelle war ein offenes System. Ständisches Budgetrecht und Gruppenpolitik trieben es über die formell gesetzten Grenzen hinaus. Die weiteren Stationen der Geschichte waren die Revolution von 1848/49 und die Parlamentarisierungen der sechziger Jahre. Das Reichsgründungsjahrzehnt hat diese Entwicklung abgeschnitten.

Anmerkung

1 Johann Peter Eckermann: Gespräche mit Goethe in den letzten Jahren seines Lebens [Ausg. Berlin 1982], S. 439.

Literaturhinweise

Dippel, Horst (Hrsg.): Die Anfänge des Konstitutionalismus in Deutschland. Texte deutscher Verfassungsentwürfe am Ende des 18. Jahrhunderts. Frankfurt a. M. 1991.

Huber, Ernst Rudolf (Hrsg.): Dokumente zur deutschen Verfassungsgeschichte. Bd. 1: Deutsche Verfassungsdokumente 1803–1850. 3. Aufl. Stuttgart/Berlin/Köln/Mainz 1978.

sowie

Böckenförde, Ernst-Wolfgang (Hrsg.): Moderne deutsche Verfassungsgeschichte (1815–1918). 2. Aufl. Königstein 1981 (= Neue Wissenschaftliche Bibliothek, 51, Geschichte).

Böckenförde, Ernst-Wolfgang: Der Verfassungstyp der deutschen konstitutionellen Monarchie im 19. Jahrhundert (1967), wieder abgedr. in: Ders. (Hrsg.), Moderne deutsche Verfassungsgeschichte (1815–1918). 2. Aufl. Königstein 1981 (= Neue Wissenschaftliche Bibliothek, 51, Geschichte), S. 146–170.

Boldt, Hans: Deutsche Staatslehre im Vormärz. Düsseldorf 1975 (= Beiträge zur Geschichte des Parlamentarismus und der politischen Parteien, 56).

Ehrle, Peter Michael: Volksvertretung im Vormärz. Studien zur Zusammensetzung, Wahl und Funktion der deutschen Landtage im Spannungsfeld zwischen monarchischem Prinzip und ständischer Repräsentation. 2 Tle. Frankfurt a. M./Bern/Cirencester 1979 (= Europäische Hochschulschriften, 3, 127).

Grimm, Dieter: Deutsche Verfassungsgeschichte 1776–1866. Vom Beginn des modernen Verfassungsstaats bis zur Auflösung des Deutschen Bundes. Frankfurt am Main 1988 (= Neue Historische Bibliothek).

Hardtwig, Wolfgang: Vormärz. Der monarchische Staat und das Bürgertum. München 1985 (= Deutsche Geschichte der neuesten Zeit vom 19. Jahrhundert bis zur Gegenwart).

Huber, Ernst Rudolf: Deutsche Verfassungsgeschichte seit 1789. Bd. 1: Reform und Restauration 1789 bis 1830. 2. Aufl. Stuttgart/Berlin/Köln/Mainz 1967.

Langewiesche, Dieter: Europa zwischen Restauration und Revolution 1815–1849. 3. Aufl. München 1993 (= Oldenbourg Grundriß der Geschichte, 13).

Nipperdey, Thomas: Deutsche Geschichte 1800–1866. Bürgerwelt und starker Staat. 5. Aufl. München 1991.

Ritter, Gerhard A. (Hrsg.): Gesellschaft, Parlament und Regierung. Zur Geschichte des Parlamentarismus in Deutschland. Düsseldorf 1974.

Winfried Schüler

Die nassauische Verfassung vom 1./2. September 1814. Schrittmacher der konstitutionellen Bewegung in Deutschland[1]

Die Geschichte geht mitunter eigenwillige Wege. Niemand hätte am Ende des 18. Jahrhunderts vermuten können, daß ausgerechnet Nassau die erste landständische Verfassung moderner Prägung hervorbringen würde. Anders als in vielen anderen Territorien des Alten Reichs hatten sich in den zersplitterten nassauischen Grafschaften und Fürstentümern zu keiner Zeit Landstände zu entwickeln vermocht. Weder verfügten die nassauischen Kleinherrschaften über einen kraftvollen landsässigen Adel und vermögende Städte noch über einflußreiche geistliche Korporationen und selbstbewußte Universitäten, die dem Landesherrn wirkungsvoll auf Landtagen hätten entgegentreten können.

Auch die durch die französischen Annexionen, durch Säkularisierung und Mediatisierung geschaffene gebietliche Neuordnung der napoleonischen Zeit hat alles andere als einen machtvollen nassauischen Staat geschaffen. Gewiß, das 1806 mit der Gründung des Rheinbunds errichtete Herzogtum Nassau, das sich über weite Teile von Taunus und Westerwald und zunächst rheinabwärts bis in die Höhe von Linz erstreckte, besaß ein vergleichsweise wohlabgerundetes und in sich geschlossenes Staatsgebiet. Aber im Innern war dieses Herzogtum noch weit entfernt von einem kompakten Einheitsstaat. An seiner Spitze standen mit Herzog Friedrich August von Nassau-Usingen und Fürst Friedrich Wilhelm von Nassau-Weilburg gleich zwei Regenten. Von ihnen besaß der eine zwar die Herzogswürde und das Vorrecht der gemeinsamen Außenvertretung, der andere jedoch zweifellos das stärkere politische Profil. Auch das Staatsgebiet selbst war höchst inhomogen und setzte sich aus einer Vielzahl unterschiedlichster Territorialsplitter zusammen. Zudem gehörte das Herzogtum Nassau mit knapp 300 000 Einwohnern nur zu den kleineren Rheinbundstaaten. So sehr es die durch die Auflösung des Alten Reichs gewonnene Souveränität hervorkehrte, sein Wohlergehen und seine Existenz hingen doch weitgehend von auswärtigen Mächten ab, zunächst vom französischen Kaiser und Protektor des Rheinbunds, Napoleon, später von den Führungsmächten der antinapoleonischen Koalition.

Dennoch erscheint die Vorreiterrolle Nassaus bei der Ausbildung des modernen Verfassungsstaats im nachhinein gar nicht so unerklärlich. Gerade weil das Herzogtum Nassau keine altständische Tradition besaß und gerade weil es schwach und politisch unbedeutend war, ging alles so rasch und unkompliziert. Weil es im Herzogtum bisher keine Landstände gab, bestand auch keine Notwendigkeit, sich mit diesen in langwierigen Verhandlungen auseinanderzusetzen. Und weil das Herzogtum so schwach und unbedeutend war, mußte es hart um seinen Fortbestand kämpfen und dazu nötigenfalls auch die Verfassung gezielt als politische Waffe einsetzen.

Vorgeschichte und Entstehung

Den ersten Anstoß zur Schaffung einer Verfassung gab die Reformpolitik der Rheinbundära. Schon aus Gründen der Staatsraison sah sich Nassau genötigt, den von Frankreich ausgehenden Reformideen Einlaß zu gewähren. Nicht nur die Furcht vor Napoleon, auch die praktischen Erfordernisse beim Staatsaufbau ließen den politisch Verantwortlichen gar keine andere Wahl. Zudem standen die führenden Männer der Ministerialbürokratie vielen der Neuerungen auch persönlich sehr aufgeschlossen gegenüber. Ob es sich um die Aufhebung der Leibeigenschaft, die Beseitigung der Frohnden und die Einführung eines einheitlichen Steuersystems handelte oder ob es um die Unterwerfung des Fiskus unter die ordentliche Gerichtsbarkeit und die Festlegung des gerichtlichen Instanzenweges ging, ob es galt, den Ersatz von Wildschäden zu regeln und das

Weiderecht auf fremdem Grund und Boden abzuschaffen, oder ob über das Verbot der körperlichen Züchtigung, die Einführung der Pressefreiheit und die Gewährung von Freizügigkeit zu entscheiden war – die Bereitschaft und der Mut zur Veränderung übertrafen jedes gewohnte Maß. Dabei zielte das Interesse keineswegs nur auf die eine oder andere sozial- und finanzpolitische oder verwaltungsorganisatorische Einzelmaßnahme. Hinter allem stand die verbindende Idee einer grundlegenden staatlichen und gesellschaftlichen Neuordnung. Was die Reformer erstrebten, waren ein Staatswesen aus einem Guß und ein aus rechtlich gleichgestellten Bürgern einheitlich zusammengesetztes Staatsvolk, das dieses Staatswesen verantwortlich trug. Dazu aber gehörte nach dem Vorbild Frankreichs auch ein verfassungsmäßig garantiertes Repräsentativorgan, wie immer ein solches geartet sein mochte.

Schon im Juni 1808 wird die Frage einer Konstitution erstmals in einem offiziellen Dokument angesprochen. In einem Bericht, in dem der nassau-usingische Minister von Marschall und der nassau-weilburgische Minister von Gagern ihren beiden Regenten Rechenschaft über die bisher geleistete Aufbauarbeit ablegten, heißt es in kluger Vorausschau, wenn auch noch sehr vorsichtig:[2] »Was nun die Zukunft und eine ständische Verfassung betrifft, so beobachten wir die Komposition unserer Staatsmaschine, den Geist der Zeit und das Beispiel anderer mächtiger Staaten. Euere Durchlauchten werden dann gewiß mit liberalen Ideen und mit Klugheit folgen.« Die Minister wollten also zunächst einmal abwarten, wie sich die mit der Konstitution des Königreichs Westfalen vom November/Dezember 1807 eingeleitete Verfassungsgesetzgebung weiter entwickelte. Ganz offensichtlich lag lag ihnen aber ebenso daran, ihre Regenten rechtzeitig auf eine staatsrechtliche Veränderung vorzubereiten, die für das Herrscherverständnis erhebliche Auswirkungen hatte.

Höchst aktuell wurde dann die Verfassungsfrage im Jahr 1811, als die Einführung des Code Napoléon zur Diskussion stand. Es setzte sich nämlich die Auffassung durch, daß die Übernahme dieses französischen Gesetzeswerkes auch die Übernahme der französischen Staatsorganisation erforderlich mache. Tatsächlich kam der mit der Begutachtung dieser Frage beauftragte Geheime

Foto Nr. 14: Hofgerichtsdirektor und Publizist Ludwig Harscher von Almendingen (1766–1827), einer der nassauischen Verfassungsväter. Hessisches Hauptstaatsarchiv, Wiesbaden.

Rat und Vizedirektor beim Hofgericht Wiesbaden, Ludwig Harscher von Almendingen, zu dem Ergebnis, daß der Code Napoléon nur unter den Bedingungen des französischen Staatssystems funktioniere.[3] Dennoch sprach er sich dagegen aus, dem Land zum gegenwärtigen Zeitpunkt eine Verfassung nach französischem Vorbild zu geben. Zum einen müsse eine Übertragung des französischen Systems auf Deutschland schon an der Kleinräumigkeit der deutschen Staatenwelt scheitern. Zum andern bedürfe es geeigneter Repräsentativorgane, wo sich eine die Regierungsentscheidungen beeinflussende »öffentliche Meinung« bilden könne. Genau hierin liege indessen der größte Hinderungsgrund. Denn ein solches Forum der öffentlichen Meinungsbildung setze »eine Klasse von Güterbesitzern und Kapitalisten voraus, welche die Welt und das Leben, ihr Land und seine Lage, ihr Volk und seinen Charakter ... aus einem allgemeinen den Zeitforderungen und dem Zustand der Kultur angemessenen Gesichtspunkt«[4] betrachte. Diese Klasse von Einwohnern aber fehle in Nassau noch fast gänzlich. Das ändere jedoch nichts daran, daß der zur Zeit herrschende Zustand alles andere als befriedigend sei. Der Wegfall der »kaiserlichen und Reichshoheit« habe die Fürsten zu souveränen Herrschern gemacht. Wer aber garantiere, daß aus dem in der Souveränität grundgelegten »theoretischen Absolutismus« nicht eines Tages auch ein »praktischer« werde?[5]

Almendingen hat es wie kaum ein anderer verstanden, die Verfassungsfrage nach allen Seiten hin abzuwägen und bei aller verallgemeinernden Betrachtung sehr konkret auf die aktuellen politischen und gesellschaftlichen Zeitverhältnisse einzugehen. Die Verfassungsdiskussion hatte damit in Nassau ein Niveau erreicht, das die leitenden Männer befähigte, sehr schnell auch auf einschneidende politische Veränderungen zu reagieren. Solche Veränderungen stellten sich nämlich schneller ein als erwartet. Die Niederlage Napoleons vor Moskau und sein Zurückweichen vor den Truppen der Großen Allianz, zu der sich Rußland, Preußen und Österreich am 9. September 1813 zusammengeschlossen hatten, brachten die nassauische Regierung in eine äußerst heikle Situation. Einerseits schien ein möglichst frühzeitiger Übertritt ins gegnerische Lager dringend geboten. Andererseits war nicht auszuschließen, daß sich das Kriegsglück erneut wenden und Napoleon an den untreu gewordenen Vasallen bittere Rache nehmen könnte. Die Entscheidung wurde daher immer wieder hinausgezögert. Erst nachdem der Bündniswechsel unvermeidlich geworden war und die meisten anderen Rheinbundstaaten ihn längst vollzogen hatten, trat auch Nassau der siegreichen Koalition am 23. November 1813 in letzter Minute bei.

Fürs erste hatte das Herzogtum Nassau sich damit gerettet. Doch würde es seine Selbständigkeit auch auf Dauer behaupten können? Zu heftig drängten die Mediatisierten auf eine Wiederherstellung ihrer angestammten Territorien, und zu offenkundig war auf der anderen Seite namentlich das Bemühen Preußens, sich auf Kosten der verbliebenen Kleinstaaten weiter zu vergrößern. Die Befürchtungen waren um so berechtigter, als mit dem Freiherrn vom Stein auf seiten der Allianz ein Mann das politische Sagen hatte, dem das Herzogtum wegen seiner servilen Unterwürfigkeit unter den Willen Napoleons und wegen seiner rücksichtslosen Selbstbereicherung aufs tiefste verhaßt war. Bereits vor der endgültigen Mediatisierungsentscheidung hatte Nassau im Januar 1804 Steins im unteren Lahngebiet gelegene reichsritterschaftliche Dörfer Frücht und Schweighausen vorsorglich in Besitz genommen. Schnell bei der Hand war Nassau auch, als Napoleon 1809 den Freiherrn in Acht und Bann gesetzt hatte. Binnen kürzester Frist beschlagnahmte es das gesamte Steinsche Vermögen. Nun stand derselbe Stein an der Spitze des Zentralverwaltungsdepartements, das als oberstes politisches Lenkungsgremium in den zurückeroberten Gebieten wirkte. »Möge nur«, schrieb Fürst Friedrich Wilhelm während der Beitrittsverhandlungen zur Großen Koalition an den nassauischen Unterhändler Ibell,[6] »der bösartige und mit so fatalen Grundsätzen ausgerüstete Herr von Stein nicht zu früh in Frankfurt eingetroffen sein und durch seinen Einfluß unser Geschäft in eine schlimmere Lage versetzen.«

Doch die nassauische Regierung besaß das richtige Gespür und wußte sich aus der prekären Situation geschickt herauszumanövrieren. Sie hob nicht nur sofort die Beschlagnahme der Steinschen Güter auf und stattete nicht nur sämtliche seitdem angefallenen Einkünfte gewissenhaft zurück, sondern leistete auch eine außerordentlich großzügige Entschädigung für die in der Zwischenzeit aufgehobenen Leibeigenschaftsgefälle. Außerdem wandelte sie auf Wunsch Steins, der keine männlichen Nachkommen besaß, dessen Mannlehen bereitwilligst in Weiberlehen um. Der raffinierteste Köder aber, den sie auslegte, war der Plan zu einer landständischen Verfassung. Es war bekannt, daß in Steins Überlegungen zur Neuordnung Deutschlands die Einführung von landständischen Verfassungen eine wichtige Rolle spielte. Würde es gelingen, Stein zu interessieren und für das in Aussicht genommene Verfassungsprojekt als Berater zu gewinnen, so hätte man sich aus einem gefährlichen Gegner einen hilfreichen Verbündeten gemacht.

Foto Nr. 15: Ernst Freiherr Marschall von Bieberstein (1770–1834), nassauischer Staatsminister seit 1803.
Hessisches Hauptstaatarchiv, Wiesbaden.

Die Erwartungen erfüllten sich in vollem Maße. Stein sprach auf das Lockmittel an und zeigte sich kooperationsbereit. Die Arbeit an der nassauischen Verfassung konnte beginnen und binnen wenigen Monaten in stetig sich beschleunigendem Tempo zum Abschluß gebracht werden.

Bereits um die Jahreswende 1813/14 scheint der nassauische Minister von Marschall gegenüber Stein erste Andeutungen über den Nutzen einer Verfassung gemacht zu haben. Endgültig verfestigt hat sich der Verfassungsplan jedoch offenbar erst Ende Mai 1814, als Marschall sich für einige Zeit im alliierten Hauptquartier in

Paris aufhielt. »Was die innere Organisation der deutschen Staaten anlangt«, berichtete er am 27. Mai von dort an den Herzog,[7] »so scheinen sich fast alle Stimmen für zweckmäßig organisierte landständische Verfassungen in jedem Staat zu vereinigen.« Mitte Juni meldete sich Stein brieflich bei Marschall, um einen Besuch in Wiesbaden und Biebrich anzukündigen.[8] »Bei dieser Gelegenheit«, erläuterte er sein Vorhaben, »hoffe ich von Euer Exzellenz Ihre Ansichten über die dem Herzogtum zu gebende ständische Verfassung zu erfahren.« Ob dieser Besuch stattgefunden hat, bleibt allerdings zweifelhaft.

Dagegen steht fest, daß Stein bereits Anfang Juli Almendingens soeben erschienene »Politische Ansichten über Deutschlands Vergangenheit, Gegenwart und Zukunft« gelesen hat.[9] Er war also gut darüber informiert, was man in der Umgebung des nassauischen Ministers dachte. Eindeutig belegt ist auch, daß Stein am 27. Juli nach Wiesbaden gekommen ist und mit Marschall ausführlich gesprochen hat.[10] Dabei machte er den Vorschlag, die geplante Verfassung zunächst in einer Vorversammlung angesehener Magnaten zur Diskussion zu stellen, und erbot sich, dazu persönlich an die Standesherren heranzutreten. Unmittelbar nach diesem Gespräch formulierte Marschall unter dem Titel »Hauptideen zur Organisation einer landständischen Verfassung für das Herzogtum Nassau« erstmals ein schriftliches Gesamtkonzept,[11] das er Stein zur Begutachtung zuschickte. Stein antwortete am 10. August,[12] daß er mit den »Hauptideen« zwar im wesentlichen übereinstimme, aber den Ständen auch eine »Teilnahme an der Gesetzgebung gestatten« und gewisse Grundrechte aufnehmen würde. Etwa zwischen dem 15. und 20. August arbeitete daraufhin der Geheimrat Ibell nach den Weisungen Marschalls und unter weitgehender Berücksichtigung der Wünsche Steins den Entwurf des Verfassungsedikts aus.[13] Diese Redaktion I der nassauischen Verfassung wurde wiederum Stein zur Begutachtung übersandt, der darüber unter dem Datum des 24./25. August eine vierseitige Denkschrift verfaßte.[14] Erneut ging Stein darin auf die Beteiligung der Stände an der Gesetzgebung ein, die ihm noch nicht ausreichend erschien. Außerdem wünschte er vor allem eine Stärkung der Herrenbank.

Foto Nr. 16: Zu den Nassauischen Verfassungsvätern gehörte auch Karl Friedrich von Ibell (1780–1834), Mitarbeiter Marschalls und Regierungspräsident seit 1815.
Hessisches Hauptstaatsarchiv, Wiesbaden.

Nun wurde es hektisch. Marschall beabsichtigte, die fertige Verfassung mit zum Wiener Kongreß zu nehmen, und bis zu seiner geplanten Abreise am 4. September waren es nur noch wenige Tage. In aller Eile arbeitete Ibell die neuerlichen Verbesserungswünsche Steins in den vorhandenen Text ein.[15] Abschriften dieser Redaktion II gingen sodann per Eilboten sowohl nach Nassau zum Freiherrn vom Stein als auch nach Engers, wo auf dem ehemals kurtrierischen Schloß Fürst Friedrich Wilhelm von Nassau-Weilburg seinen Sommersitz genommen hatte.[16] Am 1. September erklärte letzterer sich mit der Ausfertigung des Verfassungsedikts in der vorliegenden Form einverstanden. Nachdem Herzog Friedrich

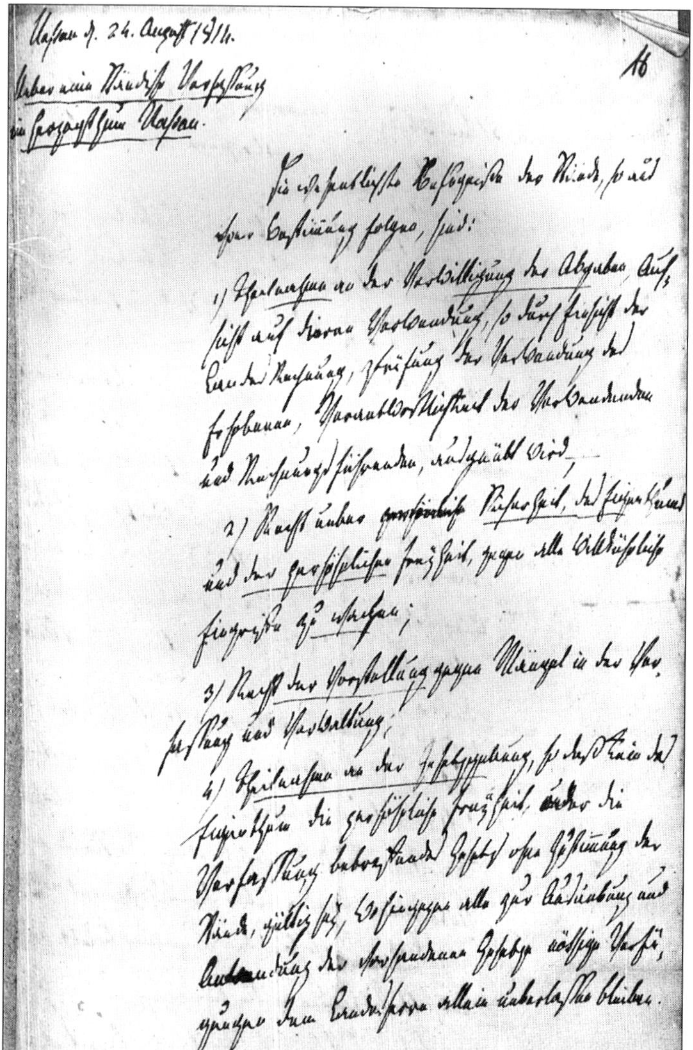

Nassau d. 24. August 1814.

Ueber eine ständische Verfassung im Herzogthum Nassau.

16

Die wesentlichen Befugnisse der Stände, so aus ihrer Bestimmung folgen, sind:

1) Theilnahme an der Verwilligung der Abgaben, Aufsicht auf deren Verwendung, so durch Einsicht der Landesrechnung, Prüfung der Verwendung der erhobenen, Verantwortlichkeit der Verwendenden und Rechnungsführenden, ausgeübt wird,

2) Recht ueber persönliche Sicherheit, das Eigenthum und der gewissenhafte Freiheit, gegen alle willkührliche Eingriffe zu wachen;

3) Recht der Vorstellung gegen Mängel in der Verfassung und Verwaltung;

4) Theilnahme an der Gesetzgebung, so daß keine das Eigenthum die persönliche Freiheit, oder die bestehende Verfassung betreffende Gesetze ohne Zustimmung der Stände, gültig sey, wohingegen alle zur Ausübung und Anwendung der bestehenden Gesetze nöthigen Verfügungen dem Landesherrn allein überlassen bleiben.

Foto Nr. 17: Anfangsseite der Denkschrift des Freiherrn vom Stein vom 24. August 1814: »Über eine ständische Verfassung im Herzogtum Nassau« mit Forderungen nach der Beteiligung an der Gesetzgebung, Einrichtung einer »Herrenbank« u. a.
Hessisches Hauptstaatsarchiv, Wiesbaden.

67

Verordnungsblatt des Herzogthums Nassau.

Num. 18. den 3. September 1814.

Landesherrliche Edicte.

Wir Friedrich August von Gottes Gnaden souverainer Herzog zu Nassau ꝛc. ꝛc. und Wir Friedrich Wilhelm von Gottes Gnaden souverainer Fürst zu Nassau ꝛc. ꝛc. sind während der vorüber gegangenen unglücklichen Zeit fremder Oberherrschaft in teutschen Landen, bei fortdauernden Bedrückungen der Gewalt in auswärtigen Staatsverhältnissen, wodurch Wir mit Unsern Unterthanen und Angehörigen in gleichem Maaße wie alle teutsche Staaten gelitten haben, stets und immer bedacht gewesen, die nach dem Rathschluß der göttlichen Vorsehung Uns anvertraute unbeschränkte Regierungs-Wirksamkeit sammt dem Recht der Gesetzgebung dahin zu verwalten, daß in dieser schwierigen Lage, soweit es die Umstände erlaubten, nicht allein die bürgerliche Freiheit Unserer Unterthanen möglichst gesichert, und die politische Gleichheit derselben vor dem Gesetz aufrecht gehalten, sondern auch der Grund zu einer künftigen auf diesen beiden Stützpuncten ruhenden Verfassung gelegt wurde, deren volle Ausbildung Wir im zuversichtlichen Vorgefühl einer nahen glücklichen Veränderung in den gespannten europäischen Staatenverhältnissen mit dem Eintritte derselben erwarteten.

Von dieser Absicht ausgehend und von solchen Beweggründen geleitet, haben Wir bis hierher die vollkommenste Duldung religiöser Meinungen und freie Uebung jedes Gottesdienstes in Unsern Landen gehandhabt [1]), eben so die freie Aeußerung politischer Meinungen, soweit auswärtige Staatsrücksichten nicht eine Beschränkung verlangten. Wir haben in landesherrlichen Edicten Unsern Unterthanen und Staatsangehörigen den freien Abzug mit ihrem Vermögen, nach erfüllter Militärpflicht, in alle diejenigen Staaten zugestanden, wo gleiche Abzugsfreiheit in Unser Staatsgebiet gestattet wird [2]); Wir haben die Leibeigenschaft von Grund aus in Unserm Herzogthum getilgt [3]); den Frohnd- und Dienstzwang unter Schadloshaltung der Dienstherren gelöst [4]), körperliche Züchtigungen als Strafmittel abgestellt [5]), erbliche Vorrechte auf höhere Staatsämter nicht anerkannt, vielmehr aus allen Ständen zu den obersten Civil- und Militärstellen berufen, wer Uns dazu tüchtig erschien. Die Justizpflege wurde, unabhängig von Uns, durch die angeordneten Justizbehörden verwaltet; Wir haben Unsern landesherrlichen Fiscus den Gerichtshöfen untergeordnet [6]) und Uns des Rechts, angestellte Staatsdiener nach Willkühr zu entlassen, begeben [7]).

1) Nach dem Geist des Edicts vom 14. September 1803.
2) Edict vom 9/12. October 1810.
3) Edicte vom 1. Jan. 1808 und vom 1/3. Septbr. 1812.
4) Edict vom 1/3. September 1812.
5) Edict vom 26/28. December 1809.
6) Edict vom 11. November 1806.
7) Edict vom 3/6. December 1811.

Foto Nr. 18 a/b/c: Nassauisches Verfassungsedikt vom 1./2. September 1814. Auszug mit den wichtigsten Bestimmungen über die Landstände, die sich aus der »Herrenbank« und den »Landesdeputierten« zusammensetzen. Reproduktion aus: Verordnungsblatt des Herzogtums Nassau vom 3. Sept. 1814.
Hessisches Hauptstaatsarchiv, Wiesbaden.

69

Die fortdaurende Wirkung dieser Gesetze und constitutionellen Einrichtungen steht unter dem erhabenen Schutz der verbündeten Mächte, nach deren weisen, das Wohl der Nationen befestigenden Beschlüssen ihnen von außen die beruhigende Gewährleistung der mit Gerechtigkeit vereinten Stärke auch forthin verbleiben wird. Es ist also nur übrig, Allem, was für die Einführung einer liberalen, den Bedürfnissen Unserer Zeit und Unseres Staates entsprechenden Verfassung in Unserem Herzogthum entweder schon geschehen ist, oder noch erforderlich seyn wird, auch eine gleichkräftige Gewährleistung im Innern zu geben, welche Wir in der unverweilten Errichtung von Landständen gefunden zu haben glauben dürfen.

Indem Wir Unsern Landständen die Bewahrung jener angeführten Grundlagen sowohl, wie die weitere Ausbildung einer solchen eigenthümlichen Landesverfassung übertragen, überlassen Wir Uns der Hoffnung, dieselben gegen den Wechsel aller Dinge, welchem gesetzliche Einrichtungen in rein monarchischen Staatsformen mehr, wie anderwärts, unterworfen sind, nach Möglichkeit auf dieser Seite sicher gestellt zu haben. Außerdem werden Wir von der Absicht geleitet, den Standes- und Grundherren Unseres Herzogthums, deren vormalige unmittelbare Reichsgebiete im Lauf der Ereignisse Unserer Oberherrlichkeit und Regierung untergeben worden sind, einen verhältnißmäßigen Einfluß auf die eigenthümliche Gesetzgebung und Verwaltung Unseres Staats als erbliches Vorrecht zuzusichern, und auf diese Art ihnen einen verfassungsmäßigen Wirkungskreis zu eröffnen, in welchem sie für des Landes und ihrer vormaligen Unterthanen Wohlfahrt thätig seyn können, und wodurch billige Ansprüche befriedigt werden, ohne die zum Flor Unsers vereinigten Herzogthums erforliche, und Unsern sämmtlichen Unterthanen in gleichem Maaß wohlthätige Einheit in der Landesgesetzgebung und Vereinfachung der Verwaltung und Verwaltungsformen zu stören, deren glücklichen Folgen sich Alle, wie Wir sehnlichst wünschen und hoffen, in den kommenden ruhigeren Zeiten noch mehr erfreuen werden, als bisher unter minder günstigen äußern Verhältnissen geschehen konnte.

Hiernach haben Wir beschlossen und verordnen, wie nachfolgt:

§. 1. Die Landstände Unseres Herzogthums sind zusammengesezt aus Mitgliedern der Herren-Bank und Landes-Deputirten, welche in abgesonderten Sitzungen sich versammeln.

Die Mitglieder der Herren-Bank werden von Uns auf Lebenszeit, oder erblich ernannt, die Landes-Deputirten aber von den Vorstehern der Geistlichkeit und der höhern Lehranstalten, von den begütertesten Landeigenthümern und von den Inhabern größerer Gewerbe in dem weiter unten bestimmten Verhältniß und in Gemäßheit der darüber ertheilten Vorschriften erwählt.

§. 2. Die politische Stellung Unserer Landstände im Allgemeinen und im Besondern, so wie auch die vollständige Bezeichnung desjenigen Antheils, den Wir ihnen an allen Zweigen der Gesetzgebung einräumen können und werden, hängt mit von den zu erwartenden näheren Bestimmungen Unserer und Unseres Herzogthums Verhältnisse zu dem künftigen Gesamtverein der teutschen Staaten ab. Vorläufig also, und bis zu hiernächst erfolgender nachträglichen Verordnung erklären Wir hiermit und versprechen für Uns und Unsere Regierungs-Nachfolger unabänderlich und für alle Zukunft verbindlich, daß Wir die Sicherheit des Eigenthums und der persönlichen Freiheit unter die mitwirkende Gewährleistung Unserer Landstände stellen. Sie sollen darüber wachen, und darauf zu halten befugt seyn, daß die freie Wirksamkeit der obersten Justizbehörden niemals beschränkt werde, daß willkührliche Verhaftungen, ohne rechtliches Verfahren nach den bestehenden

73

Den Präsidenten ihrer Versammlung werden Wir für eine jede Sitzungszeit aus drei von ihnen Uns vorzuschlagenden Mitgliedern ernennen.

Nur die Stimmen der in einer Sitzung anwesenden Landesdeputirten werden gezählt; Abwesende können sich durch Andere nicht vertreten lassen.

§. 9. Die Sitzungen der Landstände sind nicht öffentlich; doch können dieselben durch Stimmenmehrheit die öffentliche Bekanntmachung ihrer Verhandlungen im Ganzen und Einzelnen mittelst Abdruck und Vertheilung von fünf und zwanzig Exemplarien an jedes ihrer Mitglieder verordnen. Auch sind nach dem Ermessen der Stimmenmehrheit in den Versammlungen sachgemäße Auszüge aus ihren Sitzungsprotocollen durch das allgemeine Intelligenzblatt zur öffentlichen Kenntniß zu befördern.

§. 10. Die gegenwärtige Edictal-Verordnung soll von Unserem nachgesetzten Staatsministerium dergestalt in Vollziehung gebracht werden, daß die erste Versammlung der Landstände im nächstkommenden Jahre Statt finden kann.

Mögen Unsere Unterthanen aller Stände und Classen darin einen neuen Beweis Unseres unbegränzten Zutrauens zu ihrer treuen Anhänglichkeit und vaterländischen Gesinnung wahrnehmen, und Unser unwandelbares reines Bestreben erkennen, Bürgerglück und Wohlstand in Unserem Staatsgebiet auf sicheren Grundlagen und dauerhaft zu befestigen! —

Gegeben zu Biebrich am 1. und zu Schloß Engers am 2. September 1814.

Friedrich August, Herzog zu Nassau.

Friedrich Wilhelm, Fürst zu Nassau.

vt. Freiherr von Marschall.

August das Edikt in Biebrich unterzeichnet habe, solle man es nach Engers schicken, damit er es ebenfalls unterschreibe.[17] Noch ehe dies freilich geschehen konnte und obwohl von Stein noch keine Antwort eingegangen war, schritt Marschall daraufhin zur Tat. Am 2. September erteilte er den Auftrag, mit dem Druck des Verfassungstextes unverzüglich zu beginnen.[18] Am 3. September wurde die Verfassung im Verordnungsblatt des Herzogtums Nassau publiziert.[19]

Inhalt und leitende Ideen

So ungewöhnlich, ja spannend die Entstehung der nassauischen Verfassung verlief, so wenig spektakulär erscheint auf den ersten Blick das Ergebnis. Rein äußerlich macht die nassauische Verfassung wenig her. Ihre Veröffentlichung im Verordnungsblatt stellt sie optisch unterschiedslos in eine Reihe mit allen anderen Edikten und Bekanntmachungen. Eine in Zierschrift ausgeführte Prachtausfertigung existiert ebensowenig wie ein repräsentativer Separatdruck. Auch das Fehlen einer straffen Gliederung und die Sprödigkeit ihrer Sprache sind kaum dazu geeignet, beim Leser Aufmerksamkeit zu wecken und sich ihm als griffiges Regelwerk der staatlichen Grundordnung und als programmatischer Aufruf zur politischen Zukunftsgestaltung einzuprägen. Daß sie gleichwohl lebendigen Fortschrittsgeist atmet und sogar einigermaßen praktikable Instrumente für die Lösung der zeitbedingten Organisationsfragen bereithält, eröffnet sich erst bei genauerem Hinsehen.

Zentraler Ansatzpunkt der nassauischen Verfassung ist die in der Rheinbundzeit gewonnene Souveränität. Einerseits soll diese Souveränität, die sich durch das Ausscheiden des Protektors Napoleon erst vollendet hat, grundsätzlich erhalten bleiben. Andererseits sollen ihr, damit sie nicht in Despotismus ausartet, Fesseln angelegt werden. Als alleinige Träger der Souveränität fungieren die beiden Monarchen. Selbstbewußt berufen sie sich in der Einleitung des Edikts auf die »nach dem Ratschluß der göttlichen Vorsehung uns anvertraute unbeschränkte Regierungswirksamkeit«. Dem in der Französischen Revolution zunächst zum Durchbruch gelangten

Prinzip der Volkssouveränität wird also von vornherein eine Absage erteilt. Beschränken können diese absolute Souveränität der Monarchen nur die Fürsten selbst, indem sie von sich aus auf einen Teil ihrer Machtbefugnisse verzichten. Das Mittel hierzu liefert die geschriebene Verfassung, die der einmal getroffenen Entscheidung Dauer verleiht und sie vor willkürlicher Änderung schützt.

Sowohl aufgrund ihrer äußeren Form als Edikt wie auch ihrer staatsrechtlichen Begründung nach verkörpert die nassauische Verfassung mithin ganz den Typ der oktroyierten Verfassung. Eine vereinbarte, d. h. eine zwischen dem Monarchen und einer wie auch immer gearteten Vertretungskörperschaft ausgehandelte und beiderseits gebilligte Verfassung hat nie ernsthaft zur Debatte gestanden. Almendingen, noch immer der maßgebliche Staatstheoretiker der nassauischen Regierung, hatte bereits in seinem Organisationsgutachten von 1811/12 für eine solche »verabredete« Konstitution nichts als spöttische Kritik übrig. Derartige »vertragsmäßig begründete« Verfassungen kenne die Geschichte nicht, bemerkte er,[20] auch wenn man »in neueren Zeiten bei der Einführung einer gegebenen Grundverfassung« - gemeint ist Frankreich - »das Gaukelspiel eines freien Volkskonsenses aufgeführt« habe. Einen schwachen Ansatz, die nassauische Verfassung im Sinne des Vereinbarungsprinzips zu legitimieren, zeigt lediglich der Vorschlag Steins, sie von angesehenen Magnaten vorberaten zu lassen. Doch können die dabei zu beteiligenden wenigen Adligen kaum als eine angemessene Volksrepräsentanz gelten.

Als Gegengewicht zum Monarchen und dessen absolutem Souveränitätsanspruch sieht die nassauische Verfassung die Errichtung von Landständen vor. Deren Zusammensetzung und Aufgaben bilden daher auch den hauptsächlichen Inhalt des Verfassungstextes.

Die Ausführlichkeit, mit der vor allem die Organisationsfrage behandelt wird, hängt in erster Linie mit der vom Verfassungsgeber gewählten dualistischen Struktur zusammen. Die Landstände präsentieren sich nicht als ungegliedertes Einheitsparlament, sondern gliedern sich in zwei sehr unterschiedlich strukturierte Kammern: die Herrenbank und die Versammlung der Landesdeputierten. Die Herrenbank besteht aus den volljährigen Prinzen des Hauses sowie aus Angehörigen der standesherrlichen, gräflichen und freiherrlichen Familien, die teils erbliche Mitglieder sind, teils vom Herzog auf Lebenszeit ernannt werden. Hinzu kommen aufgrund eines ergänzenden Edikts vom 4. November 1815[21] noch sechs gewählte Repräsentanten der höchstbesteuerten sonstigen adligen Grundeigentümer. Die Versammlung der Landesdeputierten setzt sich zusammen aus drei Vertretern der Kirchen, einem Vertreter der höheren Lehranstalten, drei Vertretern der höchstbesteuerten Gewerbetreibenden und 16 Vertretern der höchstbesteuerten Grundeigentümer.

Nicht nur die Herrenbank, auch die Deputiertenkammer weist also eine ständisches Element auf. Ihre Mitglieder sind jeweils zugleich Repräsentanten einer bestimmten Berufsgruppe. Anders als bei der Herrenbank müssen bei der Deputiertenkammer die Mitglieder jedoch sämtlich gewählt werden. Wie dies geschieht, ist höchst aufschlußreich und vermittelt einen lebendigen Eindruck von der konkreten Alltagswelt des deutschen Frühkonstitutionalismus.

Foto Nr. 19: Marktschule, auch »Stadtschule« von Wiesbaden genannt (um 1867). Tagungsort der Deputiertenkammer 1818–1843.
Hessisches Hauptstaatsarchiv, Wiesbaden.

Das Wahlverfahren ist bereits in der Verfassung selbst eingehend beschrieben. Die Bestimmungen wurden allerdings in der Folgezeit noch mehrfach verändert und ergänzt. In der sich schließlich herausbildenden Praxis liefen die Wahlen dann wie folgt ab: Die Vertreter der Kirchen und Schulen wählten ihre vier Abgeordneten durch Einsendung schriftlicher Voten. Demgegenüber übten die Gewerbetreibenden und Grundbesitzer ihr Wahlrecht auf speziell einberufenen Wahlversammlungen aus. Die Gewerbetreibenden kamen zu diesem Zweck in Wiesbaden zusammen. Für die Grundeigentümer fanden Wahlversammlungen in Wiesbaden und Weilburg sowie an einem dritten mehrfach wechselnden Ort statt (Rennerod, Diez, Hadamar). Gewählt wurde auf diesen Wahlversammlungen durch geheime Abgabe von Stimmzetteln. Gewählt war jedoch nur, wer die absolute Mehrheit der anwesenden Wahlmänner erreichte. Waren mehrere Wahlgänge erforderlich, so fand vom zweiten Wahlgang an die Stimmabgabe öffentlich statt, meist in Form des Hammelsprungs.

Die Konzentration der Wahlen auf wenige Wahlorte war freilich nur möglich, weil die Verfassung ein strenges Zensuswahlrecht vorsah. Sowohl das aktive wie das passive Wahlrecht waren an relativ hohe Steuerleistungen gebunden. Das führte dazu, daß nur ein verschwindend kleiner Teil der Bevölkerung überhaupt wählen konnte oder gar selbst wählbar war. So besaßen nur etwa 2 % aller männlichen Einwohner des Herzogtums das aktive Wahlrecht. Der Anteil der Wählbaren lag sogar bei nur etwa 0,4 %. Das war nicht einmal ein Promille der Gesamtbevölkerung. Hinzu kommt, daß die Nassauische Verfassung sehr lange Wahlperioden vorsah. Gewählt werden sollte nur alle sieben Jahre. Ob, wann und wielange der Landtag sich dann jeweils zu Sitzungen zusammenfand, entschieden nach dem Willen der Verfassung allein die Regenten. In der Regel sollten die Sitzungen jedoch während der Monate Januar bis März stattfinden.

Mit der Einführung eines Zweikammersystems folgt die nassauische Verfassung offenkundig dem Vorbild Englands. Die Schaffung einer Herrenbank knüpft jedoch zugleich an altständische Traditionen an. Die nassauischen Territorien selbst hatten – wie eingangs erwähnt – derartige Landstände nie besessen, da sie weder über einen nennenswerten landsässigen Adel noch über größere Städte verfügten. Erst die Umwälzungen der napoleonischen Zeit führten dazu, daß sich die nassauischen Regenten im eigenen Land einer selbstbewußten und kämpferischen Adelspartei gegenübersahen. Diese in den Staat zu integrieren und vor allem den mißgünstigen und feindseligen Standesherren etwas den Wind aus den Segeln zu nehmen, schien die Gewährung einer eigenen Ständekammer gerade das rechte Mittel, eine Hoffnung, die sich freilich erst allmählich erfüllte. Zunächst war die Herrenbank eher ein Forum innerstaatlicher Opposition. In jedem Fall gaben die Errichtung einer besonderen Herrenbank und das dadurch begründete Zweikammersystem der Regierung ein Instrument in die Hand, ihre eigenen Vorstellungen leichter durchsetzen zu können. Da außer beim Landeshaushalt beide Kammern getrennt abstimmten, konnte sie, falls das Votum unterschiedlich ausfiel und auch der verfassungsmäßig vorgesehene Vermittlungsauschuß keine Einigung erzielte, die Sache durch »landesherrliche Entscheidung« in ihrem Sinne zum Abschluß bringen. Schon die zeitgenössische Kritik hat an diesem Verfahren Anstoß genommen und den Verfassungsgebern argwöhnisch bescheinigt, daß »dies klüglich genug eingerichtet« sei.[22] Ebenso richtig ist aber zweifellos auch, daß die getrennte Abstimmung beider Kammern zu einer Stärkung der Herrenbank beitrug. Denn bei gemeinsamen Abstimmungen mußte die Herrenbank immer damit rechnen, von der mitgliederstärkeren Deputiertenkammer majorisiert zu werden.

Anders als Stein haben Almendingen und vermutlich auch Marschall, der mit ihm in laufendem Gedankenaustausch stand, die Herrenbank eher als notwendiges Übel betrachtet. Denn als Verkörperung des altständischen Prinzips lief die Herrenbank dem neuen Ideal der landständischen Repräsentativverfassung geradewegs zuwider. Die altständischen Vertretungskörperschaften beruhten auf Geburt, Besitz und der Ausübung bestimmter Ämter. Sie hatten deshalb, wie Almendingen in seinen zeitgleich mit der nassauischen Verfassung entstandenen »Politischen Ansichten über Deutschlands Vergangenheit, Gegenwart und Zukunft« bemerkt,[23] auch nur den Nutzen der Landtagsmitglieder selbst im Auge. »Der Fürst«, konstatiert er abschätzig, »rief den Landtag zusammen, nicht weil er Weisheit und Rat, sondern weil er Geld nötig hatte, und die Landstände bewilligten Geld, nicht um zugleich Stimmführer der öffentlichen Meinung zu sein, sondern um sich Privilegien auszubedingen.«

Demgegenüber ziele das moderne landständische Repräsentativsystem auf eine wahrhafte Vertretung des gesamten Volks. »Es kommt alles darauf an«, so Almendingen wörtlich, »daß man nicht einige aus dem Volk, sondern das ganze und vereinigte Volk der Regierung gegenüber stelle.« Der Landtag müsse die »Repräsentation aller Stände, Klassen, Gewerbe, Landesteile« sein; er habe als ein Organ der »ganzen Volksintelligenz« zu fungieren. Und was für den Landtag insgesamt gelte, das gelte ebenso für jeden einzelnen Abgeordneten. Auch er dürfe nicht nur Vertreter eines bestimmten Standes, Gewerbes oder Landesteiles sein, sondern habe »im Interesse des Ganzen« zu handeln. Frage sich nur, wie man solche Volksvertreter finde. Daß sie allein »durch freie Volkswahl« berufen werden könnten, sei unbestritten. Andernfalls laufe alles wieder auf das durch Geburt, Besitz und Eigennutz bestimmte altständische System hinaus. Weitaus schwieriger sei die Frage nach geeigneten Kandidaten. Almendingen nennt drei Bedingungen, die diese Kandidaten zu erfüllen hätten: Erstens müßten sie, um sich für das Wohl des Landes verantwortlich zu fühlen, »dem Staat durch Stand und Vermögen angehören«. Zweitens müßten Sie, um die »Bedürfnisse des Volks« erkennen und darstellen zu können, zur »Klasse der Gebildeten« zählen. Und drittens müßten es Individuen sein, die »von der Regierung weder durch den Besitz wirklicher Ämter noch durch Destination zu Ämtern« abhingen. Schlußfolgerung Almendingens: Die »Volksvertreter« können in den »kleinen deutschen Agrikulturstaaten« »schwerlich anderswo als unter der Klasse der unabhängigen Güterbesitzer, der Kapitalisten, der Großhändler, der großen Fabrikunternehmer gefunden werden«.

Ein solcher Blick in die Gedankenwelt eines der wichtigsten Väter der nassauischen Verfassung offenbart, wie falsch es wäre, das Verfassungsedikt allein aus taktischen Erwägungen erklären zu wollen. Es sind bei seiner Entstehung und inhaltlichen Ausgestaltung auch sehr weitgespannte staatstheoretische und gesellschaftskritische Überlegungen im Spiel. Mit der Abwertung der Herrenbank und des altständischen Systems zeigt sich Almendingen sogar weitaus fortschrittlicher als der Freiherr vom Stein, der aus standespolitischem Eigeninteresse gerade das Gegenteil versucht. Zudem verdeutlichen die Anforderungen, die Almendingen an die Qualifikation der Abgeordneten stellt, daß das in der nassauischen Verfassung enthaltene Zensuswahlrecht keineswegs nur als herrschaftssicherndes Instrument in der Hand der besitzenden Klasse gesehen werden darf. Die Bindung sowohl des aktiven wie des passiven Wahlrechts an die Steuerleistung entspringt der durchaus ernsthaften Sorge, Wählern und Gewählten könnte es bei dem Mangel an staatsbürgerlicher Bildung noch an ausreichendem Verantwortungsbewußtsein fehlen, würden sie sich nicht aufgrund ihrer Steuerzahlungen als direkte Teilhaber an den Geschäften des Staates fühlen.

Neben der äußeren Organisation der Landstände bildete die Frage, welche Aufgaben ihnen zuzuweisen seien, den zweiten zentralen Diskussionspunkt. Während der Freiherr vom Stein bei der Alternative Ein- oder Zweikammersystem eine ausgesprochen konservative Haltung an den Tag legte, zeigt er sich bei der Zuweisung der Kompetenzen als wegweisender Neuerer. Die nassauische Regierung wollte sich zunächst damit begnügen, dem Landtag lediglich das Recht der Steuerbewilligung und der Ausgabenüberwachung einzuräumen, ihm die Mitwirkung an der Gesetzgebung jedoch vorenthalten. Für eine solche Mitwirkung, so argumentierte sie auch in diesem Fall, fehle es der Bevölkerung noch an staatsbürgerlicher Reife.[24] Stein war anderer Ansicht, was angesichts seines Mißtrauens gegenüber einer allmächtigen Staatsbürokratie auch kaum verwundert. Die Teilnahme an der Gesetzgebung, hielt er entgegen,[25] sei »gleich wohltätig für den Fürsten und die Untertanen«. Jener werde »durch eine freie Diskussion der Gegenstände der Gesetzgebung« »gegen Irrtum und Übereilung gesichert«, während die »Untertanen ... über die Absichten und Beweggründe des Verfahrens der Regierung belehrt« würden. Daraus entstehe »Vertrauen in die Regierung und ein Gemeingeist, der zu Opfern und Hingebungen bereit« sei. Jeder sehe »die Sache des Landes für seine eigene« an. So erhielten die Landstände außer dem

Recht der Steuerbewilligung auch das der Mitwirkung an der Gesetzgebung, soweit diese Gesetze »das Eigentum, die persönliche Freiheit und die Verfassung betreffen«.

Ebenfalls auf die Anregung Steins geht eine Reihe weiterer Bestimmungen der nassauischen Verfassung zurück. Vor allem hat Stein sich für die Aufnahme gewisser Grundrechte eingesetzt. Zu diesen Rechten gehören die Sicherheit des Eigentums und der persönlichen Freiheit, der Schutz vor willkürlicher Verhaftung, der Anspruch auf ein ordentliches Gerichtsverfahren vor unabhängigen Gerichten, das Recht der Freizügigkeit, das Beschwerderecht und die Pressefreiheit. Zwar sind diese Rechte nicht in einem formellen Grundrechtekatalog zusammengefaßt. Teils finden sie sich in den im einleitenden Teil des Verfassungsedikts zitierten fortgeltenden älteren Verordnungen, teils sind sie textlich in die Aufgabenbeschreibung für den Landtag eingebunden. Allen diesen Rechten aber ist gemein, daß sie Verfassungsrang erhalten und unter die »mitwirkende Gewährleistung« der Landstände gestellt werden.

Umsetzung und historische Bedeutung

Die Formulierung gesetzlicher Normen ist eines, die praktische Bewährung das andere. Dies gilt auch für die Nassauische Verfassung. Die Regierung war zunächst fest entschlossen, die Landstände bereits 1815 zu ihrer konstituierenden Sitzung einzuberufen. Die auf dem Wiener Kongreß erneut in Bewegung geratenen Staatsgrenzen veranlaßten sie jedoch, den Termin immer weiter hinauszuschieben. Zudem erschien es ihr mit der Zeit auch zunehmend sympathischer, den Aufbau des Staates ganz in eigener Regie und ohne lästige Abstimmungsprobleme mit dem Landtag durchzuführen. Jedenfalls haben der Freiherr vom Stein und der Graf von Walderdorff am 26. Juni 1816 eine Eingabe an die Regierung gerichtet, in der sie ihr bewußte Verzögerungstaktik vorwarfen.[26] Als dann die Landstände für Anfang März 1818 endlich einberufen wurden, kam es zum Eklat. Stein, der erbliches Mitglied der Herrenbank war, verweigerte den ihm wie allen anderen Abgeordneten abverlangten Untertaneneid und blieb der Eröffnung und allen künftigen Sitzungen des Landtag demonstrativ fern. Ob er das Opfer einer gezielten Intrige Marschalls geworden war, der den Oppositionsgeist des Freiherrn fürchtete und daher in der Eidfrage keinerlei Nachgiebigkeit zeigte, oder ob Stein selbst den Bruch herbeigeführt hat, weil er gegen das immer deutlicher hervortretende Souveränitätsgehabe des nassauischen Kleinstaats protestieren wollte, muß offen bleiben. Immerhin hatte der nassauische Landtag damit sein prominentestes Mitglied verloren, noch ehe er erstmals zusammengetreten war.

Doch auch ohne Stein zeigten die Landstände, daß sie der Regierung Widerstand entgegenzusetzen gewillt waren. Gelegenheit hierzu bot ihnen vor allem der Kampf gegen das vom Herzog beanspruchte alleinige Eigentumsrecht an den Domänen. Ging die Opposition zunächst hauptsächlich von der Herrenbank aus, so übernahm seit Mitte der zwanziger Jahre zunehmend die Deputiertenkammer die Führung. Einen Höhepunkt im Machtkampf zwischen Landtag und Regierung brachte der Verfassungskonflikt von 1831/32. Um die Rechte des Staates an den Domänen durchzusetzen, verweigerten die Landesdeputierten fast geschlossen ihre Zustimmung zum Landeshaushalt. Die Regierung antwortete mit der Vertagung der Landstände und einer Vermehrung der inzwischen auf ihre Seite übergewechselten Herrenbank. Da bei der Steuerbewilligung die Stimmen beider Kammern zusammengezählt wurden, verschaffte sie sich so die erforderliche Mehrheit. Die oppositionellen Deputierten wiederum erhoben im Gegenzug Ministeranklage und boykottierten die Landtagssitzungen. Zwar kamen die streitenden Parteien nicht umhin, im Interesse des Landes wieder aufeinander zuzugehen, doch blieb der geschlossene Waffenstillstand brüchig genug. 1848 war Nassau einer der ersten Staaten, in dem sich die Revolution voll durchsetzte. Nicht minder heftig war freilich auch der Rückschlag, den die erstarkende Reaktion dem aufblühenden politischen Leben versetzte.

Verfassungsgeschichtlich markiert das Jahr 1848 mit der Einführung eines auf allgemeinen, gleichen, jedoch indirekten Wahlen beruhenden Einkammersystems einen scharfen Einschnitt. Ob die Verfassung von 1814 überhaupt fortgelte, war unter den Politikern umstritten. Als provisorischen Ersatz veröffentlichte die Regierung noch Ende 1849 eine »Staatsrechtliche Zusammenstellung«,[27] in der die inzwischen eingetretenen gesetzlichen Veränderungen kodifiziert und eine Vielzahl liberaler Freiheitsrechte festgeschrieben waren. Schon knapp zwei Jahre später indessen setzte der Herzog diese Gesetzeskodifikation und das freiheitliche Wahlgesetz von 1848 wieder außer Kraft. Unter ausdrücklicher Berufung auf die Verfassung von 1814 führte er durch das Edikt vom 25. November 1851[28] erneut ein Zweikammersystem ein. Während in der Herrenbank gegenüber früher zusätzlich der evangelische und katholische Bischof sowie drei Vertreter der höchstbesteuerten Gewerbetreibenden Sitz und Stimme erhielten und die sechs Vertreter der höchstbesteuerten Grundbesitzer nicht mehr aus dem Adel zu kommen brauchten, wurde für die zweite Kammer nunmehr nach preußischem Vorbild ein Dreiklassenwahlrecht festgelegt.

Die durch Verfolgung und Unterdrückung entmutigten progressiven Kräfte des Landes wirkten wie gelähmt und benötigten einige Zeit, um sich in den neuen Verhältnissen zurechtzufinden. Seit Anfang der 60er Jahre drängten sie jedoch immer selbstbewußter auf die politische Bühne zurück. In den Wahlen zur zweiten Kammer errang die liberale Fortschrittspartei schließlich mehr als Dreiviertel aller Sitze. Herzog Adolf erwog bereits ernsthafte Gegenmaßnahmen, da die oppositionelle Mehrheit »jede konstitutionelle Regierung unmöglich« mache.[29] Er konnte nicht wissen, daß die politischen Ereignisse schon bald alle derartigen Pläne, die auf nichts geringeres als einen Staatsstreich hinausliefen, überrollen würden. Am 26. Juni 1866 rückten die nassauischen Truppen ins Feld, um an der Seite Österreichs an dem Bundeskrieg gegen Preußen teilzunehmen. Am 16. Juli übernahm der kommandierende General der siegreichen preußischen Main-Armee in Nassau die Regierungsgewalt. Am 3. Oktober 1866 verleibte König Wilhelm das Herzogtum Nassau der preußischen Monarchie ein. Die nassauische Verfassung von 1814 hatte als verbindliche staatsrechtliche Norm endgültig ausgedient.

Allein die Auswirkungen, die die Nassauische Verfassung auf die Geschichte des eigenen Landes hatte, würden ausreichen, sie als denkwürdiges Zeugnis schöpferischer Reformpolitik in Erinnerung zu halten. Ihre historische Bedeutung reicht jedoch noch sehr viel weiter. Dem Fürsten Friedrich Wilhelm von Nassau-Weilburg versicherte der Freiherr vom Stein, nachdem die Arbeit an der Verfassung abgeschlossen war, daß er »durch die Formierung der Landstände ... ganz Deutschland das schönste Muster gebe«.[30] In der Tat haben auf dem Wiener Kongreß die Vertreter von 25 deutschen Fürsten und Freien Städten am 16. November 1814 eine Erklärung unterschrieben, die sich in der Beschreibung der landständischen Rechte eng an die Regelungen der nassauischen Verfassung anlehnt.[31] Auch hat der Freiherr vom Stein die von ihm mitverantwortete Verfassung allenthalben eifrig zur Nachahmung empfohlen. Insgesamt blieb die Resonanz dennoch hinter den Erwartungen zurück.

Der historische Rang der nassauischen Verfassung beruht daher weniger auf ihrer politischen Ausstrahlung als auf ihrem zeitlichen Vorsprung und ihrer inhaltlichen Originalität. Gegenüber dem altständischen System mit seinen auf Geburt, Besitz und Amt basierenden Vertretungskörperschaften setzt sie sich durch den Gedanken der Volksrepräsentation klar ab. Aber auch über die verfassungspolitischen Errungenschaften der Rheinbundstaaten geht sie deutlich hinaus. Nicht ohne Grund spricht die Geschichtswissenschaft von der »Scheinsouveränität« und dem »Scheinkonstitutionalismus« der Rheinbundzeit. Das eigentliche Sagen hatte eben doch der Diktator Napoleon. Die Verfassungen der Königreiche Westfalen und Bayern sowie des Großherzogtums Frankfurt sahen zwar ebenfalls Repräsentativorgane vor, doch fehlte es diesen Institutionen nicht nur an durchgreifenden Rechten, sondern auch an einer ausreichenden Legitimation. Die als Wahlgremien für die Stände fungierenden Departements-Kollegien oder Kreisversammlungen waren ihrerseits nicht frei gewählt, sondern wurden vom König bzw. Großherzog auf Lebenszeit ernannt.

Ganz ohne Kompromisse vermochte allerdings auch die nassauische Verfassung nicht auszukommen. Die Errichtung einer Herrenbank und die Einführung eines Zensuswahlrechts waren Zugeständnisse, die den von der Französischen Revolution übernommenen und in der Verfassung ausdrücklich abgesicherten Leitideen der »bürgerlichen Freiheit« und »politischen Gleichheit« entschieden zuwiderliefen. Indessen brauchten die nassauischen Verfassungsgeber sich deshalb keineswegs als rückständig zu empfinden. Auch die zum Teil erst viele Jahre später entstandenen Verfassungen anderer deutscher Bundesstaaten sind in dieser Hinsicht um nichts fortschrittlicher. Das gilt auch für die in der Geschichtsschreibung sehr viel stärker gewürdigten Verfassungen Bayerns, Badens und Württembergs. Es dauerte noch bis nach der Französischen Julirevolution von 1830, daß die aus dem Aufbegehren gegen Mißwirtschaft, Willkür und Maitressenunwesen hervorgegangene kurhessische Verfassung vom 5. Januar 1831 erstmals eine Ständeversammlung konzidierte, die sich nach dem Einkammersystem aufbaute und über die volle Gesetzgebungskompetenz verfügte. Zumindest auf dem Papier - im politischen Alltag sah es anders aus - hatte das Kurfürstentum Hessen damit die am stärksten von liberal-demokratischen Ideen geprägte Verfassung des Vormärz erhalten. Was jedoch dem Herzogtum Nassau in jedem Fall bleibt, ist der Ruhm, die überhaupt erste moderne landständische Repräsentativverfassung auf deutschem Boden besessen zu haben.

Anmerkungen

1 Der Verf. hat das Thema bereits in seinem Aufsatz »Die Nassauische Verfassung vom 1./2. September 1814. Entstehung, leitende Ideen, historische Bedeutung« behandelt (175 Jahre Nassauische Verfassung. Eine Ausstellung des Hessischen Landtags und des Hessischen Hauptstaatsarchivs. Wiesbaden 1989, S. 9-26). Der vorliegende Beitrag folgt im wesentlichen der dort gegebenen Darstellung, die er teilweise auch wörtlich übernimmt. Änderungen und Ergänzungen enthalten vor allem die Einleitung, die Schilderung der Vorgeschichte und das Kapitel »Inhalt und leitende Ideen«.

2 Der Rheinische Bund, hg. v. P. A. Winkopp, Bd. 7. Frankfurt 1808, S. 274.

3 Bericht Almendingens an das Staatsministerium vom 28. 11. 1812 (Hessisches Hauptstaatsarchiv in Wiesbaden - künftig: W - 210, 2942 II Bl. 137 ff.) sowie Gutachten von Almendingens »die administrative und gerichtliche Organisation des Herzogtums Nassau betreffend« aus den Jahren 1811/12. Das Gutachten ist zweimal, jedoch jeweils nur fragmentarisch überliefert. Exemplar 1 (Teil 1 §§ 1-35): W 210, 2942 II Bl. 165-235 und W 210, 2942 II, Ergänzungsheft, S. 1-120). Exemplar

2 (Teil 1 §§ 1–60 und Teil 2 §§ 1–23): W 130 II, 3032 Bl. 1–601. Zitiert wird nach Exemplar 1.

4 W 210, 2942 II Bl. 230.

5 W 210, 2942 II, Ergänzungsheft S. 120.

6 Schreiben vom 11. 11. 1813 (W 210, 8311).

7 Zitiert nach W. Sauer: Das Herzogtum Nassau in den Jahren 1813–1820. Wiesbaden 1893, S. 7.

8 Undatiertes Schreiben (W 210, 3532; Druck: Freiherr vom Stein. Briefe und amtliche Schriften, Bd. 5, neu bearb. v. Manfred Botzenhart. Stuttgart 1964 – im folgenden Briefe V –, S. 12).

9 Ludwig Harscher von Almendingen: Politische Ansichten über Deutschlands Vergangenheit, Gegenwart und Zukunft, Bd. 1. Wiesbaden 1814; Stein an Marschall, Anfang Juli 1814 (W 210, 3532; Briefe V, S. 50).

10 Marschall an Fürst Friedrich Wilhelm von Nassau-Weilburg, 25. und 30. 7. 1814 (W 130 II, 2121 b).

11 W 210, 3533.

12 W 210, 3532; Briefe V, S. 106 f.

13 Das eigenhändige Konzept Ibells wurde im Nachlaß Ibells aufbewahrt, der im Zweiten Weltkrieg verlorenging. Inhaltlich entspricht es dem Ausgangstext der Redaktion II (vgl. W. Sauer – wie Anm. 7 –, S. 15).

14 W 210, 3532; Briefe V, S. 124 ff.

15 Im Original erhalten in W 210, 8234 a.

16 Marschall an Fürst Friedrich Wilhelm von Nassau-Weilburg, 31. 8. 1814 (W 130 II, 2121 b).

17 Fürst Friedrich Wilhelm von Nassau-Weilburg an Marschall, 1. 9. 1814 (ebd.).

18 Marschall an Fürst Friedrich Wilhelm von Nassau-Weilburg, 2. 9. 1814 (ebd.).

19 Verordnungsblatt des Herzogtums Nassau 1814, S. 67–73.

20 W 210, 2942 II Bl. 224.

21 Verordnungsblatt des Herzogtums Nassau 1815, S 137 f.

22 Herzoglich- und fürstlich-nassauisches Patent, die Errichtung von Landständen betreffend nebst Vorwort und Bemerkungen, in: Die Zeiten oder Archiv für neueste Staatengeschichte und Politik, hg. v. Christian Daniel Voß, Bd. 41. Leipzig 1815, S. 100.

23 Vgl. Anm. 9; nachfolgende Zitate ebd. S. 26 f., 400, 407 f. und 410.

24 Ebd. S. 415.

25 Denkschrift Steins vom 24./25. 8. 1814 (wie Anm. 14).

26 W 210, 3535.

27 Verordnungsblatt des Herzogtums Nassau 1849, S. 613.

28 Ebd. 1851, S. 333.

29 Herzog Adolf an Ministerialrat Kraft, 25. 10. 1865 (W 130 II, 3274).

30 Fürst Friedrich Wilhelm von Nassau-Weilburg an Marschall, 3. 9. 1814 (W 130 II, 2121 b).

31 W 210, 8314, Bl. 40 ff.

Literaturhinweise

Berding, Helmut: Die Verfassung des Herzogtums Nassau vom 1./2. September 1914. In: 175 Jahre Nassauische Verfassung. Eine Veranstaltung des Hessischen Landtags zur Erinnerung an den Erlaß der Nassauischen Landständischen Verfassung (Hessische Schriften zum Förderalismus und Landesparlamentarismus, 3). Wiesbaden 1991

Domarus, Max: Steins Verweigerung des nassauischen Untertaneneids und ihre Vorgeschichte. In: Nassauische Annalen 52 (1932) S. 18–49

Eichler, Volker (Bearb.): Nassauische Parlamentsdebatten, Bd. 1: Restauration und Vormärz 1818–1847 (Vorgeschichte und Geschichte des Parlamentarismus in Hessen, 1). Wiesbaden: Historische Kommission für Nassau 1985

Fehrenbach, Elisabeth: Traditionelle Gesellschaft und revolutionäres Recht. 2. Aufl. Göttingen 1974

Gembruch, Werner: Freiherr vom Stein und Nassau. In: Nassauische Annalen 85 (1975) S. 133–150

Merker, Arnold: Ludwig Harscher von Almendingen. Ein Rechtsgelehrter, Schriftsteller und Staatsmann des beginnenden 19. Jahrhunderts. In: Nassauische Annalen 43 (1915) S. 266–373

Press, Volker: Landstände des 18. und Parlamente des 19. Jahrhunderts. In: Helmut Berding/Hans-Peter Ullmann (Hrsg.): Deutschland zwischen Revolution und Restauration. Königstein 1981, S. 133–157

Sauer, Wilhelm: Das Herzogtum Nassau in den Jahren 1813–1820. Ein Beitrag zur Geschichte der gleichzeitigen politischen Bewegung in Deutschland. Wiesbaden 1893

Schüler, Winfried: Die Nassauische Verfassung vom 1./2. September 1814. Entstehung, leitende Ideen, historische Bedeutung. In: 175 Jahre Nassauische Verfassung. Eine Ausstellung des Hessischen Landtags und des Hessischen Hauptstaatsarchivs (Hessische Schriften zum Föderalismus und Landesparlamentarismus, 2). Wiesbaden 1989

Ders.: Leibeigenschaft und Staatsbürgertum. Die Aufhebung der Leibeigenschaft im Herzogtum Nassau am 1. Januar 1808. In: Hessen in der Geschichte. Festschrift für Eckhart G. Franz. Darmstadt 1996

Treichel, Eckhardt: Der Primat der Bürokratie. Bürokratischer Staat und bürokratische Elite im Herzogtum Nassau 1806–1866. Stuttgart 1991 (mit ausführlicher Literaturübersicht zur Geschichte des Herzogtums Nassau)

Peter Fleck

Die Verfassung des Großherzogtums Hessen. 1820–1918

Reformära und Verfassungsfrage

1806 wurden die alten Landstände der bisherigen Landgrafschaft Hessen-Darmstadt per landesherrlicher Verordnung aufgelöst. Zur neugewonnenen äußeren Souveränität des neuen Großherzogtums trat so die innere. Zugleich zeigt sich ein entschlossener Reformwille: »Die Erfahrung hat uns aber gezeigt«, so das großherzogliche Auflösungsedikt vom 1. Oktober 1806, »daß Wir das Glück unserer getreuen Untertanen nicht in dem Maße befördern können, als es unsere Pflicht und unser sehnlichster Wunsch ist, wenn nicht sämtliche Unsere Lande in ihrer Verfassung verähnlichet, in ihren Rechten sich gleichgestellt und nach denselben Normen regiert werden; wenn nicht die Verhältnisse des Landesherren gegen die Untertanen allenthalben dieselben sind. Dieser Verähnlichung der Verfassung, welche allein Nationalgeist und Nationalwohlfahrt dauerhaft zu begründen im Stande ist, steht aber nichts so sehr im Wege, als die [. . .] ständische Repräsentation.«[1]

Tatsächlich wären die umfänglichen Reformen der hessen-darmstädtischen Rheinbundzeit mit den alten Ständen kaum durchführbar gewesen. Im neuerworbenen Herzogtum Westfalen hatten die dortigen Stände bereits die neuen Organisationsedikte von 1803 als Bruch der Landesverfassung interpretiert und am Reichshofrat in Wien dagegen geklagt. Schon die hier angesprochene »Verähnlichung der Verfassung« und die rechtliche Gleichstellung der Untertanen, wie sie das neue Staatsselbstverständnis erforderten, wäre vermutlich auf den erbitterten Widerstand der adligen und städtischen Deputierten gestoßen. Viele ihrer sorgsam gehüteten Rechte waren faktisch Vorrechte gegenüber der bäuerlich-ländlichen Bevölkerungsgruppe. Jedoch ging es nicht nur um die Herstellung eines einheitlichen Untertanenstatus. Vielmehr wollte man in aufgeklärt-absolutistischer Tradition »das Glück unserer getreuen Untertanen [. . .] befördern«. Die hessen-darmstädtische Rheinbundzeit ist eine ausgesprochene Reformepoche mit deutlichen Reformkontinuitäten aus dem 18. Jahrhundert.[2] Sie ist gekennzeichnet durch die Herausbildung des modernen bürokratischen Anstaltsstaates und den Abbau der bisherigen ständisch-feudalen Gesellschaftsordnung. Hinzu kamen umfassende Finanz- und Steuerreformen, die dringend zur Erhöhung der Leistungs- und Gestaltungsfähigkeit des neuen Staates benötigt wurden. Träger der Reformen war nun nicht mehr wie im 18. Jahrhundert der Aufgeklärte Absolutismus des Landesherren, sondern ein sog. Bürokratischer Absolutismus. Der Begriff ist für Hessen-Darmstadt in besonderer Weise passend, weil hier die Reformen tatsächlich von der nachgeordneten Bürokratie und nicht vom Fürsten vorangetrieben wurden.

So sehr die Rheinbundreformen geradezu eine ›spätabsolutistische‹, ständefreie Zeit erforderten,[3] so sehr liefen sie in ihrer Konsequenz auf eine moderne Repräsentativverfassung hinaus.[4] Es ist dies einmal eine Konsequenz der gesellschaftlichen Modernisierung, wie sie von den Reformern explizit angestrebt wurde. Die neuen Staatsbürger konnten dagegen auf Dauer nicht ohne Mitspracherechte gehalten werden. Zum anderen bestand die Notwendigkeit einer Kontrolle der Verwaltung. In Preußen, wo die gesellschaftlichen Verhältnisse wenig modernisiert waren, hat man hierzu eine Staatsratslösung favorisiert. In den süddeutschen Staaten gibt es dagegen eigene Verfassungsansätze der Reformer.

In Darmstadt konnte man sich zunächst weder für einen Staatsrat noch für eine Verfassung entscheiden. Mit ursächlich mag dabei sein, daß hier nach der Entlassung von Barkhaus 1805 ein eigentlicher Reformminister fehlte, der – mit Montgelas in Bayern oder Reitzenstein in Baden vergleichbar – in der Lage und willens gewesen wäre, über die bürokratischen Reformen hinaus als deren Krönung eine Repräsentativverfassung vorzulegen. Hessen-Darmstadt unterscheidet sich hier von der »Trias der süddeutschen Rheinbund-Reformstaaten«, zu denen es ansonsten zu Recht gezählt werden kann.[5] Die hessischen Reformbeamten selbst dürften eher wie ihre Kollegen in Preußen der Meinung Niebuhrs gewesen sein, daß »das Gemeinwohl in den Händen der Verwaltung besser aufgehoben sei als im Schoße einer von partikularen Interessen bestimmten Volksvertretung, ja, daß die Freiheit ungleich mehr auf der Verwaltung als auf der Verfassung beruhe«. Als gewisser Niederschlag dieser Ansicht erscheint das 1816/18 publizierte vierbändige »Handbuch der Großherzoglich-Hessischen Verordnungen vom Jahre 1803 an« des Reformbeamten Karl Christoph Eigenbrodt, ungeachtet dessen, daß dieser dann 1820 eine wichtige Rolle beim Zustandekommen der Verfassung spielte. Übrigens war selbst ein ausgesprochen bürgerlicher Aufklärer wie der Pädagoge Christian Gotthilf Salzmann (1744–1811) entschieden gegen eine konstitutionelle Monarchie, weil die Wahlmänner bestechlich und nicht frei in ihrem Urteil seien. Für ihn gab es keine bessere Staatsform als die Monarchie des Aufgeklärten Absolutismus.[6]

Fragt man nach der latenten Bereitschaft der Reformbürokratie zu einer Repräsentativverfassung, so ist auf die geplante Einführung des Code Napoléon hinzuweisen. Sie wurde im Edikt vom 1. August 1808 zunächst grundsätzlich in Aussicht gestellt. Eine solche Bereitschaft zur Rezeption des französischen Rechts, wie sie dann unter führender Beteiligung der Jura-Professoren Grolman und Jaup auf der Gießener Konferenz von 1809/10 zusammen mit anderen Rheinbundstaaten erörtert wurde, impliziert im Grunde auch die Bereitschaft zur Repräsentativverfassung, wenn sich dies auch zunächst nur auf einzelne radikale Reformer wie Jaup und Minnigerode beschränkt.[7] Letzterer hat in seinen Schriften ausdrücklich eine stärkere Kontrolle der Verwaltung gefordert. Ferner muß die führende hessen-darmstädtische Mitwirkung an der Verfassungsinitiative auf dem Wiener Kongreß genannt werden, wo der Gesandte Johann von Türkheim neben dem Freiherrn vom Stein und Heinrich von Gagern als »einer der entschiedensten Vorkämpfer landständischer Verfassungen« auftrat.[8] Großherzog Ludwig hat im Nachhinein die Unterzeichnung der Note vom 14. November 1814 durch Türckheim, der hierzu nicht autorisiert war, entrüstet mißbilligt. Es zeigt dies die ablehnende Haltung des ganz aufgeklärt-absolutistisch gesonnenen, alle Veränderungen durch die Französischen Revolution jedoch hassenden Großherzogs, der in der Verfassungsfrage auch später sehr zurückhaltend war. Zugleich dürfte sich Türckheim, unbeschadet seiner eher ›altständischen‹ Vorstellungen, ziemlich sicher gewesen sein, daß die großherzoglichen Beamten anders dachten. Selbst der nicht sehr bedeutende Minister Lichtenberg hat, noch ehe in der Wiener Schlußakte vom 18. Juni 1815 die bekannte Zusicherung landständischer Verfassungen festgelegt war, am 7. März 1815 den Gesand-

Foto Nr. 20: Großherzog Ludewig I. (1753–1830). In seine Regierungszeit fiel die Entstehung der »Verfassungsurkunde des Großherzogtums Hessen« vom 17. 12. 1820.
Stadtarchiv, Darmstadt.

ten in München angewiesen, über die bayerische »landständische Organisation« sämtliches erreichbare Material zu besorgen: »Sobald als bei dem Wiener Kongreß die Hauptbasen von der landständischen Repräsentation *würklich* zustande gekommen sind, wird der Großherzog eine Kommission zur Beratung der diesem Institut [. . .] zu gebenden besonderen Einrichtung ernennen, der ich alsdann alles das mitteilen möchte, was in anderen Staaten versuchsweise schon geschehen ist.«[9] Die Unterstreichung des Wortes »würklich« zeigt freilich die Zurückhaltung der obersten Staatsspitze; sie ist letztlich durch die »Halsstarrigkeit des Großherzogs« in der Verfassungsfrage verursacht.

Bezeichnenderweise stammt der eindrucksvollste Beleg für den Zusammenhang von Reformära und Verfassungsfrage von einem Außenseiter: Die von der Regierung veranlaßte, 1816 erschienene »Unparteiische Beleuchtung der Bitt- und Beschwerdeschrift der Standesherrn des Großherzogtums Hessen« von Ludwig Ferdinand von Meseritz. Dort findet sich eine eingehende Würdigung der Reformerfolge zusammen mit dem Gedanken an eine Repräsentativverfassung. Was das Land brauche, sei nicht eine altständische Interessenvertretung, wie sie die Standesherren fordern, sondern eine »zweckmäßige vollständige Repräsentation und wahrhaft volksvertretende Landstände«.

Jedoch wäre der gegenwärtige Zeitpunkt angesichts erneuter Territorialveränderungen – der Abtretung Westfalens und der Anschluß der linksrheinischen ›Rheinhessischen‹ Lande – der am wenigsten geeignete, »diesem Staate eine Verfassung zu geben«, solle diese doch »zum großen Ziele führen«, wozu sie »für alle Staatsbürger berechnet und passend seyn muß.« Ähnlich hat auch der hessische Bundestagsgesandte Harnier 1818 anläßlich der dortigen Anfrage nach dem Stand der Verfassungsangelegenheit die Situation im Großherzogtum erläutert.

Die Verfassungsbewegung im Lande

Mittlerweile waren die rechtsrheinischen Landesteile z. T. in hellem Aufruhr. Die Unruhen der Jahre 1816 bis 1820 müssen in ihrer

Breitenwirkung in Zusammenhang mit der Reformära gesehen werden. Sie sind in ihren vorgebrachten Beschwerden eine Generalabrechnung mit der unpopulären Reformbürokratie.[10] In der angeregten Stimmung nach dem Niedergang der Napoleonischen Ära lag der »Grundwiderspruch zwischen der Reform von oben und der dem Modernisierungsprozeß passiv ausgesetzten Gesellschaft offen zutage«.[11] Träger der Protestbewegung waren zunächst die sog. Darmstädter Schwarzen, meist junge bürgerliche Intellektuelle, die sich über das Darmstädter Pädagog oder die Gießener Universität kannten und dort begeistert das gegen die französische Fremdherrschaft gerichtete neue deutsche Nationalgefühl erlebten. Ungeachtet ihres zunächst gesamtdeutschen Ansatzes schritten die Darmstädter – im Gegensatz zu den Gießener Schwarzen um die Gebrüder Follen – zunächst zur politischen Aktion im engeren Großherzogtum. Es gelang den jungen Advokaten Heinrich Karl Hofmann, Georg Rühl, Wilhelm Stahl sowie dem Michelstädter Justizbeamten Ferdinand Karl Heinrich Beck, große Unterschriftsaktionen, Deputiertenversammlungen, Unruhen und Steuerstreiks auszulösen und zu koordinieren.

Daß die dabei vorgebrachte Forderung nach Mitbestimmung und einer landständischen Verfassung so populär werden konnte, und daß das ›Frag- und Antwortbüchlein‹ des Leutnants Wilhelm Schulz von 1819 als wichtigste Propagandaschrift neben vielen anderen auf so große Resonanz stieß, ging auf das seit Jahren vorhandene Protestpotential im Lande zurück. Dieses richtete sich allgemein gegen das neue Verwaltungshandeln, wie es etwa bei den Gemeindeschuldentilgungsanstalten als besonders bevormundend empfunden wurde, gegen unverhältnismäßig erhöhte Steuern – was den späteren Minister du Thil 1814 zu einer Beschwichtigungsschrift »Über Besteuerung im Großherzogtum Hessen« veranlaßte – auch gegen in diesem Ausmaß nie gekannte Rekrutenziehungen, wogegen es bereits während der Rheinbundzeit zu massiven Unruhen in der Grafschaft Erbach kam. Das später selbstverständliche Recht des Staates auf Einberufung der jungen Männer zum Kriegsdienst war bisher so nicht geläufig. Hinzu waren auch noch allsonntägliche Landwehrübungen für alle Männer gekommen. Allein die Aversion gegen die schließlich aufgehobene Landwehr hätte ausgereicht, so wird später gesagt, daß »beinahe eine Revolution im Großherzogtum ausgebrochen« wäre. Ärger machte z. B. auch das Salzmonopol, welches die Untertanen zur Erhöhung der Fiskaleinnahmen zu unnötigem Salzkauf zwang. Zu nennen wäre für Darmstadt noch der Neubau des 600 000 Gulden teuren Mollerschen Hoftheaters, das zwar von der Zahl der Zuschauerplätze auch für das bürgerliche Publikum ausgelegt war, aber angeblich mit dem Land zustehenden französischen Entschädigungsgeldern finanziert wurde, was die Bürger mit nächtlichen drohenden Anschlagzetteln und ausbleibendem Beifall bei der Eröffnung im November 1819 quittierten. Die Bürger glaubten zudem, daß sie nun durch eine empfindliche Erhöhung der Brennholzpreise mit zur Kasse gebeten würden. Insgesamt wurden, zusammen mit berechtigter Kritik, die bürokratischen Reformaktivitäten pauschal diskreditiert und dies gerade in ihren größten Erfolgen, der Verwaltungs- und Steuerreform. Besonders ausgeprägt war das Protestverhalten in den neuerworbenen, vor allem den standesherrlichen Gebieten. Hier summierten sich die Ansprüche des modernen Staates mit den noch nicht abgelösten der früheren Herrschaftsinhaber. Auch die hochadligen Standesherren selbst zählten zum Protestpotential. Sie haben 1816 die genannte erste Verfassungsdenkschrift eingereicht. Der spätere Minister du Thil unterstellte sogar, daß der Erbacher Graf die Unruhen im Odenwald bewußt schüre.

Höhepunkte der Verfassungsbewegung sind schließlich eigenmächtig durchgeführte Deputiertenversammlungen in Grünberg, Gießen, Heppenheim und Zwingenberg, letztere durchaus schon in äußeren parlamentarischen Formen. Nach dem Attentat Karl Sands auf Kotzebue im März 1818 war die Darmstädter Regierung nicht länger bereit, dem ›demagogischen Treiben‹ tatenlos zuzusehen. Man wußte sich schließlich nur durch ein Verbot der Versammlungen zu erwehren, und, als dieses nicht befolgt wurde, durch Einkerkerung der ›Rädelsführer‹ und militärischer Besetzung von besonderen Unruheorten wie Michelstadt und Fränkisch-Crumbach. Übrigens unterscheidet die Verfassungsbewegung Hessen-Darmstadt von den anderen süddeutschen Staaten. In Bayern und Baden hat es solches nicht gegeben, und die altständische Fronde gegen König Friedrich in Württemberg ist kaum mit

Foto Nr. 21: Nicht verwirklichter Entwurf zum »Denkmal der Constitution« vom 17. 12. 1820 auf dem »Louisenplatz zu Darmstadt« von Hofbaumeister Lerch 1839.
Hessisches Staatsarchiv, Darmstadt, R 4 Nr. 20.481.

den hessischen Vorgängen zu vergleichen, zumal sich die alten Stände hier eher zurückhielten.

Die März- und Dezemberverfassung von 1820

Mittlerweile hatte man den bereits genannten Gießener Jura-Professor Grolman ins Ministerium berufen und mit der Erstellung eines Verfassungsentwurfs beauftragt. Grolman war in der Rheinbundzeit führend um die Rezeption des Code Napoléon bemüht und zählte damals zu den progressiven Reformern im Lande. Vor diesem Hintergrund ist sein am 18. März 1820 erlassenes ›Edict über die landständische Verfassung‹ nur als unverständlich zu bezeichnen. Es war faktisch eine Minimalversion. Bereits die Präambel ist höchst ungeschickt formuliert. In ihr jammert Grolman geradezu, daß man wegen des gegebenen Versprechens die Einberufung eines Landtags nicht noch länger hinausschieben könne, was du Thil zu dem Kommentar veranlaßte: »Man kam Präambeln

Foto Nr. 22: Portrait des großherzoglich-hessischen Staatsministers Karl Ludwig von Grolman (1775–1829), der maßgeblich für die Regelung der Verfassungsfrage zuständig war. Lithographie nach Zeichnung Wilhelms von Harnier.
Hessisches Staatsarchiv, Darmstadt, R 4 Nr. 15324.

auch sein lassen, aber wenn man eine macht, wird sie eine wichtige Sache.«[12] Das Edikt blieb weit hinter den bereits bestehenden süddeutschen Verfassungen zurück, so daß selbst der konservative Prinz Emil monierte, warum man das dort Zugestandene nicht auch den Hessen hätte geben können. Dabei wäre es ein leichtes gewesen, das längst Bewilligte in die Verfassung aufzunehmen, z. B. die Aufhebung der Leibeigenschaft und Fronden, d. h. die wesentlichen Ergebnisse der Reformen. Grolman jedoch hat durch sein letztlich unhaltbares Verfassungsedikt das vielbeschworene monarchische Prinzip selbst in eine peinliche Situation gebracht. Das Edikt, als ›Darmstädter Prostitution‹ verhöhnt, sei nicht die versprochene Verfassung, so der allgemeine Tenor; die gewählten Abgeordneten waren nicht zur Aufnahme ihrer Tätigkeit bereit. Erst als die Regierung Nachbesserungen auf dem Verhandlungswege in Aussicht stellte, bröckelte die geschlossene Front der zunächst den Eid verweigernden Abgeordneten.

Die endgültige Verfassung vom 17. Dezember 1820 ist zwischen Regierung und Abgeordneten ausgehandelt und durch persönliches Eingreifen des Großherzogs – in der Domänenfrage, wo er ein Drittel zur Schuldentilgung förmlich an den Staat abtrat, und in der Frage einer neuen Verfassungsurkunde – ermöglicht worden. Freilich gab es keine Alternative: Durch Neuwahlen wäre es zu einer für die Regierung weitaus weniger günstigen und kooperationsbereiten Kammerbesetzung gekommen und ein irgendwie gearteter Staatsstreich war für die Regierung jenseits aller Erwägungen. Schwer zu beantworten ist die Frage, warum ausgerechnet der einstige progressive Rheinbundreformer Grolman das berüchtigte Märzedikt erlassen hat. Neben Hinweisen auf seine opportunistische und auch sonst problematische Persönlichkeit gibt es bisher nur die Erklärung, daß radikale Reformer, die sich, wie Grolman, mit seinen Code-Plänen zu sehr auf der revolutionären Seite exponiert hatten, später auf das System des Aufgeklärten Absolutismus umschwenken mußten, wollten sie weiter wirken.[13] Grolman wurde so zum Vollstrecker des eigentlich keine Verfassung wollenden Großherzogs und hat, wie er selbst glaubte, »nur das Nötigste bewilligt.« Die dann eingetretene peinliche Situation, daß man nun einem Druck von unten nachgeben mußte, wurde allenfalls dadurch relativiert, daß die Regierung nicht mit irgendwelchen Deputierten, sondern mit dem Freiherrn Hans Christoph von Gagern und dem Regierungsbeamten Karl Christian Eigenbrodt verhandelte. Die beiden Abgeordneten sind Schlüsselfiguren beim Verfassungskompromiß. Eigenbrodt gilt als Autor der Dezemberverfassung. Wie sehr man im Nachhinein das verletzte monarchische Prinzip wieder aufpolierte, zeigt das zentrale Darmstädter ›Monument‹ für Ludwig I., welches kaum als Verfassungsdenkmal wahrnehmbar ist: Der hoch hinaufgestellte, trotz seiner ›Halsstarrigkeit‹

Foto Nr. 23: Einweihung des zu Ehren Ludewigs I. errichteten Monuments (nach antiken Vorbildern) am 25. 8. 1844 auf dem Luisenplatz in Darmstadt.
Stadtarchiv, Darmstadt.

populäre Monarch reicht in eher zurückhaltender Pose seinem »dankbaren Volk« die Verfassungsurkunde.

Inhalte der Verfassung

Das konstitutionelle System der Dezemberverfassung von 1820 hat wie alle süddeutschen Repräsentativverfassungen sein ideelles Vorbild in der französischen Charte Constitutionelle von 1814 und ein praktisches in der bayerischen Verfassung von 1818. Das charakteristische Zwei-Kammer-System erinnert darüber hinaus an das klassische Westminster-Modell. In der Ersten Kammer saßen als geborene Mitglieder die Prinzen des großherzoglichen Hauses neben den fast 20 Häuptern der 1806 mediatisierten hochadligen Standesherren – die allerdings nie vollständig erschienen – und dem früheren gesamthessischen Erbmarschall Riedesel zu Eisenbach. Hinzu traten kraft Amtes der katholische Mainzer Landesbischof, der ernannte evangelische Prälat und der Kanzler der Universität Gießen sowie bis zu 10 vom Großherzog auf Lebenszeit berufene Persönlichkeiten.

Demgegenüber wurden die 50 Abgeordneten der Zweiten Kammer sämtlich gewählt: 34 in den ländlichen Wahlbezirken, 10 in den größeren Städten und 6 durch den grundbesitzenden niederen Adel. Außer für die letzteren galt ein durch seine Dreistufigkeit im deutschen Konstitutionalismus einmaliges Wahlverfahren, das auf den kurz zuvor eingerichteten rheinhessischen Provinzialrat und über diesen auf den französischen Departementrat zurückgeht. Auf der unteren Stufe wählten alle volljährigen Staatsbürger sog. Bevollmächtigte, diese dann Wahlmänner und jene dann den Abgeordneten. Die Wählbarkeit war, beginnend mit den Bevollmächtigten, stufenweise durch höhere Altersgrenzen, v. a. aber durch relativ hohe Vermögens- bzw. Steuerbarrieren beschränkt. Der Landtag verfügte über das Budget- und Steuerbewilligungsrecht. Die Gesetzesinitiative lag bei der Regierung, der Landtag hatte nur Zustimmungsrecht. Er konnte aber mittels seines Petitionsrechts die Vorlage bestimmter Gesetzesmaterien erbitten. Beide Kammern waren grundsätzlich gleichberechtigt, konnten aber nur gemeinsam beschlossene Adressen der Regierung vorlegen. Ihre Arbeitsweise unterlag der gleichen Geschäftsordnung. Bei normalen Gesetzesvorlagen konnte die Regierung entscheiden, welche Kammer zuerst damit befaßt wurde. Auch wenn in der Regel die Vorlagen zuerst der Zweiten Kammer zugingen, mußte lediglich der Hauptvoranschlag, d. h. der Haushalt, ausdrücklich zuerst in der Zweiten Kammer beraten werden.

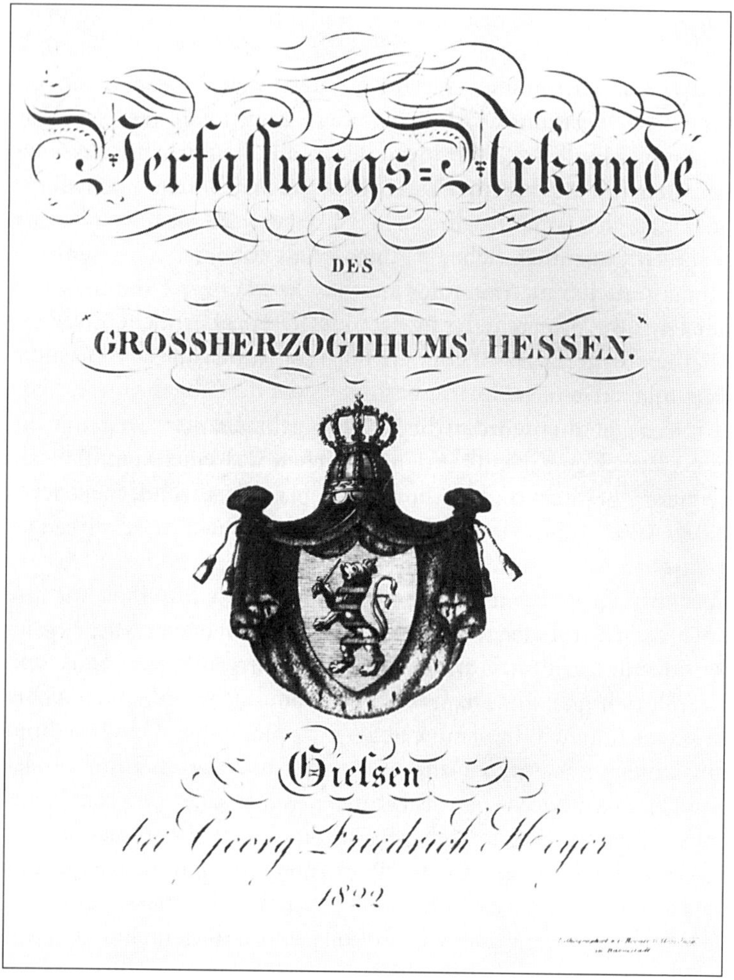
Verfassungs-Urkunde

DES

GROSSHERZOGTHUMS HESSEN.

Giessen

bei Georg Friedrich Heyer

1822

Foto Nr. 24: Druckfassung der endgültigen Verfassungsurkunde des Großherzogtums Hessen vom 17. 12. 1820.
Hessisches Staatsarchiv, Darmstadt, R 4 Nr. 15701.

Konstitutioneller Landtag und Reformpolitik

Das Verhältnis zwischen Zweiter Kammer und Regierung war besonders im Vormärz oftmals gespannt. Es geht dies v. a. auf das monarchische Prinzip zurück, das sich mit Ständeversammlungen von vornherein schwertat. Das monarchische Prinzip war der älteren deutschen Verfassungsgeschichte fremd. Es fand seinen Eingang nicht nur über die restriktive Politik des Wiener Kongresses, sondern auch über die französische Charte von 1814 und verschaffte den Monarchen eine nach der Umbruchepoche nötig gewordene neue Legitimation. Es negierte jedoch die Gewaltenteilung und hat die Kammern, besonders die der Abgeordneten, von vorneherein in eine negative Stellung gebracht und so zu einem oppositionellen Grundklima beigetragen, das eine Zusammenarbeit erschwerte. Aus dieser Sicht war ein altständisch-dualistisches Miteinander von Fürst und Ständen nicht mehr möglich. Aber auch die Entwicklung zur Parlamentarisierung konnte auf Dauer nicht aufgehalten werden. Die oft angespannte Situation darf jedoch nicht darüber hinwegtäuschen, daß es auch ein weitgehendes Miteinander in der reformerischen Neugestaltung von Staat und Gesellschaft gab. Für das Großherzogtum läßt sich die Geschichte aller wesentlichen Reformbereiche, z. B. der Agrar-, Gewerbe- und Finanzreformen, der Emanzipation der Juden, des Verhältnisses von Staat und Kirche, der Reform der Wehrpflicht oder der Frauenfrage wesentlich aus den gedruckten Landtagsprotokollen erschließen.[14] Besonders fruchtbar war die reformpolitische Zusammenarbeit etwa im Eisenbahn- und Straßenbau, wobei für Ersteren 1841/42 sogar ein eigener Protokoll- und Beilagenband angelegt wurde, bei der Grundlastenablösung, wo beteiligte Reformbeamte auch als gewählte Abgeordnete die Reform vorantrieben und sich 1832/33 mit der liberalen Kammeropposition geradezu die Bälle zuspielten. Ein stärkeres reformerisches Eigenleben findet sich z. B. 1830 anläßlich eines Antrags des Abgeordneten Dörnberg auf ›Errichtung einer Centralrealschule‹. Die große Resonanz des Themas in der Zweiten Kammer war, obwohl die Erste nicht mitzog und so keine gemeinsame Adresse zustande kam, für die Regierung die sichere Basis für weitere Reformschritte, die schließlich zu einem System höherer technischer Bildung führte, aus dem sich dann die TH Darmstadt entwickelte.[15] Nicht so günstig fällt die Bilanz etwa bei der Reform der Wehrpflicht aus. Hier waren viele Abgeordnete bis zur Reichsgründungsepoche mehr an einer verbesserten Organisation der bis dahin praktizierten Befreiungs- und Stellvertretungsmöglichkeiten interessiert als an einer allgemeinen Wehrpflicht, zu der sich Preußen bereits im Zeitalter der Befreiungskriege entschlossen hatte. Auch hinsichtlich der Judenemanzipation war die Regierungsseite bereits im Vormärz manchmal fortschrittlicher als die Mehrheit der Zweiten Kammer.

Politische Gruppierungen und Parteien

Dennoch kann von den politischen Einstellungen der Abgeordneten her die Zweite Kammer über weite Strecken als mehrheitlich liberal charakterisiert werden. Die von den ›Schwarzen‹ anfangs befürchtete Zurückdrängung der Liberalen durch die »dreifache Destillation des Volksgeistes« ist nicht eingetreten. Eher waren die Urwahlen auf der untersten Stufe konservativ oder vergleichsweise gemäßigt. Die eigentliche politische Richtungsentscheidung fiel in den Gesprächskreisen der Bevollmächtigten und Wahlmänner, d. h. in sozial herausgehobenen bürgerlichen ›Honoratiorenzirkeln‹, was noch genauer zu erforschen bleibt.

Die liberale Grundorientierung gilt im Prinzip während der gesamten Vormärzepoche – in der man noch nicht von eigentlichen Parteien sprechen kann – und dann weiter über die allmähliche Bildung von Parteien bis zum Ende der Monarchie, als es ein entwickeltes Parteiensystem gab. Freilich läßt sich bei den vormärzlichen Liberalen zwischen Konstitutionellen und Oppositionellen unterscheiden. Zu letzteren ist besonders die Abgeordnetengruppe um Heinrich von Gagern zu rechnen. Sie versuchte in den 1830er Jahren Reformen zu ertrotzen, die in ihrer Konsequenz eine Gefahr für das monarchische Prinzip und politische Probleme auf Bundesebene bedeutet hätten: Striktere Gewaltenteilung, v. a. durch eine unabhängige Justiz, gemeindliche Selbstverwaltung, freies Wahlrecht, Presse- und Petitionsfreiheit. Die Regierung du

Foto Nr. 25: Heinrich Karl Jaup (1781–1860), Jurist, Professor in Gießen, 1848 Ministerpräsident in Darmstadt. Er überarbeitete den hessen-darmstädtischen Verfassungsentwurf, bevor er 1820 unterzeichnet wurde. Hessisches Staatsarchiv, Darmstadt, R 4 Nr. 22.409.

Thil reagierte 1833/34 mit der Auflösung von zwei betont oppositionell eingestellten Landtagen, mit Knebelung der Presse, mit Wahlbeeinflussungen und Urlaubsverweigerung für mißliebige beamtete Abgeordnete, so auch für den ob seiner Gesinnung bereits pensionierten Staatsrat Karl Jaup, der als Rheinbundreformer genannt wurde und der später auf Regierungsseite die Verfassungsfrage voranzutreiben suchte. Radikale außerparlamentarische Oppositionelle überwiegend studentisch-akademischer Herkunft sind dann am ›Wachensturm‹ in Frankfurt 1833 und im Folgejahr am ›Hessischen Landboten‹ Georg Büchners und Friedrich Ludwig Weidigs beteiligt. Dort werden auch Verfassung und Landstände verächtlich abgetan: »ein jämmerlich Ding«, »nichts als leeres Stroh«.

Ein Beispiel für einen konstitutionellen Liberalen ist der Abgeordnete Theodor Schacht. Er hat 1834 in seiner Streitschrift ›Der Liberalismus auf dem merkwürdigen Landtage zu Darmstadt 1833‹ pointiert eine von aufgeklärtem Reformeifer geprägte konstitutionelle ›Gegenrechnung‹ präsentiert. Dies hat ihn, auch vor dem Hintergrund seiner in den Landtag eingebrachten bildungspolitischen Reformpläne, für die anschließend erfolgte Verwendung in der Kultusbürokratie geradezu empfohlen, wo er auch künftig nichts weniger als ›konservative‹ Positionen vertrat. Wirklich konservative Abgeordnetengruppierungen zeigen sich eigentlich erst später, sieht man von einzelnen oberhessischen bäuerlichen Abgeordneten ab, wie sie sich auf den ersten Landtagen zunächst noch finden und dann durch stärkere politische ›Professionalisierung‹ der Abgeordnetenstruktur weitgehend verdrängt werden. Zunächst hat sich 1848 die Differenzierung zwischen jener ehemals oppositionellen, nun regierenden liberalen Richtung und weiter ›links‹ stehenden Demokraten verstärkt. Diese hatten besonders in den sich bildenden Demokratenvereinen einen politisch formierten Rückhalt. Konservative Ansätze finden sich demgegenüber im Rahmen das Darmstädter Konstitutionell-monarchischen Vereins sowie – in ganz anderer Weise – in den katholischen Piusvereinen, in denen sich nun der politische Katholizismus formierte.

Im Vorfeld der 1871er Reichsgründung entwickelte sich das liberal-demokratische Lager aus dem liberalen Nationalverein zur Fortschrittspartei. Deren antipreußisch gesonnene Abweichler gründeten nach 1866 eine liberal-konservative Partei, die sich im Landtag nach 1871 wieder mit den Fortschrittlern zur nationalliberalen Partei zusammenschlossen. Die Nationalliberalen blieben hier bis 1918 maßgebende politische Kraft. Linksliberale Abspaltungen firmieren seit den 1880er Jahren unter dem Begriff ›Freisinn‹, seit 1910 als ›Fortschrittliche Volkspartei‹. Die ersten beiden SPD-Abgeordneten wurden 1884/85 in Mainz gewählt, darunter

Foto Nr. 26: Ständehaus in Darmstadt. Lithographie von L. Rohbock und J. M. Kolb. Hier tagte der Darmstädter Landtag 1838 erstmals im eigenen Haus.
Hessisches Staatsarchiv, Darmstadt. R 4 Nr. 15556.

der spätere Staatspräsident Carl Ulrich. Freilich hatte die SPD schon wegen des Wahlverfahrens keine Chance, in der hessischen Zweiten Kammer einen solchen Zuwachs zu gewinnen, wie im Reichstag, der mit einem direkten und gleichen Mehrheitswahlrecht gewählt wurde.

Seit den späten 1880er Jahren findet sich unter wechselnden Namen eine ansehnliche antisemitische Gruppierung, aus der sich über den ›Hessischen Bauernbund‹ (1899) schließlich eine ›Deutschvölkische Partei‹ (1915) bildete, wobei die Nazis später diese Gruppierungen gerne als ihre hessischen Ahnen betrachteten. Die letzte Wahl zur Zweiten Kammer brachte 1911 folgendes Ergebnis (in Mandaten): Nationalliberale 17, Bauernbund 14, Zentrum 9, SPD 8, Freisinn 8, Sonstige 2.

Verfassungsänderungen

Prinzipiell hat die Verfassung von 1820 bis zum Ende der Monarchie 1918 gegolten. Die Verfassungsänderungen betrafen v. a. das

Wahlverfahren. Im Gefolge der 1848er Revolution wurde vorübergehend auch die gesamte Erste Kammer gewählt, wobei jedoch die Wähler bereits auf der untersten Stufe mit mindestens 20 Gulden an direkten Steuern beteiligt sein mußten. Nach einer 1850 auf dem Verordnungswege herbeigeführten Wiederzulassung der Mitglieder kraft Amtes und der Ernannten in der Ersten Kammer und einer Anlehnung der Zweiten Kammer an das preußische Dreiklassen-Wahlrecht wurde 1856 vom Landtag selbst das alte Wahlsystem wieder restituiert. Eine dabei vorgenommene Zensuserhöhung für Bevollmächtigte, Wahlmänner und Abgeordnete wurde 1862 nochmals aufgestockt. Durch die Wahlreformen von 1872/75 wurde angesichts des vergleichsweise demokratischen Reichstagswahlrechts eine – wenn auch nur partielle – Angleichung angestrebt: der Zensus auf der ersten Stufe entfiel; künftig besaßen hier alle Wahlberechtigten auch das passive Wahlrecht. Die Steuerbarriere für Wahlmänner wurde deutlich gesenkt. Die seitherige mündliche Wahl wurde durch Stimmzettelwahl ersetzt. Die Vertretung des grundbesitzenden Adels wurde von sechs auf zwei Mandate reduziert, die man nun in die Erste Kammer verlegte. Neu war auch eine hälftige Erneuerung der auf sechs Jahre gewählten Abgeordneten nach drei Jahren. Die letzte Wahlrechtsänderung 1911 brachte insofern eine weitergehende Demokratisierung, als nun die Abgeordneten von allen (steuerzahlenden, über 25jährigen, männlichen) Staatsbürgern direkt gewählt wurden. Als merkwürdiges Korrektiv dieses Trends zu modernen Wahlverfahren hat man den über 50jährigen zwei Stimmen verliehen. Auch die Erste Kammer erhielt eine letztmalige Modernisierung: Neben einem Vertreter der mit der Landesuniversität Gießen gleichgestellten TH Darmstadt waren nun auch die ›Berufsstände‹ präsent, nämlich durch insgesamt drei Vertreter der Handwerks-, Landwirtschafts- sowie Industrie- und Handelskammern. Als der Präsident der Zweiten Kammer anläßlich der Festsitzung zum 25. Regierungsjubiläum des letzten Großherzogs 1917 von einer »glänzenden Zeit«, von einem »Vorwärtsschreiten [. . .] auf allen Gebieten des öffentlichen Lebens«, von einem »Blühen und Früchtebringen« sprach, konnte er nicht mehr auf allgemeine Zustimmung rechnen: die SPD-Fraktion fehlte.[16] Im Gegensatz zum Reich, wo die Oktoberreformen 1918 faktisch eine parlamentarische Monarchie herbeigeführt hatten, kamen in Hessen vergleichbare Erwägungen zu spät. Eine Beratung der am 26. Oktober 1918 im Auftrag des Großherzogs im Ausschuß verkündeten Reformzusagen konnte nicht mehr erfolgen. In der Nacht nach der für den 8. November geplanten interfraktionellen Sitzung kam es zu Militärunruhen, die dann zur Proklamation der »freien sozialistischen Republik« in Hessen führten.

Anmerkungen

1 Hier zitiert nach Peter Fleck, Agrarreformen in Hessen-Darmstadt. Agrarverfassung, Reformdiskussion und Grundlastenablösung (1770–1860) (= Quellen und Forschungen zur hessischen Geschichte 43), Darmstadt und Marburg 1982, S. 182.

2 Dies veranschaulicht besonders die Arbeit von Andreas Schulz, Herrschaft durch Verwaltung. Die Rheinbundreformen in Hessen. Darmstadt unter Napoleon (1803–1815) (= Frankfurter historische Abhandlungen 33), Stuttgart 1991, ebd. das Folgende.

3 Vgl. auch Harm Klueting, Nachholung des Absolutismus. Die rheinbündischen Reformen im Herzogtum Westfalen in Hessens darmstädtischer Zeit (1802–1816), in: Westfälische Zeitschrift 137 (1987), S. 227–245.

4 Das Folgende nach Karl Otmar Freiherr von Aretin, Vom Deutschen Reich zum Deutschen Bund (= Deutsche Geschichte, hrsg. von Joachim Leuschner, Bd. 7), Göttingen 1980, S. 114 ff.

5 Lothar Gall, Von der ständischen zur bürgerlichen Gesellschaft, München 1993, S. 75; ebd. auch das Folgende.

6 Willi Schröder, Johann Christoph Friedrich GutsMuths. Leben und Wirken des Schnepfenthaler Pädagogen, St. Augustin 1996, S. 47.

7 Vgl. hierzu Schulz (wie Anm. 2), S. 217 ff., hier S. 228.

8 Vgl. Julius Reinhard Dieterich, Hessen-Darmstadt auf dem Wiener Kongreß und die Erwerbung Rheinhessens, in: Beiträge zur rheinhessischen Geschichte. Festschrift der Provinz Rheinhessen zur Hundertjahrfeier 1816–1916 (= Quellen und Forschungen zur hessischen Geschichte 4), Mainz 1916, S. 145–294, dort besonders den Abschnitt über »Die Frage der landständischen Verfassungen«, S. 188 ff., Zit. S. 189; Michael Hundt, Die mindermächtigen deutschen Staaten auf dem Wiener Kongreß (Veröffentlichungen des Instituts für Europäische Geschichte, Abt. Universalgeschichte, Bd. 164), Mainz 1996, S. 119, 150; vgl. demnächst auch die Dissertation von Uta Germann über die hessendarmstädtische Außenpolitik bis zum Wiener Kongreß, die in der Reihe

»Quellen und Forschungen zur hessischen Geschichte« der Hessischen Historischen Kommission erscheint.

9 Vgl. Jürgen Rainer Wolf, Nur Ministre étranger aux affairs oder ein Hauch von Rufmord? [...] Staatsminister Friedrich August von Lichtenberg (1755–1819) in Briefzeugnissen und Berichten, in: Lichtenberg. Spuren einer Familie. Zum 250. Geburtstag von Georg Christoph Lichtenberg, hrsg. von Otto Weber, Ober-Ramstadt 1992, S. 203–258, hier: S. 252. Herrn Dr. Wolf danke ich für freundliche Hinweise.

10 Peter Fleck, Reform und Bürokratie in Rheinbundzeit und Vormärz. Neue Forschungen über Hessen-Darmstadt, Württemberg und Nassau, in: AHG NF 51 (1993), S. 273–282, hier: S. 277.

11 Schulz (wie Anm. 2), S. 266.

12 Du Thil an Prinz Emil vom 25. 3. 1820, abgedruckt bei Büttner, S. 40.

13 Vgl. Schulz (wie Anm. 2), S. 238.

14 Darstellungen, die sich wesentlich auf die Kammerprotokolle stützen sind etwa: Anton Maria Keim, Die Judenfrage im Landtag des Großherzogtums Hessen 1820–1849 (= Quellen und Forschungen zur hessischen Geschichte 46), Darmstadt und Marburg 1983; Fleck, Agrarreformen (wie Anm. 1); Erwin Viefhaus, Hochschule – Staat – Gesellschaft. Zur Entstehung und Entwicklung der TH Darmstadt im 19. und 20. Jhdt., in: 100 Jahre TH Darmstadt (= Jahrbuch der TH Darmstadt 1976/77); Peter Fleck, Konskription und Stellvertretung. Die Behandlung der Kriegsdienstpflicht im hessen-darmstädtischen Landtag von 1820 bis 1866, in: AHG NF 43 (1985), S. 193–228.

15 Viefhaus (wie Anm. 14); vgl. auch Peter Fleck, Der Darmstädter Pädagoge Wilhelm Wägner als Propagandist höherer technischer Bildung. Ein Beitrag zur Vorgeschichte der TH Darmstadt, in: Hessen in der Geschichte. Festschrift für Eckhart G. Franz, hrsg. von Christof Dipper (= Arbeiten der Hessischen Historischen Kommission NF 11), Darmstadt 1996, S. 522–536.

16 Vgl. Franz, Staat der Großherzöge, S. 510.

Literaturhinweise

Andres, Hans: Die Einführung des konstitutionellen Systems im Großherzogheim Hessen (= Historische Studien 64). Berlin 1908

Büttner, Siegfried: Die Anfänge des Parlamentarismus in Hessen Darmstadt und das du Thilsche System. Darmstadt 1969

Franz, Eckhart G.: Der Staat der Großherzöge von Hessen und bei Rhein 1806–1918, in: Heinemeyer, Wolfgang: Das Werden Hessens. Marburg 1986, S. 481–515

Franz, Eckhart G./Fleck, Peter (Hrsg.): Der Landtag des Großherzogtums Hessen 1820–1848 (= Arbeiten der Hessischen Historischen Kommission NF 10). Darmstadt 1998

Götz, Hannelore/Rack, Klaus-Dieter (Bearb.): Hessische Abgeordnete 1820–1933. Ergänzungsband: Biographische Nachweise für die Erste Kammer der Landstände des Großherzogtums Hessen; Ergänzungen und Berichtigungen für die Zweite Kammer und den Landtag des Volksstaats Hessen (= Vorgeschichte und Geschichte des Parlamentarismus in Hessen 12). Darmstadt 1995

Karenberg, Dagobert: Die Entwicklung der Verwaltung in Hessen-Darmstadt unter Ludewig I. (1790–1830) (= Quellen und Forschungen zur hessischen Geschichte 20). Darmstadt 1964

Müller, Adolf: Die Entstehung der hessischen Verfassung von 1820 (= Quellen und Forschungen zur hessischen Geschichte 13). Darmstadt 1931

Ruppel, Hans Georg/Groß, Birgit (Bearb.): Hessische Abgeordnete 1820–1933. Biographische Nachweise für die Landstände des Großherzogtums Hessen (2. Kammer) und den Landtag des Volksstaats Hessen (= Darmstädter Archivschriften 5). Darmstadt 1980

Zimmermann, Erich: Für Freiheit und Recht! Der Kampf der Darmstädter Demokraten im Vormärz (1815–1848) (= Arbeiten der Hessischen Historischen Kommission NF 2). Darmstadt 1987

Ewald Grothe

Konstitutionalismus in der Dauerkrise. Die Verfassungsgeschichte des Kurfürstentums Hessen

Ein Sonderfall der deutschen Verfassungsgeschichte?

»Das unglückliche Land [war] nur allzu oft in der Lage [. . .], einen Schmerzenslaut über Deutschland und weiter hin zu rufen, eine Geschichte von entsetzlichen Zuständen zu erzählen [. . .]. Wäre es erlaubt, in so jammervollen Dingen mit Worten zu spielen, so möchte man sagen: nicht das hessische Recht, sondern das hessische Unrecht sei [wissenschaftlich] bearbeitet.«[1] Kein geringerer als einer der bekanntesten deutschen Staatsrechtler des 19. Jahrhunderts, Robert von Mohl, hat diese harschen Worte über die Verfassungsgeschichte des Kurfürstentums Hessen gefällt. War, so ist demnach zu fragen, die Entwicklung des Kurstaates im Rahmen der deutschen Geschichte wirklich ein derart beklagenswerter Ausnahmefall? Kann man geradezu von einem kurhessischen Sonderweg in der deutschen verfassungshistorischen Entwicklung sprechen?

Als maßgebliche Ursache für diese außergewöhnliche Geschichte Kurhessens wird stets der Konflikt um die Verfassung des Jahres 1831 genannt. Die Verfassung, ihre Auslegung und ihre Durchsetzung, Rechtsnorm und Rechtswirklichkeit wurden zum Streitfall der Politik. Kurhessen avancierte zum Land des »permanenten Verfassungskonflikts«.[2]

Die kurhessische Verfassungsgeschichte zwischen Wiener Kongreß und Reichsgründung soll der deutschen Entwicklung kontrastierend gegenübergestellt werden. Dabei wird sich zeigen, wie normal oder wie außergewöhnlich, wie progressiv oder wie reaktionär die Geschichte des Kurfürstentums Hessen einzuschätzen ist.

Restauration oder Transformation?

Das Jahr 1813 war alles andere als eine »Stunde Null« für Deutschland und Europa. Zwar bedeutete es den Anfang vom Ende des französischen Imperators Napoleon, doch zugleich war es ein nationaler wie internationaler Neubeginn mit partieller Kontinuität zum Ancien régime. Ideengeschichtlich empfingen Nationalismus und Liberalismus in Deutschland in dieser Zeit entscheidende Impulse; machtpolitisch formten sich in den Folgejahren die Grundzüge des internationalen Staatensystems der nächsten Jahrhunderthälfte heraus, sozial- und mentalitätsgeschichtlich folgte der tiefen »Verstörung« der Napoleonzeit die allmähliche Transformation der altständischen Gesellschaft des 18. in die bürgerliche des 19. Jahrhunderts. Und schließlich: verfassungsgeschichtlich wurde das Zeitalter des Absolutismus von der Epoche des Konstitutionalismus abgelöst.

1813 bedeutete auch für das Kurfürstentum Hessen nur ganz bedingt einen Neuanfang. Napoleon hatte rund ein Jahrzehnt lang durch politischen Druck, durch indirekte Herrschaft, schließlich durch Besatzung und Krieg die politische Landkarte deutlich verändert, die alte Landgrafschaft Hessen-Kassel zunächst 1803 mit dem Kurhut gekrönt und nur drei Jahre später doch als Staat vernichtet. In der Rückschau wirkte dies alles, das Königreich Westfalen als traditionsloser Kunststaat zumal, fast als Spuk, als ein Interregnum, an dessen Ende die alten Mächte und mit ihnen etliche deutsche Klein- und Mittelstaaten wiedererstanden. Auf dem Wiener Kongreß ging nicht nur ein restituiertes, sondern auch ein leicht arrondiertes Kurfürstentum aus den Verhandlungen hervor. Ob Restitution des Staates und der Dynastie auch zugleich die Restauration der inneren Verhältnisse bedeutete, sollte sich bereits in den ersten Jahren nach 1813 zeigen.

Zunächst: trotz aller Beteuerungen und Anstrengungen – ein Zurück in die Zeit vor 1806 war nicht mehr möglich. Wilhelm I. (Kurfürst 1803–1821), gestärkt durch seinen triumphalen Empfang bei der Rückkehr im Herbst 1813, erklärte zwar sämtliche westfälischen Gesetze für null und nichtig, dennoch nahm er faktisch einige wenige Entscheidungen nicht zurück bzw. er knüpfte an westfälische Reformen an. Sodann: bereits im Wiederherstellungsvertrag vom Dezember 1813 war angekündigt, was die Wiener Bundesakte vom 8. Juni 1815 bestätigte: »In allen Bundesstaaten soll eine Landständische Verfassung statt finden«.[3] Jenseits allen Streits um die Auslegung dieses Artikels 13 bedeutete dies, daß die Landstände in den Territorien wieder zusammentraten und über eine neue bzw. über die Wiederherstellung der überlieferten Verfassung berieten.

Im gerade einmal seit einem Jahr wiederhergestellten Kurstaat erfolgte die Einberufung der Ständeversammlung durch Verordnung vom 27. Dezember 1814. Die militärische Verpflichtung gegenüber den Verbündeten und der Versuch einer sinnvollen Integration der seit Mitte des 18. Jahrhunderts hinzugewonnenen Territorien, somit also Souveränitätsbehauptung und -beweis nach innen wie außen, bestimmten eine politische Grundentscheidung von zukunftsweisender Kraft.

18 Monate lang berieten mit Unterbrechungen Adel, Stadtbürger und erstmals in Hessen-Kassel auch Bauerndeputierte über einen im deutschen Vergleich progressiven Konstitutionsentwurf der Landtagskommission. An der Forderung nach einem Verfassungsvertrag zwischen Fürst und Ständen und nach einer Verfassungsgarantie durch auswärtige Mächte scheiterte das Projekt schließlich. Für den Kurfürsten war dies zu verschmerzen, weil er im Unterschied zu anderen deutschen Landesherren aufgrund seiner exzellenten Hausfinanzen und dem vergleichsweise geringen territorialen Zuwachs weder unter finanz- noch unter größerem integrationspolitischen Druck stand. »Ich brauche kein Geld zu fordern und brauche daher auch keine Stände. Mir sollen sie nicht über die Schwelle kommen«, erklärte er 1820 mit einem mitleidigen Seitenblick auf seine darmstädtischen »Vettern«.[4]

Die Verfassungsfrage, in den süddeutschen Staaten zwischen 1818 und 1820 in einer ersten Konstitutionalisierungswelle gelöst, lag in Kassel bis 1830 auf Eis. Das Haus- und Staatsgesetz von 1817 und das Organisationsedikt von 1821 brachten zwar einen geringen Modernitätsgewinn, eigneten sich jedoch nicht als Konstitutionsersatz. Die erfolglosen Debatten um eine Verfassung, welche für die Liberalen als ein Traum erschien, erwiesen sich durch ihr

Scheitern für eineinhalb Jahrzehnte als ein Trauma für das Land.

Die Diskussionen um Verfassung und gesellschaftspolitische Reformen hatten bis 1819/20 eine partielle politische Öffentlichkeit im Kurstaat hergestellt. Nach der deutschlandpolitischen Wende in Karlsbad 1819 und Wien 1820 änderte sich auch die Stimmung in Kurhessen drastisch. Der verfassungspolitischen Stagnation, die ganz im Sinne des Thronfolgers Wilhelm II. (1821–1847) lag, entsprach die Lähmung der öffentlichen Meinung: kein Landtag, keine Parteien, fast keine Presse. Auch die oppositionellen Regungen hatte man weitgehend im Griff: das Verbot der Burschenschaften und die Verhaftung mißliebiger Publizisten erwiesen sich als wirkungsvoll. Allein der Schönfelder Kreis um die Kurfürstin Auguste und die sogenannte Drohbriefaffäre sorgten Anfang und Mitte der zwanziger Jahre für leichte, aber nur vorübergehende Irritationen. Selbst wenn man annimmt, daß die westfälisch geprägte Bürokratie des Kurstaates aufgeschlossen gegenüber weiteren Reformen war, so blieb ihr in dem spätabsolutistischen Regime Wilhelms II. bestenfalls minimaler Spielraum. Die Transformation des Staates wurde im Jahre 1821 von einer rigiden Restauration abgelöst. Spätestens jetzt haftete nicht zu Unrecht Kurhessen der Ruf extremer Rückständigkeit an.

Statt sich den verfassungspolitisch progressiven süddeutschen Staaten anzuschließen, hatte Kurhessen den preußischen Weg des konstitutionslosen Gemeinwesens eingeschlagen. Dabei war dies fast das einzig Gemeinsame beim Vergleich von Berlin und Kassel. Denn im Unterschied zu seinem west-östlichen Nachbarn Preußen war der Kurstaat wirtschaftlich schwach und rückständig, zollpolitisch weitgehend isoliert, fast ganz agrarisch und mit Ausnahme von Hanau nicht im geringsten industriell geprägt. Wirtschaftliche Notlage, ein durch Mätressengeschichten skandalumwitterter Kasseler Hof und verfassungspolitischer Rückstand führten schließlich 1830 jene Situation herbei, die halbrevolutionäre Züge trug und zu einer wiederholten Auseinandersetzung um das Symbol des Fortschritts führte: eben eine Verfassung.

Erneut kam der Impuls aus Frankreich. Die Juliereignisse von 1830 mit dem Sturz der Bourbonen bedeuteten ein Fanal; sie avancierten zur Fanfare des Erwachens aus politischer Indolenz und Lethargie. Brüssel und Warschau hießen die Hauptschauplätze, die zugleich Erfolg und Scheitern von liberaler Erneuerung und nationaler Emanzipation symbolisierten. Die politische Öffentlichkeit veränderte sich innerhalb weniger Wochen auf nachhaltigste Art: die politische Erstarrung der zwanziger Jahre wich, die Presse blühte auf, das Vereinswesen florierte, das politische Denken wurde vorübergehend fast schrankenlos. Die Zeitgenossen empfanden nach der »Windstille« der zwanziger Jahre die Pariser Vorgänge als Aufbruch in ein neues Zeitalter. »Bewegung« wurde das Modewort der Zeit. Kurhessen blieb bei alledem nicht außen vor.

In dem Territorium zwischen Main und Fulda führte die Kumulation langfristiger und hausgemachter Krisenphänomene sozialer, wirtschaftlicher und politischer Natur zu einer explosiven Mi-

Foto Nr. 27: Übergabe der auf Einberufung der Landstände und Gewährung einer neuen Verfassung drängenden Sturm-Petition der Kasseler Bürgerschaft an Kurfürst Wilhelm II. von Hessen am 15. September 1830. Stich von Ludwig Emil Grimm. Staatliche Kunstsammlungen, Kassel.

schung, die nur eines Anlasses bedurfte, um sich in gewaltsamen Unruhen ein Ventil zu suchen. Die Gerüchte über den durch die Mätresse herbeigeführten Tod des Kurfürsten in Karlsbad und eine drastische Brotpreisanhebung lösten in Kassel den »Bäckersturm« vom 6. September 1830 aus. Da der überhastet zurückgekehrte Kurfürst und seine Regierung angesichts der bedrohlichen Aufläufe in Hanau und Kassel um ihre Macht und den Bestand des politischen Systems überhaupt fürchteten, ließen Konzessionen nicht allzu lange auf sich warten. Bereits am 15. September versprach Wilhelm II. die Einberufung eines konstituierenden Landtags, wenige Tage später die Gewährung einer Verfassung. Zwischen Mitte Oktober 1830 und Anfang Januar 1831 verhandelten Ständeversammlung, Landtagskommissare, Staatsministerium und Kurfürst über verschiedene Konstitutionsentwürfe. Am Ende stand als Kompromiß die Verfassung vom 5. Januar 1831.

Mit dem Grundgesetz von 1831 hatte das Kurfürstentum den Anschluß an die Verfassungsstaaten des Südens geschafft. Mehr noch: in vielen Punkten erwies sich das Kasseler Verfassungswerk als liberaler, als radikaler im konstitutionellen Vergleich. Insbesondere die Konstruktion eines Einkammerparlaments mit eigenständigem Gesetzesinitiativrecht und der Anklagepflicht gegen verfassungsbrüchige Ministerialvorstände ragte aus dem im Frühkonstitutionalismus Üblichen heraus. Hinzu trat ein Verfassungseid, der den Regenten, alle Staatsbürger, Beamten und Abgeordneten sowie darüber hinaus das Militär verpflichtete. Allerdings blieb die kurhessische Konstitution mit der Anerkennung des monarchischen Prinzips, d. h. dem Erhalt der wesentlichen fürstlichen Prärogativen, auf der Linie der französisch-süddeutschen Vorläufer. Zudem waren nicht wenige Artikel der Verfassung der Auslegung und Interpretation bedürftig, erwiesen sich als Kompromißprodukte, deren juristisch exakte Deutung der Zukunft überlassen blieb.

Alles in allem löste zwar in Kurhessen mit der verfassungsgeschichtlichen Zäsur des Jahres 1831 das konstitutionelle System den monarchisch-bürokratischen Spätabsolutismus ab. Mit einem Mal stand das bis dahin als ewig gestrig verschriene Land in einer Reihe mit den süddeutschen Staaten und hatte die konstitutionslosen Großmächte Preußen und Österreich hinter sich gelassen.

KURHESSISCHE
Verfassungs=Urkunde.
Von Gottes Gnaden Wir WILHELM der II Kurfürst von Hessen,
Großherzog von Fulda, Fürst zu Hersfeld, Hanau, Fritzlar und Isenburg, Graf zu Catzenelnbogen,

Foto Nr. 28: Kurhessische Verfassungsurkunde von 1831, Plakatausschnitt.
Hessisches Staatsarchiv, Marburg, 340 Iburg Pak. 1

Dennoch waren mit dem Erlaß der Konstitution beileibe nicht alle Probleme gelöst.

Bereits die Anfänge der kurhessischen Verfassungszeit zeigten viele konstitutionelle Konfliktlinien der nachfolgenden dreieinhalb Jahrzehnte mit aller Deutlichkeit. Nur ein rundes Jahr währte ein »Verfassungsfrühling«, in dem Regierung und Parlament auch gegen den Widerstand des bald ins »Halbexil« gehenden Kurfürsten gemeinsam verschiedene Reformen angingen und den Anschluß an den preußischen Zollverein durchsetzten. Die Etablierung des Kurprinzen Friedrich Wilhelm als faktischen neuen Regenten Ende 1831 und die von ihm betriebene Berufung des Grimm-Schwagers Ludwig Hassenpflug zum Innen- und Justizminister leiteten spätestens seit dem Frühsommer 1832 die politische Wende ein. Die jetzt noch verabschiedeten Reformgesetze waren ihrer liberalen Ansätze weitgehend entkleidet und dienten vornehmlich der Effektivierung und Rationalisierung in Staat und Gesellschaft. Ihr Ziel war eine defensive Modernisierung und eben keine liberal-konstitutionelle politische Reform.

Die konservativ-reaktionäre Wende im Kurstaat stand in deutschlandpolitischem Zusammenhang und erfuhr durch die Großmächte Österreich und Preußen sowie durch den Deutschen Bund massive Rückendeckung. Denn nahezu zeitgleich mit der sich anbahnenden Berufung Hassenpflugs zum Minister in Kassel begannen die Planungen zur Eindämmung der liberalen und unter Revolutionsverdacht stehenden Bewegung in Deutschland. Das Hambacher Fest diente als Vorwand für das bereits längerfristig vorgesehene Eingreifen. Wenige Wochen später wurden nach einem Beschluß der Bundesversammlung in den Einzelstaaten die Sechs und Zehn Artikel veröffentlicht. Damit wurden politische Öffentlichkeit, Presse und Vereine, unter Kuratel gestellt und mit Zensur und Verbot bedroht. Zahlreiche Liberale gingen in die (innere) Emigration, viele Radikale zogen das politische Exil vor.

Und dennoch blieben den oppositionellen Kräften auch nach 1832/33 Reservate politischer Tätigkeit. Es gab kein »Rollback« in die zwanziger Jahre, die Wende von 1830/31 erwies in der Bedrängnis ihre qualitative Stärke. Da war der Landtag mit der Garantie parlamentarischer Redefreiheit und den ersten protofraktionellen Gruppierungen, da gab es das - eingeschränkte - Wahlrecht und das Petitionsrecht für die Bevölkerung, da überlebten Gesang- und Turnvereine als kryptopolitische Rückzugsbereiche. Schließlich unterlief eine liberal-konstitutionelle Publizistik in Zeitschriftenform und als Rotteck-Welckersches »Staats-Lexikon« partiell die Schranken der Zensur. Dies waren die öffentlichen Foren, vor welche die politischen Tagesereignisse gerückt wurden: der Trubel um die Göttinger Sieben, unter denen sich mit Jacob und Wilhelm Grimm auch frühere Kurhessen befanden, und die Ministeranklagen gegen Hassenpflug in Kassel erregten deutschlandweit Aufsehen. Die Inhaftierten Friedrich Ludwig Weidig in Darmstadt und Sylvester Jordan in Marburg wurden zu Märtyrern des politischen Liberalismus stilisiert.

Der Kurstaat selbst stand als Testfall der konstitutionellen Monarchie, als Probe auf die Dehnbarkeit und die Grenzen des politi-

Foto Nr. 29: Professor Dr. Sylvester Jordan (1792–1861) aus Marburg. Deputierter beim Kurhessischen Landtag 1831, Mitautor der kurhessischen Verfassung von 1831.
Stadtmuseum, Kassel.

schen Systems im Rampenlicht der Öffentlichkeit. Selbst gegen Ende der dreißiger Jahre war trotz aller Anstrengungen eines hochkonservativen Politikers wie Hassenpflug und trotz eines deutlich gezähmten Kasseler Landtags das politische Leben keineswegs tot.

In der politischen Epoche nach 1837, der »Nach-Hassenpflug-Zeit«, schritt in Kurhessen wie generell in Deutschland die politische Selbstorganisation der Gesellschaft voran. Dies bewies die Virulenz religiös-politischer Fragen. Der Deutschkatholizismus als Reformbewegung besaß eine nicht geringe Anhängerschaft. Und

Foto Nr. 30: Kasseler Ständehaus, 1836 eingeweiht.
Stadtmuseum, Kassel.

die gegen Ende der vierziger Jahre im Südwesten programmatisch vollzogene Differenzierung von liberaler und demokratischer Bewegung fand auch in den politischen Strömungen Kurhessens, speziell bei der Hanauer Turnerbewegung, ein Echo.

Bis 1847 vermochte die liberale Opposition regelmäßig die Mehrheit im Landtag zu behaupten, wobei die entschiedenen Liberalen, die Aktivisten, an Gewicht gegenüber den gemäßigten Abgeordneten einbüßten. Überhaupt nahm die Binnendifferenzierung auf liberal-oppositioneller wie konservativ-gouvernementaler Seite zu, was die Mehrheitsfindung und eine einheitliche Haltung der Regierung wie des Landtags zusätzlich erschwerte. Zwar war das konstitutionelle Gleichgewicht in eine deutliche gouvernementale Schieflage geraten, aber erst 1847 im Zuge der Thronwechselkrise wurden die Pläne für erhebliche Modifikationen oder sogar für eine Totalrevision der 31er Verfassung tatsächlich konkret. Daß sie selbst jetzt nicht zur Ausführung gelangten, lag an der fehlenden Rückendeckung des neuen Kurfürsten, Friedrich Wilhelm I. (1847–1866), durch die Großmächte.

Doch weniger die Thronfolgefrage beschäftigte die kurhessische Bevölkerung 1847 als vielmehr Teuerung und Hunger, der den seit Jahrzehnten schwelenden Pauperismus existenzbedrohend verschärfte und die Auswanderungsziffern in die Höhe schnellen ließ. Die konkrete Krisenerfahrung überlagerte nunmehr völlig jeden liberalen Zukunftsoptimismus. Im konservativen Lager lebte die Revolutionsfurcht auf: Die »Grundfesten unsrer europäischen Ordnung wanken«; es ziehe ein Sturm heran, »der alles im Graus und Greuel der Revolution zu begraben droht«, mahnte prophetisch der Theologe Hermann Hupfeld.[5]

Revolution und Staatsstreich

Die Revolution von 1848/49 kannte nicht nur Frankfurter Paulskirche und Berliner Barrikaden. Sie war – verfassungsgeschichtlich betrachtet – zugleich ein regionales Ereignis. Die kurhessischen Vorfälle waren dabei – wie schon 1830 – vergleichsweise gemäßigter Natur. Allein in den Hauptorten Hanau, Marburg und Kassel kam es zu Unruhen und Übergriffen. Doch einer ersten Volksversammlungswelle folgte sogleich der eilige Rückzug des Kurfürsten: Reformversprechen und Märzministerium verlegten den Fortgang der Revolution weitgehend in Amtsstuben und auf Parlamentsbänke. Mit Bernhard Eberhard, dem langjährigen Hanauer Bürgermeister und erfahrenen Landtagsabgeordneten, übernahm der gemäßigte Liberalismus die Regierungsverantwortung.

Von Vormärzerfahrungen geprägt waren dementsprechend die im Laufe des nächsten Jahres durchgesetzten Verfassungsänderungen. Sie alle betrafen Streitfragen der zurückliegenden zwei Jahrzehnte: die Landtagszulassung der Staatsdiener, die Besetzung des Oberappellationsgerichts, die militärische Kommandogewalt und die Religionsfreiheit. Fast überall gab es Erfolge des Landtags, der im Unterschied zu anderen Ländern bereits von einer sehr fortschrittlichen Verfassung als Verhandlungsgrundlage ausgehen konnte. Voller Stolz berichtete der Komponist Louis Spohr: »wir sind den andern deutschen Ländern so weit vorausgeeilt, wie wir trotz unserer guten Verfassung ihnen nachstanden«.[6]

Mit dem Anfang April 1849 verabschiedeten Wahlgesetz schien der Höhepunkt der Reformen erreicht. Auch dieses Gesetz atmete einen Geist des Ausgleichs: Wegfall des Zensus, der Adelsprivilegien und der indirekten Wahl bei partieller Beibehaltung der Kurieneinteilung. Genutzt hat der zurückhaltende Pragmatismus den kurhessischen Liberalen nichts. Denn die Revolution hatte in Deutschland ihren Zenit längst überschritten. Als in Kassel das Wahlrecht reformiert wurde, lehnte fast zeitgleich in Berlin Friedrich Wilhelm IV. die deutsche Kaiserkrone ab. Der Rest war Peripetie - in Berlin, in Frankfurt wie in Kassel.

Noch im Laufe des Jahres 1849 schienen gleichwohl manche Reformerfolge konservierbar. Immerhin blieb das Kasseler Märzministerium bei kleineren Personalwechseln im Amt, und man versicherte sich im August mit dem Beitritt zur Erfurter Union der außenpolitischen Rückendeckung Preußens. Auch die prokonstitutionellen Mehrheiten im Landtag blieben stabil; die Differenzierung zwischen Demokraten und Liberalen vertiefte sich, ohne daß dabei die Verfassung als Konsens in Frage stand.

So sehr sich der politische Umschwung im Kurstaat noch 1849 hinauszögerte, um so schneller und radikaler vollzog er sich dann seit Februar 1850. Im Mittelpunkt stand ein in Kassel Altbekannter: Ludwig Hassenpflug, erprobt aus den dreißiger Jahren bei der Umgehung der Verfassung, wirkte bei seiner Ankunft »wie eine spanische Fliege auf offener Wunde«.[7] Was der hochkonservative Verfassungsgegner nun ins Werk setzte, war keine vorsichtige Rückführung und Eindämmung konstitutioneller Zugeständnisse mehr. Es entwickelte sich - vielleicht nicht von Beginn an intentional, gewiß aber kalkuliert - zum offenen Kampf um die Beseitigung der Konstitution. Der Versuch, das Budgetrecht des Landtags zu beschneiden, diente wie bereits im Vormärz (und nachmals in Preußen 1862) als Ausgangspunkt des Streits. Als dies auf Widerstand traf, kombinierte Hassenpflug das Landtagsauflösungs- mit dem Notverordnungsrecht. Zu guter Letzt drängte er den Kurfürsten zur Verhängung des Kriegszustands.

Nun kam es über das Verfassungsrecht zur Machtprobe. Das Oberappellationsgericht verurteilte das Vorgehen der Regierung als Verfassungsbruch, fast das gesamte Offizierskorps reichte angesichts des Zwiespalts zwischen Fürstentreue und Verfassungseid seinen Abschied ein. Im Herbst 1850 avancierte der kurhessische Konflikt schließlich zum deutschen Drama, als der Kurfürst um Intervention der Bundestruppen bat. Ein preußisch-österreichischer Krieg drohte sich an der kurhessischen Frage zu entzünden, bevor Preußen schließlich einlenkte. In Olmütz entschied sich das Schicksal des Deutschen Bundes, klärte sich das Verhältnis der deutschen Großmächte – und verlor der liberale Verfassungsstaat in Kurhessen. Der vermiedene Krieg bedeutete einen außenpolitischen Vergleich, der innenpolitische Preis dafür war ein Jahrzehnt der Reaktion.

Zwischen Reaktion und Annexion

Die Ära der Reaktion in Deutschland war ambivalenter als der Epochenbegriff suggeriert. Denn neben der verfassungspolitischen Stagnation gab es eine innere Formationsphase, die wirtschaftsliberal und subkutan politisch eine »Gesellschaft im Aufbruch« zeigte.[8] Dies galt zuallererst für die preußischen, nur mit Einschränkungen für die süddeutschen, es galt indes am wenigsten für die kurhessischen Verhältnisse. Der Verfassungskonflikt von 1850 hinterließ langfristige Spuren und läutete »ein verlorenes Jahrzehnt« ein, in dem ein verfassungspolitischer »Dauerkonflikt« nahezu sämtliche Energien für eine Reform von Staat und Gesellschaft verschlang.[9]

Wie andernorts standen Landtag und politische Öffentlichkeit im Kurstaat unter Aufsicht. Hier jedoch geschah dies zunächst unter der exekutiven Doppelspitze von Frankfurter Bundeskommissaren und Kasseler Regierung. 1852 wurde per Verordnung eine Verfassung in Kraft gesetzt, die ihresgleichen in Deutschland suchte und geradezu als Pendant der 31er Konstitution sich als »reaktionäres Mustergesetz« darstellte.[10] Das Wahlrecht von 1849 fiel, mit ihm Ministeranklagepflicht, Heereseid, Budget- und Gesetzesinitiativrecht. Zudem wurde eine Erste Kammer geschaffen. Erstaunlich wirkt, daß die Zweite Kammer trotz Epuration und Wahlkontrolle ihre liberalen Mehrheiten behielt und in der Verfassungsfrage 1857 im Einklang mit dem Adelshaus bei formeller

Zustimmung zum 52er Grundgesetz Verfassungsänderungen verlangte. Wie Ritter und Standesherren zeigten selbst die Minister durchaus Neigung, den autokratischen Tendenzen des Kurfürsten entgegenzutreten. Dies alles führte jedoch zu einer unfruchtbaren Blockadepolitik. Kurhessen haftete erneut das Etikett vormoderner Rückständigkeit an – jetzt schien der Vorwurf berechtigter denn je und ließ skeptisch in die Zukunft blicken.

Mehr als jede andere Phase in der Geschichte Kurhessens standen seine letzten Jahre ganz im Schatten der außenpolitischen Entwicklung. Es war das Preußen der »Neuen Ära«, welches mit dem Thronfolger Wilhelm seit 1858/59 »moralische Eroberungen« in Deutschland ankündigte, das nunmehr den Anstoß gab zu einer wiederholten Debatte der kurhessischen Verfassungsfrage. Die Rechtsgültigkeit der Verfassung von 1852 war seit ehedem strittig, jetzt kam außenpolitischer Druck von seiten des Deutschen Bundes hinzu. Am 30. Mai 1860 wurde eine teilrevidierte 52er Version und ein neues Wahlgesetz vom Kurfürsten in Kraft gesetzt. Doch trotz solcher Zugeständnisse bündelte sich der parlamentarische Widerstand zwischen Dezember 1860 und Januar 1862 in dreimaligen Inkompetenzerklärungen jeweils nach Landtagsauflösung und radikaler ausfallender Neuwahl.

Auch außerparlamentarisch geriet die politische Szene in Bewegung: 1862 drang der Nationalverein in den Kurstaat vor, dessen Propaganda in der kurhessischen Verfassungsfrage vor allem von seinem »Vormann«, dem aus dem Exil heimgekehrten Publizisten Friedrich Oetker, betrieben wurde. Politischer und militärischer Druck von außen lastete auf Kurfürst und Regierung, als sie mit der Verordnung vom 21. Juni 1862 nach einem Intermezzo von einem Jahrzehnt die Verfassung des Jahres 1831 mit Ausnahme nur weniger besonders heikler Paragraphen wiederherstellten. Die Chance auf eine »Hessen-Version der ›Neuen Ära‹«[11] durch Berufung eines liberalen Ministeriums verstrich indessen ungenutzt.

Die vier letzten Jahre des Kurfürstentums waren, mindestens aus der Rückschau betrachtet, »arm und ärgerlich«, »ein zähes Sterben«.[12] Woher sollten auch zukunftsweisende Schritte kommen? Von einem nach wie vor und eher zunehmend starrköpfigen Kurfürsten und einem rückwärtsgewandten hochkonservativen Ministerium waren keine frischen Impulse zu erwarten. Und die außenpolitische Situation blieb prekär: deutschlandpolitisch auf seiten Österreichs, wirtschafts- und handelspolitisch abhängig von Preußen – ein solcher Spagat war auf Dauer weder sinnvoll noch durchhaltbar.

Der Erfolg der Verfassungsanhänger war zwar nicht zu bestreiten; aber revitalisiert wurde eine über dreißig Jahre alte Konstitution, ein zum Mythos gewordenes Paragraphenwerk, dessen wirkungsvolle Nutzung ganz im Schatten außenpolitischer Bedrängnis stand. Letztlich waren es weltferne Reibereien, mit denen sich Kurfürst, Regierung und Parlament in den letzten Jahren des Kurstaates beschäftigten. Bezeichnend für Irritationen und Fehleinschätzungen der politischen Lage war die Schlußdebatte des Landtags am 15. Juni 1866, am Tag vor dem Einmarsch der Preußen. »Der Bismarck ist eine vorübergehende Person«,[13] konnte man im Kasseler Ständehaus hören, das bald keinen kurhessischen Landtag mehr beheimaten sollte. Denn Bismarck war nicht vorübergehend – im Gegensatz zu dem Staat, dessen Politiker ihn viel zu lange unterschätzt hatten.

Mit dem preußischen Sieg in Königgrätz schied nicht allein Österreich aus der deutschen Geschichte aus; vielmehr verschwanden etliche nord- und mitteldeutsche Kleinstaaten von der Bildfläche, indem sie von Preußen annektiert wurden. Aus dem Kurfürstentum Hessen wurde der preußische Regierungsbezirk Kassel und 1868 zusammen mit dem ehemaligen Herzogtum Nassau die Provinz Hessen-Nassau mit Kassel als Hauptstadt. Mag sein, daß der bittere Rückblick auf die Verfassungskämpfe der Vergangenheit die Integration in Preußen erleichterte. Es gab jedenfalls nur wenige versprengte Anhänger einer kurhessischen Renitenz, die dem alten Staat, noch weniger, die der vergangenen Dynastie nachtrauerten. Daß neben der Staatsloyalität auch ein Stück hessisches Eigenbewußtsein überlebt hatte, war spätestens 1946 bei Gründung des Bundeslandes Hessen spürbar.

Vielleicht waren solche hessischen Erinnerungen auch ein letzter Nachklang der besonderen kurhessischen Entwicklung im 19. Jahrhundert. Denn so eingebunden und abhängig das Kurfürstentum stets von den deutschen Großmächten und der deutschlandpolitischen Situation war und so sehr sich auch die kurhessische Verfassungsgeschichte ganz in den Systemgrenzen des Konstitutionalismus bewegte; ganz offenbar gab es doch eine nicht geringe Zahl von Eigentümlichkeiten und außergewöhnlichen Situationen. Die Modernität der Verfassung von 1831, die Ministeranklagen gegen Hassenpflug und der kollektive Rücktritt fast des gesamten Offizierskorps 1850 sind im deutschen Vergleich bemerkenswerte Ereignisse. Demnach erscheint es durchaus berechtigt, von der kurhessischen Verfassungsgeschichte als einem Sonderfall bei der Entstehung des Verfassungsstaates in Deutschland zu sprechen.

Anmerkungen

1 Mohl, S. 380.
2 Nipperdey, S. 375.
3 Huber, Dokumente, Dok. 30, S. 84–90, hier S. 88.
4 Zit. nach Speitkamp, Restauration, S. 479 f. (gegenüber dem Wiener Gesandten, 24. 6. 1820).
5 Weber/Seier, S. 513, Anm. 18 (an Wilhelm Bickell, 8. 2. 1848).
6 Zit. nach Losch, S. 249.
7 Äußerung Hassenpflugs, hier zit. nach Seier, Verfassungskämpfe, S. LI.
8 So der Buchtitel von Siemann.
9 Nathusius, S. 533.
10 Ebd., S. 327, 530.
11 Seier, Verfassungskämpfe, S. LXVI.
12 Ebd., S. LXVII.
13 Nathusius/Seier, Dok. 200, S. 484–491, hier S. 491 (Debattenbeitrag von Heinrich Henkel).

Literaturhinweise

Arndt, Marco: Militär und Staat in Kurhessen 1813–1866. Das Offizierskorps im Spannungsfeld zwischen Monarchischem Prinzip und liberaler Bürgerwelt. Darmstadt/Marburg 1996 (= Quellen u. Forsch. z. hess. Gesch., 102).

Bullik, Manfred: Staat und Gesellschaft im hessischen Vormärz. Wahlrecht, Wahlen und öffentliche Meinung in Kurhessen 1830–1848. Köln/Wien 1972 (= Neue Wirtschaftsgesch., 7).
Goebel, Christine: Die Bundes- und Deutschlandpolitik Kurhessens in den Jahren 1859 bis 1866. Marburg 1995.
Grothe, Ewald: Verfassungsgebung und Verfassungskonflikt. Das Kurfürstentum Hessen in der ersten Ära Hassenpflug 1830–1837. Berlin 1996 (= Schriften z. Verfassungsgesch., 48).
Grothe, Ewald/Seier, Hellmut (Bearb.): Akten und Briefe aus den Anfängen der kurhessischen Verfassungszeit 1830–1837. Hg. u. eingel. v. Hellmut Seier. Marburg 1992 (= Veröff. d. Hist. Komm. f. Hessen, 48,4; Vorgesch. u. Gesch. d. Parlamentarismus in Hessen, 8).
Huber, Ernst Rudolf (Hg.): Dokumente zur deutschen Verfassungsgeschichte. Bd. 1: Deutsche Verfassungsdokumente 1803–1850. 3. Aufl. Stuttgart usw. 1978.
Huber, Ernst Rudolf: Deutsche Verfassungsgeschichte seit 1789. Bd. 1: Reform und Restauration 1789 bis 1830. Bd. 2: Der Kampf um Einheit und Freiheit. Bd. 3: Bismarck und das Reich. 3. Aufl. Stuttgart usw. 1988.
Kukowski, Martin: Pauperismus in Kurhessen. Ein Beitrag zur Entstehung und Entwicklung der Massenarmut in Deutschland. Darmstadt/Marburg 1995 (= Quellen u. Forsch. z. hess. Gesch., 100).
Losch, Philipp: Geschichte des Kurfürstentums Hessen 1803–1866. Marburg 1922.
Mohl, Robert von: Die Geschichte und Literatur der Staatswissenschaften. In Monographien dargestellt. Bd. 2. Erlangen 1856.
Nathusius, Ulrich von: Kurfürst, Regierung und Landtag im Dauerkonflikt. Studien zur Verfassungsgeschichte Kurhessens in der Reaktionszeit (1850–1859). Kassel 1996 (= Hess. Forsch. z. gesch. Landes- u. Volkskunde, 28).
Nathusius, Ulrich von/Seier, Hellmut (Bearb.): Akten und Dokumente zur kurhessischen Parlaments- und Verfassungsgeschichte 1848–1866. Hg. u. eingel. v. Hellmut Seier. Marburg 1987 (= Veröff. d. Hist. Komm. f. Hessen, 48,2; Vorgesch. u. Gesch. d. Parlamentarismus in Hessen, 4).
Nipperdey, Thomas: Deutsche Geschichte 1800–1866. Bürgerwelt und starker Staat. 2. Aufl. München 1984.
Popp, Petra: Ministerverantwortlichkeit und Ministeranklage im Spannungsfeld von Verfassungsgebung und Verfassungswirklichkeit. Ein Beitrag zur Verfassungsgeschichte des Kurfürstentums Hessen. Münster 1996 (= Juristische Schriftenreihe, 81).
Seier, Hellmut: Zur Entstehung und Bedeutung der kurhessischen Verfassung von 1831, in: Heinemeyer, Walter (Hg.): Der Verfassungsstaat als Bürge des Rechtsfriedens. Reden im Hessischen Landtag zur 150-Jahr-

Feier der kurhessischen Verfassung. Marburg 1982 (= Veröff. d. Hist. Komm. f. Hessen, 46,1), S. 5-71.
Seier, Hellmut: Modernisierung und Integration in Kurhessen 1803-1866, in: Heinemeyer, Walter (Hg.): Das Werden Hessens. Marburg 1986 (= Veröff. d. Hist. Komm. f. Hessen, 50), S. 431-479.
Seier, Hellmut: Verfassungskämpfe und Parlamentarismus in Kurhessen zwischen Revolution und Annexion 1848-1866, in: Nathusius/Seier, Akten, S. XXI-LXXVIII.
Seier, Hellmut: Das kurhessische Parteiensystem. Zu Vorgeschichte und Entstehung politischer Strömungen 1770-1866, in: Heinemeyer, Walter (Hg.): Hundert Jahre Historische Kommission für Hessen 1897-1997. Festgabe dargebracht von Autorinnen und Autoren der Historischen Kommission. Tl. 2. Marburg 1997 (= Veröff. d. Hist. Komm. f. Hessen, 61), S. 769-806.
Siemann, Wolfram: Gesellschaft im Aufbruch. Deutschland 1849-1871. Frankfurt a. M. 1990 (= Neue Historische Bibliothek).
Speitkamp, Winfried: Restauration als Transformation. Untersuchungen zur kurhessischen Verfassungsgeschichte 1813-1830. Darmstadt/Marburg 1986 (= Quellen u. Forsch. z. hess. Gesch., 67).
Speitkamp, Winfried/Seier, Hellmut (Bearb.): Akten zur Entstehung und Bedeutung des kurhessischen Verfassungsentwurfs von 1815/16. Hg. u. eingel. v. Hellmut Seier. Marburg 1985 (= Veröff. d. Hist. Komm. f. Hessen, 48,1; Vorgesch. u. Gesch. d. Parlamentarismus in Hessen, 2).
Weber, Bernd/Seier, Hellmut (Bearb.): Akten und Eingaben aus dem kurhessischen Vormärz 1837-1848. Hg. u. eingel. v. Hellmut Seier. Marburg 1996 (= Veröff. d. Hist. Komm. f. Hessen, 48,6; Vorgesch. u. Gesch. d. Parlamentarismus in Hessen, 15).

Gerhard Menk

Staat und Stände in Waldeck

1. Landesverfassung und Politik zwischen frühem 16. und spätem 18. Jahrhundert

Auch wenn einzelne Mitglieder des waldeckischen Adels und der Städte bereits im Spätmittelalter zur Bestätigung von Familienverträgen und herrschaftlichen Akten herangezogen wurden, ergab sich eine Verstetigung des ständischen Korpus doch erst im frühen 16. Jahrhundert. Unter dem Druck der Reichssteuergesetzgebung sahen sich die waldeckischen Grafen seit Anfang der 40er Jahre gezwungen, ununterbrochen auf die Leistungen des Landes zurückgreifen, was die langsame institutionelle Ausbildung der Stände als Korpus zur Folge hatte.[1] Waldeck rechnete damit - gleich Ostfriesland, Lippe oder Hoya - zu den wenigen Grafschaften im Heiligen Römischen Reich, die überhaupt Stände ausbildeten. Entsprechend der geringen Größe des Landes kam die einfachste Organisationsform zustande, nämlich ein Einkammersystem. Dieses hat sich auch bis zum Ende des waldeckischen Staates 1929 erhalten.

Eine greifbare politische Einflußnahme der Stände gewann zuerst einmal seit 1548 Konturen, als sich nach dem Geharnischten Reichstag dank des kaiserlichen Eingreifens die Chance zur stärkeren Abgrenzung gegen die Landgrafschaft Hessen eröffnete. In der Folgezeit drängten Adel und Städte, aus denen die Stände bestanden, auf eine stärkere Eigenständigkeit des Landes. Auch an dem inneren Ausbau des vergleichsweise retardierten Territoriums zeigten die Stände in der zweiten Jahrhunderthälfte ein besonderes

Interesse, wobei als Beispiel die Einrichtung eines Gymnasium Illustre in Korbach zu erwähnen ist.[2] Zu Beginn des 17. Jahrhunderts, als in anderen Territorien (u. a. Paderborn, Lippe, Ostfriesland) Krisen zwischen den größeren Städten und der Landesherrschaft aufbrachen, rieb sich auch die alte Hansestadt Korbach mit den Grafen.[3] Der Konflikt mündete im November 1621 in die Besetzung Waldecks durch Landgraf Moritz von Hessen; mit Hilfe des Kaisers und zahlreicher protestantischer Reichsstände konnte die Besetzung des Landes beendet und die Stadt Korbach 1624 wieder in die landesherrliche Botmäßigkeit zurückgeführt werden.

Während der politischen Dominanz des Grafen und späteren Fürsten Georg Friedrich, der in der zweiten Hälfte des 17. Jahrhundert die territoriale Politik bis zu seinem Tod (1692) eindeutig bestimmte, war ein solches Auftreten von ständischer Seite nicht möglich.[4] Doch griff Georg Friedrich gleichwohl auf die Stände zurück, als er seinen ungeliebten Vetter Christian Ludwig aus der »Regierungsform« des Landes herauszudrängen zu suchte.[5] Nachdem dieser weitreichende, weil die Landesverfassung letztlich aushebelnde Versuch gescheitert war, nutzte der große Waldecker 1685 noch einmal die Stände als wichtiges Verfassungsorgan, indem sie noch vor dem Kaiser zu Garanten des Primogeniturvertrags aufstiegen.[6]

Als unter Christian Ludwig und mehr noch seinem Nachfolger Friedrich Anton Ulrich die Schuldenlast des Landes immer stärker anwuchs, stieg auch die Macht der Stände kontinuierlich an. Bereits 1723 versuchten sie den inzwischen gefürsteten Landesherrn zu einer geordneteren Finanzpolitk zu zwingen; 1727 schließlich schritten die Stände sogar zur offenen Klage gegen Fürst Friedrich Anton Ulrich vor den Reichsgerichten.[7] Auch institutionell erfolgte jetzt eine Stärkung der Stände, indem sie einen eigenen Landsyndikus an die Spitze ihrer Verwaltung stellten.[8] Schließlich entspannte sich die Situation im Verlaufe des Jahres 1728 wieder, als unter dem jungen Fürsten Carl August Friedrich neue politische Maximen Platz griffen.[9] Er, der während seiner langen Regierungszeit von Mai 1728 bis 1763 ganz dem preußischen Soldatenkönig nachzueifern suchte und militärische Momente zum obersten Re-

Foto Nr. 31: Epitaph Georg Friedrichs von Waldeck, des ersten Waldeckischen Fürsten 1648–1692 (Ausschnitt).
Aus: Menk, G.: Georg Friedrich von Waldeck 1620–1692, Arolsen 1992.

gierungsprinzip erhob, verloren die Stände ihre vorherige Stellung als Konkurrenz zur Herrschaft.

Erst 1766, als der kunstsinnige und ganz von aufklärerischen Prinzipien durchdrungene Fürst Friedrich nach einer kurzen Regentschaftszeit seiner Mutter an die Regierung gelangte, änderten sich die Verhältnisse wieder in eine andere Richtung. Durch den Siebenjährigen Krieg, der Waldeck schwerstens tangierte, hatte sich der Schuldenstand des Landes erneut stark erhöht. So versuchten die Stände schon unmittelbar nach dem Regierungsantritt des wenig durchsetzungsfähigen jungen Fürsten über den Reichshofrat

Einfluß auf die Regierung zu erhalten, als Friedrich eine Schuldenkasse einzurichten suchte.[10] Allerdings fanden sie in Wien nicht die gewünschte Unterstützung.[11] Doch deutete sich jetzt schon an, daß die wachsenden Probleme keineswegs nur im innerterritorialen Spannungsfeld bleiben konnten. Vielmehr sah sich Fürst Friedrich zu Anfang der 80er Jahre gezwungen, eine Anleihe aufzunehmen, die mehr als eine Million Reichstaler überstieg. Nachdem Kurhannover zu hohe Gegenforderungen stellte, kam schließlich eine Vereinbarung mit dem reichen Hessen-Kassel zustande.[12] Gänzlich ungefährlich war dies nicht, denn allzuleicht ließ sich die finanzielle Notsituation in eine Mediatisierung des waldeckischen Landes ummünzen. Schon jetzt schien der pyrmontische Außenbesitz zur letzten Rettung der waldeckischen Staatlichkeit zu avancieren.

Allerdings geriet jetzt nicht nur die Landesherrschaft in schwere Turbulenzen, die aus dem überbordenden Schuldenstand resultierten, sondern innerhalb der Stände taten sich auch tiefe Gräben auf. Eine sehr grundsätzliche Töne anschlagende publizistische Kontroverse zwischen dem ständischen Vertreter F. D. v. Ditfurth und dem Ständesyndikus J. J. Leonhardi machte unmittelbar an der Wende zum 19. Jahrhundert deutlich, wie negativ sich die während des 18. Jahrhunderts vollzogenen umfangreichen personellen Veränderungen innerhalb der waldeckischen Ritterschaft auf die ständische Einheit ausgewirkt hatten.[13]

2. Der Umbruch von der altständischen Ära zur konstitutionell geprägten Ordnung im Deutschen Bund

Trotz aller Befürchtungen, Waldeck könne schon in den 1780er Jahren seine Selbständigkeit verlieren, überlebte es das Ende des Alten Reiches und konnte 1807 nach längeren Verhandlungen dem Rheinbund beitreten.[14] Obwohl Fürst Friedrich im Oktober 1807 die Rechte der Stände ausdrücklich bestätigte,[15] begannen nur drei Jahre später intensive Überlegungen zur Neuformation des ständischen Korpus. In den beiden letzten Regierungsjahren des gealterten Fürsten trug vor allem der Geheimrat und Vizepräsident Burchard Christian von Spilcker[16] dazu bei, daß die neuen, aus Frankreich kommenden Ideen auch in der Regierung des kleinen Waldeck Platz griffen. In einem Gutachten aus dem Frühjahr 1811 wies er ihnen zuerst einmal unter Rückgriff auf ihre bisherige verfassungsrechtliche Bestimmung weiterhin die Aufgabe zu, als »Damm gegen despotische Räte« zu wirken und so eine ephorale Funktion im Sinne des Hüters der Verfassung zu übernehmen.[17] Zugleich ging Spilcker jedoch erkennbar von der geburtsständischen Repräsentation ab, indem er die Stände künftig vornehmlich durch »Kenntnisse, Erfahrungen und Rechtschaffenheit« bestimmt sehen wollte. Der Anhänger des englischen und schwedischen Repräsentationsmodells schlug vor, daß künftig eine Wahl der Stände erfolgen solle, wobei er eine Kurie für Ritterschaft und Bauern, eine zweite für das städtische Bürgertum vorsah.

Während Fürst Friedrich solchen Vorstellungen, die die geburtsständisch geprägte Ordnung überging, wenig Sympathie entgegenbrachte, war sein Bruder Georg ein ausgesprochener Anhänger der neuen Vorstellungen. Als Diplomat in Diensten des Fürsten, mehr aber noch als Landesherr in Pyrmont (seit 1805) besaß er auch schon während der Regierung Fürst Friedrichs einen durchaus beachtlichen Einfluß. Seine Möglichkeiten veränderten sich jedoch einschneidend, als er nach dem Tod des kinderlos gestorbenen Bruders 1812 Regent über das ganze waldeckische Land wurde. Nachdem er bereits während seiner Pyrmonter Regentschaft eine umfangreiche Reformtätigkeit entfaltet hatte, versuchte er jetzt, auch das waldeckische Kernland nach seinen Vorstellungen umzugestalten. Als rechte Hand wirkte dabei Christian Wilhelm Kreusler, der in Gießen Jura studiert und zwischenzeitlich in preußischen Diensten gestanden hatte, jetzt aber in der Position eines »Geheimen Referendairs« zum engsten Berater des Fürsten avancierte.[18]

Bereits zu Jahresanfang 1813 begannen intensive Vorbereitungen zur Änderung der bisherigen Verfassung. So wurde in einer Denkschrift, die im engeren Umfeld Fürst Georgs entstanden war, die landständische Verfassung wegen ihres obsoleten Repräsentativsystems und der ausschließlichen Vertretung eigener Interessen scharf kritisiert.[19] Ende Januar legte Spilcker einen neuerlichen

Entwurf zur Veränderung der »Politischen Verfassung der Fürstentümer Waldeck und Pyrmont« vor. In ihm war zuerst einmal eine staatsrechtliche Vereinigung der beiden Teilfürstentümer Waldeck und Pyrmont geplant.[20] Die Verwirklichung des Planes hätte die Ausdehnung der ständischen Verfassung auf Pyrmont bedeutet, das bisher keinerlei Vertretung aufzuweisen hatte. Auch der weitere Vorschlag Spilckers, alle Kassen zusammenzufassen, mußte die bisherigen Rechte der Stände im Kern treffen. Schließlich setzte der Beamte die Axt an die Wurzeln der ritterschaftlichen Rechte, indem er sie wichtigster Privilegien wie der Steuerfreiheit, aber auch des unmittelbaren Rechtes auf Landstandschaft und der eigenen Gerichtsbarkeit entkleiden wollte.

Mit den Vorschlägen Spilckers nahezu identisch erwies sich ein Entwurf Kreuslers, der von Fürst Georg in Auftrag gegeben war und ihm Anfang April 1813 vorgelegt wurde.[21] Als dieser bekannt wurde, regten sich sofort von den verschiedensten Seiten heftige Widerstände. Insbesondere der Geheime Rat und Regierungspräsident v. Zerbst war davon überzeugt, »daß die hiesige alte Landes-Verfassung gänzlich umgeworfen werden soll.«[22] Wenn sich Zerbst in nahezu allen zentralen Problemen mit Geist und Inhalt des Kreuslerschen Entwurfs nicht einverstanden zeigte, so entrüstete ihn vor allem die Wahl der landständischen Repräsentanten. »Die vorgeschlagene Wahl der Landstände erinnert an die englischen Parlaments-Wahlen«, hielt er Fürst Georg vor. Zerbst glaubte keinerlei Gewinn darin zu sehen, »daß die Untertanen ihre Repraesentanten selbst wählen«. Vor allem schreckte ihn auch eine mögliche Opposition innerhalb der Stände, weil er damit letztlich den gesamten Staat in Chaos versinken sah.

Der ganz aufklärerischen Prinzipien verpflichtete Zerbst blieb keineswegs allein in seiner scharfen Kritik an dem Kreuslerschen Entwurf, sondern wußte die gesamte Regierung und auch weite Teile der Beamtenschaft hinter sich. Bevor Fürst Georg in der Sache eine endgültige Entscheidung treffen konnte, starb er nach nur einjähriger Regierungszeit im Herbst 1813. Als Nachfolger trat sein 1789 geborener, mithin noch jugendlicher Sohn Georg Heinrich die Regierung an.[23] Er leitete zwar noch im Oktober 1813 eine außenpolitische Umorientierung Waldecks ein, indem er sich der

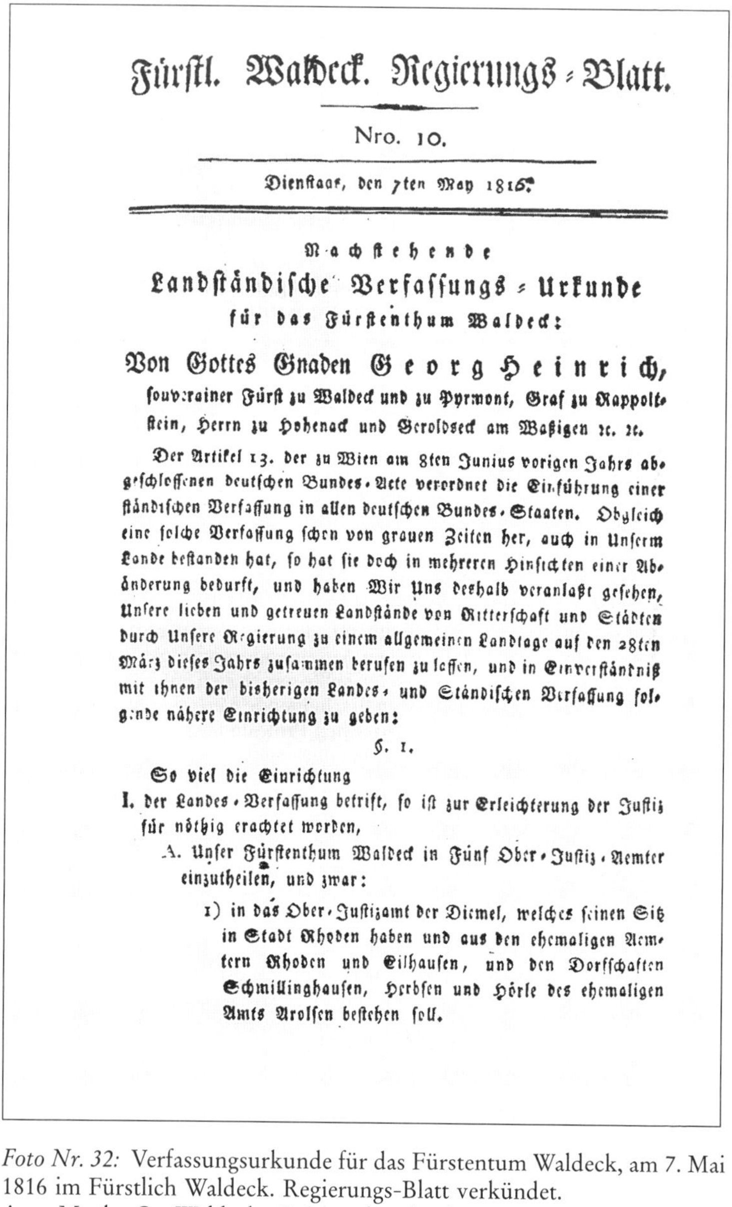
Fürstl. Waldeck. Regierungs-Blatt.

Nro. 10.

Dienstag, den 7ten May 1816.

Nachstehende

Landständische Verfassungs-Urkunde

für das Fürstenthum Waldeck:

Von Gottes Gnaden Georg Heinrich,

souverainer Fürst zu Waldeck und zu Pyrmont, Graf zu Rappoltstein, Herrn zu Hohenack und Geroldseck am Waßigen ꝛc. ꝛc.

Der Artikel 13. der zu Wien am 8ten Junius vorigen Jahrs abgeschlossenen deutschen Bundes-Acte verordnet die Einführung einer ständischen Verfassung in allen deutschen Bundes-Staaten. Obgleich eine solche Verfassung schon von grauen Zeiten her, auch in Unserm Lande bestanden hat, so hat sie doch in mehreren Hinsichten einer Abänderung bedurft, und haben Wir Uns deshalb veranlaßt gesehen, Unsere lieben und getreuen Landstände von Ritterschaft und Städten durch Unsere Regierung zu einem allgemeinen Landtage auf den 28ten März dieses Jahrs zusammen berufen zu lassen, und in Einverständniß mit ihnen der bisherigen Landes- und Ständischen Verfassung folgende nähere Einrichtung zu geben:

§. 1.

So viel die Einrichtung

I. der Landes-Verfassung betrift, so ist zur Erleichterung der Justiz für nöthig erachtet worden,

A. Unser Fürstenthum Waldeck in Fünf Ober-Justiz-Aemter einzutheilen, und zwar:

1) in das Ober-Justizamt der Diemel, welches seinen Sitz in Stadt Rhoden haben und aus den ehemaligen Aemtern Rhoden und Eilhausen, und den Dorfschaften Schmillinghausen, Herbsen und Hörle des ehemaligen Amts Arolsen bestehen soll.

Foto Nr. 32: Verfassungsurkunde für das Fürstentum Waldeck, am 7. Mai 1816 im Fürstlich Waldeck. Regierungs-Blatt verkündet.
Aus: Menk, G.: Waldecks Beitrag für das heutige Hessen, Wiesbaden 1995.

§. 7.

Die Patrimonial-Gerichtsbarkeit bleibt der von Dalwigkschen Familie in dem Amte Lichtenfels, und den drey deputirten Städten Corbach, N. Wildungen und Mengeringhausen in erster Instanz, desgleichen die Schriftsässigkeit der Ritterschaft und ihren Familien, weniger nicht den drey deputirten Städten, in sofern sie als corpora auftreten, oder belangt werden, vorbehalten.

II. Die Repräsentation Unserer Unterthanen anlangend, so wird solche

§. 11.

folgendermaßen bewerkstelligt werden:

A. durch die Besitzer bisheriger Landtagsfähiger Rittergüter, oder die Ritterschaft.

B.) durch die Städte, denen Arolsen unter den im Rezeß vom 19ten d. festgestellten Bestimmungen, beygezählt werden soll, oder den Bürgerstand.

C. durch Zehen Repräsentanten des Bauer-Standes, deren jedes Ober-Justizamt zwey zu stellen hat.

§. 42.

Bei dem Antritt eines neuen Regenten, werden die Stände zusammen berufen, und nach, von Demselben ausgestellten Reversalen zur Befolgung gegenwärtiger Constitution, zum Huldigungs-Eide zugelassen. Schließlich ist

§. 43.

dieser Landes-Vertrag, worin, wie Wir hoffen, sich die Grundsätze einer allgemeinen Liberalität genugsam aussprechen, und von welchem weder Wir, noch Unsere Nachkommen in der Regierung, in irgend einem Punct, ohne Zustimmung Unserer getreuen Landstände abgehen wollen und sollen, von beyden Seiten gehörig vollzogen worden, und zu dessen öffentlicher Bekanntmachung Unsere Regierung beauftragt.

Arolsen den 19 April 1816.

Georg Heinrich.

Kreusler.

antifranzösischen Koalition anschloß, doch innenpolitisch blieb er weitgehend auf der Linie seines Vaters. Vor allem behielt Kreusler seine bisherige Position als wichtigster Berater bei. Unter seinem Einfluß unterschrieb Georg Heinrich bereits im Januar 1814 den zwischenzeitlich allerdings noch geänderten Verfassungsentwurf Kreuslers, der als »Organisationsedikt« in die Verfassungsgeschichte des Landes einging.[24] Insbesondere die heftige Kritik an seinen Vorstellungen zur Wahl der Stände fand ihren Niederschlag im Organisationsedikt, denn diese war nicht mehr vorgesehen. Dagegen sollte ein ständischer Ausschuß als Dauereinrichtung an der Regierung des Landes unmittelbar beteiligt werden.

Obwohl dem Organisationsedikt schon einige seiner vorherigen Spitzen genommen waren, rief es einen Sturm der Entrüstung im Lande hervor. Auf einer Sitzung, die bereits Mitte Februar 1814 stattfand, protestierten die Landstände sowohl gegen die Vereinigung aller Landeskassen, die Änderung des Steuerwesens, die Aufhebung der Patrimonialgerichtsbarkeit wie auch gegen den ersten Artikel des Edikts, die staatsrechtliche Vereinigung von Waldeck und Pyrmont. Die Stände monierten aber vor allem, daß der Fürst mit seinem eigenmächtigen Vorgehen das »Fundament der Constitution« verletzt habe und forderten zugleich ganz entschieden die Rückkehr zu den alten Verhältnissen. Kaum anders reagierte man von Seiten der Bergheimer Sekundogenitur, die nach den Festlegungen des Primogeniturvertrags von 1685 ebenfalls konsenspflichtig war. Die führende politische Figur der Bergheimer, Graf Georg von Waldeck-Bergheim, der in den Jahren zuvor noch als ein enger politischer Vertrauter des eben verstorbenen Fürsten gegolten hatte, inzwischen aber in Württemberg ansässig war und sich auch hier als »militanter Verteidiger der Rechte der Mediatisierten« in der Auseinandersetzung mit der Krone gebärdete,[25] verhielt sich wider alles Erwarten durchaus reserviert gegenüber dem Organisationsedikt. Dabei fand er Unterstützung durch den eher farblosen Grafen Carl, der in Abwesenheit des regierenden Grafen Josias die Geschäfte in Bergheim führte. Als zu erkennen war, daß Fürst Georg Heinrich sich trotz aller Widerstände gegen das Edikt und die Form seiner einseitigen Inkraftsetzung kaum nachgiebig zeigte, schritten die Gegner zu einer außergewöhnlichen Maßnahme: sie schalteten das mächtige Preußen ein. Als Mittelsmann wirkte dabei der waldeckische Landstand Carl Friedrich Frhr. v. Dalwigk,[26] der als nassauischer Beamter über einen vergleichsweise leichten Zugang zu dem Freiherrn vom Stein als führendem preußischen Politiker verfügte.

Der waldeckische Verfassungskonflikt trieb mit der Intervention Steins und damit Preußens[27] in eine Richtung, die auch Georg Heinrich nicht mehr opportun sein konnte. Deshalb lenkte er bereits im Juli 1814 in der Sache ein. Die nunmehr geschlossene Vereinbarung war einerseits von Georg Heinrichs Intimus Kreusler, dann von dem ständischen Syndikus Leonhard, von Dalwigk sowie weiteren Mitgliedern der Stände unterzeichnet und trug den Charakter eines ständischen Abschieds.[28] Mit dieser Vereinbarung hatten es die Stände geschafft, das »Grab der waldeckischen Konstitution«, mit dem sie das fürstliche Organisationsedikt verspotteten, selbst zu Grabe zu tragen. Es dauerte weitere knappe zwei Jahre, ehe diesmal mit ständischem Konsens der sogenannte Landesvertrag abgeschlossen wurde. Nach schweren Geburtswehen erhielt Waldeck damit im April 1816 seine erste geschriebene Verfassung, die im Gegensatz zum obrigkeitlich oktroyierten Organisationsedikt keinerlei Disput unterlag.[29]

3. Zwischen Landesvertrag und liberaler Verfassung: von biedermeierlicher Beschaulichkeit zur Revolution von 1848

Da Waldeck inzwischen Mitglied des Deutschen Bundes geworden war, sich mithin erneut allen Mediatisierungswünschen entziehen konnte, lag es nahe, daß der Landesvertrag sich in seiner Präambel ausdrücklich auf den Artikel 13 der Deutschen Bundesakte bezog, der die Einführung einer ständischen Verfassung festgelegt hatte.[30] Zugleich aber stellte die Präambel den Landesvertrag ganz in die ständische Traditionslinie, indem sie betonte, daß »eine solche Verfassung schon von grauen Zeiten her auch in unserm Land bestanden« habe. Die gleich doppelte Verankerung des Landesvertrags sowohl im Bundesrecht als auch in der waldeckischen Verfassungstradition sollte ihm eine Legitimät verleihen, die fürstlicher Einwirkung entzogen war.

Obwohl die Stände mit dem Landesvertrag das Konsensgebot als Grundsatz der waldeckischen Landesverfassung neuerlich zur Geltung gebracht hatten, unterstrichen einzelne Punkte der neuen Verfassung, daß nicht ausschließlich retardierende Muster in sie Eingang fanden. So kam beispielsweise - ganz nach den Vorstellungen Kreuslers - jetzt doch das Wahlmoment zum Zuge, indem der Bauernstand künftig zehn Abgeordnete in den Landtag entsandte. Damit änderte sich die bisherige Zusammensetzung der Stände der Form nach ganz entschieden, selbst wenn die Vertreter des Bauernstandes auf Lebenszeit berufen waren. Ebenfalls neu in den waldekkischen Landtag zog ein Vertreter der Stadt Arolsen ein, so daß rund ein Jahrhundert nach Gründung der waldeckischen Residenz deren Bedeutung als neuem Verwaltungszentrum Rechnung getragen wurde.[31] Weiterhin nicht im Landtag vertreten war das Fürstentum Pyrmont.[32]

Trotz seiner Verbesserungen blieb der Landesvertrag stärker in der Traditionslinie, als daß er zu durchschlagenden Neuerungen gefunden hätte - diese fanden sich vielmehr im gescheiterten Organisationsedikt verankert. Nach 1816 erlahmte erst einmal der ständische Eifer, denn ordentliche Landtage fanden bis 1828 nicht statt.[33] Vielmehr gewann die Regierung in den Zeiten der Restauration ganz und gar die Oberhand, Waldeck versank mehr oder weniger in einen politischen Dämmerschlaf.[34] Selbst die revolutionären Ereignisse von 1830, die im nahen Kurhessen zu erheblichen Konvulsionen und zu einer Verfassung führten, rüttelten Waldeck nur kurzfristig auf.[35] In die waldeckische Innenpolitik kam erst wieder frischer Wind, als Wolrad Schumacher 1832 die Stellung des obersten landständischen Beamten von seinem Vorgänger Theodor Neumann übernahm.[36] Der in Göttingen (wohl mehrheitlich bei Heeren) und in Marburg (bei dem Philosophen Bering) ausgebildete Schumacher[37] klagte nur kurze Zeit nach Übernahme seiner Stelle beim Bundestag gegen die waldeckische Regierung, weil sie den ständischen Konsens übergangen habe.[38] Der Vorwurf der Verfassungsverletzung durch die Regierung, den Schumacher erneut 1842 von dem Heidelberger Staatsrechtler Heinrich Zöpfl untersuchen ließ,[39] beendete erkennbar die Zeiten eines »phäakischen Stillebens«, wie es auch später wieder für Waldeck konstatiert wurde. Der vormärzliche Aufbruch machte sich jetzt in den verschiedensten Aktivitäten bemerkbar, die mehrheitlich von Korbach als Sitz des Landesgymnasiums und zahlreicher politisch tätiger Advokaten ausgingen. Insbesondere die 1837 begründete »Waldeckische Gemeinnützige Zeitschrift« geriet jetzt zum Forum der liberalen Kritik und zugleich der unterschiedlich deutlich geäußerten Reformforderungen.

Zuzeiten gelang es einer ganz von konservativen, wenn nicht gar von reaktionären Mustern geprägten Regierung noch ohne größere Schwierigkeiten, alle bürgerlich-liberalen Regungen mit ostentativer obrigkeitlicher Attitüde abzublocken.[40] Doch endete diese Ära, in der die Regierung den unübersehbaren Zeichen einer auf Umbruch hindeutenden Zeit geradezu blind gegenüberstand, im Frühjahr 1848. Weit stärker nämlich als 1830 fielen die liberalen Forderungen, die inzwischen zumindest in der schmalen waldeckischen Intelligenz Fuß gefaßt hatten, jetzt auf einen fruchtbaren Boden. Eine zumindest unbewegliche, wenn nicht darüber hinaus untätige Beamtenschaft, die auch die Konsequenzen der seit 1845 verspürbaren Agrarkrise nicht in den Griff bekam, trug bereits Anfang März 1848 zur erheblichen Verschärfung des innenpolitischen Druckes bei. Dem stand die Nachgiebigkeit Fürstin Emmas gegenüber, die seit dem Tod Georg Heinrichs (1845) die Regentschaft für ihren noch unmündigen Sohn Georg Victor führte. In einer gedruckten »Bekanntmachung« bestätigte Emma am 11. März 1848 ausdrücklich, daß sie allen Forderungen von liberaler Seite entgegenkommen werde, um so die Ordnung im Lande gewährleisten zu können. Dabei nennt sie ausdrücklich Pressefreiheit, Bürgerbewaffnung, Einberufung eines Landtags zur Vorbereitung einer neuen Verfassung sowie die Öffentlichkeit der Sitzungen.[41] Die Aussichten auf eine »neue und bessere Zeit«, wie sie ebenfalls in der »Bekanntmachung« beschworen wurde, hielt die Untertanen auch erst einmal ruhig. Emma appellierte zugleich an ihren »Sinn für Gerechtigkeit und Ordnung«, wobei der letztgenannte Gesichtspunkt freilich in den Jahren zuvor überstrapaziert worden war.

Wenn es gleichwohl in bescheidenem Umfang zu revolutionären

Akten kam, so lag dies zum einen an der unermüdlichen propagandistischen Tätigkeit des späteren Landtagsabgeordneten August Wirths,[42] der ohne Unterlaß Flugblätter mit demokratischen Forderungen verbreitete. Pikanterie am Rande: bei Wirths handelte es sich um den Schwager Graf Georgs von Waldeck-Bergheim, der in den Verfassungskämpfen zwischen 1814 und 1816 eine herausragende Rolle gespielt hatte. Den Anfang der Akte gegen die Obrigkeit machte Mitte März 1848 der Ort Bergheim im Edertal, wo die Unmittelbarkeit der Herrschaft sich als Ansatzpunkt für eine Attacke auf den örtlichen Beamten des gräflichen Patrimonialgerichts erwies.[43] Von Bergheim aus verbreitete sich der revolutionäre Funke zuerst einmal nach Wildungen und dann nach Sachsenhausen. Schließlich kam es Mitte April 1848, als die Reformmaßnahmen längst auf dem Wege waren, noch zu einem Marsch auf Arolsen. Den Ausgangspunkt bildete der traditionell unruhige Ort Goddelsheim im waldeckischen Westen. Zwar stürmten die aufgebrachten Bauern mehrere Arolser Beamtenhäuser, doch wurde – wie auch anderswo – die fürstliche Legitimität nicht von ihnen in Frage gestellt. Schließlich fanden sich die Forderungen von demokratischer wie auch liberaler Seite in einer Verfassung gebündelt, die den Grundrechtsteil der Paulskirchenverfassung voll übernahm.[44] Ihr geistiger Vater war Wolrad Schumacher, der längst zur führenden Figur im neuen, freigewählten Landtag aufgestiegen war.[45] Wenn die beispielhaft liberale Verfassung erst vergleichsweise spät – nämlich im Mai 1849 – in Kraft gesetzt wurde, ohne daß darunter ihre Inhalte gelitten hätten, so lag dies vornehmlich daran, daß einzelne Kommunen neuerlich Druck auf die Regierung ausübten. Sie verlangten quasi ultimativ die politische Umsetzung jener Zugeständnisse, für die bereits im Frühjahr 1848 Zusagen gemacht worden waren – und die Verfassungsfrage stand dabei obenan. Nur so war es möglich, daß die in den größeren Territorien längst Fuß fassende Reaktion keinen Einfluß mehr auf das kleine Waldeck nehmen konnte.

Das »Staatsgrundgesetz« hob nicht nur alle liberalen und demokratischen Forderungen in den Verfassungsrang, sondern es vollzog auch die endgültige staatsrechtliche Vereinigung der beiden weit auseinanderliegenden Landesteile Waldeck und Pyrmont.

Fürstlich Waldeckisches Regierungs-Blatt.

Nro. 13. Dinstag, den 29 Mai 1849.

Wir Emma, von Gottes Gnaden verwittwete Fürstin zu Waldeck und Pyrmont, Gräfin zu Rappoltstein, Herrin zu Hohenack und Geroldseck am Waßigen rc., Vormünderin und Regentin.

Wir sind den Wünschen unsers Volks, mit seinen Vertretern eine den Bedürfnissen der Zeit entsprechende Verfassung zu errichten, mit Aufrichtigkeit und Bereitwilligkeit entgegengekommen.

Wir verkünden das gegenwärtige Staatsgrundgesetz mit dem Wunsche, daß es die Freiheit unseres Volks, das Wohl aller Staatsangehörigen auf dauernde Weise begründen, und die Eintracht zwischen Fürst und Volk befestigen möge.

Staatsgrundgesetz
für
die Fürstenthümer Waldeck und Pyrmont.

Titel I.
Von dem Staatsgebiete.

§. 1.

Die Fürstenthümer Waldeck und Pyrmont bilden einen durch ein und dieselbe Verfassung vereinigten Staat.

Derselbe ist ein Bestandtheil des deutschen Reichs.

§. 2.

Kein Theil des Staatsgebiets kann ohne Zustimmung der gemeinschaftlichen Stände veräußert werden.

Foto Nr. 33: Bekanntmachung der Verfassung von 1849 durch Fürstin Emma im »Fürstlich Waldeckischen Regierungs-Blatt« vom 29. Mai 1849.
Aus: Menk, G.: Waldecks Beitrag für das heutige Hessen, Wiesbaden 1995.

28

Grenzberichtigungen, wobei Staatsangehörige aus dem Staatsverbande treten, bedürfen gleichmäßig der Genehmigung der Stände.

Titel II.

Von den Grundrechten des Volks.

§. 3.

Wer auf die vom Gesetz bezeichnete Weise das Recht des bleibenden Wohnsitzes innerhalb der Grenzen des Landes erworben hat, ist Staatsangehöriger.

§. 4.

Ein jeder Staatsangehörige ist zugleich Staatsbürger, wenn er die zur Theilnahme an der Volksvertretung verfassungsmäßig erforderlichen Eigenschaften besitzt.

§. 5.

Das Recht der Landesangehörigen zu Begründung eines Familienstandes mittelst einzugehender Ehe an dem Orte, wo ihnen das Heimathsrecht zusteht, ist von Staatswegen nicht beschränkt.

§. 6.

Vor dem Gesetze gilt kein Unterschied der Stände. Der Adel als Stand ist aufgehoben.

Alle Standesvorrechte sind abgeschafft.

Alle Staatsangehörige sind vor dem Gesetze gleich.

Alle Titel, in so weit sie nicht mit einem Amte verbunden sind, sind aufgehoben und dürfen nie wieder eingeführt werden.

Kein Staatsangehöriger darf von einem nichtdeutschen Staate einen Orden annehmen.

Die öffentlichen Aemter sind für alle Befähigten gleich zugänglich.

Die Wehrpflicht ist für Alle gleich; Stellvertretung bei derselben findet nicht statt.

§. 7.

Die Freiheit der Person ist unverletzlich.

Die Verhaftung einer Person soll, außer im Falle der Ergreifung auf frischer That, nur geschehen in Kraft eines richterlichen, mit Gründen versehenen Befehls. Dieser Befehl muß im Augenblick der Verhaftung, oder innerhalb der nächsten vier und zwanzig Stunden, dem Verhafteten zugestellt werden.

Die Polizeibehörde muß Jeden, den sie in Verwahrung genommen hat, im Laufe des folgenden Tages entweder frei lassen, oder der richterlichen Behörde übergeben.

Jeder Angeschuldigte soll gegen Stellung einer vom Gerichte zu bestimmenden Caution oder Bürgschaft der Haft entlassen werden, sofern nicht dringende Anzeigen eines schweren peinlichen Verbrechens gegen denselben vorliegen.

Verfassung für das Fürstentum Waldeck von 1849 mit den Grundrechten der Paulskirchenverfassung. Bl. 1 u. 2.

Im Falle einer widerrechtlich verfügten oder verlängerten Gefangenschaft ist der Schuldige und nöthigenfalls der Staat dem Verletzten zur Genugthuung und Entschädigung verpflichtet.

Die für das Militair erforderlichen Modificationen dieser Bestimmungen bleiben einem besondern Gesetze vorbehalten.

§. 8.

Die Todesstrafe, ausgenommen wo das Kriegsrecht sie vorschreibt, so wie die Strafen des Prangers, der Brandmarkung und der körperlichen Züchtigung sind abgeschafft. An die Stelle dieser Strafen tritt Freiheitsstrafe.

Abbitte und Widerruf, so wie der Zwang zur Ehrenerklärung sind ebenfalls abgeschafft und soll Geld- oder verhältnißmäßige Freiheitsstrafe an deren Stelle treten.

Die Strafe des bürgerlichen Todes soll nicht stattfinden.

Die Strafe der Vermögenseinziehung soll nicht stattfinden. An die Stelle derselben tritt Geld- oder verhältnißmäßige Freiheitsstrafe.

§. 9.

Die Wohnung ist unverletzlich.

Eine Haussuchung ist nur zulässig:

1. in Kraft eines richterlichen, mit Gründen versehenen Befehls, welcher sofort oder innerhalb der nächsten vier und zwanzig Stunden dem Betheiligten zugestellt werden soll;
2. im Falle der Verfolgung auf frischer That durch den gesetzlich berechtigten Beamten;
3. in den Fällen und Formen, in welchen das Gesetz ausnahmsweise bestimmten Beamten auch ohne richterlichen Befehl dieselbe gestattet.

Die Haussuchung muß, wenn thunlich, mit Zuziehung von Hausgenossen geschehen.

Die Unverletzlichkeit der Wohnung ist kein Hinderniß der Verhaftung eines gerichtlich Verfolgten.

§. 10.

Die Beschlagnahme von Briefen und Papieren darf, außer bei einer Verhaftung oder Haussuchung, nur in Kraft eines richterlichen, mit Gründen versehenen, Befehls vorgenommen werden, welcher sofort oder innerhalb der nächsten vier und zwanzig Stunden dem Betheiligten zugestellt werden soll.

§. 11.

Das Briefgeheimniß ist gewährleistet.

Die bei strafgerichtlichen Untersuchungen und in Kriegsfällen nothwendigen Beschränkungen werden durch die Gesetzgebung festgestellt werden.

Nachdem dieser Schritt seit langem fruchtlos diskutiert worden war, entsandte nunmehr auch die Pyrmonter Exklave Abgeordnete in den waldeckischen Landtag.[46] Dies bedeutete für ein Land, das bereits innerhalb kürzester Frist Anschluß an die »große« verfassungspolitische Entwicklung gewonnen hatte, eine längst überfällige Anpassung der Verfassungsverhältnisse.

4. Zwischen politischer Lebendigkeit und Aufgabe der waldeckischen Selbständigkeit

Der revolutionäre Impetus führte in Waldeck jedoch keineswegs nur zu einer neuen Verfassung, sondern, weit mehr noch, auch zu einer ganz nachhaltigen Verlebendigung des politischen Lebens. Nachdem die »Waldeckische Gemeinnützige Zeitschrift« ihr Erscheinen 1845 aus finanziellen Gründen hatte einstellen müssen, erschienen im Frühjahr 1848 erstmals zahlreiche Flugblätter, die insbesondere zur Verfassungsfrage und zur Durchsetzung liberaler und demokratischer Forderungen aufforderten oder Stellung nahmen. Wenn im Frühjahr 1849 mit dem »Waldeck'schen Volksboten« als liberal-demokratischer Postille und wenig später der »Volksstimme« als »Organ der Democratie in Waldeck« gleich zwei Zeitungen neu erschienen, so unterstreicht auch dies den Aufbruch in einem Lande, das inzwischen ganz eindeutig aus dem politischen Dämmerschlaf erwacht war. In dem »civilisirten Miniaturstaate«, wie Waldeck nunmehr genannt wurde,[47] führte auch der jetzt einsetzende Druck der Landtagsprotokolle zu einer neuen, zeitgemäßen Form politischer Öffentlichkeit. Zu keiner Zeit verfügte das politische Leben Waldecks über ein so hochaktiviertes Spannungsfeld, das auch im Lande unmittelbar nachvollziehbar war.

Zwar überlebten die beiden neugegründeten Zeitungen nicht lange, doch blieb mit der Beilage zum »Regierungblatt« noch ein öffentliches Forum erhalten, das einen Austrag der politischen Auffassungen erlaubte. Freilich konnte auch dieses neue Moment nicht verhindern, daß das liberale »Staatsgrundgesetz« nur wenig mehr als drei Jahre überlebte. Fürst Georg Victor übernahm die

Regentschaft nämlich nicht schon im Januar 1852, als er die Volljährigkeit erreichte, sondern wartete bis zum August ab, als eine ihm selbst, vielleicht mehr aber noch Preußen genehme neue Verfassung vom Landtag verabschiedet wurde.[48] Sie enthielt zwar nicht mehr den Grundrechtsteil der Paulskirchenverfassung, doch entfernte sie sich auch nicht mehr als notwendig von den politischen Idealen, wie sie ihre Vorgängerin in überreichem Maße besessen hatte. Denn der junge Fürst war ebenso wie sein Bonner Studienfreund Friedrich Wilhelm von Preußen ein überzeugter Anhänger liberaler Auffassungen, die freilich einen Schuß Konservativismus nicht verleugnen konnten.

Schon allein die immer noch hochproblematische Finanzsituation des Landes trug dazu bei, daß auch in den 50er Jahren rege Auseinandersetzungen im Landtag stattfanden. Einen noch stärkeren Anstoß zu politischen Auseinandersetzungen gab Mitte der 50er Jahre neuerlich eine Agrarkrise, die zu lebhaften Debatten über die Verfügbarkeit von Holz und Wald – den unverzichtbaren Subsistenzgrundlagen einer agrarisch geprägten Gesellschaft – führte. Robert Varnhagen sorgte seinerzeit mit einer vielbeachteten Publikation dafür, daß der verfassungsrechtliche Blick zurück auf die Anfänge der Regierungszeit Fürst Friedrichs gelenkt wurde.[49] Damit kam die »longue durée« des waldeckischen Verfassungslebens, die sich bereits in den Auseinandersetzungen zu Jahrhundertanfang bestätigt hatte und auch von Wolrad Schumacher in seinen 1860 erscheinenden »Waldeckischen Briefen« jenseits aller staatlichen Umbrüche betont wurde,[50] erneut zum Tragen. Außer Varnhagen trat jetzt auch der Demokrat August Wirths, dessen Aktivitäten während der Revolutionszeit immer noch unvergessen waren, mit einer Broschüre auf die politische Bühne. Als Fürst Georg Victor im Januar 1860 den Landtag auflöste, sah sich der führende waldeckische Demokrat dazu ermutigt, in sehr grundsätzlicher Weise auf die Maximen der Verfassung und die Rechte der Stände einzugehen.[51] Die Regierung antwortete postwendend mit einer ebenfalls gedruckten Broschüre, indem sie den Auffassungen Wirths mit Vehemenz entgegentrat.[52]

Während sich in der waldeckischen Innenpolitik Regierung und Teile des Landtags unversöhnlich gegenüberstanden, hatte sich längst die verwaltungsmäßige Anlehnung des kleinen Landes an Preußen vorbereitet. Die Anfang der 60er Jahre abgeschlossene Militärkonvention verstärkte diesen Prozeß noch entschieden, indem sie die Merkmale der staatlichen Souveränität Waldecks in ganz einschneidender Weise verminderte.[53] Fünf Jahre später stimmte Fürst Georg Victor nach dem deutschen Krieg widerwillig dem sogenannten Akzessionsvertrag zu, der einen jetzt noch wesentlich weiterreichenden preußischen Einfluß zuerst einmal auf die kommenden 10 Jahre absicherte.[54] Der auf ausdrücklichen Wunsch Bismarcks zustandegekommene Vertrag wurde schließlich mit jeweils geringen Abänderungen nach Ende der ersten Laufzeit noch einmal auf weitere 10 Jahre und schließlich Ende der 80er Jahre ohne zeitliche Beschränkung erneuert.

Mit dem Akzessionsvertrag besaß Waldeck eine semisouveräne staatsrechtliche Stellung, die freilich keineswegs neu war, sondern nicht weit von den Verhältnissen zuzeiten des Alten Reiches entfernt lag. Die Wünsche Fürst Georg Victors, der schon bei Gelegenheit des Abschlusses der Militärkonvention auf das Ende der staatlichen Selbständigkeit und 1866/67 erneut auf das Ende der staatlichen Unabhängigkeit sowie den Anschluß an Preußen gedrängt hatte,[55] kamen nicht zum Zuge. Im Schatten des übermächtigen Preußen wurden fortan die politischen Leitlinien in Berlin, hingegen kaum mehr in Arolsen festgelegt. Auch der Ansehenszuwachs, den das fürstliche Haus durch gleich mehrere Heiraten der Töchter Georg Victors in Königshäuser erzielte, änderte daran nichts. Entsprechend gering blieben auch nach 1867 die politischen Einflußmöglichkeiten des waldeckischen Landtags. Zwar bedurfte es immer noch seiner formellen Zustimmung zu allen Gesetzen, doch seine gerade in den späten 40er und den 50er Jahren so lebhafte Beteiligung an der waldeckischen Politik fand jetzt ein Ende.[56] Einen wirksamen Einspruch gegen die Berliner Beschlüsse besaß er nämlich nicht.

Erst nach dem Ende der monarchischen Zeit änderte sich dies, als der Abgeordnete und Landtagspräsident Oswald Waldschmidt für kurze Zeit in die Rolle eines Ersatzmonarchen schlüpfte.[57] Der begabte Jurist Waldschmidt versuchte sich jetzt auch an der Abänderung einer Verfassung, die eigentlich an die Normen der republi-

Foto Nr. 34: Oswald Waldschmidt, der führende waldeckische Politiker der 1920er Jahre, der den Vertrag mit Preußen über das Ende des Freistaates Waldeck mitunterzeichnete (1. April 1929).
Aus: G. Menk, Das Ende den Freistaates Waldeck, Arolsen 1989 (Waldekkische Historische Hefte 1).

kanischen Staatsform angepaßt werden mußte. Doch blieben diese Bemühungen unvollendet, weil die im Sommer 1926 erfolgte Kündigung des Akzessionsvertrags alle einschlägigen Maßnahmen obsolet machte. Am 1. April 1929 endete die Selbständigkeit eines Staates, der seit dem Spätmittelalter durchgängig unter der drückenden Schuldenlast litt und bis 1867 eigentlich beständig in der Gefahr stand, dem Staatsbankrott zum Opfer zu fallen. Sogar über 1867 hinaus blieb die schwankende, weil semisouveräne staatsrechtliche Einordnung erhalten. Nachdem sie schon in der frühen Neuzeit dem Pufendorfschen Diktum des »Monstrum simile« entsprach, wurde sie mit dem Akzessionsvertrag nunmehr vertraglich fixiert. Die Eingliederung Waldecks in die preußische Provinz Hessen-Nassau, so sehr sie auch im Lande selbst umstritten war, setzte einem jener zahlreichen staatlichen Unikate ein Ende, über die Deutschland zumindest bis zum Ende des Alten Reiches, aber auch noch nach 1815, in bemerkenswertem Umfang verfügt hatte. Waldeck, so scheint es, verfügte selbst unter ihnen zumindest in staatsrechtlicher Hinsicht über eine Sonderstellung.

Anmerkungen

1 Hierzu und zur politischen Entwicklung Waldecks in der Frühen Neuzeit insbesondere: G. Menk, Grundzüge der Geschichte Waldecks in der Neuzeit. Perspektiven und Perseveranz kleinstaatlicher Politik, in: Hess. Jb. für Lgesch. 37, 1987, S. 241–297.
2 Zur Einrichtung mit ständischer Unterstützung siehe: L. Curtze, Geschichte des Gymnasiums zu Corbach, Arolsen 1869.
3 Hierzu siehe W. Medding, Korbach. Die Geschichte einer deutschen Stadt, Korbach 1955, S. 200 ff.; G. Menk, Die Beziehungen zwischen Hessen und Waldeck von der Mitte des 16. Jahrhunderts bis zum Westfälischen Frieden. Territorialstaatliches Verhalten im Spannungsfeld von Lehnrecht und Superiorität, in: Geschichtsblätter für Waldeck (künftig zit. als: Gbll Waldeck) 75, 1987, S. 43–206, hier S. 93 ff.; zu der beachtlichen Breite der benutzten staatsrechtlichen Muster siehe ders., Rechtliche und staatstheoretische Aspekte im waldeckischen Verfassungskonflikt 1588–1624, in: Gbll Waldeck 72, 1984, S. 45–74.
4 Zu Politik und Bedeutung Georg Friedrichs siehe: G. Menk, Georg Friedrich von Waldeck 1620–1692. Eine biographische Skizze, Arolsen 1992 (Waldeckische Historische Hefte 5).
5 Ausführlich hierzu: G. Menk, Absolutismus und Regierungsform in Waldeck. Der Zugriff Graf Georg Friedrichs und seines Kanzlers Johann Viëtor auf Staat und Stände 1665–1676, in: Hess. Jb. für Lgesch. 35, 1985, S. 69–135.
6 Druck des »Pactum Primogeniturae Waldeccense« in: Sammlung waldeckischer Staatsverträge, [ca. 1710], S. 1–40.
7 Staatsarchiv Marburg (fortan zit. als: StAM) 135, Nr. 1755.
8 Zur Vereidigung Justus Wiegands siehe: StAM 135, Nr. 2000.
9 Zu ihm eingehender: G. Menk, Die Beziehungen zwischen Waldeck-Pyrmont und den Niederlanden in der Neuzeit, in: H. Lademacher

(Hrsg.), Oranien-Nassau. die Niederlande und das Reich. Beiträge zur Geschichte einer Dynastie, Münster 1995, S. 223–258, hier S. 240 ff.

10 Kurze Skizze der Auseinandersetzungen bei: Menk, Grundzüge der Geschichte Waldecks in der Neuzeit, S. 268 f.; eine eingehendere Behandlung der Landtagsverhandlungen bei: R. Varnhagen, Die Stände der Fürstenthümer Waldeck und Pyrmont und die Verordnung vom 20. September 1855 wegen Verwerthung der Forstproducte, Mengeringhausen 1856, S. 38 ff. (Anhang).

11 Prozeßschriften in: Haus-, Hof- und Staatsarchiv Wien, Reichshofrat, Denegata Recentiora 1429/2.

12 Vgl. hierzu und zum folgenden insbesondere: K. Murk, Vom Reichsterritorium zum Rheinbundstaat. Entstehung und Funktion der Reformen im Fürstentum Waldeck (1780–1814), Arolsen 1995 (Waldeckische Forschungen 9).

13 Vgl. die publizistische Kontroverse: F. D. v. Ditfurth, Anwendung der Rechtssätze von dem Steuerwesen in den Reichs-Territoriis auf die specielle Landesverfassung des Fürstenthums Waldeck zur Berichtigung und weiteren Ausführung des Freiherrn von Moser von der Landeshoheit in Steuersachen, Wetzlar 1799; J. J. Leonhardi, Vorläufige Beleuchtung der vom Kaiserlichen und Reichs-Cammer-Gerichts-Beysizzer Herrn von Ditfurth dem Druk übergebenen so genannten: Anwendung der Rechtssätze von dem Steuerwesen in den Reichs-Territoriis . . ., Mengeringhausen 1800.

14 Vgl. W. Kloppenburg, Der Rheinbund vom 12. Juni 1806 und das Fürstentum Waldeck, in: Gbll Waldeck 46, 1954, S. 9–32; Murk, Vom Reichsterritorium zum Rheinbundstaat, S. 139 ff.

15 Kloppenburg, Der Rheinbund, S. 17 f.

16 Knappes Lebensbild Spilckers (geb. 1770) bei: H. Nicolai, Staat, Behörden und Beamte in Waldeck 1848–1868, Arolsen 1956 (= Gbll 48), S. 119; zu seinen Reformvorstellungen: Murk, Vom Reichsterritorium zum Rheinbundstaat, S. 214 ff.

17 Vgl. hierzu: D. Weigel, Fürst, Stände und Verfassung im frühen 19. Jahrhundert. Studien zur Entstehung der Verfasungsurkunden von 1814 und 1816 des Fürstentums Waldeck, Arolsen 1967 (= Gbll Waldeck 59), S. 14 ff.

18 Kurzbiographie in: Nicolai, Staat, Behörden und Beamte, S. 100.

19 Weigel, Fürst, Stände und Verfassung, S. 21 f.

20 StAM 118 a, Nr. fol. 5–28; Zusammenfasung bei: Weigel, Fürst, Stände und Verfassung, S. 22 ff.

21 Ausführliche Vorstellung ebda., S. 26 ff.; ebenfalls hierzu: Murk, Vom Reichsterritorium zum Rheinbundstaat, S. 243 ff.

22 Gutachten v. Zerbsts vom 11. 5. 1813 (StAM 118 a, Nr. 3080 fol. 32–37); zu Zerbst siehe: G. Menk, Der waldeckische Geheime Rat und

Regierungspräsident Friedrich Ludwig Wieprecht von Zerbst (1737-1814), in: Gbll Waldeck 85, 1998; diesem ist im weiteren gefolgt.

23 Knappe Skizze der Regierung bei: W. Medding, Georg Heinrich, Fürst zu Waldeck und Pyrmont, in: I. Schnack, Lebensbilder aus Kurhessen und Waldeck 1830-1930, 6. Bd., Marburg 1958, S. 358-364; eine umfassendere biographische Darstellung stellt ein Desiderat der Forschung dar.

24 Druck in: Fürstlich Waldeckisches Regierungsblatt 1814, S. 21-47; Abruck u. a. in: K. H. L. Pölitz, Die europäischen Verfassungen seit dem Jahre 1789 bis auf die neueste Zeit, Bd. 1, 2. Abt., Leipzig 1832, S. 1107-1114; zu den Änderungen, die Kreusler vornahm, siehe: Weigel, Fürst, Stände und Verfassung, S. 44 ff.

25 H. Brandt, Parlamentarismus in Württemberg 1819-1870. Anatomie eines deutschen Landtags, Düsseldorf 1987, S. 257.

26 Zu Dalwigk und seinen sowie auch Graf Georgs publizistischen Aktivitäten siehe: Menk, Grundzüge der Geschichte Waldecks in der Neuzeit, S. 275 f.

27 Edition der umfangreichen Korrespondenz Steins mit Fürst Georg Heinrich in: Weigel, Fürst, Stände und Verfassung, S. 176-186.

28 Vgl. die »Konvention« vom 3. Juli 1814 bei: Weigel, Fürst, Stände und Verfassung, S. 154-161.

29 Druck in: FWRgbl 1816, S. 33-53; Pölitz, Verfassungen, Bd. 1, 2. Abt. S. 1115-1123; Weigel, Fürst, Stände und Verfassung, S. 162-175.

30 Vgl. hierzu u. a. B. Wunder, Landstände und Rechtsstaat. Zur Entstehung und Verwirklichung des Art. 13 DBA, in: Zeitschrift für Historische Forschung 5, 1978, S. 139-185.

31 Hierzu jetzt: G. Menk, Der Weg zur waldeckischen Residenz Arolsen, Arolsen 1996.

32 Zur Entwicklung Pyrmonts jetzt: J. Lengemann, Der Spezial-Landtag des Fürstentums Pyrmont, in: Gbll Waldeck 83, 1995, S. 103-154, hier S. 105 f.

33 Zum Landtag von 1828 siehe: StAM 135, Nr. 337; vornehmlich zur sozialen Zusammensetzung des Landtags zwischen 1816 und 1848 jetzt: Th. Seibel, Die Waldeckischen Landstände im Vormärz, Frankfurt a. M. 1997, S. 55 ff.

34 Zum folgenden insbesondere: E. W. Budach, Das Fürstentum Waldeck in der Zeit des Deutschen Bundes - Studien zur Verfassungsgeschichte der Kleinstaaten 1815 bis 1866 ..., Diss. jur. Kiel 1973.

35 Vgl. zum Landtag vom Dezember 1830: StAM 135, Nr. 341-342 sowie A. Sieburg, Der Verlauf der Revolution von 1830 und 1848 im Fürstentum Waldeck, in: Gbll Waldeck 69, 1981, S. 125-178 (knappe Darstellung).

36 Zur landschaftlichen Organisation siehe: Nicolai, Staat, Behörden und Beamte, S. 38-41.

37 Zu Ausbildung, persönlichen Verbindungen und intellektuellem Horizont Schumachers jetzt: G. Menk, Die Beziehungen Wolrad Schumachers zu Christian Karl Josias Bunsen und der Mythos Waldeck, in: Hundert Jahre Historische Kommission für Hessen 1897-1997. Festgabe dargebracht von Autorinnen und Autoren der Historischen Kommission, Marburg 1997, S. 889-913.

38 Vgl. Budach, Das Fürstentum Waldeck in der Zeit des Deutschen Bundes, S. 159 ff.

39 Vgl. StAM 135, Nr. 390; zu Zöpfl siehe: D. Drüll, Heidelberger Gelehrtenlexickon 1803-1932, Berlin etc. 1986, S. 311 f.; er trat 1848 mit einer in Frankfurt a. M. gedruckten Untersuchung über »Constitutionelle Monarchie und Volkssouveränität« hervor.

40 Beispielhaft hierzu: R. Polley, Die Anrede »Herr« im behördlichen Geschäftsstil als Verfassungsproblem. in: J. Eckert/H. Hattenhauer (Hrsg.), Sprache - Recht - Geschichte, Heidelberg 1990, S. 229-253.

41 Abdruck der »Bekanntmachung« in: G. Menk, Waldecks Beitrag für das heutige Hessen, Wiesbaden 1995, S. 64.

42 Zu Wirths siehe die Kurzbiographie bei: R. König (Bearb.), Die Abgeordneten des waldeckischen Landtags von 1848 bis 1929, Marburg 1985, S. 97 f.

43 Zu den auslösenden Momenten und dem Fortgang der Revolution von 1848 bereite ich eine Untersuchung vor, die 1998 erscheint; die Ergebnisse werden hier vorweggenommen.

44 Vgl. hierzu: M. Bürsch, Kleinstaatliche Verfassung zwischen Vormärz und Reaktion. Studien zur Entstehung der waldeckisch-pyrmontischen Verfassungsurkunden von 1849 und 1852, Diss. jur. Kiel 1970.

45 Vgl. etwa W. Schumacher, Die Domainen-Frage im Fürstenthum Waldeck, Arolsen 1848; zu seinen Initiativen auf finanzpolitischer Ebene, die bis zur Mitte der 30er Jahre zurückgehen, siehe auch: N. Klüssendorf, Papiergeld und Staatsschulden im Fürstentum Waldeck (1848-1890), Marburg 1984, S. 38 ff.

46 Eingehender hierzu (mit Abgeordnetenbiographien): Lengemann, Der Spezial-Landtag des Fürstentums Pyrmont.

47 O. Speyer, Das Fürstenthum Waldeck-Pyrmont und seine sociale und politische Entwicklung seit 1848, in: Unsere Zeit. Jahrbuch zum Conversations-Lexicon Bd. 6, Leipzig 1862, S. 657-699, hier S. 671.

48 Zum Zustandekommen vgl. Bürsch, Kleinstaatliche Verfassung zwischen Vormärz und Reaktion.

49 Varnhagen, Die Stände der Fürstenthümer Waldeck und Pyrmont.

50 Ausführlich hierzu: Menk, Die Beziehungen Wolrad Schumachers zu Christian Karl Josias Bunsen.

51 A. Wirths, Die Regierung und der aufgelös'te Landtag im Fürstenthume Waldeck, Fritzlar 1860.

52 [anon.], Bemerkungen und Erläuterungen zu der Schrift des August Wirths: »Die Regierung und der aufgelöste Landtag im Fürstenthum Waldeck«, Mengeringhausen 1860.

53 Hierzu bisher überblickhaft: G. Schmidt, Waldeck und Preußen 1815-1928. Ihr Verhältnis in verfassungsrechtlicher Sicht, in: Gbll Waldeck 57, 1965, S. 88-120, hier S. 100 ff.

54 Näheres zum Vertrag ebda. S. 103 ff.

55 Zu den Aktivitäten während der Militärkonvention siehe: Menk, Die Beziehungen Wolrad Schumachers zu Christian Karl Josias Bunsen; für die Mitte der 60er Jahre siehe: J. Lengemann, Die abgelehnte Einverleibung. Ein Brief des Fürsten Georg Victor an den Kronprinzen Friedrich Wilhelm . . ., in: Hundert Jahre Historische Kommission, S. 915-929 (mit Edition).

56 Zur waldeckischen Innenpolitik siehe außer Klüssendorf, Papiergeld und Staatsschulden im Fürstentum Waldeck, noch insbesondere: M. Bohle, Sozialstruktur, sozialer Wandel und politische Willensbildung im Fürstentum Waldeck 1871-1914, Arolsen 1991.

57 Zum folgenden ausführlicher: G. Menk, Das Ende des Freistaates Waldeck, Arolsen 1989 (2., erheblich erweiterte Aufl. Arolsen 1998).

Literaturhinweise

Budach, E. W.: Das Fürstentum Waldeck in der Zeit des Deutschen Bundes. Studien zur Verfassungsgeschichte der Kleinstaaten 1815 bis 1866, Diss. jur. Kiel 1973

Menk, G.: Grundzüge der Geschichte Waldecks in der Neuzeit, in Hess. Jb. für Landesgeschichte 37, 1987, S. 241-297

Ders.: Georg Friedrich von Waldeck 1620-1692. Eine biographische Skizze, Arolsen 1992

Ders.: Waldecks Beitrag zum heutigen Hessen, Wiesbaden 1995

Murk, K.: Vom Reichtsterritorium zum Rheinbundstaat, Entstehung und Funktion der Reformen im Fürstenthum Waldeck, Arolsen 1995

Barbara Dölemeyer

Die Verfassung der Freien Stadt Frankfurt am Main 1816–1866

Die frühere Reichsstadt Frankfurt am Main, die 1806 unter dem Fürstprimas Karl von Dalberg in das napoleonische Staatensystem des Rheinbunds eingegliedert worden war[1] (1806–1810 im »Fürstprimatischen Staat«,[2] 1810–1813 im »Großherzogtum Frankfurt«[3]), erlangte auf dem Wiener Kongreß – vor allem dank den Bemühungen des Freiherrn vom Stein – wieder ihre Selbständigkeit und den Status einer Freien Stadt.[4] Als solche wurde Frankfurt souveränes Mitglied des Deutschen Bundes, wo es zusammen mit den anderen Stadtrepubliken Hamburg, Lübeck und Bremen votierte. Als Sitz der Bundesversammlung (1815–1866) sowie als Ort der ersten Deutschen Nationalversammlung 1848/49 erlangte Frankfurt eine besondere Bedeutung unter den Deutschen Bundesstaaten.

Die Verfassungsentwicklung der Freien Stadt Frankfurt im 19. Jahrhundert kann in folgende Abschnitte gegliedert werden: 1. die Zeit 1816–1848, die von der Konstitutions-Ergänzungs-Akte vom 19. 7. 1816 bestimmt war, 2. das kurze Zwischenspiel des Freistaats Frankfurt mit dem Konstituanten-Entwurf 1848/49 sowie 3. die Zeit von der weitgehenden Rückkehr zum vorrevolutionären Zustand 1850 über die durch das Organische Gesetz von 1856 modifizierte Verfassung bis zur Eingliederung in den Preußischen Staat 1866/67.

1. Die Konstitutions-Ergänzungs-Akte

Sie ähnelte – nach einer Charakterisierung von Veit Valentin – »einem Janusbilde, dessen altes verwittertes Angesicht in eine graue

Vergangenheit, dessen junge noch nicht scharf geprägte Züge in eine noch unbestimmte Zukunft blicken«.[5]

Durch die Reformen der Dalberg-Zeit hatte Frankfurt Bekanntschaft mit den Grundlagen moderner Staatsverwaltung gemacht. Das Stadtregiment war gestrafft worden: An der Spitze der Verwaltung standen der Stadtschultheiß und zwei auf Lebenszeit ernannte Bürgermeister; der bis dahin aus den 42 Mitgliedern der drei »Bänke« bestehende Rat wurde auf 17 verringert und erhielt die Bezeichnung Senat. Die Bürgerschaft wurde durch 28 Bürgerrepräsentanten, vor allem aus den Reihen der Handwerker und Kleinbürger gewählt, vertreten. Beide waren aber eigentlich nur ausführende Organe der von Dalberg ausgeübten Zentralgewalt der Generalkommission. Weiter zentralisiert wurde diese Organisation in der Zeit des Großherzogtums Frankfurt, das nach französischem Muster – dem Präfektursystem – umgebildet wurde. Das Departement Frankfurt stand unter der Leitung des Präfekten von Günderrode. Die Justiz wurde von der Verwaltung getrennt und ein geregelter Instanzenzug eingeführt. Als erste Instanz fungierte das Stadt- und Landgericht, als zweite sowie in Strafsachen entschied das Appellationsgericht, als dritte Instanz diente das Oberappellationsgericht in Aschaffenburg. Auch das französische materielle Recht (Code Napoléon und Code pénal) wurde übernommen; eigene Prozeßordnungen wurden ausgearbeitet.[6] Die Gleichberechtigung der Bürger brachte auch den Juden volle bürgerliche Rechte. Leibeigenschaft und Frondienste, unter denen die Bewohner der Landgemeinden zu leiden hatten, wurden abgeschafft. Die Kehrseite der Medaille waren hohe Militär- und Steuerlasten und vor allem wirtschaftliche Nachteile, die aus der Behinderung des Handels durch die Kontinentalsperre folgten. So nahmen die Frankfurter die Niederlage Napoleons als Befreiung von der Fremdherrschaft mit Erleichterung auf.

Die Stadt wurde nach der Befreiung von französischen Truppen Ende 1813 dem General-Gouvernement unterstellt, das als Organ der unter der Leitung des Freiherrn vom Stein stehenden alliierten Zentralverwaltung eingesetzt worden war. Sogleich strebten ihre Repräsentanten danach, die vorrevolutionäre Verfassung wieder herzustellen. Durch Restitutions-Edikt vom 14. 12. 1813 ordneten die Alliierten an, daß Frankfurt und sein ehemaliges Gebiet vom Großherzogtum zu trennen seien, und genehmigten, daß die Stadt »vorläufig in ihre vormalige Municipalverfassung rücktrete«.[7] Die Stadt hatte damals (nach dem Staatskalender von 1812) 40 485, die Landgemeinden 6 612 Einwohner.[8]

Die in den Jahren 1813 bis 1816 (bis zur Verabschiedung der Konstitutions-Ergänzungs-Akte) in Frankfurt geführten, teilweise sehr heftigen Verfassungskämpfe sind einerseits als Ringen um Machterhalt bzw. Machtbeteiligung innerhalb der städtischen Gruppen und Gremien zu sehen, zum anderen müssen sie vor dem Hintergrund der weitreichenden Diskussion um die Neuordnung Deutschlands betrachtet werden, die auf dem Wiener Kongreß im Sinne der Konstituierung des Deutschen Bundes entschieden wurde. Artikel 46 der Wiener Kongreßakte vom 9. 6. 1815 gab Frankfurt den Status der Freien Stadt: »La ville de Francfort, avec son territoire, tel qu'il se trouvoit en 1803, est déclarée libre et fera partie de la ligue Germanique.«[9] Als ein Grundprinzip für die Verfassung wurde die Rechtsgleichheit zwischen den verschiedenen christlichen Konfessionen statuiert. Allerdings behielt sich die Deutsche Bundesversammlung vor, die Ausführung dieser Bestimmung bei der Herstellung der Verfassung zu überwachen und eventuelle Streitigkeiten selbst zu entscheiden.[10]

In der sich nun entspinnenden Frankfurter Verfassungsdiskussion standen sich die Repräsentanten des alten ständischen Regiments, die zur vorrevolutionären Machtverteilung zurückkehren wollten, und die Vertreter liberaler Gruppen (wie etwa der Advokaten-Ausschuß) gegenüber. Vor allem die Auslegung der Bestimmungen der Kongreßakte hinsichtlich der Rechtsgleichheit und einer Mitwirkung der Bürgerschaft an der politischen Willensbildung war umstritten. Da sich die Deutsche Bundesversammlung die Kontrolle über die zu erarbeitende Verfassung vorbehalten hatte, konnte angesichts des Gewichts der restaurativen Kräfte (insbesondere Österreichs) nicht erwartet werden, daß viel von den liberalen Bestrebungen zu verwirklichen war. Die Verfassung wurde immerhin durch eine Kommission (der sog. Dreizehner) aus 3 Ratsmitgliedern, 3 Vertretern des Bürgerkollegiums und 7 aus der gesamten Bürgerschaft Gewählten ausgearbeitet, welche in ihrer

Zusammensetzung bereits die spätere Legislative widerspiegelt, und am 17. und 18. Juli 1816 durch Virilabstimmung der Bürger beschlossen. Der Bürgereid, der am 18. Oktober 1816 vor dem Römer feierlich geleistet wurde, bekräftigte die neue, alte Stadtverfassung.[11]

So stellte sich die Konstitutions-Ergänzungs-Akte schließlich als ein Kompromiß dar. Ganz deutlich wird dies in der Überschrift zu Artikel 1 formuliert: »Wiedereinführung der alten Stadt-Verfassung, mit einigen durch den Artikel 46 der Wiener-Congreß-Acte nöthig gewordenen und von dem Zeitgeiste gebotenen Veränderungen und Zusätzen«.[12] Der Anwalt und Abgeordnete Maximilian Reinganum charakterisierte die Frankfurter Staatlichkeit 1838 so: »Es ist eine Demokratie; diese wird aber gar wesentlich temperirt durch den Einfluß der Geldaristokratie und der Familien, durch Zunftprivilegien und Ängstlichkeit. Die Demokratie ist aber auch

Foto Nr. 35: Eid der Frankfurter Bürger auf die Constitutions-Ergänzungs- Acte am 18. Oktober 1816. Lithographie von J. Susenbeth. Original: Historisches Museum Frankfurt a. M.
Institut für Stadtgeschichte, Frankfurt a. M.

insofern wiederum nicht vorhanden, als die Vorrechte der politisch privilegirten Bürger dem Mangel aller politischen Rechte bei den anderen Staatseinwohnern entgegenstehen, folglich nicht dem Volke im eigentlichen Sinne die Staatshoheit gehört.«[13]

Die meisten der Dalberg'schen Reformen wurden rückgängig gemacht, so die Trennung von Justiz und Verwaltung; die französischen Codes wurden aufgehoben und durch die alten Stadtgesetze ersetzt. Die staatsbürgerliche Gleichstellung der Juden wurde rückgängig gemacht; die Bewohner der Landgemeinden fielen in einen halb feudalen Status zurück – ihre Lage verbesserte sich erst 1824, als die Leibeigenschaft endgültig beseitigt wurde. Immerhin blieben die politischen Mitwirkungsrechte der Katholiken und der Reformierten gewahrt. Das Bürgerrecht war jedoch zusätzlich an einen Vermögensnachweis von 5 000 Gulden geknüpft, so daß von vorneherein ein größerer Teil der Bevölkerung (Juden, Beisassen, Landbewohner, »Permissionisten«[14]) von der Beteiligung am städtischen politischen Leben ausgeschlossen blieben.

Artikel 8 der Konstitutions-Ergänzungs-Akte erkannte ausdrücklich die Souveränitätsrechte der Stadt der gesamten (christlichen) Bürgerschaft zu und regelte deren Repräsentation, wodurch auch die Organe des Stadtregiments neu formiert wurden: »Die hiesige christliche Bürgerschaft kann die, aus der ihr zustehenden Hoheit fließenden Rechte in ihrer Gesammtheit nicht selbst ausüben. Sie überträgt daher deren Ausübung auf die drei folgenden aus ihrer Mitte und Autorität ausgehenden Behörden«:[15] Die Gesetzgebende Versammlung, auch »Gesetzgebender Körper« genannt, war zusammengesetzt aus je 20 Mitgliedern des Senats und des Bürgerausschusses und 45 von der übrigen (christlichen) Bürgerschaft durch indirekte Wahl bestimmten Personen. In der ersten der drei Klassen wählten die Akademiker, Adligen und Beamten, in der zweiten die Kaufleute und in der dritten die zünftigen Handwerker. Die Gesetzgebende Versammlung hatte gewichtige Kompetenzen[16] – so vor allem die »Gesetzgebung überhaupt«, besonders hinsichtlich der Besteuerung; die Sanktion von Staatsverträgen; die Kontrolle des Staatshaushalts; alle Militärangelegenheiten; Mitwirkung bei der Stellenbesetzung im Senat und der Bürgerrepräsentation und schließlich die »Bewahrung und Erhaltung der Verfassung«.

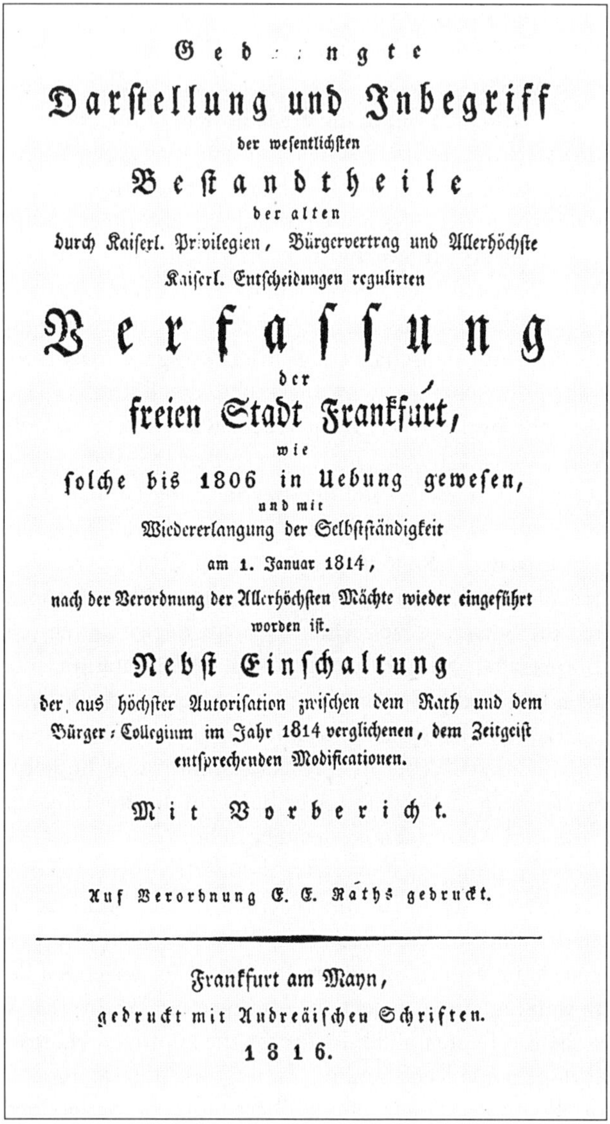
Gedrängte

Darstellung und Inbegriff

der wesentlichsten

Bestandtheile

der alten

durch Kaiserl. Privilegien, Bürgervertrag und Allerhöchste Kaiserl. Entscheidungen regulirten

Verfassung

der

freien Stadt Frankfurt,

wie

solche bis 1806 in Uebung gewesen,

und mit

Wiedererlangung der Selbstständigkeit

am 1. Januar 1814,

nach der Verordnung der Allerhöchsten Mächte wieder eingeführt worden ist.

Nebst Einschaltung

der, aus höchster Autorisation zwischen dem Rath und dem Bürger-Collegium im Jahr 1814 verglichenen, dem Zeitgeist entsprechenden Modificationen.

Mit Vorbericht.

Auf Verordnung E. E. Raths gedruckt.

Frankfurt am Mayn,

gedruckt mit Andreäischen Schriften.

1816.

Fotos Nr. 36/37: Historisches Museum, Frankfurt a. M., Bibliothek.

Constitutions-Ergänzungs-Acte

zu der alten Stadt-Verfassung

der

freien Stadt Frankfurt

angenommen durch die Bürgerschaft den 17. u. 18. Juli 1816, publicirt vom Senat den 19. Juli 1816, und wechselseitig vom Senat und der Bürgerschaft beschworen den 18. October 1816.

Nebst Inhalts-Verzeichniß und alphabetischem Sachregister.

Frankfurt 1817.
bei Johann Friedrich Wenner.

Der nunmehr wieder aus 42 Mitgliedern bestehende Senat kehrte zur Einteilung des Ancien Régime in drei »Bänke« zurück; den 14 Schöffen (oder älteren Senatoren) der ersten Bank standen die 14 jüngeren Senatoren der zweiten Bank und die 14 »Rathsverwandten dritter Bank« (Drittbänker) gegenüber. Die geburtsständischen Elemente der Herrschaft wurden aber dadurch eingegrenzt, daß Artikel 19 die zuvor von den Patriziern reklamierten Vorrechte an der Machtbeteiligung ablehnte: »Die Geburt giebt kein Vorrecht und keinen positiven Anspruch auf Rathsstellen.«[17] Auf die erste Bank gelangten im Nachrückverfahren die dienstältesten Senatoren der zweiten Bank. Die Mitglieder der zweiten Bank wurden durch Wahl und Kugelung bestimmt. Für die Zusammensetzung der dritten Bank (Handwerker und sonstige Bürger) blieben Gesichtspunkte der Repräsentation der einzelnen Zünfte bestimmend. Der Senat hatte die Kontrolle über die Verwaltung, die Innen- und Außenpolitik der Stadt; auch Polizei und Militär unterlagen seiner Aufsicht. Er blieb das wesentliche Zentrum des Stadtregiments.

Der ständige Bürger-Ausschuß (Bürgerrepräsentation) trat an die Stelle der früheren Bürgerkollegien der Neuner und der Einundfünfziger, welche in den Verfassungsreformen des frühen 18. Jahrhunderts zur Kontrolle des Rats eingeführt worden waren.[18] Die Mitglieder wurden auf Lebenszeit gewählt; der Bürgerausschuß bildete ein Karriere-Sprungbrett für höhere Funktionen: Aus seiner Mitte gingen auch viele Ratsherren hervor. Die Aufgaben dieses Gremiums waren in der Konstitutions-Ergänzungs-Akte nicht im einzelnen definiert, sondern es fungierte wie in reichsstädtischer Zeit als Kontrollorgan dem Senat gegenüber, besonders in bezug auf die Haushaltsführung. Hier war sein Einfluß nicht unerheblich.

Die Zusammensetzung der Legislative bedeutete einen Schritt auf dem Wege zu einem Repräsentativsystem – gegenüber der reichsstädtischen Verfassung ein Fortschritt. Ihre demokratische Legitimation war allerdings sehr eingeschränkt durch die starke Vertretung der Exekutive in der Gesetzgebenden Gewalt (je 20 der Mitglieder waren durch Senat und Bürgerausschuß bestimmt) und durch die berufsständische Gliederung der Gremien für die Wahl der Bürgervertreter in diese Legislative.[19] Dadurch, daß die zunächst einmal jährlich angesetzte Versammlung allmählich zu einer permanent tagenden wurde, entwickelte sich aber diese Institution zu einer Art Parlament der Freien Stadt. Konflikte zwischen den städtischen Fraktionen wurden nun im wesentlichen innerhalb dieses Gremiums ausgetragen; die Legislationstätigkeit des Gesetzgebenden Körpers war umfangreich. Im Vergleich zu Volkskammern in Ständeversammlungen des Frühkonstitutionalismus hatte jedoch die Frankfurter Gesetzgebende Versammlung eine schwächere Position: Sie hatte nicht das Recht der Gesetzesinitiative, sie wählte ihren Präsidenten aus den Mitgliedern des Senats, es gab kein Petitionsrecht und die Sitzungen erfolgten hinter verschlossenen Türen, so daß auch Presse und Öffentlichkeit kaum davon Kenntnis nahmen.[20]

Die entscheidende Konzession aber, welche die Vertreter liberaler Verfassungsvorstellungen den Repräsentanten der altständischen Ordnung machen mußten, war die Rückkehr zu einer Verbindung von Justiz- und Verwaltungsfunktionen. Artikel 28 der Konstitutions-Ergänzungs-Akte lautet: »Der Senat verwaltet die Gerichtsbarkeit in bürgerlichen und peinlichen Sachen.«[21] Sieben Senatoren der ersten Bank bildeten das oberste Gericht für Frankfurt, »Appellations- und peinliches Gericht« genannt; das erstinstanzliche »Stadtgericht« bestand aus dem Direktor und sieben rechtsgelehrten Senatoren der ersten und zweiten Bank. Als dritte Instanz fungierte das 1820 eingerichtete Oberappellationsgericht für die vier freien Städte in Lübeck.[22]

2. Der »Freistaat« Frankfurt und der Konstituanten-Entwurf von 1848/49

Die gesamtdeutschen politischen Ereignisse, die 48er Revolution, die Bildung der Nationalversammlung und die Beratung der Reichsverfassung konnten natürlich in Frankfurt, dem Brennpunkt des Geschehens, nicht ohne direkten Einfluß auf die lokale Verfassungsdiskussion bleiben. Unter dem Druck der »Märzforderungen« des Jahres 1848, welche die von verschiedenen Seiten erhobene Kritik an der Konstitutions-Ergänzungs-Akte zusammenfaßten und pointierten, schlug der Senat den Weg einer Verfassungsrevision ein. Die oppositionellen Kräfte verlangten – nach dem Muster des Vorparlaments – Urwahlen aller Staatsangehörigen für die Bildung eines »Verfassungsrates« bzw. einer »konstituierenden Versammlung«. Im Oktober 1848 legte der Senat, der sich den Forderungen der liberalen Kräfte beugte, der Bürgerschaft einen Gesetzentwurf vor, der u. a. ein Wahlgesetz zur konstituierenden Versammlung enthielt. Der Weg zu einer revolutionären neuen Verfassung wurde nun – und dies ist vielleicht für Frankfurt typisch – nach den Vorschriften der alten, abzuschaffenden Verfassung gegangen. Veit Valentin merkte dazu an: »Es macht einen grotesken Eindruck, über den Gesetzentwurf des Senats, der einer so naturrechtlich-radikalen Idee, wie es die einer Frankfurter Konstituante war, zum Leben verhelfen sollte, nun nach seiner Annahme durch den Gesetzgebenden Körper die drei mittelalterlichen Stände reichsstädtischen Angedenkens abstimmen zu sehen.«[23] Am 30. Oktober konnten jedenfalls die Wahlen zur Konstituante erfolgen, die 120 Mitglieder zählte. Von diesen gehörte die Mehrheit (ca. 80) der liberal-demokratischen Richtung an.[24]

Der Verfassungsentwurf der Konstituante folgte dem Vorbild der von James Fazy ausgearbeiteten Genfer Verfassung von 1847[25] und realisierte konsequent die Grundsätze der liberal-demokratischen Bewegung. Volkssouveränität und Repräsentativsystem wurden statuiert: »Alle Staatsgewalten gehen vom Volke aus.« Alle Vorrechte der Geburt, des Standes, des Bekenntnisses wurden aufgehoben, bürgerliche Rechtsgleichheit garantiert: »Staatsangehöriger ist jeder, welchem kraft der bisherigen Gesetze das Heimatsrecht in einer Gemeinde des Freistaates zusteht.«[26] Die Prinzipien der Gewaltenteilung sollten erstmals klar durchgeführt werden: Trennung der Justiz von der Verwaltung; Ausübung der Gesetzgebung durch einen »Volksrat« und Ausübung der Exekutivgewalt durch einen vom Volk gewählten »Regierungsrat«. Schritte auf dem Weg zur Gewerbefreiheit, Einführung der Freizügigkeit, Liberalisierung und Säkularisierung des Eherechts, Säkularisierung des Schulwesens – dies waren weitere Punkte, an denen sich aber bald heftige Kritik von den verschiedensten Seiten entzündete. Die

Konstituante brachte mit ihren radikalen Vorschlägen den traditionellen Kompromiß und Konsens der unterschiedlichen Strömungen und Interessengruppen innerhalb des Stadtgefüges außer Balance.

Die konstituierende Versammlung nahm zwar den Entwurf am 3. Dezember 1849 an; die Opposition in der Stadt war aber zu groß, so daß der Senat dieses Votum nicht sanktionierte und auch nicht der Bürgerschaft zur Abstimmung vorlegte. Das Verfassungsprojekt wurde somit nicht in die Realität umgesetzt, die Konstituante wurde in der Folge aufgelöst. Die Neuwahlen zur wieder

Foto Nr. 38: Der Frankfurter Demokrat und Paulskirchenabgeordnete Dr. jur. Friedrich Jucho.
Historisches Museum, Frankfurt a. M., C 6748.

installierten Gesetzgebenden Versammlung ergaben eine konservative Mehrheit. Zwar gab es weitere Bemühungen um eine – »sanftere« – Reform der Verfassung (1850 bis 1852); diese fanden aber keine Mehrheiten und verliefen im Sande. Zusätzlich bekämpfte die Deutsche Bundesversammlung die Reste der konstitutionellen Bemühungen der Revolutionszeit. Durch Bundesbeschluß vom 23. August 1851 wurden für alle Bundesstaaten die Grundrechte der Paulskirche für aufgehoben erklärt.[27] Was Frankfurt speziell betrifft, griff der Bund unter Berufung auf Artikel 46 der Wiener Kongreßakte in die Stadtverfassung ein und veranlaßte die Aufhebung der Reformen der Jahre 1848/49 – der Wahlreform sowie der staatsbürgerlichen Gleichstellung der Juden, Beisassen und Landgemeinde-Bewohner.[28]

3. Die Staatsreform durch das Organische Gesetz von 1856

Aber die durch die Revolution und die Nationalversammlung angestoßene Erneuerung hatte Fernwirkungen, eine Rückkehr zu den vorrevolutionären Zuständen war nur mehr bedingt möglich. Die Reformversuche – auch bezüglich der Verfassungsgrundsätze – gingen weiter. In kleinen Schritten, zunächst durch Einzelgesetze, dann durch das Organische Gesetz von 1856, wurden wesentliche Grundsätze der deutschen Verfassungsbewegung – auch basierend auf den Vorarbeiten der Konstituante – in Frankfurt (z. T. wieder) durchgesetzt: 1851 die Zivilehe,[29] 1853 bzw. 1864 die Gleichberechtigung der Juden, der Landgemeinde-Einwohner und der Beisassen.[30]

Eine bedeutende Reform der Organisation von Senat, Gesetzgebender Versammlung und Justiz brachte das Organische Gesetz vom 16. September 1856, durch welches klare Gewaltenteilung herbeigeführt wurde.[31] Die Zahl der Senatsmitglieder wurde auf 21 verringert, die Einteilung in die drei Bänke endlich aufgehoben, Senatoren konnten nicht mehr Mitglieder der Gesetzgebenden Versammlung sein, der Wahlmodus des Senats wurde reformiert – ein Abschied von den noch bestehenden ständischen Strukturen.

Patent

wegen Besitznahme der vormaligen freien Stadt Frankfurt.

Wir Wilhelm, von Gottes Gnaden König von Preußen ꝛc. thun gegen Jedermann hiermit kund:

Nachdem in Folge eines von Oesterreich und seinen Bundesgenossen begonnenen, von Uns in gerechter Abwehr siegreich geführten Krieges die freie Stadt Frankfurt a. M. von Uns besetzt worden ist, so haben Wir beschlossen, dieselbe mit Unserer Monarchie zu vereinigen und zu diesem Behufe mit Zustimmung beider Häuser des Landtages das Gesetz vom 20. September d. J. erlassen und verkündigt.

Demzufolge nehmen Wir durch gegenwärtiges Patent mit allen Rechten der Landeshoheit und Oberherrlichkeit in Besitz und einverleiben Unserer Monarchie mit sämmtlichen Zubehörden und Ansprüchen die vormalige freie Stadt Frankfurt a. M. mit den zu ihrem Gebiete gehörigen Ortsbezirken Bonames, Bornheim, Hausen, Niederrad, Niederursel und Oberrad.

Wir werden Unserem Königlichen Titel den entsprechenden Titel hinzufügen.

Wir befehlen, die Preußischen Adler an den Grenzen zur Bezeichnung Unserer Landesherrlichkeit aufzurichten, statt der bisher angehefteten Wappen Unser Königliches Wappen anzuschlagen und die öffentlichen Siegel mit dem Preußischen Adler zu versehen.

Wir gebieten allen Einwohnern der nunmehr mit Unserer Monarchie vereinigten ehemaligen freien Reichsstadt Frankfurt a. M. mit den zu ihrem Gebiete gehörigen Ortschaften, fortan Uns als ihren rechtmäßigen König und Landesherrn zu erkennen und Unseren Gesetzen, Verordnungen und Befehlen mit pflichtmäßigem Gehorsam nachzuleben.

Wir werden Jedermann im Besitze und Genusse seiner wohlerworbenen Privatrechte schützen und die Beamten, welche für Uns in Eid und Pflicht zu nehmen sind, bei vorausgesetzter treuer Verwaltung, im Genusse ihrer Diensteinkünfte belassen. Die gesetzgebende Gewalt werden Wir bis zur Einführung der Preußischen Verfassung allein ausüben.

Wir wollen die Gesetze und Einrichtungen der bisherigen freien Stadt Frankfurt a. M. erhalten, soweit sie der Ausdruck berechtigter Eigenthümlichkeiten sind und in Kraft bleiben können, ohne den durch die Einheit des Staats und seiner Interessen bedingten Anforderungen Eintrag zu thun.

Unser bisheriger Civil-Commissarius ist von Uns angewiesen, hiernach die Besitznahme auszuführen.

Hiernach geschieht Unser Wille.

Gegeben Schloß Babelsberg, 3. October 1866.

Wilhelm.

Graf v. Bismarck-Schönhausen. Frhr. v. d. Heydt. v. Roon.
Graf v. Itzenplitz. v. Mühler. Graf zur Lippe. v. Selchow.
Graf zu Eulenburg.

Foto Nr. 39: Patent wegen Besitznahme der vormaligen freien Stadt Frankfurt, ausgestellt am 3. Oktober 1866 in Potsdam-Babelsberg durch Kaiser Wilhelm I., mitunterzeichnet von Otto von Bismarck und anderen preuß. Ministern.
Aus: Actenstücke zur neuesten Geschichte von Frankfurt am Main. Zugleich: Material zur neuesten deutschen Geschichte. Zweite Auflage, Stuttgart 1866, S. 63-64. Bundesarchiv, Außenstelle Frankfurt a. M., Af 33. Foto: Ursula Seitz-Gray, Frankfurt a. M.

Wesentliche Änderungen erfolgten auch in bezug auf die Gerichtsverfassung und Rechtsprechung: Die Hauptprinzipien rechtsstaatlicher Justiz, wie sie von liberaler Seite seit dem Vormärz gefordert waren, wurden nun statuiert: Trennung von Justiz und Verwaltung (§§ 5 ff.); Unabhängigkeit der Richter (§ 11), Öffentlichkeit und Mündlichkeit des Verfahrens, Anklageprozeß, Mitwirkung des Volkes an der Rechtsprechung durch Schwurgerichte (§ 14). Die Senatoren schieden demnach aus den Rechtsprechungsgremien aus. Die Richter des Stadtgerichts und des Appellationsgerichts wurden ab 1856 von Wahlmännern bestimmt (von diesen waren 6 durch den Senat, 6 durch die Gesetzgebende Versammlung gewählt); die Wahlmänner wählten drei Kandidaten, unter denen allerdings noch das altertümliche Losverfahren - die Kugelung - entschied.[32] Sie waren auf Lebenszeit gewählt, unabhängig und unabsetzbar. Dieser Modus bedeutete gegenüber dem Verfahren der Konstitutions-Ergänzungs-Akte[33] auch eine gewisse Demokratisierung. Die Regelung von 1856 hatte allerdings nicht lange Bestand: Nach der Eingliederung in Preußen wurde das dort übliche Verfahren der Ernennung der Richter durch den König (auf Bericht des Justizministeriums) eingeführt.[34] Für Kompetenzstreitigkeiten zwischen Gerichten und Verwaltungsbehörden wurde ein Kompetenzkonflikts-Gerichtshof begründet (§ 12).[35]

In den Fünfzigerjahren wurden somit durch Einzelreformen wichtige Teile des Verfassungswerkes der Paulskirche und der Frankfurter Konstituante durchgeführt. Diese moderate Entwicklung erlebte einen Bruch durch die Ereignisse des Jahres 1866.

4. Das Schicksalsjahr 1866 - Ende der Selbständigkeit

Im preußisch-österreichischen Konflikt hatte Frankfurt auf der »falschen« Seite gestanden, d. h. die Wiener Position unterstützt. Der Ausgang des Krieges führte zur Annexion von vier bis dahin selbständigen Bundesstaaten durch Preußen. Durch preußisches Gesetz vom 20. September 1866 wurde Frankfurt - zusammen mit anderen annektierten Gebieten - »mit der Preußischen Monarchie für immer vereinigt«[36] und in der Folge in die preußische Staats-

und Verwaltungsorganisation eingegliedert; es gehörte fortan zu der 1867/68 gebildeten Provinz Hessen-Nassau.[37] Die Repräsentanten Frankfurts hatten den von Bismarck vorgeschlagenen freiwilligen Beitritt zum preußischen Staatsverband abgelehnt. Dies und wohl auch die Tatsache, daß die Stadt ihre Symbolkraft als Sitz der ersten deutschen Nationalversammlung und als Forum nationaler und liberaler Versammlungen – der Traditionalität ihrer inneren Verfassung zum Trotz – bewahrt hatte, spielten dabei für Bismarcks harte Haltung gegenüber Frankfurt eine Rolle. Die »Degradierung zur preußischen Provinzstadt«[38] und die Installierung der wesentlichen Regierungs- und Verwaltungsbehörden in Kassel und Wiesbaden waren die Folge.[39] Der Verlust der Selbständigkeit brachte tiefgreifende Veränderungen der Stadtverfassung: Die preußische Städteordnung von 1853 wurde – mit einer Reihe von Modifikationen, die u. a. den Wahlmodus zu den städtischen Gremien betrafen – auf die ehemalige Freie Stadt übertragen. Das Gemeindeverfassungsgesetz vom 25. März 1867[40] brachte der Stadt eine Magistratsverfassung mit einem Magistrat als Kollegialorgan und einer Stadtverordnetenversammlung, die zusammen mit diesem die Stadtgemeinde nach außen zu vertreten hatte. Der Zugang zur politischen Mitbestimmung blieb weiterhin auf einen kleinen Teil der Bevölkerung beschränkt, aber im Großen und Ganzen gesehen, brachte die preußische Annexion für Frankfurt in organisatorischer und verwaltungsrechtlicher (wie auch in wirtschaftlicher und städtebaulicher) Sicht einen gewaltigen Schritt in Richtung Moderne.

Anmerkungen

1 Rheinbundakte 12. 7. 1806. In: Ernst Rudolf Huber (Hrsg.), Dokumente zur deutschen Verfassungsgeschichte, 3. Aufl. Stuttgart u. a. 1978/86, Band 1, 28 ff.

2 Organisation der Stadt Frankfurt am Main, 10. 10. 1806. In: Der Rheinische Bund 1. Band (1808), 353 ff.

3 Höchstes Organisations-Patent der Verfassung des Großherzogthums Frankfurt, 16. 8. 1810. In: Großherzoglich frankfurtisches Regierungsblatt 1 (1810), 10–24.

4 Rainer Koch, Ständische Repräsentation oder liberale Repräsentativverfassung? Die Constitutions-Ergänzungs-Acte der freien Stadt Frankfurt als historischer Kompromiß. In: Zs. für historische Forschung 2/1978, 187–214, bes. 189 ff.

5 Veit Valentin, Frankfurt am Main und die Revolution von 1848/49. Stuttgart und Berlin 1908, 355.

6 Paul Darmstädter, Das Großherzogtum Frankfurt. Ein Kulturbild aus der Rheinbundzeit, Frankfurt am Main 1901, 148 ff.

7 Höchste Verordnung, die künftige Verfassung der Stadt Frankfurt betreffend. In: Großherzoglich frankfurtisches Regierungsblatt 3 (1813), 235 ff.

8 Darmstädter (Anm. 6), 405.

9 Acte final du Congrès de Vienne, du 9 juin 1815. In: Quellen-Sammlung zu dem Öffentlichen Recht des Teutschen Bundes, hrsg. von Johann Ludwig Klüber, 3. Aufl., Erlangen 1830, 53.

10 »Les discussions qui pourront s'élever soit sur l'établissement de la constitution, soit sur son maintien, seront du ressort de la Diète germanique et ne pourront être décidées que par elle.« (Ebenda).

11 Richard Schwemer,Geschichte der Freien Stadt Frankfurt a. M. (1814–1866) I-III/1-2. Frankfurt am Main 1910–1918, hier I, 248.

12 Constitutions-Ergänzungs-Acte zu der alten Stadt-Verfassung der freien Stadt Frankfurt angenommen durch die Bürgerschaft den 17. und 18. Juli 1816. Frankfurt 1817, S. 11; vgl. Wolfgang Klötzer, Freie Stadt Frankfurt (1815–1866). In: Grundriß zur deutschen Verwaltungsgeschichte 1815–1945, Band 11. Marburg/Lahn 1979, 237 ff.

13 Maximilian Reinganum, Frankfurt am Main. In: Staats-Lexikon, hrsg. von Carl von Rotteck und Carl Welcker, Bd. 6. Altona 1838, S. 3 ff., hier S. 7.

14 Vorübergehend ansässige Fremde, z. B. fremde Kaufleute etc.

15 Constitutions-Ergänzungs-Acte (Anm. 12), 19.

16 Constitutions-Ergänzungs-Acte (Anm. 12), Art. 17, 30 ff.

17 Constitutions-Ergänzungs-Acte (Anm. 12), 34.

18 Paul Hohenemser, Der Frankfurter Verfassungsstreit 1705–1732 und die kaiserlichen Kommissionen. Frankfurt 1920; Rainer Koch, Grundlagen bürgerlicher Herrschaft. Verfassungs- und sozialgeschichtliche Studien zur bürgerlichen Gesellschaft in Frankfurt am Main (1612–1866). Wiesbaden 1983.

19 Koch (Anm. 4), 207 ff.

20 Matthias Weber, Verfassung und Reform in Vormärz und Revolutionszeit. Die konstituierende Versammlung des Freistaats Frankfurt 1848–1850. Diss. phil. Frankfurt am Main 1996, 26.

21 Constitutions-Ergänzungs-Acte (Anm. 12), 44.

22 Erhard Zimmer, Die Zivilgerichtsbarkeit in Frankfurt am Main im 19. Jahrhundert. In: Archiv für Frankfurts Geschichte und Kunst 57

(1980), 87; 62 (1985), 267 ff.; 64 (1987), 167 ff.; Inge Kaltwasser, Die Frankfurter Prozeßakten des gemeinschaftlichen Oberappellationsgerichtes der vier freien Städte Deutschlands zu Lübeck (1820–1866). Frankfurt am Main 1993, Einleitung.

23 Valentin (Anm. 5), 363.

24 Zur sozialen Zusammensetzung vgl. Ralf Roth, Stadt und Bürgertum in Frankfurt am Main. Ein besonderer Weg von der ständischen zur modernen Bürgergesellschaft 1760–1914. München 1996, 431 ff.

25 Weber (Anm. 20), 171 ff.

26 Der Verfassungsentwurf der Konstituante (1849), ediert von Valentin (Anm. 5), 519.

27 Bekanntmachung, die Grundrechte des deutschen Volkes betreffend, 16. 9. 1851. In: Gesetz- und Statuten-Sammlung der Freien Stadt Frankfurt 9 (1854), 191 f.

28 Kundmachung, die Aufhebung der Gesetze vom 19. October 1848 und 20. Februar 1849 betreffend, 5. 10. 1852. In: Gesetz- und Statuten-Sammlung 9 (1854), 197–200.

29 Gesetz, die bürgerliche Ehe betreffend, 19. 11. 1850. In: Gesetz- und Statuten-Sammlung 10 (1853), 354–358.

30 Organisches Gesetz, die Erweiterung der staatsbürgerlichen Rechte der Landbewohner und Israeliten betreffend, 12. 9. 1853. In: Gesetz- und Statuten-Sammlung 9 (1854), 221–224; Organisches Gesetz, die Aufhebung der Beschränkung der staatsbürgerlichen Rechte der Landbewohner und Israeliten betreffend, 7. 10. 1864. Ebenda 16 (1866), 185.

31 Organisches Gesetz vom 16. 9. 1856. In: Gesetz- und Statuten-Sammlung 12 (1858), 221 ff.

32 Ebenda, 223 f.

33 Constitutions-Ergänzungs-Acte (Anm. 12), Art. 29, 44 ff.

34 Verordnung betr. die Ernennung der Justizbeamten im Gebiete der ehemaligen freien Stadt Frankfurt, vom 19. 11. 1866. In: Gesetzsammlung für die Königlichen Preußischen Staaten 1866, 741.

35 Siehe auch Gesetz, die Entscheidung über Competenzkonflicte zwischen Verwaltungsbehörden und Gerichten betreffend, 16. 9. 1856. In: Gesetz- und Statuten-Sammlung 12 (1858), 234 ff.

36 Gesetz-Sammlung für die Königlichen Preußischen Staaten 1866, 555.

37 Verordnung betr. die Organisation der Verwaltungsbehörden . . ., in der vormals Freien Stadt Frankfurt . . ., 22. 2. 1867. In: Gesetz-Sammlung für die Königlichen Preußischen Staaten 1867, 273 ff.; Erlaß 7. 2. 1868. Gesetz-Sammlung 1868, 1056; vgl. Provinz Hessen-Nassau (1866–1944/45). In: Grundriß zur deutschen Verwaltungsgeschichte 1815–1945, Band 11. Marburg/Lahn 1978, 288.

38 Lothar Gall, Frankfurt als deutsche Hauptstadt?, in: Akten des 26. Deutschen Rechtshistorikertages Frankfurt am Main, 22. bis 26. September 1986, hrsg. von Dieter Simon. Frankfurt am Main 1987, 1–18.

39 Wolfgang Klötzer, Zur Annexion Frankfurts 1866. In: Blätter für deutsche Landesgeschichte 121 (1985) 317-321; ders., Vom Senat zum Magistrat. Eine Säkularbetrachtung zur Frankfurter Stadtverfassung (1968). In: AFKG 60 (1985) 74-84; Wolf-Arno Kropat, Frankfurt zwischen Provinzialismus und Nationalismus. Die Eingliederung der »Freien Stadt« in den preußischen Staat (1866-1871). Frankfurt am Main 1971.

40 Gesetz-Sammlung für die Königlichen Preußischen Staaten 1867, 401-422.

Quellen
Verfassungs-Gesetze und -Entwurf

Organisation der Stadt Frankfurt am Main, 10. 10. 1806. In: Der Rheinische Bund 1. Band (1808), 353 ff.

Höchstes Organisations-Patent der Verfassung des Großherzogthums Frankfurt, 16. 8. 1810. In: Großherzoglich frankfurtisches Regierungsblatt 1 (1810), 10-24

Constitutions-Ergänzungs-Acte zu der alten Stadt-Verfassung der freien Stadt Frankfurt angenommen durch die Bürgerschaft den 17. und 18. Juli 1816. Frankfurt 1817

Der Verfassungsentwurf der Konstituante 1849. In: Veit Valentin (Hrsg.), Frankfurt am Main und die Revolution von 1848/49. Stuttgart und Berlin 1908. 519 ff.

Organisches Gesetz 16. 9. 1856. In: Gesetz- und Statuten-Sammlung der Freien Stadt Frankfurt 12 (Jan. 1854-2. 10. 1856), 221 ff.

Gesetz, die Ausführung des organischen Gesetzes vom 16. September 1856 betreffend. In: Gesetz- und Statuten-Sammlung der Freien Stadt Frankfurt 12 (Jan. 1854-2. 10. 1856), 232 ff.

Literaturhinweise

Klötzer, Wolfgang: Frankfurt am Main von der Französischen Revolution bis zur preußischen Okkupation. In: Frankfurt am Main. Die Geschichte der Stadt in neun Beiträgen, hrsg. Frankfurter Historische Kommission. Sigmaringen 1991 (= Veröffentlichungen der Frankfurter Historischen Kommission XVII), 303-348

Klötzer, Wolfgang: Freie Stadt Frankfurt (1815-1866). In: Grundriß zur deutschen Verwaltungsgeschichte 1815-1945, Band 11. Marburg/Lahn 1979, 237 ff.

Klötzer, Wolfgang: Zur Annexion Frankfurts 1866. In: Blätter für deutsche Landesgeschichte 121 (1985), 317–321

Klötzer, Wolfgang: Vom Senat zum Magistrat. Eine Säkularbetrachtung zur Frankfurter Stadtverfassung (1968). In: Archiv für Frankfurts Geschichte und Kunst 60 (1985), 74–84

Koch, Rainer: Grundlagen bürgerlicher Herrschaft. Verfassungs- und sozialgeschichtliche Studien zur bürgerlichen Gesellschaft in Frankfurt am Main (1612–1866). Wiesbaden 1983

Koch, Rainer: Ständische Repräsentation oder liberale Repräsentativverfassung? Die Constitutions-Ergänzungs-Acte der freien Stadt Frankfurt als historischer Kompromiß. In: Zeitschrift für historische Forschung 2 (1978), 187–214

Kropat, Wolf-Arno: Frankfurt zwischen Provinzialismus und Nationalismus. Die Eingliederung der »Freien Stadt« in den preußischen Staat (1866–1871). Frankfurt am Main 1971

Reinganum, Maximilian: Frankfurt am Main. In: Staats-Lexikon, hrsg. von Carl von Rotteck und Carl Welcker, Bd. 6. Altona 1838, 3 ff.

Römer-Büchner, Benedikt Johann: Die Entwickelung der Stadtverfassung und die Bürgervereine der Stadt Frankfurt am Main. Frankfurt am Main 1855

Roth, Ralf: Stadt und Bürgertum in Frankfurt am Main. Ein besonderer Weg von der ständischen zur modernen Bürgergesellschaft 1760–1914. München 1996

Ruppersberg, Otto: Die Reichsstadt und die Freie Stadt. In: Frankfurt – Das Buch der Stadt, hrsg. von Otto Ruppersberg. Frankfurt 1927, 87 ff.

Schwemer, Richard: Geschichte der Freien Stadt Frankfurt a. M. (1814–1866) I–III/1–2. Frankfurt am Main 1910–1918

Valentin, Veit: Frankfurt am Main und die Revolution von 1848/49. Stuttgart und Berlin 1908, 355 ff., 519 ff.

Weber, Matthias: Verfassung und Reform in Vormärz und Revolutionszeit. Die konstituierende Versammlung des Freistaats Frankfurt 1848–1850. Diss. phil. Frankfurt am Main 1996

Zimmer, Erhard: Die Zivilgerichtsbarkeit in Frankfurt am Main im 19. Jahrhundert. In: Archiv für Frankfurts Geschichte und Kunst 57 (1980), 87; 62 (1985), 267 ff.; 64 (1987), 167 ff.

Wolfgang Klötzer

Grundrechte und Reichsverfassung 1848/49

Der Staat, und nicht nur der moderne, basiert auf Land und Leuten, die sich einer Herrschaft (Regierung) untergeordnet haben. Abgesehen von Gewaltherrschaften, wie im übrigen auch im Falle moderner Diktaturen, hat die Regelung des Zusammenlebens im Innern und das Schutzbedürfnis nach außen schon früh zu konstitutiven Vereinbarungen zwischen Land und Herrschaft geführt. Abgesehen von den antiken Demokratien ist die englische Magna Carta von 1215 die erste Verfassungsurkunde, die das Zusammenleben von Land (damals vertreten durch die Barone) und Herrschaft (der englische König) regelte. Sie war eine feudale Konstitution und noch keine demokratische Verfassung, wie sie sich wenig später in der Schweizerischen Eidgenossenschaft anbahnte. Auch die Goldene Bulle von 1356, das »Grundgesetz« des alten deutschen Reiches, war nur eine Vereinbarung zwischen König und Fürsten, und selbst in den Städten herrschte entgegen dem landläufigen Satz »Stadtluft macht frei« in der Regel eine plutokratische Ratsoligarchie.

Absolutismus und Beamtenwillkür gaben den Wünschen des Volkes keinen Raum, und wo sie sich in Aufständen artikulierten, wurden sie meist rasch unterdrückt. Zwar hatte es schon im Mittelalter »Fürstenspiegel« gegeben, welche die Ethik der Machthabenden anmahnten, doch ist insbesondere Machiavellis »Il Principe« (1516) zum Gegenbeispiel gediehen und schlechthin der Codex absolutistischer Staatsräson geworden. Dem Ludwig XIV. zugeschriebenen Motto »L'état c'est moi« steht zwar der Grundsatz Friedrichs des Großen »Der Fürst ... ist der erste Diener seines

Volkes« gegenüber, aber die moderne Verfassungsbewegung haben doch erst der amerikanische Unabhängigkeitskrieg und die Französische Revolution in Gang gebracht. Allerdings war 1689 die »Bill of rights« (»Declaration of rights«) vorausgegangen, welche nach langen Verfassungskämpfen die englische konstitutionelle Monarchie begründete. Sie beinhaltete schon für die spätere deutsche Verfassungsbewegung so wichtige Punkte wie die königliche Gesetzestreue, das Steuerbewilligungsrecht des Parlaments, die Unabhängigkeit der Gerichte und die Ministerverantwortlichkeit.

Schon seit dem 17. Jahrhundert begannen nämlich am despotischen Absolutismus die Staatstheoretiker des Naturrechts (Recht der menschlichen Vernunft) zu rütteln. Als erster der Delfter Hugo Grotius (1583–1645), der die Staatenbildung aus dem menschlichen Geselligkeitsstreben herleitete. Dann die Engländer Thomas Hobbes (1588–1679) und John Locke (1632–1704), der niederländische Jude Baruch von Spinoza (1632–1677), der Franzose Montesquieu (1689–1755), der Schweizer Jean Jacques Rousseau (1712–1778) u. a. Den meisten Einfluß auf die Verfassungsentwicklung der Neuzeit übten Montesquieu und Rousseau aus. Montesquieu, indem er Konstitutionalismus und Gewaltenteilung verlangte. Rousseau durch sein Hauptwerk »Vom Gesellschaftsvertrag« (»Du Contrat social«, 1762), das zum Lehrbuch der modernen Demokratien wurde, indem es die Volkssouveränität forderte.

Ihm, Rousseau, folgte denn auch als erste die amerikanische Verfassung, wie sie die Erklärung der Menschenrechte des Staates Virginia am 12. Juni und die Unabhängigkeitserklärung der 13 nordamerikanischen Kolonien vom 4. Juli 1776 grundgelegt haben.

So heißt es in der Unabhängigkeitserklärung: »Folgende Wahrheiten sehen wir als selbstverständlich an, nämlich daß alle Menschen gleich erschaffen sind; daß ihr Schöpfer sie mit gewissen unveräußerlichen Grundsätzen ausgerüstet hat; daß dazu das Recht zu leben, das Recht auf Freiheit und das Recht, nach Glück zu streben, gehören; ferner, daß dazu eine Regierung errichtet werden muß, um diesen Rechten Sicherheit zu verleihen; daß die Regierung ihre gerechte Macht aus der Zustimmung der Regierten ableitet; daß, sowie eine Regierung von diesem Grundsatz abgeht, das Volk berechtigt ist, diese Regierung zu ändern oder abzusetzen und eine neue Regierung zu errichten, deren Grundsätze und Ordnung so gestaltet werden, wie sie dem Volke am besten zu seiner Sicherheit dienen und sein Glück zu fördern scheinen.«[1]

In Übereinstimmung mit den amerikanischen Forderungen beantragte, von der Volksgunst getragen, General Lafayette (1757–1834) am 11. Juli 1789 eine Aufstellung der Menschenrechte, die dann auch an der Spitze der Verfassung von 1791 erschien: »Art. 1: Die Menschen werden frei und gleich an Rechten geboren und bleiben es; die gesellschaftlichen Unterscheidungen können nur auf dem allgemeinen Nutzen begründet werden. Art. 2: Jede politische Gesellschaft hat die Erhaltung der natürlichen und unveräußerlichen Rechte des Menschen zum Zweck. Diese Rechte sind Freiheit, Eigentum, Sicherheit und Widerstand gegen die Unterdrückung. Art. 3: Der eigentliche Grund der höchsten Gewalt liegt wesentlich im Volk; weder einzelne Personen noch Körperschaften können je eine Gewalt ausüben, die nicht ausdrücklich aus dieser Quelle fließt. Art. 4: Die Freiheit besteht in dem Rechte, alles zu tun, was keinen andern schädigt; daher besteht für jeden, wenn er seine natürlichen Rechte ausübt, keine andere Beschränkung als die, welche in dem gleichen Rechte jedes anderen Mitbürgers liegt. Art. 5: Das Gesetz kann nur das verbieten, was der Gesellschaft schädlich ist; was nicht gesetzlich verboten ist, darf nicht verhindert werden; niemand kann zu etwas gezwungen werden, was nicht im Gesetz befohlen ist. Art. 6: Das Gesetz ist der Ausdruck des gemeinen Willens; alle Bürger haben das Recht, persönlich oder durch ihre Vertreter bei seiner Bildung mitzuwirken; das Gesetz muß für alle dasselbe sein, mag es schützen oder strafen; da alle Bürger vor dem Gesetze gleich sind, sind alle in gleicher Weise zu allen öffentlichen Würden und Ämtern wählbar, je nach ihrer Tauglichkeit dazu und ohne anderen Unterschied als den, der durch ihre Tugenden und ihre Begabung bedingt wird.«[2]

Diese »Menschenrechte« wurden 1793/95 noch um das Recht auf Arbeit erweitert. Aus der französischen Verfassung kamen die Menschenrechte dann 1831 in die belgische und 1848/49 als »Grundrechte des deutschen Volkes« in die deutsche Reichsverfassung. Bis dahin war es aber noch ein weiter Weg.

Zwar hatte nach dem Zusammenbruch des alten Reichs die napoleonische Schöpfung des Rheinbundes mit einem »dritten Deutschland« neben den vorherrschenden Großstaaten Österreich und Preußen zu Reformen geführt, wie sie - mehr noch - Stein und Hardenberg in Preußen durchsetzten. Zu parlamentarischen Vertretungen war es jedoch nicht gekommen. Auch die 1816 in Frankfurt am Main zusammengetretene »Bundesversammlung« des Deutschen Bundes, an dem sich nun auch Österreich und Preußen beteiligten, war kein Parlament, sonden lediglich ein Gesandtengremium der 39 völlig souveränen Bundesstaaten, zu denen auch vier Freie Städte (Hamburg, Bremen, Lübeck und Frankfurt am Main) gehörten. Zum Leidwesen aller Patrioten, die der erfolgreiche Kampf gegen Napoleon zusammengeschweißt hatte, war ein engerer Zusammenschluß Deutschlands nicht erreicht worden, vor allem wegen der eigensüchtigen Interessen der Monarchen von Bayern und Württemberg, die von ihren neuerworbenen königlichen Rechten nichts preisgeben wollten.

Von einer Volksvertretung beim Deutschen Bund konnte ganz und gar keine Rede sein. Zeitgemäßer dachte man nur hinsichtlich der bisher absolutistisch regierten Bundesstaaten, indem Art. 13 der Bundesakte von 1815 erklärt hatte: »In allen Bundesstaaten wird eine landständische Verfassung stattfinden«. Mit der Einführung einer Verfassung war Nassau schon 1814 vorausgegangen; es folgten 1816 Sachsen-Weimar und Waldeck, 1818 Baden und Bayern, 1819 Württemberg und 1820 Hessen-Darmstadt. Diese Verfassungen waren aber nicht landständisch im alten Sinn, stellten also nicht die 1806 suspendierten Feudalstände wieder her, sondern bequemten sich zu neuzeitlich inspirierten Volksvertretungen, die wegen ihrer in der Regel oppositionellen Haltung gegenüber den Regierungen alsbald den Widerspruch des österreichischen Staatskanzlers Metternich hervorriefen, der die restriktive politische Linie des Deutschen Bundes bestimmte und die freiheitlichen Forderungen des Volkes völlig negierte. Außerparlamentarische »Exaltationen« wie das burschenschaftliche Wartburgfest 1817, die Ermordung Kotzebues durch den Studenten Sand 1819, das Hambacher Fest 1832 und der Frankfurter Wachensturm 1833 lieferten ihm die Gründe zur »Demagogenverfolgung« in den zwanziger, dreißiger und noch vierziger Jahren des Vormärz.

Dagegen opponierten die Liberalen in den konstitutionellen Landtagen, zu denen infolge des Anstoßes der Pariser Julirevolution 1830 noch Parlamente in Sachsen (Königreich), Braunschweig, Hessen-Kassel und Hannover hinzugekommen waren. Der Ruf nach freiheitlichen Grundrechten und nationaler Einheit wurde immer häufiger und lauter artikuliert, in den Parlamenten, in Briefen der Abgeordneten untereinander, vor allem aber auf interparlamentarischen Konferenzen, die sich seit Anfang der dreißiger Jahre nachweisen lassen. Wegweisend wurden vor allem die Hallgartener Versammlungen, die der badische Altliberale Adam von Itzstein insgeheim auf seinem Weingut in Hallgarten (Rheingau) inszenierte. War es in diesen frühen Versammlungen noch vor allem darum gegangen, die aus den verschiedensten Bundesstaaten angereisten Parlamentarier auf gemeinsame Kammeraktionen einzustimmen, so wurden die Offenburger Volksversammlung vom 12. September und die Heppenheimer Liberalenversammlung vom 10. Oktober 1847 hinsichtlich der nationalen Forderungen schon konkreter, vor allem aber greifbarer in den vorliegenden Verlautbarungen. Beider Tendenzen, sowohl die demokratisch- enthusiastische der Offenburger, die mehr auf die unterdrückten Volksfreiheiten abhob, als auch die liberal-realistische der Heppenheimer, die mehr die Möglichkeiten der nationalen Einheit im Auge hatte, lassen sich bis in die Grundrechts- und Verfassungsdebatten der Paulskirche verfolgen.

Im dem aus 13 Artikel bestehenden Offenburger Programm,[3] das in Tausenden von Flugblättern verbreitet wurde, hieß es beispielsweise im Artikel 1, die Regierung möge sich von den Kabinettsbeschlüssen des Bundes lossagen, welche »unsere unverletzlichen Menschenrechte« verletzen. Artikel 2 verlangt Pressefreiheit, Artikel 3 Gewissens-, Glaubens und Lehrfreiheit, Artikel 5 Freiheit der Person, Versammlungsfreiheit und Freizügigkeit, Artikel 7 Volksmiliz statt stehender Heere. Weitere Postulate sind Steuergerechtigkeit, gleiches Recht auf Bildung, ein gerechteres Verhältnis zwischen Arbeit und Kapital, volkstümliche Rechtspflege und Staatsverwaltung.

Die Heppenheimer Forderungen, die nur in den kurzen Notizen Heinrich von Gagerns und einem längeren, in der Deutschen Zeitung veröffentlichten Gesprächsprotokoll[4] überliefert sind, divergieren, wie die neueste Forschung gezeigt hat,[5] gar nicht so sehr mit den Offenburgern. Auch in Heppenheim wurde die Fehlentwicklung des Deutschen Bundes angesprochen, auch hier die Knebelung der Presse moniert, auch hier die »Einführung einer Volkswehr« gefordert, mehr Steuererleichterungen, mehr Selbstverwaltung, mehr Mittel gegen Armut und Not, öffentliche Schwurgerichte. Allein in Heppenheim suchte man pragmatischer nach Verwirklichungsmöglichkeiten, namentlich auch der deutschen Einheit, der man ähnlich der heutigen europäischen Politik über die Wirtschaftseinheit näherkommen wollte, über den Ausbau des Deutschen Zollvereins zu einem politischen Gremium einschließlich einer nationalen Volksvertretung (Zollkongreß). Koordinierte Anträge in den Landtagen sollten dahinwirken.

Nach vier Monaten war die Zeit weiter gereift, so daß es zur Forderung nach einem Nationalparlament nicht mehr des Vehikels Zollverein bedurfte. Den ersten Antrag in Richtung Nationaleinheit stellte Friedrich Daniel Bassermann am 5. Februar 1848 in der badischen Zweiten Kammer und begründete ihn am 12. Februar. Die Bitte richtete sich an den Großherzog, »auf geeignete Weise dahin wirken zu wollen, daß zur Vertretung der Nation Ständekammern am Bundestag als ein sicheres Mittel zur Erzielung gemeinsamer Gesetzgebung und einheitlicher Nationaleinrichtungen geschaffen werden«.[6] Ihm folgte Heinrich von Gagern in der hessen-darmstädtischen Zweiten Kammer am 28. Februar 1848, indem er – im Hinblick auf das Versagen des Deutschen Bundes – mit dem Nationalparlament zugleich den einheitlichen Bundesstaat forderte.[7]

Unterdes war in Paris die Februarrevolution (22. 2. 1848) ausgebrochen und die Monarchie gestürzt worden, und auch in Deutschland nahm die Volksbewegung durchaus revolutionäre Züge an, in Folge deren sich Arbeiter und Bauern bewaffneten und die reaktionären Kabinette davongejagt wurden. Liberale »Märzminister« suchten Schlimmeres zu verhüten.

Eine Mannheimer Volksversammlung hatte am 27. Februar 1848 zum erstenmal die vier Hauptpunkte der sogenannten »Märzforderungen« formuliert: »1. Volksbewaffnung mit freier Wahl der Offiziere, 2. unbedingte Preßfreiheit, 3. Schwurgerichte nach dem Vorbild Englands, 4. sofortige Herstellung eines deutschen Parlaments«.[8] Tatsächlich entsprach die badische Regierung schon am 2. März weitgehend den Forderungen, was von vielen als Schwäche ausgelegt wurde und die Radikalen weiter radikalisierte. Am 4. März gibt die Regierung in Wiesbaden den »Forderungen der Nassauer« (vom 2. 3.) nach, die sich auf neun Punkte konzentrierten (Volksbewaffnung, Preßfreiheit, Nationalparlament, Verfassungstreue des Militärs, Versammlungsfreiheit, Schwurgerichte, Verstaatlichung der Domänen, Wahlgesetz und Religionsfreiheit). Die in Aufruhr befindliche Freie Stadt Frankfurt wird am 5. März durch die Nachgiebigkeit des Senats besänftigt, und am gleichen Tag ebnet der neue »Märzminister« Heinrich von Gagern in Hessen-Darmstadt die revolutionären Wogen. Schließlich muß auch der hessische Kurfürst den nach Kassel entsandten Bürgerdeputationen nachgeben und dem Hanauer Bürgermeister und »Volksmann« Bernhard Eberhard die Regierungsgeschäfte übertragen.

Gleichzeitig waren am 5. März in Heidelberg 51 Oppositionelle zusammengekommen, nun nicht mehr nur Mandatsträger wie in Heppenheim, sondern einfach »Männer des Vertrauens«, hauptsächlich aus dem Südwesten, aber auch aus Rheinpreußen, Bayern und ein Österreicher. Ihre Debatte um die zukünftige Gestaltung Deutschlands ist nicht überliefert, soll sich nach Aufzeichnungen von Teilnehmern aber um die Frage »Monarchie oder Republik« gedreht haben, deren Entscheidung man jedoch auf eine einzuberufende größere Versammlung vertagte. Die zuerst in der Deutschen Zeitung abgedruckte »Erklärung« der Heidelberger gibt lediglich – eine Folge der französischen Februarrevoluution – der Sorge um den Zustand des Deutschen Bundes und der nationalen Verteidigung Ausdruck und bekräftigt den Entschluß, »dahin zu wirken, daß baldmöglichst eine vollständigere Versammlung von Männern des Vertrauens aller deutschen Volksstämme zusammentrete, um diese wichtigste Angelegenheit weiter zu beraten und dem Vaterlande wie den Regierungen ihre Mitwirkung anzubieten«.[9] Ein Ausschuß von Sieben (darunter Binding aus Frankfurt, Gagern aus Darmstadt) wurde gebildet, der am 12. Februar 1848 für den 31. März zu dieser »größern Versammlung«, dem nachher so genannten »Vorparlament«, nach Frankfurt am Main einlud, nachdem er »die Grundlagen einer nationalen Parlamentsverfassung« beraten und vorlagereif gemacht hatte.

Selbst die Bundesversammlung war aufgewacht, indem Sie mit Beschluß vom 3. 3. die Pressefreiheit konzedierte, am 9. 3. die Farben Schwarz-Rot-Gold übernahm und die seit 1819 erlassenen, antiliberalen Ausnahmegesetze annullierte. Für die Verfassungsentwicklung von besonderer Wichtigkeit wurde jedoch ein Bundesbeschluß vom 10. 3. 1848 »über die Berufung von Männern des allgemeinen Vertrauens«, je einen für die 17 Stimmen des Engeren Rates, welche »der Bundesversammlung und deren Ausschüssen zum Behufe der Vorbereitung der Revision der Bundesverfassung mit gutachtlichem Beirat an die Hand zu gehen« hätten.[10]

Die »Siebzehner«, unter ihnen Bassermann, Dahlmann, Droysen, Gervinus, Uhland und Schmerling, Jaup und Langen aus Hessen-Darmstadt, Sylvester Jordan (bis 14. 4.) und Karl Wippermann (ab 14. 4.) aus Kurhessen und Max von Gagern aus Nassau als Vorsitzender, traten vom 3. April bis zum 8. Mai in 25 Sitzungen zusammen und überreichten der Deutschen Bundesversammlung ihren »Entwurf des Deutschen Reichsgrundgesetzes«[11] am 27. April 1848.

Der Siebzehnerentwurf ging in seinen bundesstaatlichen Vorstellungen noch davon aus, daß Österreich in seinem bundeszugehörigen Gebietsstand zum Deutschen Reich gehören und daß das erbliche Reichsoberhaupt den Titel »Deutscher Kaiser« führen und in Frankfurt am Main residieren solle. Für die Volksvertretung sollte das Zweikammersystem maßgeblich sein, der Abgeordnete des Unterhauses nach allgemeinem Wahlrecht auf sechs Jahre gewählt werden. Die Einhaltung der Verfassung sollte durch den Verfassungseid des Kaisers, seiner Minister, Beamten und Offiziere, aber auch der Landesfürsten und Landesbeamten gewährleistet sein. Ein Reichsgericht sollte für Thron- und Verfassungsstreitigkeiten, für Verfassungsbeschwerden, für Ministeranklagen und für Hoch- und Landesverrat zuständig sein. Vor allem der in dem Siebzehnerentwurf einer Reichsverfassung enthaltene Grundrechtskatalog (Art. IV) wurde für die spätere Verfassungsentwicklung von Wichtigkeit, indem er nicht nur die bereits bekannten Forderungen wie Selbstverwaltung, Öffentlichkeit von Legislative und Justiz, Bürgerwehr, Versammlungs- und Petitionsrecht, Preßfreiheit, Freizügigkeit, Auswanderungsfreiheit, freie Berufswahl, Glaubensfreiheit ansprach, sondern auch Briefgeheimnis, Unverletzlichkeit der Wohnung, freie Berufswahl, Freiheit der Wissenschaft und Schutz der Minderheiten.

Der Verfassungsentwurf der Siebzehner war jedoch insofern ein Mißerfolg, als ihn die Regierungen, insbesondere auch der preußische König ablehnten. So mußten die Siebzehner ihre Hoffnung begraben, ihr Reichsverfassungsentwurf werde als gemeinsame Vorlage der Regierungen über den Bundestag in die Nationalversammlung eingebracht werden. Auch die Öffentlichkeit reagierte

Foto Nr. 40: Einzug der Mitglieder des Vorparlaments in die Paulskirche, gez. v. J. Ventadour, gedr. v. Ed. Gust. May in Frankfurt a. M. im März 1848.
Historisches Museum, Frankfurt a. M., C 3294. Foto: U. Seitz-Gray, Frankfurt a. M.

Foto Nr. 41: »Illustrierte Zeitung«. Kampf der Republikaner und der Parlamentarier zu Frankfurt am Main am 30. März 1848, sog. »Frankfurter Barrikadenkämpfe«.
Historisches Museum, Frankfurt a. M., C 3755. Foto: U. Seitz-Gray, Frankfurt a. M.

überwiegend negativ, den einen war er zu zentralistisch, und die Linken stießen sich am erbkaiserlichen Prinzip.

Aber er war »eine vorzügliche staatsrechtlich-politische Leistung. Gewiß entsprach er in vielem dem bereits herkömmlichen Schema des Konstitutionalismus, so in den meisten Bestimmungen über die Stellung des Monarchen, über Gegenzeichnung und Ministerverantwortlichkeit, über Wahlrecht und Immunität, über Grundrechte und Gewähr der Verfassung. Trotzdem waren diese konventionellen Elemente des westlichen Verfassungstypus den besonderen deutschen Verhältnissen in origineller Kombination angepaßt. Der Entwurf verschränkte das monarchische, das föderative, das parlamentarisch-repräsentative und das rechtsstaatliche Prinzip in einer Weise, die damals ohne Beispiel war. Die Reichsverfassung von 1849 wie alle späteren deutschen Gesamtstaatsverfassungen sind, trotz mannigfaltiger Modifikationen und Ergänzungen, ohne Ausnahme dieser Grundkonzeption des Siebzehnerentwurfs von 1848 tief verpflichtet.«[12]

Unterdes waren die Wogen im Vorparlament, das vom 31. März bis zum 3. April 1848 unter dem Vorsitz von Karl Mittermaier in der Frankfurter Paulskirche tagte, nachdem es zunächst im Frankfurter Römer zusammengetreten war, hochgegangen. Aus allen deutschen Ländern waren 574 vom Heppenheimer Siebenerausschuß Eingeladene (nur 2 Österreicher!) nach Frankfurt gekommen, in der Regel Landtagsabgeordnete, aber auch solche »Männer des Vertrauens« wie Robert Blum, die kein Landtagsmandat innehatten. Ohne Regierungsauftrag und ohne staatliche Anerkennung hätte sich die Versammlung - was die radikale Linke auch wollte - als Revolutions-Konvent konstitutieren können, aber die Gemäßigten setzten sich durch und verschoben die Frage, ob »Monarchie oder Republik«, auf die zu wählende Nationalversammlung.

Eine deutsche Republik wäre Anfang April 1848 gewiß nicht ohne Chance gewesen, hätte das Vorparlament das radikaldemokratische Verfassungsprogramm Struves[13] angenommen, von dessen 15 Punkten nach den üblichen Märzforderungen hier nur die charakteristischsten genannt seien: Aufhebung der stehenden Heere (1), Abschaffung des Berufsbeamtentums (2), Abschaffung der individuellen Steuern (3), Aufhebung der Klöster (6), Beteiligung der Arbeiter am Gewinn (12), Ersetzung der Länder durch »Reichskreise« (14), Abschaffung der Monarchie und Föderation nach dem Muster der vereinigten Demokratien von Nordamerika (15).

Stattdessen bekräftigte der Wortführer der Liberalen Heinrich von Gagern die vom englischen Konstitutionalismus geprägte Ansicht der Mehrheit des Vorparlaments, »daß wir an der Monarchie festhalten, daß wir zwar eine Versammlung bilden, die die Freiheit will und um des Volkes und der Volkssouveränität willen erstrebt, aber dem Prinzip der Monarchie im Staate treu bleibt und zugleich der Notwendigkeit der Durchführung der Einheit huldigt«.[14]

Ohne die äußerste Linke, deren Revolutionsprogramm kein Gehör gefunden hatte, bildete das Vorparlament vor seinem Auseinandergehen am 4. April einen »Fünfzigerausschuß«, der in Abstimmung mit der Bundesversammlung die nun legalen Wahlen zur »Constituierenden Nationalversammlung« einleiten sollte. Ihm gehörten bedeutende Politiker der bürgerlichen Mitte und der gemäßigten Linken an; aus Nassau Hergenhahn und Pagenstecher, aus Hessen-Darmstadt Brunck, Reh und Vogt, aus Kurhessen Ludwig Schwarzenberg und Wippermann.

Sein noch am 4. April veröffentlichtes, von Soiron als Vorsitzendem unterschriebenes Programm[15] enthält nicht nur bereits die Modalitäten zur Parlamentswahl (1 Abgeordneter je 50 000 Seelen), sondern auch wieder einen Katalog »Grundrechte und Forde-

Foto Nr. 42: »Zur Erinnerung an die Verfassung gebende deutsche Reichsversammlung des Jahres 1848. Club des Augsburger Hofes.« Chr. Pecht 1849. Historisches Museum, Frankfurt a. M., C 2604. Foto: U. Seitz-Gray, Frankfurt a. M.

Foto Nr. 43: »Sitzungssaal der deutschen Reichsversammlung 1848« gez. v. Fz. Bamberger, lith. bei Ed. Gust. May. Verlag und Eigentum der Schmerber'schen Buchhandlung Nachfolger.
Historisches Museum, Frankfurt a. M., C 6836. Foto: U. Seitz-Gray, Frankfurt a. M.

rungen des deutschen Volkes«, der schon das Wesentliche des Siebzehnerentwurfs vom 27. April (Art. IV) vorwegnimmt, sich aber darüber hinaus auch für Arbeitslosenschutz und volksnahe Kredithilfen ausspricht.

So waren, als die Nationalversammlung am 18. Mai 1848 in der Frankfurter Paulskirche zusammentrat, die Diskussionspunkte einer künftigen Reichsverfassung bereits abgesteckt, und der am 24. Mai gewählte »Ausschuß für den Entwurf der Reichsverfassung« konnte von Offenburg über Heppenheim und Heidelberg bis zum Fünfzigerausschuß und den 17 Vertrauensmännern am Bundestag auf unterschiedliche Bausteine zurückgreifen. Zum Verfassungsausschuß, der am 26. Mai seine Arbeit aufnahm, gehörten unter dem Vorsitz von Bassermann so bedeutende Fachleute wie Georg Beseler, Dahlmann, Detmold, Droysen, Mittermaier, Robert von Mohl, Riesser (seit 8. 9.), Soiron (Vorsitzender seit 11. 9.), Waitz und Welcker, aus Nassau Hergenhahn und Max von Gagern,

Foto Nr. 44: Flugblatt von 1848. Druck und Verlag v. A. Weingartner in Mainz.
Historisches Museum, Frankfurt a. M., C 14 618. Foto: U. Seitz-Gray, Frankfurt a. M.

aus Kurhessen Wippermann, aus Hessen-Darmstadt Reh (seit 27. 11.). Bassermann, Dahlmann, Droysen und Max von Gagern hatten bereits dem Gremium der Siebzehner angehört und konnten so vor allem deren fundierten Entwurf einbringen und vertreten.

Um möglichst bald ein Teilergebnis vorlegen zu können, begann man am 26. Mai zunächst mit dem Grundrechtskatalog. Wie bei den Siebzehnern war wieder Dahlmann die kreative Kraft. Einen ersten Entwurf legte ein Unterausschuß, bestehend aus Dahlmann, Mohl und Mühlfeld, schon am 1. Juni vor. Von Beseler und Droysen überarbeitet, wurde er am 19. Juni dem Plenum zugeleitet, das nach sechsmonatiger, intensiver, oft stürmischer und kontroverser Debatte am 20. Dezember 1848 den Grundrechtsteil der künftigen Reichsverfassung verabschiedete und am 21. Dezember beschloß, die »Grundrechte des deutschen Volks« gesondert und sofort als Reichsgesetz in Kraft zu setzen. Am 27. Dezember erfolgte durch den Reichsverweser Erzherzog Johann unter Gegenzeichnung der Mitglieder des Ministeriums Gagern die Verkündigung als »Gesetz betreffend die Grundrechte des deutschen Volks«.[16] Ein Einführungsgesetz vom gleichen Tag setzte die Grundrechte »im ganzen Umfange des deutschen Reichs«, wozu damals noch Österreich, Böhmen, Südtirol, Ost- und Westpreußen gehörten, nach Maßgabe näherer Vorschriften in Kraft. Die Verkündung im Reichsgesetzblatt Nr. 8 vom 28. Dezember beanspruchte die unmittelbare Verbindlichkeit in Reich und Ländern, was freilich nicht überall durchzusetzen war. So sperrten sich Österreich, Preußen, Bayern und Hannover. De iure aber hatten die Frankfurter Grundrechte, die auch Bestandteil der Reichsverfassung vom 28. März 1849 wurden (Abschnitt VI, §§ 130–183, dazu 6 weitere §§), über das Ende der Nationalversammlung und der Provisorischen Zentralgewalt hinaus Gesetzeskraft. Erst am 23. August 1851 wurde infolge der politischen, antidemokratischen Reaktion das Frankfurter Grundrechtsgesetz durch Bundesbeschluß aufgehoben.

Die »Märzerrungenschaften« aber wirkten in der künftigen Verfassungsbewegung fort, wenn auch die Verfassung des Deutschen Reichs (1871) keinen Grundrechtskatalog kennt. Zu sehr waren unterdes die Prinzipien von 1776 und 1789 unbestrittener Bestandteil rechtsstaatlichen Lebens geworden. Die Industriegesellschaft forderte neue, soziale und ökonomische Schutzrechte, die der Frankfurter Verfassung noch unbekannt waren. Sowohl die Weimarer Reichsverfassung (1919) als auch das Bonner Grundgesetz (1949) haben in ihren Grundrechtsteilen den Kompromiß zwischen den altliberalen und den sozialen Forderungen finden müssen.

Die folgende Gegenüberstellung von Passagen der Verfassungen von 1848/49 und 1949 machen überdeutlich, wie sehr wir heute noch dem Werk der 1848er verpflichtet sind:

1848/49	1949
Die Deutschen sind vor dem Gesetze gleich.	Alle Menschen sind vor dem Gesetze gleich.
Die Freiheit der Person ist unverletzlich.	Die Freiheit der Person ist unverletzlich.
Die Wohnung ist unverletzlich.	Die Wohnung ist unverletzlich.
Jeder Deutsche hat das Recht, an jedem Orte des Reichsgebietes seinen Aufenthalt und Wohnsitz zu nehmen.	Alle Deutschen genießen Freizügigkeit im ganzen Bundesgebiet.
Jeder Deutsche hat das Recht, durch Wort, Schrift, Druck und bildliche Darstellung seine Meinung frei zu äußern.	Jeder hat das Recht, seine Meinung in Wort, Schrift und Bild frei zu äußern und zu verbreiten.
Die Deutschen haben das Recht, sich friedlich und ohne Waffen zu versammeln; einer besonderen Erlaubnis dazu bedarf es nicht.	Alle Deutschen haben das Recht, sich ohne Anmeldung oder Erlaubnis friedlich und ohne Waffen zu versammeln.
Es steht einem jeden frei, seinen Beruf zu wählen und sich für denselben auszubilden, wie und wo er will.	Alle Deutschen haben das Recht, Beruf, Arbeitsplatz und Ausbildungsstätte frei zu wählen.
Das Eigentum ist unverletzlich.	Das Eigentum und das Erbrecht werden gewährleistet ... Eigentum verpflichtet.
Die Wissenschaft und ihre Lehre ist frei.	Kunst und Wissenschaft, Forschung und Lehre sind frei.

Mit der eigentlichen Reichsverfassung tat man sich schwerer. Überzeugt, daß man nicht ewig diskutieren könne, begannen die Parlamentarier in der Paulskirche noch im September mit der ersten Lesung des institutionellen Teils der Reichsverfassung, die im wesentlichen von Dahlmann entworfen und im Verfassungsausschuß seit Mai diskutiert worden war. Während in Preußen und Österreich sich die Gegenrevolution stabilisierte, beriet man in Frankfurt, welches Gebiet zum Deutschen Reich gehören, ob man sich mit Großösterreich (unter Einbeziehung der slavischen Landesteile) arrangieren oder mit Kleindeutschland (die Bundesstaaten unter preußischer Führung ohne Österreich) begnügen, ob es ein Reichsdiektorium oder eine Erbmonarchie geben solle. Der Verfassungsausschuß wollte nur deutschstämmige Länder im Reich, andere höchstens in Personalunion angeschlossen wissen. Österreich aber widersetzte sich der Auflösung seines Gesamtstaates, worauf Reichsministerpräsident Anton von Schmerling, der sich für die großdeutsche Lösung eingesetzt hatte, zurücktrat (16. 12.). Heinrich von Gagern, den im Parlamentspräsidium Eduard Simson ablöste, übernahm Schmerlings Stelle im provisorischen Reichskabinett. Gagern entwickelte den Plan des »engeren und weiteren Bundes«. Seine kleindeutsche Lösung mit einem deutsch-österreichischen Bündnis wie später im »Zweibund« von 1879 fand schließlich eine parlamentarische Mehrheit, so daß die »Paulskirchenverfassung« am 28. März 1849 verabschiedet werden konnte. Sie trat am 18. Mai 1849 als »Verfassung des deutschen Reiches«[17] reichsgesetzlich in Kraft.

Sie war in ihren Teilen und in ihren Details ein verfassungsrechtliches Meisterwerk und hat Verfassungsgeschichte geschrieben. Ihr 1. Abschnitt handelt vom Reich und seinem Gebiet, der zweite von der Reichsgewalt, die Deutschland völkerrechtlich vertreten sollte, von Heer und Marine, Verkehr und Handelsrecht, Post und Eisenbahnen, Sicherheit und Ordnung. Der 3. Abschnitt spricht vom Reichsoberhaupt, dem »Kaiser der Deutschen«. Der 4. Abschnitt behandelt den Reichstag aus Staatenhaus und Volkshaus, bestimmt die Zusammensetzung, die Wahlperiode, billigt die Ministeranklage und regelt die Beschlußfassung, besonders bezüglich des Reichshaushalts. Der 5. Abschnitt widmet sich der Reichsgerichtsbarkeit, der 6. enthält die »Grundrechte des deutschen Volkes«. In einem Schlußabschnitt werden die Vereidigung des Kaisers, die Ministerverantwortlichkeit und die Modalitäten der Verfassungsänderung und Außerkraftsetzung festgeschrieben. Die in 197 Paragraphen festgelegten Details waren z. T. von großer Fortschrittlichkeit wie die Aufhebung des Adels als Stand, die Abschaffung der Todesstrafe und die Freiheit der Berufswahl.

Aber die Paulskirchenverfassung scheiterte – in erster Linie an ihrer Ablehnung durch den preußischen König Friedrich Wilhelm IV. am 3./28. April 1849. Da half auch die Anerkennung durch nicht weniger als 28 Einzelstaaten nicht zum Enderfolg, wie noch weniger lokale Durchsetzungsversuche mit Waffengewalt. Im Mai befand sich die Frankfurter Nationalversammlung bereits in Auflösung, und das radikale »Rumpfparlament« wurde am 18. Juni in Stuttgart vom Militär auseinandergetrieben.

Das Werk der Paulskirche war gescheitert, weil die Realpolitik das zeitaufwendige Mühen um die Reichsverfassung eingeholt und überholt hatte. Bei der Tendenz, die alten Bundesverhältnisse wieder herzustellen, kamen auch die preußenfreundlichen Nachparlamente der Liberalen in Gotha (26.–28. Juni 1849) und Erfurt (30. 3.–29. 4. 1850) nicht mehr zu praktikablen Ergebnissen, denn schon am 2. September 1850 konstituierte sich erneut die Bundesversammlung in Frankfurt am Main.

Der Deutsche Bund war aber trotz seiner Erfahrungen 1848/49 auch in seiner zweiten Periode nicht reformfähig, wie das Scheitern der Frankfurter Fürstenversammlung vom August 1863 zeigte. Bismarck kalkulierte längst mit »Eisen und Blut«, und nach dem preußisch-österreichischen Bruderkrieg von 1866 und dem deutsch-französischen Krieg von 1870/71 war er es, der am 18. Januar 1871 in Versailles triumphieren konnte, als die Fürsten – nicht das souveräne Volk von 1848 – König Wilhelm von Preußen zum »Deutschen Kaiser« ausriefen.

Anmerkungen

1 Zit. nach Adolf Hedler, Die deutsche Verfassung im Wandel der Zeiten, Gotha 1922, S. 43 f.
2 Zit. nach Hedler (wie Anm. 1), S. 44 f.
3 Ernst Rudolf Huber (Hrsg.), Dokumente zur deutschen Verfassungsgeschichte, Bd. 1, 3. Aufl., Stuttgart 1978, S. 323 f.
4 Ebd., S. 324–326.
5 Roland Hoede, Die Heppenheimer Versammlung vom 10. Oktober 1847, Frankfurt a.M. 1997.
6 Ernst Rudolf Huber, Deutsche Verfassungsgeschichte seit 1789, Bd. 2, 2. Aufl., Stuttgart 1975, S. 590.
7 Paul Wentzcke und Wolfgang Klötzer (Hrsg.), Deutscher Liberalismus im Vormärz. Heinrich von Gagern. Briefe und Reden 1815–1848, Göttingen 1959, S. 413 f.
8 Zit. nach Hoede (wie Anm. 5), S. 139.
9 Huber, Dokumente (wie Anm. 3), S. 327.
10 Ebd., S. 330.
11 Ebd., S. 352–359.
12 Huber, Verfassungsgeschichte (wie Anm. 6), S. 769.
13 Huber, Dokumente (wie Anm. 3), S. 332–334.
14 Zit. nach Huber, Verfassungsgeschichte (wie Anm. 6), S. 600.
15 Huber, Dokumente (wie Anm. 3), S. 334–337.
16 Ebd., S. 389–395.
17 Ebd., S. 375–396.

Literaturhinweise

Ludwig Bergsträßer: Die Verfassung des deutschen Reiches vom Jahre 1849 mit Vorentwürfen, Gegenvorschlägen und Modifikationen bis zum Erfurter Parlament. Bonn 1913.

Heinrich Best und Wilhelm Weege: Biographisches Handbuch der Abgeordneten der Frankfurter Nationalversammlung 1848/49. Düsseldorf 1996.

Ernst Eckhardt: Die Grundrechte vom Wiener Kongreß bis zur Gegenwart. Breslau 1913.

Frank Eyck: Deutschlands große Hoffnung. Die Frankfurter Nationalversammlung 1848/49. München 1973.

Rudolf Hübner: Der Verfassungsentwurf der siebzehn Vertrauensmänner, Jena 1923.

Rainer Koch (Hrsg.): Die Frankfurter Nationalversammlung 1848/49. Kelkheim 1989.

Jörg-Detlef Kühne: Die Reichsverfassung der Paulskirche. Vorbild und Verwirklichung im späteren deutschen Rechtsleben. Frankfurt a. M. 1985.

Günter Mick: Die Paulskirche. Streiten für Einigkeit und Recht und Freiheit. Frankfurt a.M. 1988, 2. Aufl. 1997.

Franz Neumann (Hrsg.): Die Frankfurter Reichsverfassung. Reproduktion des Kasseler Originals, ergänzt um die Unterschriften der Abgeordneten im Berliner Original und die Namen aus dem Reichs-Gesetz-Blatt vom 28. April 1849. Wiesbaden 1989

Veit Valentin: Geschichte der deutschen Revolution von 1848/49, 2 Bde. Berlin 1930/31. Neudruck 1968.

Paul Wentzcke: Ideale und Irrtümer des ersten deutschen Parlaments. Heidelberg 1959.

Verfassung des deutschen Reiches vom 28. März 1849

beschlossen von der deutschen verfassunggebenden Nationalversammlung in Frankfurt a. M.

Amtliche Ausgabe.
Druck von Carl Horstmann 1849.
Im Anhang: Namen von Abgeordneten der Nationsversammlung.
Institut für Stadtgeschichte, Frankfurt a. M.

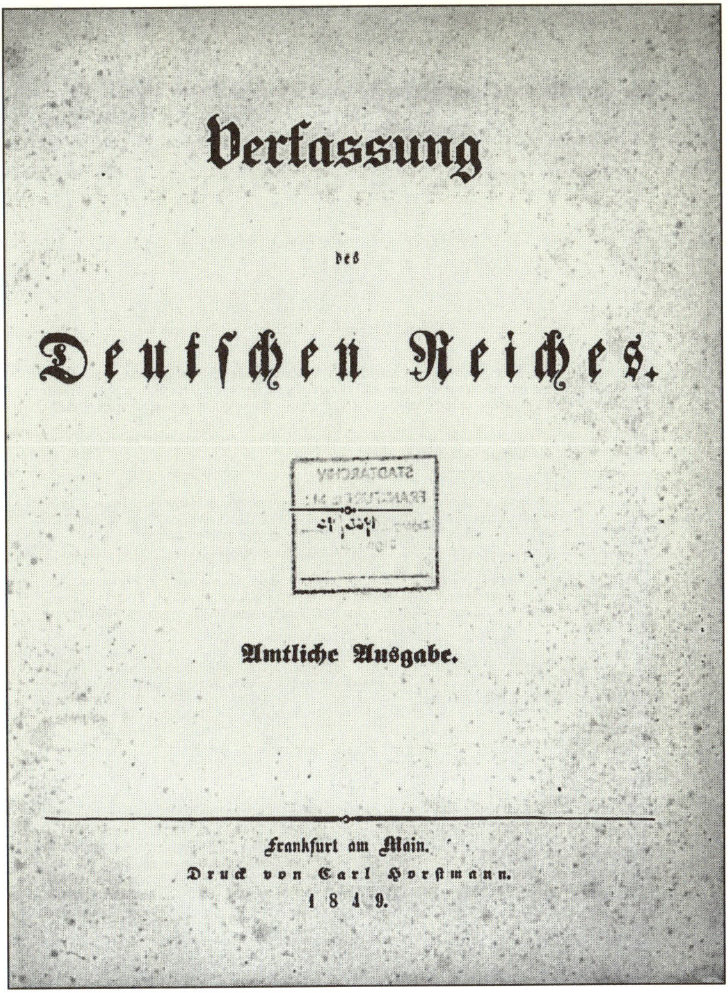

Verfassung

des

Deutschen Reiches.

Amtliche Ausgabe.

Frankfurt am Main.
Druck von Carl Horstmann.
1849.

Die deutsche verfassunggebende Nationalversammlung hat beschlossen, und verkündigt als Reichsverfassung:

Verfassung des deutschen Reiches.

Abschnitt I. Das Reich.

Artikel I.

§. 1.

Das deutsche Reich besteht aus dem Gebiete des bisherigen deutschen Bundes.

Die Festsetzung der Verhältnisse des Herzogthums Schleswig bleibt vorbehalten.

§. 2.

Hat ein deutsches Land mit einem nichtdeutschen Lande dasselbe Staatsoberhaupt, so soll das deutsche Land eine von dem nichtdeutschen Lande getrennte eigene Verfassung, Regierung und Verwaltung haben. In die Regierung und Verwaltung des deutschen Landes dürfen nur deutsche Staatsbürger berufen werden.

Die Reichsverfassung und Reichsgesetzgebung hat in einem solchen deutschen Lande dieselbe verbindliche Kraft, wie in den übrigen deutschen Ländern.

§. 3.

Hat ein deutsches Land mit einem nichtdeutschen Lande dasselbe Staatsoberhaupt, so muß dieses entweder in seinem deutschen Lande residiren, oder es muß auf verfassungsmäßigem Wege in demselben eine Regentschaft niedergesetzt werden, zu welcher nur Deutsche berufen werden dürfen.

§. 4.

Abgesehen von den bereits bestehenden Verbindungen deutscher und nichtdeutscher Länder soll kein Staatsoberhaupt eines nichtdeutschen Landes zugleich zur Regierung eines deutschen Landes gelangen, noch darf ein in Deutschland regierender Fürst, ohne seine deutsche Regierung abzutreten, eine fremde Krone annehmen.

§. 5.

Die einzelnen deutschen Staaten behalten ihre Selbstständigkeit, soweit dieselbe nicht durch die Reichsverfassung beschränkt ist; sie haben alle staatlichen Hoheiten und Rechte, soweit diese nicht der Reichsgewalt ausdrücklich übertragen sind.

Abschnitt II. Die Reichsgewalt.

Artikel I.

§. 6.

Die Reichsgewalt ausschließlich übt dem Auslande gegenüber die völkerrechtliche Vertretung Deutschland's und der einzelnen deutschen Staaten aus.

Die Reichsgewalt stellt die Reichsgesandten und die Consuln an. Sie führt den diplomatischen Verkehr, schließt die Bündnisse und Verträge mit dem Auslande, namentlich auch die Handels- und Schifffahrtsverträge, so wie die Auslieferungsverträge ab. Sie ordnet alle völkerrechtlichen Maaßregeln an.

1*

§. 7.

Die einzelnen deutschen Regierungen haben nicht das Recht, ständige Gesandte zu empfangen oder solche zu halten.

Auch dürfen dieselben keine besonderen Consuln halten. Die Consuln fremder Staaten erhalten ihr Exequatur von der Reichsgewalt.

Die Absendung von Bevollmächtigten an das Reichsoberhaupt ist den einzelnen Regierungen unbenommen.

§. 8.

Die einzelnen deutschen Regierungen sind befugt, Verträge mit anderen deutschen Regierungen abzuschließen.

Ihre Befugniß zu Verträgen mit nichtdeutschen Regierungen beschränkt sich auf Gegenstände des Privatrechts, des nachbarlichen Verkehrs und der Polizei.

§. 9.

Alle Verträge nicht rein privatrechtlichen Inhalts, welche eine deutsche Regierung mit einer andern deutschen oder nichtdeutschen abschließt, sind der Reichsgewalt zur Kenntnißnahme und, insofern das Reichsinteresse dabei betheiligt ist, zur Bestätigung vorzulegen.

Artikel II.

§. 10

Der Reichsgewalt ausschließlich steht das Recht des Krieges und Friedens zu.

Artikel III.

§. 11.

Der Reichsgewalt steht die gesammte bewaffnete Macht Deutschlands zur Verfügung.

§. 12.

Das Reichsheer besteht aus der gesammten zum Zwecke des Kriegs bestimmten Landmacht der einzelnen deutschen Staaten. Die Stärke und Beschaffenheit des Reichsheeres wird durch das Gesetz über die Wehrverfassung bestimmt.

Diejenigen Staaten, welche weniger als 500,000 Einwohner haben, sind durch die Reichsgewalt zu größeren militärischen Ganzen, welche dann unter der unmittelbaren Leitung der Reichsgewalt stehen, zu vereinigen, oder einem angrenzenden größeren Staate anzuschließen.

Die näheren Bedingungen einer solchen Vereinigung sind in beiden Fällen durch Vereinbarung der betheiligten Staaten unter Vermittelung und Genehmigung der Reichsgewalt festzustellen.

§. 13.

Die Reichsgewalt ausschließlich hat in Betreff des Heerwesens die Gesetzgebung und die Organisation; sie überwacht deren Durchführung in den einzelnen Staaten durch fortdauernde Controle.

Den einzelnen Staaten steht die Ausbildung ihres Kriegswesens auf Grund der Reichsgesetze und der Anordnungen der Reichsgewalt und beziehungsweise in den Grenzen der nach §. 12 getroffenen Vereinbarungen zu. Sie haben die Verfügung über ihre bewaffnete Macht, soweit dieselbe nicht für den Dienst des Reiches in Anspruch genommen wird.

§. 14.

In den Fahneneid ist die Verpflichtung zur Treue gegen das Reichsoberhaupt und die Reichsverfassung an erster Stelle aufzunehmen.

§. 15.

Alle durch Verwendung von Truppen zu Reichszwecken entstehenden Kosten, welche den durch das Reich festgesetzten Friedensstand übersteigen, fallen dem Reiche zur Last.

§. 16.

Ueber eine allgemeine für ganz Deutschland gleiche Wehrverfassung ergeht ein besonderes Reichsgesetz.

§. 17.

Den Regierungen der einzelnen Staaten bleibt die Ernennung der Befehlshaber und Offiziere ihrer Truppen, soweit deren Stärke sie erheischt, überlassen.

Für die größeren militärischen Ganzen, zu denen Truppen mehrerer Staaten vereinigt sind, ernennt die Reichsgewalt die gemeinschaftlichen Befehlshaber.

Für den Krieg ernennt die Reichsgewalt die commandirenden Generale der selbstständigen Corps, sowie das Personale der Hauptquartiere.

§. 18.

Der Reichsgewalt steht die Befugniß zu, Reichsfestungen und Küstenvertheidigungswerke anzulegen und, insoweit die Sicherheit des Reiches es erfordert, vorhandene Festungen gegen billige Ausgleichung, namentlich für das überlieferte Kriegsmaterial, zu Reichsfestungen zu erklären.

Die Reichsfestungen und Küstenvertheidigungswerke des Reiches werden auf Reichskosten unterhalten.

§. 19.

Die Seemacht ist ausschließlich Sache des Reiches. Es ist keinem Einzelstaate gestattet, Kriegsschiffe für sich zu halten oder Kaperbriefe auszugeben.

Die Bemannung der Kriegsflotte bildet einen Theil der deutschen Wehrmacht. Sie ist unabhängig von der Landmacht.

Die Mannschaft, welche aus einem einzelnen Staate für die Kriegsflotte gestellt wird, ist von der Zahl der von demselben zu haltenden Landtruppen abzurechnen. Das Nähere hierüber, so wie über die Kostenausgleichung zwischen dem Reiche und den Einzelstaaten, bestimmt ein Reichsgesetz.

Die Ernennung der Offiziere und Beamten der Seemacht geht allein vom Reiche aus.

Der Reichsgewalt liegt die Sorge für die Ausrüstung, Ausbildung und Unterhaltung der Kriegsflotte und die Anlegung, Ausrüstung und Unterhaltung von Kriegshäfen und See-Arsenälen ob.

Ueber die zur Errichtung von Kriegshäfen und Marine-Etablissements nöthigen Enteignungen, so wie über die Befugnisse der dabei anzustellenden Reichsbehörden, bestimmen die zu erlassenden Reichsgesetze.

Artikel IV.

§. 20.

Die Schiffahrtsanstalten am Meere und in den Mündungen der deutschen Flüsse (Häfen, Seetonnen, Leuchtschiffe, das Lootsenwesen, das Fahrwasser u. s. w.) bleiben der Fürsorge der einzelnen Uferstaaten überlassen. Die Uferstaaten unterhalten dieselben aus eigenen Mitteln.

Ein Reichsgesetz wird bestimmen, wie weit die Mündungen der einzelnen Flüsse zu rechnen sind.

§. 21.

Die Reichsgewalt hat die Oberaufsicht über diese Anstalten und Einrichtungen.

Es steht ihr zu, die betreffenden Staaten zu gehöriger Unterhaltung derselben anzuhalten, auch dieselben aus den Mitteln des Reiches zu vermehren und zu erweitern.

§. 22.

Die Abgaben, welche in den Seeuferstaaten von den Schiffen und deren Ladungen für die Benutzung der Schiffahrtsanstalten erhoben werden, dürfen die zur Unterhaltung dieser Anstalten nothwendigen Kosten nicht übersteigen. Sie unterliegen der Genehmigung der Reichsgewalt.

§. 23.

In Betreff dieser Abgaben sind alle deutschen Schiffe und deren Ladungen gleichzustellen.

Eine höhere Belegung fremder Schiffahrt kann nur von der Reichsgewalt ausgehen.

Die Mehrabgabe von fremder Schiffahrt fließt in die Reichskasse.

Artikel V.

§. 24.

Die Reichsgewalt hat das Recht der Gesetzgebung und die Oberaufsicht über die in ihrem schiffbaren Lauf mehrere Staaten durchströmenden oder begrenzenden Flüsse und Seen und über die Mündungen der in dieselben fallenden Nebenflüsse, so wie über den Schiffahrtsbetrieb und die Flößerei auf denselben.

Auf welche Weise die Schiffbarkeit dieser Flüsse erhalten oder verbessert werden soll, bestimmt ein Reichsgesetz.

Die übrigen Wasserstraßen bleiben der Fürsorge der Einzelstaaten überlassen. Doch steht es der Reichsgewalt zu, wenn sie es im Interesse des allgemeinen Verkehrs für nothwendig erachtet, allgemeine Bestimmungen über den Schiffahrtsbetrieb und die Flößerei auf denselben zu erlassen, so wie einzelne Flüsse unter derselben Voraussetzung den oben erwähnten gemeinsamen Flüssen gleich zu stellen.

Die Reichsgewalt ist befugt, die Einzelstaaten zu gehöriger Erhaltung der Schiffbarkeit dieser Wasserstraßen anzuhalten.

§. 25.

Alle deutschen Flüsse sollen für deutsche Schiffahrt von Flußzöllen frei seyn. Auch die Flößerei soll auf schiffbaren Flußstrecken solchen Abgaben nicht unterliegen. Das Nähere bestimmt ein Reichsgesetz.

Bei den mehrere Staaten durchströmenden oder begrenzenden Flüssen tritt für die Aufhebung dieser Flußzölle eine billige Ausgleichung ein.

§. 26.

Die Hafen-, Krahn-, Waag-, Lager-, Schleusen- und dergleichen Gebühren, welche an den gemeinschaftlichen Flüssen und den Mündungen der in dieselben sich ergießenden Nebenflüsse erhoben werden, dürfen die zur Unterhaltung derartiger Anstalten nöthigen Kosten nicht übersteigen. Sie unterliegen der Genehmigung der Reichsgewalt.

Es darf in Betreff dieser Gebühren keinerlei Begünstigung der Angehörigen eines deutschen Staates vor denen anderer deutschen Staaten stattfinden.

§. 27.

Flußzölle und Flußschiffahrtsabgaben dürfen auf fremde Schiffe und deren Ladungen nur durch die Reichsgewalt gelegt werden.

Artikel VI.

§. 28.

Die Reichsgewalt hat über die Eisenbahnen und deren Betrieb, soweit es der Schutz des Reiches oder das Interesse des allgemeinen Verkehrs erheischt, die Oberaufsicht und das Recht der Gesetzgebung. Ein Reichsgesetz wird bestimmen, welche Gegenstände dahin zu rechnen sind.

§. 29.

Die Reichsgewalt hat das Recht, soweit sie es zum Schutze des Reiches oder im Interesse des allgemeinen Verkehrs für nothwendig erachtet, die Anlage von Eisenbahnen zu bewilligen so wie selbst Eisenbahnen anzulegen, wenn der Einzelstaat, in dessen Gebiet die Anlage erfolgen soll, deren Ausführung ablehnt. Die Benutzung der Eisenbahnen für Reichszwecke steht der Reichsgewalt jederzeit gegen Entschädigung frei.

§. 30.

Bei der Anlage oder Bewilligung von Eisenbahnen durch die einzelnen Staaten ist die Reichsgewalt befugt, den Schutz des Reichs und das Interesse des allgemeinen Verkehrs wahrzunehmen.

§. 31.

Die Reichsgewalt hat über die Landstraßen die Oberaufsicht und das Recht der Gesetzgebung, soweit es der Schutz des Reiches oder das Interesse des allgemeinen Verkehrs erheischt. Ein Reichsgesetz wird bestimmen, welche Gegenstände dahin zu rechnen sind.

§. 32.

Die Reichsgewalt hat das Recht, soweit sie es zum Schutze des Reiches oder im Interesse des allgemeinen Verkehrs für nothwendig erachtet, zu verfügen, daß Landstraßen und Kanäle angelegt, Flüsse schiffbar gemacht oder deren Schiffbarkeit erweitert werde.

Die Anordnung der dazu erforderlichen baulichen Werke erfolgt nach vorgängigem Benehmen mit den betheiligten Einzelstaaten durch die Reichsgewalt.

Die Ausführung und Unterhaltung der neuen Anlagen geschieht von Reichswegen und auf Reichskosten, wenn eine Verständigung mit den Einzelstaaten nicht erzielt wird.

Artikel VII.

§. 33.

Das deutsche Reich soll Ein Zoll- und Handelsgebiet bilden, umgeben von gemeinschaftlicher Zollgrenze, mit Wegfall aller Binnengrenzzölle.

Die Aussonderung einzelner Orte und Gebietstheile aus der Zolllinie bleibt der Reichsgewalt vorbehalten.

Der Reichsgewalt bleibt es ferner vorbehalten, auch nicht zum Reiche gehörige Länder und Landestheile mittelst besonderer Verträge dem deutschen Zollgebiete anzuschließen.

§. 34.

Die Reichsgewalt ausschließlich hat die Gesetzgebung über das gesammte Zollwesen, so wie über gemeinschaftliche Produktions- und Verbrauchs-Steuern. Welche Produktions- und Verbrauchs-Steuern gemeinschaftlich seyn sollen, bestimmt die Reichsgesetzgebung.

§. 35.

Die Erhebung und Verwaltung der Zölle, so wie der gemeinschaftlichen Productions- und Verbrauchs-Steuern, geschieht nach Anordnung und unter Oberaufsicht der Reichsgewalt.

Aus dem Ertrage wird ein bestimmter Theil nach Maaßgabe des ordentlichen Budgets für die Ausgaben des Reiches vorweggenommen, das Uebrige wird an die einzelnen Staaten vertheilt.

Ein besonderes Reichsgesetz wird hierüber das Nähere feststellen.

§. 36.

Auf welche Gegenstände die einzelnen Staaten Produktions- oder Verbrauchssteuern für Rechnung des Staates oder einzelner Gemeinden legen dürfen und welche Bedingungen und Beschränkungen dabei eintreten sollen, wird durch die Reichsgesetzgebung bestimmt.

§. 37.

Die einzelnen deutschen Staaten sind nicht befugt, auf Güter, welche über die Reichsgränze ein- oder ausgehen, Zölle zu legen.

§. 38.

Die Reichsgewalt hat das Recht der Gesetzgebung über den Handel und die Schifffahrt, und überwacht die Ausführung der darüber erlassenen Reichsgesetze.

§. 39.

Der Reichsgewalt steht es zu, über das Gewerbewesen Reichsgesetze zu erlassen und die Ausführung derselben zu überwachen.

§. 40.

Erfindungs-Patente werden ausschließlich von Reichswegen auf Grundlage eines Reichsgesetzes ertheilt; auch steht der Reichsgewalt ausschließlich die Gesetzgebung gegen den Nachdruck von Büchern, jedes unbefugte Nachahmen von Kunstwerken, Fabrikzeichen, Mustern und Formen und gegen andere Beeinträchtigungen des geistigen Eigenthums zu.

Artikel VIII.

§. 41.

Die Reichsgewalt hat das Recht der Gesetzgebung und die Oberaufsicht über das Postwesen, namentlich über Organisation, Tarife, Transit, Portotheilung und die Verhältnisse zwischen den einzelnen Postverwaltungen.

Dieselbe sorgt für gleichmäßige Anwendung der Gesetze durch Vollzugsverordnungen, und überwacht deren Durchführung in den einzelnen Staaten durch fortdauernde Controle.

Der Reichsgewalt steht es zu, die innerhalb mehrerer Postgebiete sich bewegenden Course im Interesse des allgemeinen Verkehrs zu ordnen.

§. 42.

Postverträge mit ausländischen Postverwaltungen dürfen nur von der Reichsgewalt oder mit deren Genehmigung geschlossen werden.

§. 43.

Die Reichsgewalt hat die Befugniß, insofern es ihr nöthig scheint, das deutsche Postwesen für Rechnung des Reiches in Gemäßheit eines Reichsgesetzes zu übernehmen, vorbehaltlich billiger Entschädigung der Berechtigten.

§. 44.

Die Reichsgewalt ist befugt, Telegraphenlinien anzulegen, und die vorhandenen gegen Entschädigung zu benutzen, oder auf dem Wege der Enteignung zu erwerben.

Weitere Bestimmungen hierüber, so wie über Benutzung von Telegraphen für den Privatverkehr, sind einem Reichsgesetz vorbehalten.

Artikel IX.

§. 45.

Die Reichsgewalt ausschließlich hat die Gesetzgebung und die Oberaufsicht über das Münzwesen. Es liegt ihr ob, für ganz Deutschland dasselbe Münzsystem einzuführen.

Sie hat das Recht, Reichsmünzen zu prägen.

§. 46.

Der Reichsgewalt liegt es ob, in ganz Deutschland dasselbe System für Maaß und Gewicht, so wie für den Feingehalt der Gold- und Silberwaaren zu begründen.

§. 47.

Die Reichsgewalt hat das Recht, das Bankwesen und das Ausgeben von Papiergeld durch die Reichsgesetzgebung zu regeln. Sie überwacht die Ausführung der darüber erlassenen Reichsgesetze.

Artikel X.

§. 48.

Die Ausgaben für alle Maaßregeln und Einrichtungen, welche von Reichswegen ausgeführt werden, sind von der Reichsgewalt aus den Mitteln des Reiches zu bestreiten.

§. 49.

Zur Bestreitung seiner Ausgaben ist das Reich zunächst auf seinen Antheil an den Einkünften aus den Zöllen und den gemeinsamen Produktions- und Verbrauchs-Steuern angewiesen.

§. 50.

Die Reichsgewalt hat das Recht, insoweit die sonstigen Einkünfte nicht ausreichen, Matrikularbeiträge aufzunehmen.

§. 51.

Die Reichsgewalt ist befugt, in außerordentlichen Fällen Reichssteuern aufzulegen und zu erheben oder erheben zu lassen, so wie Anleihen zu machen oder sonstige Schulden zu contrahiren.

Artikel XI.

§. 52.

Den Umfang der Gerichtsbarkeit des Reiches bestimmt der Abschnitt vom Reichsgericht.

§. 53.

Der Reichsgewalt liegt es ob, die kraft der Reichsverfassung allen Deutschen verbürgten Rechte oberaufsehend zu wahren.

§. 54.

Der Reichsgewalt liegt die Wahrung des Reichsfriedens ob.

Sie hat die für die Aufrechterhaltung der innern Sicherheit und Ordnung erforderlichen Maaßregeln zu treffen:

1) wenn ein deutscher Staat von einem andern deutschen Staate in seinem Frieden gestört oder gefährdet wird;

2) wenn in einem deutschen Staate die Sicherheit und Ordnung durch Einheimische oder Fremde gestört oder gefährdet wird. Doch soll in diesem Falle von der Reichsgewalt nur dann eingeschritten werden, wenn die betreffende Regierung sie selbst dazu auffordert, es sey denn, daß dieselbe dazu notorisch außer Stande ist oder der gemeine Reichsfrieden bedroht erscheint;

3) wenn die Verfassung eines deutschen Staates gewaltsam oder einseitig aufgehoben oder verändert wird, und durch das Anrufen des Reichsgerichtes unverzügliche Hülfe nicht zu erwirken ist.

§. 55

Die Maaßregeln, welche von der Reichsgewalt zur Wahrung des Reichsfriedens ergriffen werden können, sind: 1) Erlasse, 2) Absendung von Commissarien, 3) Anwendung von bewaffneter Macht.

Ein Reichsgesetz wird die Grundsätze bestimmen, nach welchen die durch solche Maaßregeln veranlaßten Kosten zu tragen sind.

§. 56.

Der Reichsgewalt liegt es ob, die Fälle und Formen, in welchen die bewaffnete Macht gegen Störungen der öffentlichen Ordnung angewendet werden soll, durch ein Reichsgesetz zu bestimmen.

§. 57.

Der Reichsgewalt liegt es ob, die gesetzlichen Normen über Erwerb und Verlust des Reichs- und Staatsbürgerrechts festzusetzen.

§. 58.

Der Reichsgewalt steht es zu, über das Heimathsrecht Reichsgesetze zu erlassen und die Ausführung derselben zu überwachen.

§. 59.

Der Reichsgewalt steht es zu, unbeschadet des durch die Grundrechte gewährleisteten Rechts der freien Vereinigung und Versammlung, Reichsgesetze über das Associationswesen zu erlassen.

§. 60.

Die Reichsgesetzgebung hat für die Aufnahme öffentlicher Urkunden diejenigen Erfordernisse festzustellen, welche die Anerkennung ihrer Aechtheit in ganz Deutschland bedingen.

§. 61.

Die Reichsgewalt ist befugt, im Interesse des Gesammtwohls allgemeine Maaßregeln für die Gesundheitspflege zu treffen.

Artikel XIII.

§. 62.

Die Reichsgewalt hat die Gesetzgebung, soweit es zur Ausführung der ihr verfassungsmäßig übertragenen Befugnisse und zum Schutze der ihr überlassenen Anstalten erforderlich ist.

2

§. 63.

Die Reichsgewalt ist befugt, wenn sie im Gesammtinteresse Deutschland's gemeinsame Einrichtungen und Maaßregeln nothwendig findet, die zur Begründung derselben erforderlichen Gesetze in den für die Veränderung der Verfassung vorgeschriebenen Formen zu erlassen.

§. 64.

Der Reichsgewalt liegt es ob, durch die Erlassung allgemeiner Gesetzbücher über bürgerliches Recht, Handels- und Wechselrecht, Strafrecht und gerichtliches Verfahren die Rechtseinheit im deutschen Volke zu begründen.

§. 65.

Alle Gesetze und Verordnungen der Reichsgewalt erhalten verbindliche Kraft durch ihre Verkündigung von Reichswegen.

§. 66.

Reichsgesetze gehen den Gesetzen der Einzelstaaten vor, insofern ihnen nicht ausdrücklich eine nur subsidiäre Geltung beigelegt ist.

Artikel XIV.

§. 67.

Die Anstellung der Reichsbeamten geht vom Reiche aus.

Die Dienstpragmatik des Reiches wird ein Reichsgesetz feststellen.

Abschnitt III. Das Reichsoberhaupt.

Artikel I.

§. 68.

Die Würde des Reichsoberhauptes wird einem der regierenden deutschen Fürsten übertragen.

§. 69.

Diese Würde ist erblich im Hause des Fürsten, dem sie übertragen worden. Sie vererbt im Mannsstamme nach dem Rechte der Erstgeburt.

§. 70.

Das Reichsoberhaupt führt den Titel: Kaiser der Deutschen.

§. 71.

Die Residenz des Kaisers ist am Sitze der Reichsregierung. Wenigstens während der Dauer des Reichstags wird der Kaiser dort bleibend residiren.

So oft sich der Kaiser nicht am Sitze der Reichsregierung befindet, muß einer der Reichsminister in seiner unmittelbaren Umgebung seyn.

Die Bestimmungen über den Sitz der Reichsregierung bleiben einem Reichsgesetz vorbehalten.

§. 72.

Der Kaiser bezieht eine Civilliste, welche der Reichstag festsetzt.

Artikel II.

§. 73.

Die Person des Kaisers ist unverletzlich.

Der Kaiser übt die ihm übertragene Gewalt durch verantwortliche von ihm ernannte Minister aus.

§. 74.

Alle Regierungshandlungen des Kaisers bedürfen zu ihrer Gültigkeit der Gegenzeichnung von wenigstens einem der Reichsminister, welcher dadurch die Verantwortung übernimmt.

Artikel III.

§. 75.

Der Kaiser übt die völkerrechtliche Vertretung des deutschen Reiches und der einzelnen deutschen Staaten aus. Er stellt die Reichsgesandten und die Consuln an und führt den diplomatischen Verkehr.

§. 76.

Der Kaiser erklärt Krieg und schließt Frieden.

§. 77.

Der Kaiser schließt die Bündnisse und Verträge mit den auswärtigen Mächten ab, und zwar unter Mitwirkung des Reichstages, insoweit diese in der Verfassung vorbehalten ist.

§. 78.

Alle Verträge nicht rein privatrechtlichen Inhalts, welche deutsche Regierungen unter sich oder mit auswärtigen Regierungen abschließen, sind dem Kaiser zur Kenntnißnahme, und insofern das Reichsinteresse dabei betheiligt ist, zur Bestätigung vorzulegen.

§. 79.

Der Kaiser beruft und schließt den Reichstag; er hat das Recht das Volkshaus aufzulösen.

§. 80.

Der Kaiser hat das Recht des Gesetzvorschlages. Er übt die gesetzgebende Gewalt in Gemeinschaft mit dem Reichstage unter den verfassungsmäßigen Beschränkungen aus. Er verkündigt die Reichsgesetze und erläßt die zur Vollziehung derselben nöthigen Verordnungen.

§. 81.

In Strafsachen, welche zur Zuständigkeit des Reichsgerichts gehören, hat der Kaiser das Recht der Begnadigung und Strafmilderung. Das Verbot der Einleitung oder Fortsetzung von Untersuchungen kann der Kaiser nur mit Zustimmung des Reichstages erlassen.

Zu Gunsten eines wegen seiner Amtshandlungen verurtheilten Reichsministers kann der Kaiser das Recht der Begnadigung und Strafmilderung nur dann ausüben, wenn dasjenige Haus, von welchem die Anklage ausgegangen ist, darauf anträgt. Zu Gunsten von Landesministern steht ihm ein solches Recht nicht zu.

§. 82.

Dem Kaiser liegt die Wahrung des Reichsfriedens ob.

§. 83.

Der Kaiser hat die Verfügung über die bewaffnete Macht.

§. 84.

Ueberhaupt hat der Kaiser die Regierungsgewalt in allen Angelegenheiten des Reiches nach Maaßgabe der Reichsverfassung. Ihm als Träger dieser Gewalt stehen diejenigen Rechte und Befugnisse zu, welche in der Reichsverfassung der Reichsgewalt beigelegt und dem Reichstage nicht zugewiesen sind.

Abschnitt IV. Der Reichstag.

Artikel I.

§. 85.

Der Reichstag besteht aus zwei Häusern, dem Staatenhaus und dem Volkshaus.

2*

12

Artikel II.

§. 86.

Das Staatenhaus wird gebildet aus den Vertretern der deutschen Staaten.

§. 87.

Die Zahl der Mitglieder vertheilt sich nach folgendem Verhältniß:

Preußen	40	Mitglieder.
Oesterreich	38	"
Bayern	18	"
Sachsen	10	"
Hannover	10	"
Würtemberg	10	"
Baden	9	"
Kurhessen	6	"
Großherzogthum Hessen	6	"
Holstein (Schleswig, s. Reich §. 1)	6	"
Mecklenburg-Schwerin	4	"
Luxemburg-Limburg	3	"
Nassau	3	"
Braunschweig	2	"
Oldenburg	2	"
Sachsen-Weimar	2	"
Sachsen Coburg-Gotha	1	"
Sachsen-Meiningen-Hildburghausen	1	"
Sachsen-Altenburg	1	"
Mecklenburg-Strelitz	1	"
Anhalt-Dessau	1	"
Anhalt-Bernburg	1	"
Anhalt-Köthen	1	"
Schwarzburg-Sondershausen	1	"
Schwarzburg-Rudolstadt	1	"
Hohenzollern-Hechingen	1	"
Liechtenstein	1	"
Hohenzollern-Sigmaringen	1	"
Waldeck	1	"
Reuß ältere Linie	1	"
Reuß jüngere Linie	1	"
Schaumburg-Lippe	1	"
Lippe-Detmold	1	"
Hessen-Homburg	1	"
Lauenburg	1	"
Lübeck	1	"
Frankfurt	1	"
Bremen	1	"
Hamburg	1	"
	192	Mitglieder.

So lange die deutsch-österreichischen Lande an dem Bundesstaate nicht Theil nehmen, erhalten nachfolgende Staaten eine größere Anzahl von Stimmen im Staatenhause; nämlich:

Bayern	20
Sachsen	12
Hannover	12
Würtemberg	12
Baden	10
Großherzogthum Hessen	8
Kurhessen	7
Nassau	4
Hamburg	2

§. 88.

Die Mitglieder des Staatenhauses werden zur Hälfte durch die Regierung und zur Hälfte durch die Volksvertretung der betreffenden Staaten ernannt.

In denjenigen deutschen Staaten, welche aus mehreren Provinzen oder Ländern mit abgesonderter Verfassung oder Verwaltung bestehen, sind die durch die Volksvertretung dieses Staates zu ernennenden Mitglieder des Staatenhauses nicht von der allgemeinen Landesvertretung, sondern von den Vertretungen der einzelnen Länder oder Provinzen (Provinzialständen) zu ernennen.

Das Verhältniß, nach welchem die Zahl der diesen Staaten zukommenden Mitglieder unter die einzelnen Länder oder Provinzen zu vertheilen ist, bleibt der Landesgesetzgebung vorbehalten.

Wo zwei Kammern bestehen und eine Vertretung nach Provinzen nicht stattfindet, wählen beide Kammern in gemeinsamer Sitzung nach absoluter Stimmenmehrheit.

§. 89.

In denjenigen Staaten, welche nur Ein Mitglied in das Staatenhaus senden, schlägt die Regierung drei Candidaten vor, aus denen die Volksvertretung mit absoluter Stimmenmehrheit wählt.

Auf dieselbe Weise ist in denjenigen Staaten, welche eine ungerade Zahl von Mitgliedern senden, in Betreff des letzten derselben zu verfahren.

§. 90.

Wenn mehrere deutsche Staaten zu einem Ganzen verbunden werden, so entscheidet ein Reichsgesetz über die dadurch etwa nothwendig werdende Abänderung in der Zusammensetzung des Staatenhauses.

§. 91.

Mitglied des Staatenhauses kann nur seyn, wer

1) Staatsbürger des Staates ist, welcher ihn sendet,
2) das 30ste Lebensjahr zurückgelegt hat,
3) sich in vollem Genuß der bürgerlichen und staatsbürgerlichen Rechte befindet.

§. 92.

Die Mitglieder des Staatenhauses werden auf sechs Jahre gewählt. Sie werden alle drei Jahre zur Hälfte erneuert.

Auf welche Weise nach den ersten drei Jahren das Ausscheiden der einen Hälfte stattfinden soll, wird durch ein Reichsgesetz bestimmt. Die Ausscheidenden sind stets wieder wählbar.

Wird nach Ablauf dieser drei Jahre und vor Vollendung der neuen Wahlen für das Staatenhaus ein ausserordentlicher Reichstag berufen, so treten, so weit die neuen Wahlen noch nicht stattgefunden haben, die früheren Mitglieder ein.

Artikel III.

§. 93.

Das Volkshaus besteht aus den Abgeordneten des deutschen Volkes.

§. 94.

Die Mitglieder des Volkshauses werden für das erste Mal auf vier Jahre, demnächst immer auf drei Jahre gewählt.

Die Wahl geschieht nach den in dem Reichswahlgesetze enthaltenen Vorschriften.

Artikel IV.

§. 95.

Die Mitglieder des Reichstages beziehen aus der Reichskasse ein gleichmäßiges Tagegeld und Entschädigung für ihre Reisekosten. Das Nähere bestimmt ein Reichsgesetz.

§. 96.

Die Mitglieder beider Häuser können durch Instruktionen nicht gebunden werden.

§. 97.

Niemand kann gleichzeitig Mitglied von beiden Häusern seyn.

Artikel V.

§. 98.

Zu einem Beschluß eines jeden Hauses des Reichstages ist die Theilnahme von wenigstens der Hälfte der gesetzlichen Anzahl seiner Mitglieder und die einfache Stimmenmehrheit erforderlich.

Im Falle der Stimmengleichheit wird ein Antrag als abgelehnt betrachtet.

§. 99.

Das Recht des Gesetzvorschlages, der Beschwerde, der Adresse und der Erhebung von Thatsachen, so wie der Anklage der Minister, steht jedem Hause zu.

§. 100.

Ein Reichstagsbeschluß kann nur durch die Uebereinstimmung beider Häuser gültig zu Stande kommen.

§. 101.

Ein Reichstagsbeschluß, welcher die Zustimmung der Reichsregierung nicht erlangt hat, darf in derselben Sitzungsperiode nicht wiederholt werden.

Ist von dem Reichstage in drei sich unmittelbar folgenden ordentlichen Sitzungsperioden derselbe Beschluß unverändert gefaßt worden, so wird derselbe, auch wenn die Zustimmung der Reichsregierung nicht erfolgt, mit dem Schlusse des dritten Reichstages zum Gesetz. Eine ordentliche Sitzungsperiode welche nicht wenigstens vier Wochen dauert, wird in dieser Reihenfolge nicht mitgezählt.

§. 102.

Ein Reichstagsbeschluß ist in folgenden Fällen erforderlich:

1) Wenn es sich um die Erlassung, Aufhebung, Abänderung oder Auslegung von Reichsgesetzen handelt.
2) Wenn der Reichshaushalt festgestellt wird, wenn Anleihen contrahirt werden, wenn das Reich eine im Budget nicht vorgesehene Ausgabe übernimmt, oder Matrikularbeiträge oder Steuern erhebt.
3) Wenn fremde See- und Flußschiffahrt mit höheren Abgaben belegt werden soll.
4) Wenn Landesfestungen zu Reichsfestungen erklärt werden sollen.
5) Wenn Handels-, Schiffahrts- und Auslieferungsverträge mit dem Auslande geschlossen werden, so wie überhaupt völkerrechtliche Verträge, insofern sie das Reich belasten.
6) Wenn nicht zum Reich gehörige Länder oder Landestheile dem deutschen Zollgebiete angeschlossen, oder einzelne Orte oder Gebietstheile von der Zollinie ausgeschlossen werden sollen.
7) Wenn deutsche Landestheile abgetreten, oder wenn nichtdeutsche Gebiete dem Reiche einverleibt oder auf andere Weise mit demselben verbunden werden sollen.

103.

Bei Feststellung des Reichshaushaltes treten folgende Bestimmungen ein:

1) Alle die Finanzen betreffenden Vorlagen der Reichsregierung gelangen zunächst an das Volkshaus.
2) Bewilligungen von Ausgaben dürfen nur auf Antrag der Reichsregierung und bis zum Belauf dieses Antrages erfolgen. Jede Bewilligung gilt nur für den besonderen Zweck, für welchen sie bestimmt worden. Die Verwendung darf nur innerhalb der Grenze der Bewilligung erfolgen.
3) Die Dauer der Finanzperiode und Budgetbewilligung ist ein Jahr.
4) Das Budget über die regelmäßigen Ausgaben des Reiches und über den Reservefond, so wie über die für beides erforderlichen Deckungsmittel, wird auf dem ersten Reichstage durch Reichstagsbeschlüsse festgestellt. Eine Erhöhung dieses Budgets auf späteren Reichstagen erfordert gleichfalls einen Reichstagsbeschluß.
5) Dieses ordentliche Budget wird auf jedem Reichstage zuerst dem Volkshause vorgelegt, von diesem in seinen einzelnen Ansätzen nach den Erläuterungen und Belegen, welche die Reichsregierung vorzulegen hat, geprüft und ganz oder theilweise bewilligt oder verworfen.
6) Nach erfolgter Prüfung und Bewilligung durch das Volkshaus wird das Budget an das Staatenhaus abgegeben. Diesem steht, innerhalb des Gesammtbetrages des ordentlichen Budgets, so wie derselbe auf dem ersten Reichstage oder durch spätere Reichstagsbeschlüsse festgestellt ist, nur das Recht zu, Erinnerungen und Ausstellungen zu machen, über welche das Volkshaus endgültig beschließt.
7) Alle außerordentlichen Ausgaben und deren Deckungsmittel bedürfen, gleich der Erhöhung des ordentlichen Budgets, eines Reichstagsbeschlusses.
8) Die Nachweisung über die Verwendung der Reichsgelder wird dem Reichstage, und zwar zuerst dem Volkshause, zur Prüfung und zum Abschluß vorgelegt.

Artikel VI.

§. 104.

Der Reichstag versammelt sich jedes Jahr am Sitze der Reichsregierung. Die Zeit der Zusammenkunft wird vom Reichsoberhaupt bei der Einberufung angegeben, insofern nicht ein Reichsgesetz dieselbe festsetzt.

Außerdem kann der Reichstag zu außerordentlichen Sitzungen jederzeit vom Reichsoberhaupt einberufen werden.

§. 105.

Die ordentlichen Sitzungsperioden der Landtage in den Einzelstaaten sollen mit denen des Reichstages in der Regel nicht zusammenfallen. Das Nähere bleibt einem Reichsgesetz vorbehalten.

§. 106.

Das Volkshaus kann durch das Reichsoberhaupt aufgelöst werden.

In dem Falle der Auflösung ist der Reichstag binnen drei Monaten wieder zu versammeln.

§. 107.

Die Auflösung des Volkshauses hat die gleichzeitige Vertagung des Staatenhauses bis zur Wiederberufung des Reichstages zur Folge.

Die Sitzungsperioden beider Häuser sind dieselben.

§. 108.

Das Ende der Sitzungsperiode des Reichstages wird vom Reichsoberhaupt bestimmt.

§. 109.

Eine Vertagung des Reichstages oder eines der beiden Häuser durch das Reichsoberhaupt bedarf, wenn sie nach Eröffnung der Sitzung auf länger als vierzehn Tage ausgesprochen werden soll, der Zustimmung des Reichstages oder des betreffenden Hauses.

Auch der Reichstag selbst so wie jedes der beiden Häuser kann sich auf vierzehn Tage vertagen.

Artikel VII.

§. 110.

Jedes der beiden Häuser wählt seinen Präsidenten, seine Vicepräsidenten und seine Schriftführer.

§. 111.

Die Sitzungen beider Häuser sind öffentlich. Die Geschäftsordnung eines jeden Hauses bestimmt, unter welchen Bedingungen vertrauliche Sitzungen stattfinden können.

§. 112.

Jedes Haus prüft die Vollmachten seiner Mitglieder und entscheidet über die Zulassung derselben.

§. 113.

Jedes Mitglied leistet bei seinem Eintritt den Eid: „Ich schwöre, die deutsche Reichsverfassung getreulich zu beobachten und aufrecht zu erhalten, so wahr mir Gott helfe".

§. 114.

Jedes Haus hat das Recht, seine Mitglieder wegen unwürdigen Verhaltens im Hause zu bestrafen und äußersten Falls auszuschließen. Das Nähere bestimmt die Geschäftsordnung jedes Hauses.

Eine Ausschließung kann nur dann ausgesprochen werden, wenn eine Mehrheit von zwei Dritteln der Stimmen sich dafür entscheidet.

§. 115.

Weder Ueberbringer von Bittschriften noch überhaupt Deputationen sollen in den Häusern zugelassen werden.

§. 116.

Jedes Haus hat das Recht, sich seine Geschäftsordnung selbst zu geben. Die geschäftlichen Beziehungen zwischen beiden Häusern werden durch Uebereinkunft beider Häuser geordnet.

Artikel VIII.

§. 117.

Ein Mitglied des Reichstages darf während der Dauer der Sitzungsperiode ohne Zustimmung des Hauses, zu welchem es gehört, wegen strafrechtlicher Anschuldigungen weder verhaftet, noch in Untersuchung gezogen werden, mit alleiniger Ausnahme der Ergreifung auf frischer That.

§. 118.

In diesem letzteren Falle ist dem betreffenden Hause von der angeordneten Maaßregel sofort Kenntniß zu geben. Es steht demselben zu, die Aufhebung der Haft oder Untersuchung bis zum Schlusse der Sitzungsperiode zu verfügen.

§. 119.

Dieselbe Befugniß steht jedem Hause in Betreff einer Verhaftung oder Untersuchung zu, welche über ein Mitglied desselben zur Zeit seiner Wahl verhängt gewesen, oder nach dieser bis zu Eröffnung der Sitzungen verhängt worden ist.

§. 120.

Kein Mitglied des Reichstages darf zu irgend einer Zeit wegen seiner Abstimmung oder wegen der in Ausübung seines Berufes gethanen Aeußerungen gerichtlich oder disciplinarisch verfolgt oder sonst außerhalb der Versammlung zur Verantwortung gezogen werden.

Artikel IX.

§. 121.

Die Reichsminister haben das Recht, den Verhandlungen beider Häuser des Reichstages beizuwohnen und jederzeit von denselben gehört zu werden.

§. 122.

Die Reichsminister haben die Verpflichtung, auf Verlangen jedes der Häuser des Reichstages in demselben zu erscheinen und Auskunft zu ertheilen, oder den Grund anzugeben, weshalb dieselbe nicht ertheilt werden könne.

§. 123.

Die Reichsminister können nicht Mitglieder des Staatenhauses seyn.

§. 124.

Wenn ein Mitglied des Volkshauses im Reichsdienst ein Amt oder eine Beförderung annimmt, so muß es sich einer neuen Wahl unterwerfen; es behält seinen Sitz im Hause, bis die neue Wahl stattgefunden hat.

Abschnitt V. Das Reichsgericht.

Artikel I.

§. 125.

Die dem Reiche zustehende Gerichtsbarkeit wird durch ein Reichsgericht ausgeübt.

§. 126.

Zur Zuständigkeit des Reichsgerichts gehören:

a) Klagen eines Einzelstaates gegen die Reichsgewalt wegen Verletzung der Reichsverfassung durch Erlassung von Reichsgesetzen und durch Maaßregeln der Reichsregierung, so wie Klagen der Reichsgewalt gegen einen Einzelstaat wegen Verletzung der Reichsverfassung.

b) Streitigkeiten zwischen dem Staatenhause und dem Volkshause unter sich und zwischen jedem von ihnen und der Reichsregierung, welche die Auslegung der Reichsverfassung betreffen, wenn die streitenden Theile sich vereinigen, die Entscheidung des Reichsgerichts einzuholen.

c) Politische und privatrechtliche Streitigkeiten aller Art zwischen den einzelnen deutschen Staaten.

d) Streitigkeiten über Thronfolge, Regierungsfähigkeit und Regentschaft in den Einzelstaaten.

e) Streitigkeiten zwischen der Regierung eines Einzelstaates und dessen Volksvertretung über die Gültigkeit oder Auslegung der Landesverfassung.

f) Klagen der Angehörigen eines Einzelstaates gegen die Regierung desselben, wegen Aufhebung oder verfassungswidriger Veränderung der Landesverfassung.

Klagen der Angehörigen eines Einzelstaates gegen die Regierung wegen Verletzung der Landesverfassung können bei dem Reichsgericht nur angebracht werden, wenn die in der Landesverfassung gegebenen Mittel der Abhülfe nicht zur Anwendung gebracht werden können.

g) Klagen deutscher Staatsbürger wegen Verletzung der durch die Reichsverfassung ihnen gewährten Rechte. Die näheren Bestimmungen über den Umfang dieses Klagerechts und die Art und Weise dasselbe geltend zu machen, bleiben der Reichsgesetzgebung vorbehalten.

h) Beschwerden wegen verweigerter oder gehemmter Rechtspflege, wenn die landesgesetzlichen Mittel der Abhülfe erschöpft sind.

i) Strafgerichtsbarkeit über die Anklagen gegen die Reichsminister, insofern sie deren ministerielle Verantwortlichkeit betreffen.

k) Strafgerichtsbarkeit über die Anklagen gegen die Minister der Einzelstaaten, insofern sie deren ministerielle Verantwortlichkeit betreffen.

3

l) Strafgerichtsbarkeit in den Fällen des Hoch- und Landesverraths gegen das Reich.

Ob noch andere Verbrechen gegen das Reich der Strafgerichtsbarkeit des Reichsgerichts zu überweisen sind, wird späteren Reichsgesetzen vorbehalten.

m) Klagen gegen den Reichsfiscus.

n) Klagen gegen deutsche Staaten, wenn die Verpflichtung, dem Anspruche Genüge zu leisten, zwischen mehreren Staaten zweifelhaft oder bestritten ist, so wie wenn die gemeinschaftliche Verpflichtung gegen mehrere Staaten in einer Klage geltend gemacht wird.

§. 127.

Ueber die Frage, ob ein Fall zur Entscheidung des Reichsgerichts geeignet sey, erkennt einzig und allein das Reichsgericht selbst.

§. 128.

Ueber die Einsetzung und Organisation des Reichsgerichts, über das Verfahren und die Vollziehung der reichsgerichtlichen Entscheidungen und Verfügungen wird ein besonderes Gesetz ergehen.

Diesem Gesetze wird auch die Bestimmung, ob und in welchen Fällen bei dem Reichsgericht die Urtheilsfällung durch Geschworene erfolgen soll, vorbehalten.

Ebenso bleibt vorbehalten: ob und wie weit dieses Gesetz als organisches Verfassungsgesetz zu betrachten ist.

§. 129.

Der Reichsgesetzgebung bleibt es vorbehalten, Admiralitäts- und Seegerichte zu errichten, so wie Bestimmungen über die Gerichtsbarkeit der Gesandten und Consuln des Reiches zu treffen.

Abschnitt VI. Die Grundrechte des deutschen Volkes.

§. 130.

Dem deutschen Volke sollen die nachstehenden Grundrechte gewährleistet seyn. Sie sollen den Verfassungen der deutschen Einzelstaaten zur Norm dienen, und keine Verfassung oder Gesetzgebung eines deutschen Einzelstaates soll dieselben je aufheben oder beschränken können.

Artikel I.

§. 131.

Das deutsche Volk besteht aus den Angehörigen der Staaten, welche das deutsche Reich bilden.

§. 132.

Jeder Deutsche hat das deutsche Reichsbürgerrecht. Die ihm kraft dessen zustehenden Rechte kann er in jedem deutschen Lande ausüben. Ueber das Recht, zur deutschen Reichsversammlung zu wählen, verfügt das Reichswahlgesetz.

§. 133.

Jeder Deutsche hat das Recht, an jedem Orte des Reichsgebietes seinen Aufenthalt und Wohnsitz zu nehmen, Liegenschaften jeder Art zu erwerben und darüber zu verfügen, jeden Nahrungszweig zu betreiben, das Gemeindebürgerrecht zu gewinnen.

Die Bedingungen für den Aufenthalt und Wohnsitz werden durch ein Heimathsgesetz, jene für den Gewerbebetrieb durch eine Gewerbeordnung für ganz Deutschland von der Reichsgewalt festgesetzt.

§. 134.

Kein deutscher Staat darf zwischen seinen Angehörigen und andern Deutschen einen Unterschied im bürgerlichen, peinlichen und Prozeß-Rechte machen, welcher die letzteren als Ausländer zurücksetzt.

§. 135.

Die Strafe des bürgerlichen Todes soll nicht stattfinden, und da, wo sie bereits ausgesprochen ist, in ihren Wirkungen aufhören, soweit nicht hierdurch erworbene Privatrechte verletzt werden.

§. 136.

Die Auswanderungsfreiheit ist von Staatswegen nicht beschränkt; Abzugsgelder dürfen nicht erhoben werden.

Die Auswanderungsangelegenheit steht unter dem Schutze und der Fürsorge des Reiches.

Artikel II.

§. 137.

Vor dem Gesetze gilt kein Unterschied der Stände. Der Adel als Stand ist aufgehoben.

Alle Standesvorrechte sind abgeschafft.

Die Deutschen sind vor dem Gesetze gleich.

Alle Titel, insoweit sie nicht mit einem Amte verbunden sind, sind aufgehoben und dürfen nie wieder eingeführt werden.

Kein Staatsangehöriger darf von einem auswärtigen Staate einen Orden annehmen.

Die öffentlichen Aemter sind für alle Befähigten gleich zugänglich.

Die Wehrpflicht ist für Alle gleich; Stellvertretung bei derselben findet nicht statt.

Artikel III.

§. 138.

Die Freiheit der Person ist unverletzlich.

Die Verhaftung einer Person soll, außer im Falle der Ergreifung auf frischer That, nur geschehen in Kraft eines richterlichen, mit Gründen versehenen Befehls. Dieser Befehl muß im Augenblicke der Verhaftung oder innerhalb der nächsten vier und zwanzig Stunden dem Verhafteten zugestellt werden.

Die Polizeibehörde muß Jeden, den sie in Verwahrung genommen hat, im Laufe des folgenden Tages entweder freilassen oder der richterlichen Behörde übergeben.

Jeder Angeschuldigte soll gegen Stellung einer vom Gericht zu bestimmenden Caution oder Bürgschaft der Haft entlassen werden, sofern nicht dringende Anzeigen eines schweren peinlichen Verbrechens gegen denselben vorliegen.

Im Falle einer widerrechtlich verfügten oder verlängerten Gefangenschaft ist der Schuldige und nöthigenfalls der Staat dem Verletzten zur Genugthuung und Entschädigung verpflichtet.

Die für das Heer- und Seewesen erforderlichen Modifikationen dieser Bestimmungen werden besonderen Gesetzen vorbehalten.

§. 139.

Die Todesstrafe, ausgenommen wo das Kriegsrecht sie vorschreibt, oder das Seerecht im Fall von Meutereien sie zuläßt, so wie die Strafen des Prangers, der Brandmarkung und der körperlichen Züchtigung, sind abgeschafft.

§. 140.

Die Wohnung ist unverletzlich.

Eine Haussuchung ist nur zulässig:

1) in Kraft eines richterlichen, mit Gründen versehenen Befehls, welcher sofort oder innerhalb der nächsten vier und zwanzig Stunden dem Betheiligten zugestellt werden soll,
2) im Falle der Verfolgung auf frischer That, durch den gesetzlich berechtigten Beamten,
3) in den Fällen und Formen, in welchen das Gesetz ausnahmsweise bestimmten Beamten auch ohne richterlichen Befehl dieselbe gestattet.

Die Haussuchung muß, wenn thunlich, mit Zuziehung von Hausgenossen erfolgen.

Die Unverletzlichkeit der Wohnung ist kein Hinderniß der Verhaftung eines gerichtlich Verfolgten.

3*

20

§. 141.

Die Beschlagnahme von Briefen und Papieren darf, außer bei einer Verhaftung oder Haussuchung, nur in Kraft eines richterlichen, mit Gründen versehenen Befehls vorgenommen werden, welcher sofort oder innerhalb der nächsten vier und zwanzig Stunden dem Betheiligten zugestellt werden soll.

§. 142.

Das Briefgeheimniß ist gewährleistet.

Die bei strafgerichtlichen Untersuchungen und in Kriegsfällen nothwendigen Beschränkungen sind durch die Gesetzgebung festzustellen.

Artikel IV.

§. 143.

Jeder Deutsche hat das Recht, durch Wort, Schrift, Druck und bildliche Darstellung seine Meinung frei zu äußern.

Die Preßfreiheit darf unter keinen Umständen und in keiner Weise durch vorbeugende Maaßregeln, namentlich Censur, Concessionen, Sicherheitsbestellungen, Staatsauflagen, Beschränkungen der Druckereien oder des Buchhandels, Postverbote oder andere Hemmungen des freien Verkehrs beschränkt, suspendirt oder aufgehoben werden.

Ueber Preßvergehen, welche von Amts wegen verfolgt werden, wird durch Schwurgerichte geurtheilt.

Ein Preßgesetz wird vom Reiche erlassen werden.

Artikel V.

§. 144.

Jeder Deutsche hat volle Glaubens- und Gewissensfreiheit.

Niemand ist verpflichtet, seine religiöse Ueberzeugung zu offenbaren.

§. 145.

Jeder Deutsche ist unbeschränkt in der gemeinsamen häuslichen und öffentlichen Uebung seiner Religion.

Verbrechen und Vergehen, welche bei Ausübung dieser Freiheit begangen werden, sind nach dem Gesetze zu bestrafen.

§. 146.

Durch das religiöse Bekenntniß wird der Genuß der bürgerlichen und staatsbürgerlichen Rechte weder bedingt noch beschränkt. Den staatsbürgerlichen Pflichten darf dasselbe keinen Abbruch thun.

§. 147.

Jede Religionsgesellschaft ordnet und verwaltet ihre Angelegenheiten selbstständig, bleibt aber den allgemeinen Staatsgesetzen unterworfen.

Keine Religionsgesellschaft genießt vor andern Vorrechte durch den Staat; es besteht fernerhin keine Staatskirche.

Neue Religionsgesellschaften dürfen sich bilden; einer Anerkennung ihres Bekenntnisses durch den Staat bedarf es nicht.

§. 148.

Niemand soll zu einer kirchlichen Handlung oder Feierlichkeit gezwungen werden.

§. 149.

Die Formel des Eides soll künftig lauten: „So wahr mir Gott helfe".

§. 150.

Die bürgerliche Gültigkeit der Ehe ist nur von der Vollziehung des Civilactes abhängig; die kirchliche Trauung kann nur nach der Vollziehung des Civilactes stattfinden.

Die Religionsverschiedenheit ist kein bürgerliches Ehehinderniß.

§. 151.

Die Standesbücher werden von den bürgerlichen Behörden geführt.

Artikel VI.

§. 152.

Die Wissenschaft und ihre Lehre ist frei.

§. 153.

Das Unterrichts- und Erziehungswesen steht unter der Oberaufsicht des Staates, und ist, abgesehen vom Religionsunterricht, der Beaufsichtigung der Geistlichkeit als solcher enthoben.

§. 154.

Unterrichts- und Erziehungsanstalten zu gründen, zu leiten und an solchen Unterricht zu ertheilen, steht jedem Deutschen frei, wenn er seine Befähigung der betreffenden Staatsbehörde nachgewiesen hat.

Der häusliche Unterricht unterliegt keiner Beschränkung.

§. 155.

Für die Bildung der deutschen Jugend soll durch öffentliche Schulen überall genügend gesorgt werden.

Eltern oder deren Stellvertreter dürfen ihre Kinder oder Pflegebefohlenen nicht ohne den Unterricht lassen, welcher für die unteren Volksschulen vorgeschrieben ist.

§. 156.

Die öffentlichen Lehrer haben die Rechte der Staatsdiener.

Der Staat stellt unter gesetzlich geordneter Betheiligung der Gemeinden aus der Zahl der Geprüften die Lehrer der Volksschulen an.

§. 157.

Für den Unterricht in Volksschulen und niederen Gewerbeschulen wird kein Schulgeld bezahlt.

Unbemittelten soll auf allen öffentlichen Unterrichtsanstalten freier Unterricht gewährt werden.

§. 158.

Es steht einem Jeden frei, seinen Beruf zu wählen und sich für denselben auszubilden, wie und wo er will.

Artikel VII.

§. 159.

Jeder Deutsche hat das Recht, sich mit Bitten und Beschwerden schriftlich an die Behörden an die Volksvertretungen und an den Reichstag zu wenden.

Dieses Recht kann sowohl von Einzelnen als von Corporationen und von Mehreren im Vereine ausgeübt werden; beim Heer und der Kriegsflotte jedoch nur in der Weise, wie es die Disciplinarvorschriften bestimmen.

§. 160.

Eine vorgängige Genehmigung der Behörden ist nicht nothwendig, um öffentliche Beamte wegen ihrer amtlichen Handlungen gerichtlich zu verfolgen.

Artikel VIII.

§. 161.

Die Deutschen haben das Recht, sich friedlich und ohne Waffen zu versammeln; einer besonderen Erlaubniß dazu bedarf es nicht.

Volksversammlungen unter freiem Himmel können bei dringender Gefahr für die öffentliche Ordnung und Sicherheit verboten werden.

§. 162.

Die Deutschen haben das Recht, Vereine zu bilden. Dieses Recht soll durch keine vorbeugende Maaßregel beschränkt werden.

§. 163.

Die in den §§. 161 und 162 enthaltenen Bestimmungen finden auf das Heer und die Kriegsflotte Anwendung, insoweit die militärischen Disciplinarvorschriften nicht entgegenstehen.

Artikel IX.

§. 164.

Das Eigenthum ist unverletzlich.

Eine Enteignung kann nur aus Rücksichten des gemeinen Besten, nur auf Grund eines Gesetzes und gegen gerechte Entschädigung vorgenommen werden.

Das geistige Eigenthum soll durch die Reichsgesetzgebung geschützt werden.

§. 165.

Jeder Grundeigenthümer kann seinen Grundbesitz unter Lebenden und von Todes wegen ganz oder theilweise veräußern. Den Einzelstaaten bleibt überlassen, die Durchführung des Grundsatzes der Theilbarkeit alles Grundeigenthums durch Uebergangsgesetze zu vermitteln.

Für die todte Hand sind Beschränkungen des Rechts, Liegenschaften zu erwerben und über sie zu verfügen, im Wege der Gesetzgebung aus Gründen des öffentlichen Wohls zulässig.

§. 166.

Jeder Unterthänigkeits- und Hörigkeitsverband hört für immer auf.

§. 167.

Ohne Entschädigung sind aufgehoben:

1) Die Patrimonialgerichtsbarkeit und die grundherrliche Polizei, sammt den aus diesen Rechten fließenden Befugnissen, Exemtionen und Abgaben.
2) Die aus dem guts- und schutzherrlichen Verbande fließenden persönlichen Abgaben und Leistungen.

Mit diesen Rechten fallen auch die Gegenleistungen und Lasten weg, welche dem bisher Berechtigten dafür oblagen.

§. 168.

Alle auf Grund und Boden haftenden Abgaben und Leistungen, insbesondere die Zehnten, sind ablösbar: ob nur auf Antrag des Belasteten oder auch des Berechtigten, und in welcher Weise, bleibt der Gesetzgebung der einzelnen Staaten überlassen.

Es soll fortan kein Grundstück mit einer unablösbaren Abgabe oder Leistung belastet werden.

§. 169.

Im Grundeigenthum liegt die Berechtigung zur Jagd auf eignem Grund und Boden.

Die Jagdgerechtigkeit auf fremdem Grund und Boden, Jagddienste, Jagdfrohnden und andere Leistungen für Jagdzwecke sind ohne Entschädigung aufgehoben.

Nur ablösbar jedoch ist die Jagdgerechtigkeit, welche erweislich durch einen lästigen mit dem Eigenthümer des belasteten Grundstückes abgeschlossenen Vertrag erworben ist; über die Art und Weise der Ablösung haben die Landesgesetzgebungen das Weitere zu bestimmen.

Die Ausübung des Jagdrechts aus Gründen der öffentlichen Sicherheit und des gemeinen Wohls zu ordnen, bleibt der Landesgesetzgebung vorbehalten.

Die Jagdgerechtigkeit auf fremdem Grund und Boden darf in Zukunft nicht wieder als Grundgerechtigkeit bestellt werden.

§. 170.

Die Familienfideicommisse sind aufzuheben. Die Art und Bedingungen der Aufhebung bestimmt die Gesetzgebung der einzelnen Staaten.

Ueber die Familienfideicommisse der regierenden fürstlichen Häuser bleiben die Bestimmungen den Landesgesetzgebungen vorbehalten.

§. 171.

Aller Lehensverband ist aufzuheben. Das Nähere über die Art und Weise der Ausführung haben die Gesetzgebungen der Einzelstaaten anzuordnen.

§. 172.

Die Strafe der Vermögenseinziehung soll nicht stattfinden.

§. 173.

Die Besteuerung soll so geordnet werden, daß die Bevorzugung einzelner Stände und Güter in Staat und Gemeinde aufhört.

Artikel X.

§. 174.

Alle Gerichtsbarkeit geht vom Staate aus. Es sollen keine Patrimonialgerichte bestehen.

§. 175.

Die richterliche Gewalt wird selbstständig von den Gerichten geübt. Cabinets- und Ministerialjustiz ist unstatthaft.

Niemand darf seinem gesetzlichen Richter entzogen werden. Ausnahmegerichte sollen nie stattfinden.

§. 176.

Es soll keinen privilegirten Gerichtsstand der Personen oder Güter geben.

Die Militärgerichtsbarkeit ist auf die Aburtheilung militärischer Verbrechen und Vergehen, so wie der Militär-Disciplinarvergehen beschränkt, vorbehaltlich der Bestimmungen für den Kriegsstand.

§. 177.

Kein Richter darf, außer durch Urtheil und Recht, von seinem Amt entfernt, oder an Rang und Gehalt beeinträchtigt werden.

Suspension darf nicht ohne gerichtlichen Beschluß erfolgen.

Kein Richter darf wider seinen Willen, außer durch gerichtlichen Beschluß in den durch das Gesetz bestimmten Fällen und Formen, zu einer andern Stelle versetzt oder in Ruhestand gesetzt werden.

§. 178.

Das Gerichtsverfahren soll öffentlich und mündlich sein.

Ausnahmen von der Oeffentlichkeit bestimmt im Interesse der Sittlichkeit das Gesetz.

24

§. 179.

In Strafsachen gilt der Anklageprozeß.

Schwurgerichte sollen jedenfalls in schwereren Strafsachen und bei allen politischen Vergehen urtheilen.

§. 180.

Die bürgerliche Rechtspflege soll in Sachen besonderer Berufserfahrung durch sachkundige, von den Berufsgenossen frei gewählte Richter geübt oder mitgeübt werden.

§. 181.

Rechtspflege und Verwaltung sollen getrennt und von einander unabhängig seyn.

Ueber Competenzconflicte zwischen den Verwaltungs- und Gerichtsbehörden in den Einzelstaaten entscheidet ein durch das Gesetz zu bestimmender Gerichtshof.

§. 182.

Die Verwaltungsrechtspflege hört auf; über alle Rechtsverletzungen entscheiden die Gerichte.

Der Polizei steht keine Strafgerichtsbarkeit zu.

§. 183.

Rechtskräftige Urtheile deutscher Gerichte sind in allen deutschen Landen gleich wirksam und vollziehbar.

Ein Reichsgesetz wird das Nähere bestimmen.

Artikel XI.

§. 184.

Jede Gemeinde hat als Grundrechte ihrer Verfassung:

a. die Wahl ihrer Vorsteher und Vertreter;
b. die selbstständige Verwaltung ihrer Gemeindeangelegenheiten mit Einschluß der Ortspolizei, unter gesetzlich geordneter Oberaufsicht des Staates;
c. die Veröffentlichung ihres Gemeindehaushaltes;
d. Oeffentlichkeit der Verhandlungen als Regel.

§. 185.

Jedes Grundstück soll einem Gemeindeverbande angehören.

Beschränkungen wegen Waldungen und Wüsteneien bleiben der Landesgesetzgebung vorbehalten.

Artikel XII.

§. 186.

Jeder deutsche Staat soll eine Verfassung mit Volksvertretung haben..

Die Minister sind der Volksvertretung verantwortlich.

§. 187.

Die Volksvertretung hat eine entscheidende Stimme bei der Gesetzgebung, bei der Besteuerung, bei der Ordnung des Staatshaushaltes; auch hat sie — wo zwei Kammern vorhanden sind, jede Kammer für sich — das Recht des Gesetzvorschlags, der Beschwerde, der Adresse, so wie der Anklage der Minister.

Die Sitzungen der Landtage sind in der Regel öffentlich.

Artikel XIII.

§. 188.

Den nicht deutsch redenden Volksstämmen Deutschland's ist ihre volksthümliche Entwickelung gewährleistet, namentlich die Gleichberechtigung ihrer Sprachen, soweit deren Gebiete reichen, in dem Kirchenwesen, dem Unterrichte, der inneren Verwaltung und der Rechtspflege.

Artikel XIV.

§. 189.

Jeder deutsche Staatsbürger in der Fremde steht unter dem Schutze des Reichs.

Abschnitt VII. Die Gewähr der Verfassung.

Artikel I.

§. 190.

Bei jedem Regierungswechsel tritt der Reichstag, falls er nicht schon versammelt ist, ohne Berufung zusammen, in der Art, wie er das letzte Mal zusammengesetzt war. Der Kaiser, welcher die Regierung antritt, leistet vor den zu einer Sitzung vereinigten beiden Häusern des Reichstages einen Eid auf die Reichsverfassung.

Der Eid lautet: „Ich schwöre, das Reich und die Rechte des deutschen Volkes zu schirmen, die Reichsverfassung aufrecht zu erhalten und sie gewissenhaft zu vollziehen. So wahr mir Gott helfe".

Erst nach geleistetem Eide ist der Kaiser berechtigt, Regierungshandlungen vorzunehmen.

§. 191.

Die Reichsbeamten haben beim Antritt ihres Amtes einen Eid auf die Reichsverfassung zu leisten. Das Nähere bestimmt die Dienstpragmatik des Reiches.

§. 192.

Ueber die Verantwortlichkeit der Reichsminister soll ein Reichsgesetz erlassen werden.

§. 193.

Die Verpflichtung auf die Reichsverfassung wird in den Einzelstaaten mit der Verpflichtung auf die Landesverfassung verbunden und dieser vorangesetzt.

Artikel II.

§. 194.

Keine Bestimmung in der Verfassung oder in den Gesetzen eines Einzelstaates darf mit der Reichsverfassung in Widerspruch stehen.

§. 195.

Eine Aenderung der Regierungsform in einem Einzelstaate kann nur mit Zustimmung der Reichsgewalt erfolgen. Diese Zustimmung muß in den für Aenderungen der Reichsverfassung vorgeschriebenen Formen gegeben werden.

Artikel III.

§. 196.

Abänderungen in der Reichsverfassung können nur durch einen Beschluß beider Häuser und mit Zustimmung des Reichsoberhauptes erfolgen.

Zu einem solchen Beschluß bedarf es in jedem der beiden Häuser:

1) der Anwesenheit von wenigstens zwei Dritteln der Mitglieder;
2) zweier Abstimmungen, zwischen welchen ein Zeitraum von wenigstens acht Tagen liegen muß;
3) einer Stimmenmehrheit von wenigstens zwei Dritteln der anwesenden Mitglieder bei jeder der beiden Abstimmungen.

Der Zustimmung des Reichsoberhaupts bedarf es nicht, wenn in drei sich unmittelbar folgenden ordentlichen Sitzungsperioden derselbe Reichstagsbeschluß unverändert gefaßt worden. Eine ordentliche Sitzungsperiode, welche nicht wenigstens vier Wochen dauert, wird in dieser Reihenfolge nicht mitgezählt.

26

Artikel IV.

§. 197.

Im Falle des Kriegs oder Aufruhrs können die Bestimmungen der Grundrechte über Verhaftung, Haussuchung und Versammlungsrecht von der Reichsregierung oder der Regierung eines Einzelstaates für einzelne Bezirke zeitweise ausser Kraft gesetzt werden; jedoch nur unter folgenden Bedingungen:

1) die Verfügung muß in jedem einzelnen Falle von dem Gesammtministerium des Reiches oder Einzelstaates ausgehen;

2) das Ministerium des Reiches hat die Zustimmung des Reichstages, das Ministerium des Einzelstaates die des Landtages, wenn dieselben zur Zeit versammelt sind, sofort einzuholen. Wenn dieselben nicht versammelt sind, so darf die Verfügung nicht länger als 14 Tage dauern, ohne daß dieselben zusammenberufen und die getroffenen Maaßregeln zu ihrer Genehmigung vorgelegt werden.

Weitere Bestimmungen bleiben einem Reichsgesetz vorbehalten.

Für die Verkündigung des Belagerungszustandes in Festungen bleiben die bestehenden gesetzlichen Vorschriften in Kraft.

Zur Beurkundung:

Frankfurt a. M., den 28. März 1849.

Martin Eduard Simson von Königsberg in Preußen, d. Z. Präsident der verfassunggebenden Reichsversammlung.

Carl Kirchgeßner aus Würzburg, d. Z. II. Stellvertreter des Vorsitzenden, Abgeordneter des Wahlbezirkes Weiler in Bayern.

Friedrich Siegm. Jucho aus Frankfurt a. M., I. Schriftführer.

Carl August Fetzer aus Stuttgart, Schriftführer.

Dr. Anton Riehl aus Wien, Abgeordneter für Zwettl, Schriftführer.

Carl Biedermann aus Leipzig, Abgeordneter für den XI. sächsischen Wahlbezirk, Schriftführer.

Gustav Robert v. Maltzahn aus Cüstrin, Abgeordneter für den Wahlkreis Königsberg i. d. N., Schriftführer.

Max Neumayr aus München, Abgeordneter für den X. oberbayerischen Wahlbezirk, Schriftführer.

Dr. Heinrich v. Gagern, aus Mensheim in Rheinhessen, Abgeordneter für den Wahlkreis Bensheim in der Bergstraße.

Dr. Konrad Dietrich Haßler, Abg. von Ulm, Mitglied der Redactions-Kommission.

Franz Wigard, Abgeordneter von Dresden, Mitglied der Redactions-Commission.

Gottlob Tafel aus Stuttgart, Abg. für den Wahlbezirk Schorndorf-Welzheim.

Dr. Alois Boczek, Abgeordneter für Tischnowitz in Mähren.

Joh. Gerh. Röben, Abgeordneter für den 26. hannöverischen Wahlbezirk aus Norden in Ostfriesland.
Friedrich Evertsbusch aus Altena in Westfalen.
Friedrich Ernst Scheller, Abgeordneter für den Wahlbezirk Frankfurt a. d. O.
Friedrich Heinrich Leonhard Albert, Abgeordneter für den 5. preuß.-sächs. Wahlbezirk.
Wilhelm Joseph Wichmann, Abgeordneter für die Kreise Osterburg und Stendal.
K. Nauwerck, Abgeordneter aus Berlin.
Bock-Buschmann.
Jul. Ostendorf, Abg. für den Wahlbezirk Söst-Hamm.
Conrad Rappard aus Glambek, Abgeordneter für den Angermünder Wahlkreis.
J. A. Itzstein aus Mainz, Bürger in Mannheim.
C. Schorn, Abgeordneter für Essen.
Carl Overweg von Haus Ruhr, Abgeordneter für Iserlohn.
Bermbach, Abgeordneter für den Siegkreis (Rheinpreußen.)
von Saltzwedell, Abgeordneter für Gumbinnen und Stallupönen.
Werner, Abgeordneter für Melk aus Niederösterreich.
Julius Gerlach, Abgeordneter für Tilsit-Niederung.
Fr. Saucken-Tarputschen, Abgeordneter für Angerburg in Litthauen
Kamillo Wagner, Abgeordneter für Steyr in Oberösterreich.
G. Siemens Dr., Abgeordneter für Schaumburg-Lippe.
F. J. D. Junghanns aus Mosbach in Baden.
E. Wedekind aus Bruchhausen, Abgeordneter des 5. hannöverischen Wahlbezirks.
Dr. Guido Pattay, Abgeord. aus Graz in Steiermark.
Carl Joh. Lud. Dham aus Schmallenberg, Abgeordneter für Meschede und Brilon in Westphalen.
v. Schrötter, Abg. für Pr. Holland und Mohrungen.
Preusing, Abg. für Memel und Heydekrug.
Johann Carl Christian Meyer, Abg. für den Wahlbezirk Liegnitz-Lüben.
Lorenz Götz, Abg. aus Neuwied, für den Wahlbezirk Neuwied in Rheinpreußen.
Gustav Höfken, Abg. für den Wahlbezirk Bochum-Dortmund.
Friedrich Wilhelm Schubert aus Königsberg, Abg. für Sensburg-Ortelsburg Pr.
Carl v. Breuning, Abg. für Landkreis Aachen-Geilenkirchen.
Christian Heldmann, Abg. für den Wahlbezirk Nidda in Hessen.
H. R. Claussen, Abg. für den 1. holsteinischen Wahldistrict.
K. Th. Gier, Abg. für den Wahlbezirk Mühlhausen-Langensalza.
Friedrich Mölling, Abg. aus Oldenburg.
Karl Hehner, Abgeordneter aus Nassau.
Gustav Blumröder, Abgeordneter des Wahlbezirks Wunsiedel.
Karl Degenkolb aus Eulenburg, Abgeordneter für den Wahlbezirk Delitzsch-Bitterfeld.
J. Münch, Abgeordneter aus Wetzlar, in der preußischen Rheinprovinz.
Wilhelm Sachs, Abgeordneter für Mannheim.
J. B. Haggenmüller, Abgeordneter des Wahlbezirkes Kempten.
W. Loewe, Abgeordneter für Wahlbezirk Calbe und Jerichow I.
Dominikus Kuenzer von Konstanz, Abgeordneter aus dem Großherzogthum Baden.
Franz Tafel aus Zweibrücken, Abgeordneter für den 10. Wahlbezirk der Bairischen Rheinpfalz.
Bernhard Eisenstuck, Abgeordneter des 18. sächsischen Wahlbezirkes.
Schulz von Darmstadt, Abgeordneter des 1. Wahlbezirks des Großh. Hessen.
Karl Friedrich Rheinwald, Abgeordneter des Würtembergischen Wahlbezirks Tuttlingen.
Karl Nicol, Abgeordneter des ersten Hannövrischen Wahlbezirks.
A. Grumbrecht aus Lüneburg, Abgeordneter des 12. Hannöverschen Wahldistrikts (Lüchow).
Ferd. Nägele aus Murrhardt, Abgeordneter des Bezirks Backnang-Weinsberg in Würtemberg
Grüel aus Burg, Abgeordneter für die Jerichow'schen Kreise in der Provinz Sachsen.
Salomon Fehrenbach aus Säckingen, Abgeordneter aus dem Großherzogthum Baden
C. W. Weigle, Abgeordneter des 6. Wahlbezirks in Würtemberg.
Franz Raveaux von Köln.
Bruno Hildebrand aus Marburg, Abgeordneter des 8. Kurhessischen Wahlbezirks.
Karl Hagen aus Heidelberg, Abgeordneter des Wahlbezirks Heidelberg.
Ernst Heubner aus Zwickau, Abgeordneter des 16. (Zschopau) sächsischen Wahlbezirks.
C. Th. Gravenhorst aus Lüneburg, Abgeordneter des 11. Hannoverschen Wahldistricts (Harburg).
Nik. Schmitt aus Kaiserslautern, Abgeordneter des 4. pfälzischen Wahlbezirks.
Emil Rahm aus Stettin, Abgeordneter für den 6. pommerschen Wahlbezirk.
August Culmann aus Zweibrücken, Abgeordneter des rheinbairischen Wahlbezirks Landau.
Baron von Scherpenzeel-Heusch, Abgeordneter des Herzogthums Limburg, Wahlbezirk Roermonde.
Alexander von Bally aus Oberbeuthen.
Joseph Huck aus Ulm, Abgeordneter für Ellwangen-Neresheim.
Wilhelm Jordan von Berlin, Abgeordneter für den Ober-Barnimschen Kreis.
Robert Mohl aus Heidelberg, Abgeordneter von Mergentheim in Würtemberg.
A. L. J. Michelsen von Jena, Abgeordneter von Fehmarn und Hadersleben in Schleswig.
Theodor Brescius aus Züllichau, Abgeordneter für den 23 Brandenburger Wahlbezirk.
Constantin, Fürst v. Waldburg-Zeil-Trauchburg.
Alexander Schneer, Abgeordneter des 19. Schlesischen Wahlbezirks.
Marquard Adolph Barth aus Kaufbeuren, Abgeordneter für den Wahlbezirk Kaufbeuren in Bayern.

4*

Agathon Wernich aus Elbing, Abgeordneter für den Wahlbezirk Elbing—Marienburg in Preußen.
Wilhelm Bachmayer aus Forchheim, Abgeordneter für den Wahlbezirk Forchheim.
Gustav Adolf Stenzel aus Breslau, Abgeordneter für Neumarkt und Striegau in Schlesien.
Franz August Mammen aus Plauen, Abgeordneter für den 12. sächsischen Wahlbezirk.
Ernst Nizze aus Stralsund, für den 15. Pommerschen Wahlbezirk.
Heinrich Carl Esmarch aus Schleswig, für den fünften Schleswigschen Wahldistrict.
G. Gulden von Zweibrücken, Abgeordneter für den 3. pfälzischen Wahlbezirk.
Friedrich Schulz von Weilburg, Abgeordneter für den 3. nassauischen Wahlbezirk.
A. Fr. Gfrörer von Calw, Abgeordneter für Ehingen-Münsingen.
Richard Pinckert aus Zeitz, für die Wahlbezirke Zeitz—Weissenfels, Provinz Sachsen.
Heinrich Henkel aus Cassel für den 1. kurhessischen Wahlbezirk.
Wilhelm Grisac aus dem Wahlbezirk Prenzlau, Provinz Brandenburg.
A. Christ aus Bruchsal in Baden.
Josef Rank aus Wien.
Ambrosch aus dem Wahlbezirk Ohlau und Strehlen in Preuß. Schlesien.
Böcking, Abgeordneter des 11. rheinpreußischen Wahlbezirks.
Fr. Vischer aus Tübingen.
C. Schwarz aus Halle.
Hermann Loew aus Posen.
Cyprian Lelek aus Hultschin in Oberschlesien.
Köhler aus Seehausen.
Heinrich Waldmann aus Heiligenstadt.
Hillart Gropp aus Oldenburg, Abgeordneter für Kniphausen.
Dr. H. C. Scholten aus Wardt bei Xanten für den 31. rheinpreußischen Wahlbezirk.
Heimbrod aus Sohrau für den 35. Schlesischen Wahlbezirk.
Engel aus Culm.
Friedrich Gottlieb Becker aus Gotha.
Deiters, Abgeordneter des 16. rheinpreußischen Wahlbezirks Bonn-Rheinbach.
Grubert aus Breslau.
Albert Julius v. Gladis, Abgeordneter des 14. preuß. schlesisch. Wahlbezirks.
Carl Rättig, Abgeordneter für den Wahlbezirk Potsdam, Prov. Brandenburg.
Conrad Cucumus aus München, Abgeordneter für Schweinfurt.
E. M. Arndt aus Bonn, Reichstagsmann für den Kreis Solingen.
John A. Droege aus Bremen, Abgeordneter des 18. hannöv. Wahlbezirks.
Friedrich Wilhelm Schepp aus Wiesbaden, Abgeordneter des 4. nassauischen Wahlbezirks.
Wilhelm Jacobi, Abgeordneter des fünften Kurhessischen Wahlbezirks.
Albert Sprengel aus Waren, Abgeordneter des siebenten Mecklenburgischen Wahlbezirks.
Albert Schott aus Stuttgart, Abgeordneter des dritten Würtemb. Wahlbezirks des Neckarkreises (Böblingen.)
Friedrich v. Selasinsky aus Berlin, Abgeordneter des 13. Brandenburgischen Wahlbezirks.
Spiren aus Mannheim.
Riesser aus Hamburg, Abgeordneter für Lauenburg.
G. Beseler aus Greifswalde.
Stephan Matthies aus Greifswalde für den Wahlbezirk Gremmen.
Dr. Kahlert aus Leobschütz in Schlesien.
Ch. München aus und für Luxemburg.
Hans v. Raumer aus Dinkelsbühl in Bayern.
Dr. Stieber aus Budissin, Abgeordneter des 3. sächsischen Wahlbezirks.
Titus Mareck aus Steiermark.
C. Welcker von Heidelberg.
Bauer aus Bamberg, Abgeordneter des 5. mittelfränkischen Wahlbezirks.
Theodor Paur aus Neisse, Abgeordneter des 29. preuß.-schles. Wahlbezirkes (Grottkau-Falkenberg).
August Heinrich Oberg aus Hildesheim.
C. F. Wurm, für den ersten Wahlbezirk im würtembergischen Neckarkreise.
W. Schrader, Abgeordneter für Brandenburg a/H.
Dr. Wilhelm Krafft aus Nürnberg.
Breusing aus Osnabrück.
Herrmann Metzke von Sagan für Sagan Sprottau.
Dr. F. Lammers aus Erlangen.
Ernst Erasmus Vogel aus Guben, Abgeordneter für den 23. brandenburgischen Wahlbezirk.
Hermann von Kösteritz, Abgeordneter für Elberfeld.
Karl Zittel aus Heidelberg, Abgeordneter für Karlsruhe.
Heinrich Schirmeister, Abgeordneter für Insterburg und Niederung.
Franz v. Schleusing, Abgeordneter für Rastenburg und Lötzen.
Johannes Zeltner aus Nürnberg für den Wahlbezirk Fürth.
Albert Kosmann aus Stettin, Abgeordneter für den 10. Wahlbezirk von Pommern.
Ernst Deecke, Abgeordneter der freien Stadt Lübeck.
Dr. Gustav Schwetschke aus Halle, Wahlbezirk Sangerhausen-Querfurth.
Giesebrecht aus Stettin.
C. Marcus aus Bartenstein, für den Wahlbezirk Friedland und Gerdauen.
Nerreter, für den Wahlbezirk Fraustadt in Deutsch-Posen.
Backhaus, für Waldeck und Pyrmont.
J. B. Mann jun. aus Rostock.
Gustav Hofmann, Abgeordneter des 8. Wahlbezirks im Großherzogthum Hessen.
Wilhelm Stahl aus Erlangen, Abgeordneter für den Wahlbezirk Ellingen in Bayern.
Schierenberg aus Detmold, Abgeordneter für Lippe.
Carl Kotschy, Pastor aus Ustron, Abgeordneter für den Bielitzer Wahlbezirk im österreichischen Schlesien.
C. Viebig aus Posen.

Franz Möller, Abgeordneter des Wahlbezirks Reichenberg in Böhmen.
Wilhelm Junkmann aus Münster. Wahlkreis Recklinghausen, Haltern, Dorsten, Dülmen.
Frisch aus Stuttgart.
Ph. J. Caspers aus Coblenz.
Aug. Drechsler aus Rostock, Abgeordneter des 5. Mecklenburg-Schwerin'schen Wahlkreises.
Freese aus Stargard in Pommern.
Gustav Rob. Groß, Abg. für den Wahlbezirk Nimes in Böhmen.
Aloysius Mutius Ottow, Abgeordneter für die Kreise Wehlau und Labiau in Ostpreußen.
Mar. Heinr. Rüder aus und für Oldenburg.
Werner Johannes, Abgeordneter für Meiningen.
Graf von Giech für Hof.
Theodor Reh von Darmstadt, Abgeordneter für den Großherzogl. Hessischen Wahlbezirk Offenbach.
Goltz, Abgeordneter für die Wahlkreise Brieg-Namslau.
Martiny aus Pr. Friedland, Abg. für den Wahlkreis Schlochau-Flatow in Westpreußen.
F. Zachariä, Abgeordneter von Anhalt-Bernburg.
Adolf von Zerzog aus Regensburg.
Gustav Langerfeldt von Wolfenbüttel.
Hennig aus Dempowalonka in Westpreußen.
August Klett von Heilbronn, Abgeordneter des 8. Württembergischen Wahlbezirks (Neckarkreis).
v. Borries, Abgeordneter für den Wahlkreis Carthaus-Neustadt.
Carl Laudien aus Königsberg in Preußen, Abgeord. für den Wahlkreis Geldap-Olezko.
J. P. Welter, Vertreter für den Wahlbezirk Merzig (in Rheinpreußen).
Dr. Maximilian Carl Friedrich Wilhelm Grävell, Vertreter des Rothenburg-Hoyerswerdaer Kreises in der Oberlausitz.
Ludwig Ehrlich aus Murzinek, Abgeord. für den Kreis Inowraclaw.
Georg Bernhard Simson aus Königsberg, Vertreter des Kreises preußisch Stargard und Schwetz.
Robert Schick, Abgeord. für den Wahlbezirk Weissensee-Erfurt in Preußen.
Dr. Paul Herzog aus Ebermannstadt, Vertreter des Wahlbezirks Pottenstein, bair. Oberfranken.
Teichert aus Berlin.
Göden aus Krotoschin.
Brons aus Emden.
Schultze aus Liebau.
Franz Stark aus Krumau.
Julius Jordan aus Gollnow.
Carl Friedrich Bandelow aus Kranz.
Franz Hedrich aus Prag.
Emil Wagner aus Jastrow.
Heinrich Simon aus Breslau, Abg. für Magdeburg.
Wilhelm Leverkus aus Oldenburg, für den rheinpreußischen Wahlkreis Lennep.
Georg Waitz aus Göttingen (Abg. v. Kiel).
August Hirschberg aus Sondershausen.
August Hergenhahn aus Wiesbaden.
Wilhelm Oertel aus Mittelwalde.
Heinrich Reitter aus Prag, für Böhmisch-Leipa.
Eberhard Kaefferlein aus Bayreuth.
August Emmerling aus Darmstadt.
R. Haym aus Halle.
Joseph Kutzen aus Breslau.
Carl Fuchs aus Breslau.
Sturm aus Sorau.
Siehr aus Gumbinnen.
Franz Bresgen aus Ahrweiler.
L. F. Houben für Geldern.
Ph. Schwarzenberg aus Cassel.
Joh. Gustav Droysen aus Kiel.
Kerst aus Meseritz.
Lette aus Berlin.
Sylvester Jordan.
C. Spatz aus Frankenthal.
Moritz Hartmann für Leitmeritz in Böhmen.
Carl Francke aus Schleswig.
A. Hollandt aus Braunschweig.
Gustav Graf Keller aus Erfurt.
Eugen Bock aus pr. Minden.
Werthmüller aus Fulda.
Otto v. Keudell aus Berlin.
Gottlieb Ch. Schüler aus Jena.
C. W. Wippermann aus Cassel.
Thomas Mayer aus Ottobeuern, bairischen Wahlbezirks Memmingen.
Schenck aus Dillenburg.
Mar Simon aus Breslau, Abg. des 13. schlesischen Wahlbezirks (Steinau-Wohlau-Guhrau).
Moritz Mayfeld aus Wien.
Wilhelm Weissenborn aus Eisenach.
Franz Heisterbergk aus Rochlitz.
K. Jürgens, Abg. für den 3. braunschweigischen Wahlbezirk.
v. Buttel aus Oldenburg.
A. Cramer aus Cöthen.
Kaspar Arnold Gottf. Jos. Engel, Abgeordneter aus Holstein.
Adolph Schmidt aus Berlin, Abgeordneter des 1. Brandenburg'schen Wahlbezirks (Berlin).
J. Pinder, Abgeordneter des Wahlkreises Lauban in Schlesien.
W. v. Kalkstein, Abg. des Wahlkreises preußisch Eilau in Ostpreußen.
Karl Mertel, Abgeordneter des Wahlbezirks Cronach in Baiern.
Heinrich Anz, Abgeordneter des Wahlbezirks Graudenz in Westpreußen.
Eduard Heinrich Wilhelm Tannen aus Zilenzig, Abgeordneter für den 22. Brandenburg'schen Wahlbezirk.
Carl Bersen aus Nieheim, Abgeordneter des 6. westphälischen Wahlbezirks (Hörter-Warburg).
Alerander Küntzel aus Wolka, Abgeordneter des Neidenburg-Osteroder Wahlbezirks in Ostpreußen.
Reisinger aus Freistadt in Ober-Oesterreich.
Robert Rothe aus Berlin, für den Wahlbezirk Marienwerder-Rosenberg.
Carl Cetto aus Trier, für den vierten rheinpreußischen Wahlbezirk (St. Wendel-Ottweiler).
Wilhelm v. Reischütz aus Königsberg, für den Wahlbezirk Königsberg-Fischhausen.

Erdwin von der Horst II. aus Rotenburg, 17. hannoverscher Wahlbezirk.
Christian Minkus aus Marienfeld, für den Kreutzburger und Rosenberger Wahlbezirk.
Gottlieb Wilhelm Freudentheil aus Stade, 16. hannoverscher Wahlbezirk.
August Prinzinger aus Salzburg, für den Wahlbezirk St. Pölten in Nieder-Oesterreich.
Carl v. Sänger aus der Provinz Posen, für den Wirsitz-Chadziesower Wahlbezirk.
Johann Carl Ernst Kunth aus Bunzlau in Schlesien.
Jacob Guido Theodor Gülich aus Schleswig.
J. L. Tellkampf aus Breslau, für den 24. schlesischen Wahlbezirk.
J. M. von Radowitz aus Rüthen.
Ernst Eduard Eckert, für den Wahlkreis Bromberg.
Friedrich August Fritzsche aus Roda, für das Herzogthum Altenburg
Karl Emanuel Groß aus Leer in Ostfriesland, Abgeordneter des 24. Hannoverschen Wahlbezirks.
Arnold Schlüter von Paderborn.
Karl Sellmer aus Landsberg an der Warte.
Gustav Freiherr von Amstetter, für den 21. schlesischen Wahlbezirk (Breslau).
Alexander Falk, für Militsch-Wartenberg in Schlesien
Carl Heinrich Ebmeier, für den Wahlbezirk Lübbecke in Westphalen.
Friedrich Roeder aus Neustettin, für den 5. Pommerschen Wahlbezirk.
Ch. Becker, für die rheinpreußischen Wahlkreise Daun, Prüm und Bitburg.
Joseph Brockhausen, für den Wahlkreis Münster in Westphalen.
J. Förster aus Hünfeld, Abgeordneter des 11. kurhessischen Wahlbezirks.
Johann Demel, für den Wahlbezirk Teschen in österreichisch Schlesien.
August Ernst Braun, aus Cöslin für den 4. pommerschen Wahlbezirk.
Otto Plathner, für den Wahlkreis Halberstadt-Wernigerode.
Carl Bernhardi aus Cassel, für den 2. kurhessischen Wahlbezirk.
Wilhelm Behncke, für den 4. hannoverschen Wahlbezirk.
Franz Tappehorn, für den Wahlbezirk Oldenburg.
Christian Heinrich Plaß aus Stade, Abgeordneter des 19. hannoverschen Wahlbezirks.
Adolph Richter aus Danzig, Abgeordneter für die Kreise Danzig und Berendt.
August Hermann Ziegert, Abgeordneter für den Wahlbezirk Minden in Westphalen.
J. Friedrich Schütz aus Mainz, Abgeordneter des 11. Wahlbezirks des Großherzogthums Hessen.
Friedrich Federer aus Stuttgart.
Georg Pfahler aus Tettnang, Abgeordneter des 4. Oberschwäbischen Wahlbezirks, Königreich Würtemberg.
Friedrich Anders aus Goldberg, Abgeordneter für den 8. schlesischen Wahlbezirk.
Wilhelm August Zöllner, Abgeordneter für den 2. Wahlbezirk des Königreichs Sachsen.
Ludwig Reinhard, Abgeordneter für Mecklenburg-Schwerin.
F. C. Hoenniger, Abgeordneter für Schwarzburg-Rudolstadt.
Anderson aus Frankfurt a. d. Oder für den 16. brandenburg'schen Wahlbezirk.
Emil Franz Rößler aus Wien, Abgeordneter für Saaz in Böhmen.
Franz Makowiczka, Abgeordneter für Komotau in Böhmen.
Julius Scharre, Abgeordneter des 4. Wahlbezirks des Königreichs Sachsen.
Friedrich Löw aus Magdeburg, Abgeordneter für den Kreis Neuhaldensleben in der preußischen Provinz Sachsen.
Wilhelm Erdmann Florian von Thielau, Abgeordneter für den 4. braunschweig'schen Wahlbezirk.
Gustav Carl Albrecht Fürchtegott, Graf von der Goltz, Abgeordneter für den Wahlbezirk Czarnikow-Chodziesen, Königreich Preußen, Departement Bromberg.
Carl Hahn, Abgeordneter der Kreise Allenstein und Rössel (Preußen).
Rudolph Christmann aus Dürkheim, Abgeordneter für den Neustadter-Dürkheimer Wahlbezirk in Rheinbaiern.
Friedrich Wilhelm Schlöffel aus Halbendorf, Abgeordneter für den Kreis Hirschberg in Schlesien.
Hellmuth Wöhler aus Schwerin, Abgeordneter des 2. Meckl.-Schwer. Wahlbezirks.
Ernst Ludwig Mandisch, Abgeordneter für den 17. Wahlbezirk im Königreich Sachsen.
Carl Helbing, Abgeordneter für den Wahlbezirk Stadt- und Land-Amt Freyburg in Baden.
Eduard Strache, Kaufmann aus Rumburg, für den Wahlbezirk Tetschen in Böhmen.
Jos. Schneider, Dr. j. aus Wien, gewählt im Wahlbezirk Müglitz in Mähren.
Ant. Kolaczek, für den Wahlbezirk Ostrau in österr. Schlesien.
Wilhelm Otto Liebmann aus Perleberg, für den 7. Brandenburgischen Wahlbezirk.
Gustav Adolph Rösler, Gymnasiallehrer aus Oels, gewählt für den schlesischen Wahlbezirk Oels-Wartenberg.
Gustav Moritz Hallbauer aus Meißen, für den 20. Wahlbezirk im Königreich Sachsen
Heinrich Guiscard v. Quintus-Icilius aus Fallingbostel, für den 15. Hannover'schen Wahlbezirk
Ferdinand Haubenschmied aus Passau, für den Wahlbezirk Passau.
Johann Jacob Lauk aus München, für den Wahlbezirk Arnstein.
Paur aus Augsburg.
H. Becker aus Schwerin für den 3. Mecklenburg-Schwerin'schen Wahlbezirk.
Traugott Trabert aus Rausche (Görlitz-Haide), für den Wahlbezirk Görlitz (2. schles.), luth. evang. Pfarrer.
Friedrich von Raumer aus Berlin.
Robert Walter aus Neustadt o/S., Abgeordneter für den 39. Schlesischen Wahlbezirk.

31

Franz Scholz aus Neisse, Abgeordneter für den 28. preußisch-schlesischen Wahlbezirk.

Dr. Mohr von Oberingelheim, Wahlbezirk Worms, Rheinhessen.

Wilhelm Adolph von Trützschler, Abgeordneter des 13. K. Sächsischen Wahlbezirks.

J. Bürgers, Abgeordneter für Landkreis Köln und Mülheim am Rhein, Rheinpreußen.

Philipp Geigel, Abg. des Bezirks Kitzingen in Bayern.

Werner von Selchow, Abgeordneter für den Bezirk Lauenburg-Bütow in Pommern.

Julius von Treskow, Abgeordneter für Schubin in Deutsch-Posen.

Moriz Briegleb, Abgeordneter für Coburg.

Med. Dr. W. Naus, gewählt für Kromau in Mähren.

Christian Lodemann, Regierungsrath zu Lüneburg, Abgeordneter des 13. Hannov. Wahldistricts.

Wilhelm Schulze aus Potsdam, für den 8. Brandenburgischen Wahlbezirk (Ruppin u. Ost-Priegnitz).

Mittermaier aus Heidelberg.

Dr. Eisenmann aus Würzburg, Abgeordneter für Würzburg.

Friedrich Wilhelm von Reden aus Hannover, Abgeordneter für den Harz.

Carl v. Stremayr, Abgeordneter für den Wahlbezirk Kindberg in Steyermark.

Carl Theodor Gevekoht, Abgeordneter für Bremen.

Carl Vogt, Abgeordneter für den 6. hessischen Wahlbezirk (Gießen-Biedenkopf-Vöhl).

Gustav Kratz, Abgeordneter für den 2. pommer'schen Wahlbezirk (Stolpe).

Robert Blehn, Abgeordneter für den 32. preußischen Wahlbezirk.

Gustav Mevissen, Abgeordneter für Siegen.

Moritz Veit, Abgeordneter für Berlin.

Franz Schmidt, Abgeordneter für Löwenberg.

Max Duncker, Abg. für Halle und den Saalkreis.

Julius Carl Raumer, Abgeordneter für Anhalt-Dessau.

Karl Ludwig Langbein aus Wurzen, Abgeordneter des 5. Wahlbezirks im Königreich Sachsen.

Gustav Rümelin, Abgeordneter des Wahlbezirks Kirchheim-Nürtingen in Würtemberg.

Heinrich Thöl, Abgeordneter für Mecklenburg-Strelitz.

Adolph Cnyrim, Abgeordneter für Kurhessen.

Friedrich Ludwig Jahn von Freiburg an der Unstrut, Abgeordneter des 16. Wahlbezirks von Preußisch-Sachsen.

Schaedler Karl, Abgeordneter des Fürstenthums Liechtenstein.

Gustav Godeffroy, Abgeordneter für Hamburg.

Hermann, Freiherr von Rotenhan aus Neuhwelnsdorf, Abgeordneter für den Wahlbezirk Nördlingen.

Christian Widenmann aus Düsseldorf, Abgeordneter für den rheinpreußischen Wahlbezirk Gladbach.

Emmanuel Servais aus Luxemburg, Abgeordneter für Luxemburg.

Wilhelm Michael Schaffrath, Abgeordneter für den 24. Wahlbezirk des Königreichs Sachsen (Stolpen), aus Neustadt bei Stolpen.

Ernst Wilhelm Eduard Zimmermann, Dr. j. u., Obergerichtsassessor, Bürgermeister von Spandow, Abgeordneter zur deutschen Reichsversammlung für den Luckauer Wahlbezirk.

Anton Pius Gustav Wilhelm v. Wegnern, Landrath, Abgeordneter für den Wahlbezirk Lyck und Johanisburg in Ostpreußen.

Ludwig Bogen von Michelstadt im Odenwald, Abgeordneter des 4. Wahlbezirks, Großherzogthum Hessen.

Hermann von Massow aus der Grafschaft Glatz.

Aug. Frhr. v. Ende, Landrath, aus Waldenburg in Schlesien.

Joh. Carl Lud. Schreiber, Abgeordneter für den 3. westfälischen Wahlbezirk.

J. Bender (aus Cöln) für Hessen-Homburg.

W. Wiest aus Tübingen, für den 5. würtembergischen Wahlbezirk.

Dr. C. Giskra aus Wien, abgeordnet vom Wahlbezirke Mährisch-Trübau.

Eduard Marcks aus Duisburg, Abgeordneter des 30. (rhein.) preuß. Wahlbezirks.

Friedrich Wilhelm Levysohn, Dr. phil. und Buchhändler aus Grünberg in Schlesien, Abgeordneter für den 12. schlesischen Wahlbezirk (Grünberg — Freistadt).

Johann Friedrich Kierulff, Oberappellationsrath aus Rostock, Abgeordneter für den ersten Mecklenburg-Schwerin'schen Wahldistrikt.

Ludwig Simon von Trier.

Adolph Wiesner von Wien, Abgeordneter für den Wahlbezirk Feldsberg in Niederösterreich.

Würth aus Sigmaringen.

Wilhelm Zimmermann aus Stuttgart.

Karl Damm aus Tauberbischofsheim in Baden.

Friedrich Stavenhagen, Oberst, Abgeordneter für Berlin.

Louis Müller aus Sonnenberg, Abgeordneter für Meiningen.

Gustav Fischer aus Jena, Abgeordneter für den vierten Wahlkreis des Großherzogthums Weimar.

Johann Gottlieb August Naumann aus Frankfurt an der Oder, Abgeordneter für den Wahlbezirk des Cottbus- und Spremberger Kreises der Provinz Brandenburg.

Johann Georg Günther aus Leipzig, Abgeordneter des X. Wahlbezirks im Königreich Sachsen.

Julius Fröbel aus Griesheim im Fürstenthum Schwarzburg-Rudolstadt, Abgeordneter für Reuß jüngerer Linie.

Carl Ludwig Rudolph Heppenstedt, aus Hannover, Abgeordneter für den zweiten Wahldistrict im Königreich Hannover.

Ph. Umbscheiden, gewählt im ersten pfälz. Wahlbezirke zu Bergzabern (Bayern).

Ludwig Bonardy aus Greiz, Abgeordneter des Fürstenthums Reuß, älterer Linie.

Josef Hermann Kudlich, Abgeordneter für den österr. schlesischen Wahlbezirk Benisch.

Wilhelm Hoffbauer aus Nordhausen, als Abgeordneter gewählt für den Wahlbezirk Nordhausen-Worbis in der preußischen Provinz Sachsen.

Johann Friedrich Rödinger, Rechtsconsulent in Stuttgart, Abgeordneter für den würtembergischen Wahlbezirk Oehringen-Künzelsau.

Johannes Fallati, Abgeordneter für Horb-Herrenberg-Nagold in Würtemberg.

Wilhelm Wernher von Nierstein, Abgeordneter für Alsfeld in Hessen.

Remigius Vogel, Abgeordneter des Wahlbezirks Dillingen.

August Reitmayr, Kreis- und Stadtgerichtsrath aus Regensburg für den Wahlbezirk Weiden in der Oberpfalz.

Emil Adolf Roßmäßler, Abgeordneter des XXII. sächsischen Wahlbezirks.

August Rühl, Abgeordneter von Hanau.

Friedr. Theophil Hensel aus Kamenz, Abgeordneter des XXIII. Wahlbezirks im Königreich Sachsen.

G. F. Kolb, Bürgermeister von Speyer, Abgeordneter für den Pfälzischen Wahlbezirk Speyer-Edenkoben-Germersheim.

Karl Mathy.

Bassermann, aus Stadtprozelten in Bayern.

Ernst Merck, Kaufmann aus Hamburg, für Hamburg.

Theodor Dietzsch, Abgeordneter für den 13. sächsischen Wahlbezirk.

Friedrich Christoph Dahlmann, Abgeordneter des 6. holsteinischen Wahlbezirks.

Johann Friedrich Nagel aus Balingen, Abgeordneter des 2. würtembergischen Wahlbezirks im Schwarzwaldkreise.

Heinrich Albert Zachariä aus Göttingen, Abgeordneter des 6. hannoverschen Wahlbezirks.

August Reinstein aus Naumburg a. S., Abgeordneter des Wahlbezirks Naumburg-Eckartsberga (Pr. Sachsen).

August Pfeiffer, Abgeordneter für den Wahlbezirk Soldin-Arnswalde in der Neumark (Preußen).

Adolph Schoder aus Stuttgart, Abgeordneter für den Wahlbezirk Besigheim-Brackenheim im Königreich Würtemberg.

Hermann von Beckerath, Abgeordneter für Crefeld.

Ernst Friedrich Gottschalk aus Schopfheim, Abgeordneter für die Aemter Staufen, Mülheim, Schönau und St. Blasien (Baden).

Heinrich Julius Kämmel, Subrector am Gymnasium in Zittau, Abgeordneter für den ersten Wahlbezirk des Königreichs Sachsen.

Heinrich Ahrends aus Salzgitter, Abgeordneter für den hannoverschen Wahlbezirk Goslar-Halle-Alfeld-Bokkenem.

Oskar von Wydenbrugk, Abgeordneter des 1. Wahlbezirks des Großherzogthums Sachsen-Weimar.

Manfred Köhler

»Im Sinne der allgemeinen Gerechtigkeit«. Die Verfassung des Volksstaates Hessen von 1919.

1. Zum Forschungsstand

Das Bild der Revolution von 1918/19 war in der deutschen Geschichtswissenschaft nach dem Ende des Zweiten Weltkrieges recht starken Veränderungen unterworfen. Natürlich ist die Diskussion auch gegenwärtig noch nicht abgeschlossen, aber immerhin nimmt ein Großteil der Forscher und Experten seit geraumer Zeit eine sogenannte »revisionistische« Position ein.

Für die Revolutionsdeutung der 50er Jahre waren im wesentlichen die Arbeiten Karl Dietrich Erdmanns bestimmend. Er hatte zunächst in einem 1955 veröffentlichten Forschungsbericht die dezidierte Ansicht vertreten, daß die Freiheit der damals Handelnden auf ein konkretes Entweder-Oder beschränkt gewesen sei: Nur ein Zusammengehen der Mehrheitssozialdemokratie unter Friedrich Ebert mit dem kaiserlichen Offizierskorps und der alten Bürokratie habe den Boden für die Errichtung der parlamentarischen Republik bereitet, denn dadurch sei die militärische Niederwerfung der revolutionären Kräfte möglich geworden und Deutschland vor dem Schicksal bewahrt geblieben, dem Kommunismus bzw. Bolschewismus anheimzufallen.[1] Diese Sichtweise ging auch in seine Darstellung der Revolutionsepoche ein, die er 1959 in der 8. Auflage des Gebhardtschen »Handbuch der deutschen Geschichte« veröffentlichte; das entsprechende Kapitel stellte er unter die einfache Antithese: »Rätestaat oder parlamentarische Demokratie«.[2] Besonders diese Handbuch-Veröffentlichung war es, die die Sichtweise Erdmanns einem breiteren Historikerkreis bekanntmachte und sie nicht nur zur dominierenden, sondern auch zur nahezu allgemein akzeptierten Revolutions-Interpretation werden ließ. An seiner Sichtweise hielt Erdmann grundsätzlich auch fest, nachdem er in den 60er und 70 Jahren massiv ins Schußfeld der Kritik geraten war. Wer die demokratische Republik wollte, so entgegnete er seinen Gegnern pointiert, mußte das Bündnis nach rechts wollen und um der Stabilität der Verhältnisse willen auf gesellschaftliche Strukturveränderungen in der revolutionären Übergangszeit verzichten.[3]

Die Erdmannsche Sichtweise basierte im Kern auf einer Revolutionsdeutung, die bereits in der Weimarer Zeit in liberal-demokratischen Kreisen entwickelt worden war und die die Sozialdemokratie weitgehend übernommen hatte. Sie kulminierte in einem zentralen Punkt: dem Abwehrkampf gegen den Bolschewismus. Man geht wohl nicht fehl, wenn man annimmt, daß diese Sichtweise auch nach 1945, also in Zeiten des »Kalten Krieges«, in die politische Landschaft paßte, also eine opportune Interpretation war.[4]

Als die westdeutsche Forschung in den 60er Jahren daran ging, diese Revolutionsdeutung auf der Grundlage der inzwischen zur Verfügung stehenden Quellen kritisch zu überprüfen, zeigte sich bald, daß Revisionen insbesondere in zwei Punkten notwendig waren: a. bei der Einschätzung der Rolle der Arbeiter- und Soldatenräte und b. bei der Beurteilung des Entscheidungsspielraums, der den politisch Verantwortlichen zur Verfügung stand.

a. Die Arbeiter- und Soldatenräte waren, entgegen einer weitverbreiteten Annahme, nicht einfach Werkzeuge der radikalen Linken (zum Beispiel des Spartakus-Bundes, des Vorläufers der KPD), so daß von einer »bolschewistischen Gefahr« keine Rede sein konnte. Die Räte wurden vielmehr überwiegend von Mehrheits- und unabhängigen Sozialdemokraten beherrscht, manchmal verfügten in ihnen auch bürgerliche Kräfte über einigen Einfluß. Entsprechend verstanden sich die Räte in ihrer überwältigenden Mehrheit nicht als Kontrahenten der sozialdemokratischen Koalitionsregierungen aus SPD und USPD im Reich und in den Ländern, sondern als deren lokale und regionale Sachwalter. Sie sahen ihre Aufgabe vor allem darin, die neuen Regierungen zu unterstützen, gegenrevolutionäre Bestrebungen zu bekämpfen und praktische Hilfe bei der Demobilisierung, der Versorgung der Bevölkerung und der Aufrechterhaltung der öffentlichen Sicherheit zu leisten. Selbst in der zentralen Streitfrage der ersten Revolutionswochen: »Nationalversammlung oder Rätesystem«, vertraten sie meist eine eindeutige Position: für eine rasche Wahl der Nationalversammlung und damit für die parlamentarische Demokratie. Zugleich erhoben sie, auf der Linie sozialdemokratischer Programmatik, eine ganze Reihe von Forderungen, die auf eine tiefgreifende Reform der alten politischen und gesellschaftlichen Ordnung abzielten.

Dies Bild änderte sich in der zweiten Phase der Revolution, die im Frühjahr 1919 einsetzte. Enttäuscht über das Ausbleiben der erwarteten und geforderten Veränderungen in Militär, Bürokratie und Großindustrie machte jetzt eine sich rasch radikalisierende Arbeiterschaft zunehmend Front gegen den von den Mehrheitssozialisten bestimmten Regierungskurs. Diese Massenbewegung war in weiten Teilen antiparlamentarisch und rätedemokratisch orientiert und wurde im wesentlichen von der USPD dominiert. Sie betrachtete die Räte als Organe des Klassenkampfes und erstrebte ihre Institutionalisierung, um das Hauptziel der Revolution, die Vergesellschaftung der Produktion, durchzusetzen und abzusichern. Das Potential für diese Massenbewegung sei aber, so wird in der Forschung verschiedentlich betont, erst im Verlauf der Revolution und aufgrund der Enttäuschungen über die Ereignisse in den ersten Wochen nach dem Staatsumsturz entstanden.[5]

Ich möchte ergänzen: War diese Massenbewegung auch radikaler als die Novemberbewegung, so hatte auch sie kaum die Kraft zur Etablierung einer »proletarischen Diktatur«. Die USPD, die wichtigste Trägerin der Bewegung, hatte sich erst 1917 von der SPD getrennt, war innerlich wenig konsolidiert und stand erst am Beginn des Aufbaus einer eigenen Parteiorganisation. Die KPD war zu dieser Zeit noch nicht einmal gegründet.[6]

b. Bei diesem Befund konnte die alte Erdmannsche Alternative keinen Bestand mehr haben. Da einerseits die soziale Basis für den November-Umsturz relativ breit war und andererseits die Gefahr einer bolschewistischen Machtergreifung realistischer Weise nicht bestanden hat, war der Handlungsspielraum der Revolutionsregierungen, im Reich wie in den Ländern, weitaus größer als angenommen. »Dieser Handlungsspielraum hätte es der Revolutionsregierung u. a. erlaubt«, so schlußfolgert Eberhard Kalb, einer der maßgeblichen Kritiker, »gegenüber der Führung der alten kaiserlichen Armee mit Selbstbewußtsein und Entschiedenheit aufzutreten, vorbereitende Schritte zur Sozialisierung wenigstens des Bergbaus zu unternehmen« und »das Potential der Arbeiter- und Soldatenräte zugunsten einer sozialdemokratischen Reformpolitik einzusetzen«.[7]

So bezeichnet der »revisionistische« Historikerkreis die Revolution von 1918/19 insgesamt als eine unvollendete oder steckengebliebene Revolution. Sie war zwar ein Meilenstein auf dem Wege vom Obrigkeitsstaat zur Demokratie, aber sie unterließ es, eine angemessene soziale Fundierung durchzusetzen.[8] »Was die Sozialdemokraten nicht beherzigten«, so Heinrich August Winkler, »war eine Erfahrung der europäischen Revolutionsgeschichte: Eine parlamentarische Demokratie setzte gesellschaftliche Bedingungen voraus, die niemals nur mit parlamentarischen Mitteln hergestellt worden sind.[9]

Bei aller Kritik, die die »revisionistischen« Historiker an den alten Positionen Erdmanns übten, setzten sie sich aber gleichzeitig von zwei anderen Richtungen explizit ab: a. gegenüber der marxistisch-leninistischen, die der Sozialdemokratie zum Vorwurf machte, daß ihr die revolutionäre Perspektive eines Lenins gefehlt habe und nicht auf die Etablierung einer »Diktatur des Proletariats« hingearbeitet habe;[10] und b. gegenüber einer Einschätzung, die im Zuge der Studentenbewegung der 70er-Jahre eine gewisse Konjunktur hatte, die die Räte gegen die parlamentarische Demokratie ausspielte und sie als Träger der wahren Demokratie ansehe, sowohl historisch wie politisch-aktuell.[11] Für die »Revisionisten« geht es um nicht mehr, aber auch um nicht weniger als den Nachweis, daß 1918/19 durchaus die Möglichkeit bestand, daß die Revolution einen anderen, progressiveren, aber immer noch sozialdemokratischen Weg einschlug.[12] – Diese Ansicht wird neuerdings ebenfalls durch die lange Zeit (auch von der Bonner SPD) unterdrückten, jetzt endlich in einer vorbildlichen Ausgabe zugänglichen »Erinnerungen« Wilhelm Dittmanns, eines der sechs Mitglieder des Berliner Zentralen Rates der Volksbeauftragten, gestützt.[13]

Diese Revolutionsdeutung hat zumindest zwei sehr wichtige Ergebnisse. Sie macht deutlich, daß, erstens, die Führung der Mehrheitssozialdemokratie entscheidende Mitverantwortung am Steckenbleiben der Revolution trug. Diese versagte sich, aus tiefem und grundsätzlichem Mißtrauen gegenüber der spontanen Massenbewegung, dem Kurs einer optimaleren Durchsetzung sozialdemokratischer Positionen und legte damit, zweitens, die Grundlage für die latente Strukturschwäche der Republik: die ständige Diskrepanz zwischen der demokratischen Verfassung und einer stark durch vor- und antidemokratische Kräfte geprägten gesellschaftlichen Realität, eine Schwäche, die die Republik für ihre gesamte Existenz in so hohem Maße krisenanfällig machte.[14] Reinhard Rürup, ein weiterer wichtiger Vertreter der »Revisionisten«, schlägt von hier aus sogar den Bogen zur Machtergreifung der Nazis:

»Gewiß läßt sich 1933 nicht gradlinig aus 1918 ableiten, aber es ist auch nicht zu übersehen, daß zu den Voraussetzungen des Aufstiegs des Nationalsozialismus, neben dem Versailler Vertrag und der Weltwirtschaftskrise, auch die innere Schwäche der demokratischen Republik gehören, die in erster Linie aus ihrer Entstehungsgeschichte und das heißt aus dem Verlauf und den Ergebnissen resultierten«.[15]

Diese Revolutionsdeutung liegt, wie gesagt, auf mittlerer Linie, zwischen der alten, mehr rechten Position Erdmanns und den kurz angesprochenen linkeren Positionen. Ich habe sie hier kurz skizziert, um einen angemessenen Rahmen für die Beurteilung der hessischen Entwicklung zu erhalten.

2. Die Revolutions-Vorgänge im Volksstaat Hessen 1918/19

Im Großherzogtum Hessen hatte die Sozialdemokratie schon seit dem Frühjahr 1917 auf eine Reform der überkommenen Macht- und Verfassungsstrukturen gedrängt, aber zunächst nicht mehr als die Einsetzung eines Verfassungsausschusses erreicht. Erst rund ein

Jahr später, als das Ende des Krieges sich im Oktober 1918 bereits abzeichnete, zeigten Großherzog und Regierung dem Landtag gegenüber eine gewisse Bereitschaft zum Entgegenkommen. Doch jetzt erhöhte die Sozialdemokratie, im Zusammenspiel mit der Fortschrittspartei, ihre Forderungen: Beschränkung der Krone auf rein repräsentative Betätigung, Abschaffung der 1. Kammer, Beseitigung aller Adelsvorrechte, alleinige Gesetzgebung für die 2. Kammer, die Volksvertretung, Einführung des allgemeinen Wahlrechts, einschließlich des für Frauen. Zudem drückte sie aufs Tempo. So verlangte der SPD-Fraktions-Vorsitzende Carl Ulrich in seiner Grundsatzrede im Landtag am 7. November 1918: Der Übergang vom Obrigkeitsstaat zum Volksstaat, den er bezeichnenderweise mit dem Übergang zur parlamentarischen Staatsordnung gleichsetzte, müsse »so schnell und so gründlich als möglich« herbeigeführt werden.[16]

Dennoch stimmte die SPD am nächsten Tag einem vom Verfassungsausschuß vorgelegten Kompromißantrag zu, der weit hinter den eigenen Forderungen zurückblieb und u. a. lediglich vorsah: Reform der 1. Kammer auf berufsständischer Basis, eine Wahlrechtsreform, bei der zwar das Pluralwahlrecht wegfiel, aber Frauen vorerst lediglich zu den Gemeindewahlen in größeren Orten zugelassen waren, und Einschränkung der Vermögenssonderrechte der großherzoglichen Familie und des Adels.[17] Aber sowohl dieser Kompromiß wie ein, ebenfalls auf Antrag des Landtags vom Großherzog berufener »Staatsrat« aus jeweils zwei Mitgliedern der fünf Landtagsfraktionen, der die Umsetzung der beschlossenen Reformen überwachen sollte, wurden durch die Revolution praktisch überholt.

Über den Ausbruch der Revolution in Darmstadt sind wir im wesentlichen durch den Bericht des damaligen Gewerkschaftssekretärs und SPD-Vorstandsmitglieds Heinrich Delp informiert, den er allerdings erst über zwei Jahre später, im Rahmen einer Landtagsdebatte, abgegeben hat. Danach fand am frühen Abend des 8. November, zwei Tage, nachdem in zahlreichen deutschen Städten die ersten revolutionären Bewegungen stattgefunden hatten, eine vertrauliche Lagebesprechung statt, zu der Oberbürgermeister Glässing eingeladen hatte und an der neben Delp der Stadtkommandant Generalmajor von Randow und der Großherzog teilnahmen. Auf dieser Besprechung gab Delp die Versicherung ab, daß »die Arbeiterschaft Darmstadts ruhig und besonnen sei und Anzeichen eines Aufruhrs nicht festzustellen seien«, und der Stadtkommandant bestätigte, daß »in allen Kasernen die beste Ordnung, die größte Disziplin vorherrschend sei«. Mitten in diese Besprechung platzte allerdings die telefonische Nachricht, daß die Soldaten im stadtnahen Griesheimer Lager und in den städtischen Kasernen selbst sich erhoben, einen Soldatenrat gebildet hätten und dabei seien, Truppen nach Darmstadt zu führen.

Delp unterließ es, einer Vertrauensmännerkonferenz, die an diesem Abend wegen der Vorbereitung einer Demonstration gegen das preußische Wahlrecht im Gewerkschaftshaus stattfand, von diesen Ereignissen zu erzählen, weil er den Ausbruch eines »Bürgerkrieges« befürchtete. Als er in den frühen Nachtstunden dann Schüsse in der Stadt hörte, machte er sich auf den Weg, um, wie er sagte, die »revoltierenden Soldaten zur Vernunft zu bringen«. Am Neuen Palais brachte er eine Menge von 5–7 000 Soldaten dazu, die beabsichtigte Stürmung des Hauses und die Gefangensetzung des Großherzogs zu unterlassen. Nachdem er auch am Ständehaus die Soldaten zum Rückzug bewogen hatte, fuhr er mit einem Auto hinaus zum Griesheimer Lager und forderte die dortigen Truppen auf, »vor allen Dingen Leben, Staats- und Privateigentum zu schützen«. Um die revoltierenden Soldaten zum Rückzug zu bewegen oder zu beruhigen, hatte er ihnen versprechen müssen, die Verbindung mit den Darmstädter Arbeitern herzustellen. Dies hat Delp am anderen Morgen, zusammen mit anderen Parteifreunden, auch getan, indem sie, nach Genehmigung durch die Unternehmer, eine Zusammenkunft aller Arbeiter organisierten, auf der sich beide Gruppen – Soldaten und Arbeiter – verständigen konnten. Damit hatten Delp und seine Freunde den Rücken frei, »die unlauteren Elemente«, wie er es wörtlich formulierte, »die während der Nacht aus dem Gefängnis entlassen worden waren, aus der Leitung des Soldatenrates zu entfernen«.

Delp faßte seinen Bericht dann, in dem er sich an die Rechtsparteien im Landtag wandte, mit den Worten zusammen: »Wenn in Darmstadt, an dem Platze, wo die Regierung ihren Sitz hat und die

Militärrevolte zuerst ausgebrochen ist, alles so schiedlich-friedlich erledigt wurde, so war das kein Verdienst derjenigen, die heute in nationaler Beziehung glauben, alles in Erbpacht genommen zu haben, sondern, so darf ich wenigstens für unsere Parteigenossen den Anspruch erheben, daß sie das getan haben, was ihre Pflicht in dieser Nacht gewesen ist.«[18]

Den Bericht Delps hat der spätere Ministerpräsident Carl Ulrich ohne Kürzung in seine Memoiren aufgenommen, mit dem anschließenden zustimmenden Kommentar, daß er »von keiner Seite erschüttert werden konnte«.[19] Man kann daher mit einiger Berechtigung davon ausgehen, daß der Bericht die Stimmungs- und Meinungslage der gesamten hessischen SPD-Führung in jener Zeit wiedergibt. Er verrät, daß sie, obwohl die Revolution anderswo bereits im vollen Gange war, über kein angemessenes eigenes Konzept zur Führung der Revolution im Lande verfügte. Sie glaubte offensichtlich, daß sich der Übergang vom Obrigkeits- zum Volksstaat ohne größere Brüche, wenn nicht sogar friedlich vollziehen könnte. Von daher war auch das Handeln Heinrich Delps bestimmt: er versuchte frühzeitig, all die Bestrebungen, die weitergehende Ziele hatten und einen schnellen Bruch mit der Vergangenheit wollten, wieder unter Kontrolle zu bringen. Die Hauptakteure dieser Bestrebungen diffamierte er einfach als »unlautere Elemente«, wobei er mit dem Hinweis auf ihre Befreiung aus dem Gefängnis sogar die Assoziierung mit Kriminellen nahelegte.

Mag sein, daß diese Handlungsweise Plünderungen oder Übergriffen gegen Personen vorbeugen oder sie verhindern wollte, sie hatte aber auf jeden Fall auch eine politische Komponente. In seinem Bericht taucht z. B. die kleine Episode auf, daß ein Soldat ihm zunächst den Zugang zum Ständehaus mit der Frage verwehren wollte, ob er ein Unabhängiger sei. Darin wird deutlich, wer der Gegner jener Tage war und wer im Prinzip gemeint war: die USPD und ihre Sympathisanten. In seiner Rede vom November 1920, in die der Bericht eingebettet ist, ging er sogar noch einen Schritt weiter und bezog in diese Gruppe der »unlauteren Elemente« sogar die Linke seiner eigenen Partei ein. An dieser Stelle wird auch die Grundlage der Einstellung Delps besonders gut sichtbar: er war der Meinung, daß der Wiederaufbau des Landes nach dem

Kriege nur im Miteinander aller sozialen Klassen und Schichten zu bewerkstelligen sei. Und in der SPD sah er die Kraft, die besonders berufen und fähig sei, diesen Kurs der Sozialpartnerschaft durchzusetzen.[20] Dafür habe sich die SPD, könnte man ihn sinngemäß ergänzen, schon in der Revolution qualifiziert. Es versteht sich, daß in solchem Denken kaum Platz war für eine Sozialisierung von Bereichen der Wirtschaft oder für eine radikale Demokratisierung der Verwaltung oder Justiz.

Zurück zur Situation zu Beginn der Revolution. Am späten Vormittag des 9. November kehrte der SPD-Landesvorsitzende Carl Ulrich von einem kurzen Aufenthalt in Frankfurt nach Darmstadt zurück und setzte sich sofort an die Spitze der Bewegung. Auf einer Versammlung auf dem Marienplatz mahnte er, zusammen mit dem SPD-Reichstagsabgeordneten Ludwig Quessel, »zu größter Disziplin, zur Ruhe und Ordnung, aber auch zu unerschütterlicher Entschlossenheit, das begonnene Werk der Errichtung des Volksstaates glücklich zu Ende zu führen«. Mitgliedern des provisorischen Soldatenrats bestätigte er, um den »weiteren ruhigen Verlauf der Revolution« zu gewährleisten, die Absetzung des Großherzogs mit der Bemerkung: Ihr habt ihn ja in der vorigen Nacht abgesetzt. Dabei bleibts!«. Und in der zweiten und letzten Sitzung des Staatsrats am 10. November verwies er auf die neuen Machtverhältnisse, indem er den Sprecher der Nationalliberalen, Arthur Osann, der die Rechtmäßigkeit der Absetzung des Großherzogs bestritt, an das Fenster des Landtagsgebäudes führte, auf die im Hofe stehenden Soldaten mit ihren Kanonen und Maschinengewehren zeigte und ihm sagte: »Da unten steht das zur Zeit gültige Recht mit der dazu nötigen Macht.«[21]

Zu dieser Zeit war der Sieg der Revolution kaum noch zweifelhaft. Der am Abend des 8. November gebildete Soldatenrat hatte umfassende Arbeit geleistet, mehr jedenfalls, als in dem Bericht Delps zum Ausdruck kommt. Schon in seiner ersten Proklamation erklärte er Hessen zur »freien sozialistischen Republik«, solange wenigstens, bis ein »deutscher Republikstaat gegründet ist«. Er setzte die bisherige militärische Führung ab, unterstellte alle Truppenteile seinem Befehl und übernahm ihre Lebensmittelversorgung, versprach aber gleichzeitig auch die Respektierung des Privateigentums sowie die Sicherstellung der »öffentlichen Ordnung« und des »öffentlichen Geschäftslebens«.[22] Nachdem die Arbeiter sich mit den Soldaten solidarisch erklärt hatten, konstituierte sich am Mittag des 9. November ein gemeinsamer Arbeiter-, Bauern- und Soldatenrat, der sowohl die militärische wie die politische Macht übernahm. Er bestätigte die vom Soldatenrat vollzogene Proklamation Hessens zur Republik wie auch die Absetzung des Großherzogs und beauftragte die SPD-Fraktion des alten Landtags mit der Bildung einer neuen Regierung. Ihr wurde zugleich auferlegt, binnen drei Tagen ein Wahlgesetz zur Neuwahl des Landtages vorzulegen, das allen großjährigen Hessen das Wahlrecht zusprach und die Verhältniswahl vorsah. Weitere Punkte waren: Beseitigung aller Vorrechte der Geburt und des Standes, Auflösung aller Fideikommisse, Gewährleistung der vollständigen Glaubens- und Gewissensfreiheit und Trennung von Staat und Kirche.[23]

Unterschrieben war die Proklamation von fünf als Leitung bezeichneten Personen und neun Soldaten. In der Leitung hatte die Mehrheits-SPD mit vier Vertretern die eindeutige Mehrheit: der Redakteur der SPD-Zeitung »Hessischer Volksfreund«, Wilhelm Knoblauch, der schon genannte Heinrich Delp, der Geschäftsführer des Metallarbeiterverbandes, August Stork, und der Arbeitersekretär Anton Sparr. Fünftes Leitungs-Mitglied war der Lehrer Wilhelm Loos, der den liberalen Demokraten nahestand. Auch die neun Soldaten standen, so steht zu vermuten, mehrheitlich der SPD nahe, unter ihnen ist nur einer (Karl Dehn) nachweislich der USPD zuzurechnen. Hier wären aber auf jeden Fall noch nähere Recherchen notwendig.

Nachdem die SPD-Landtagsfraktion den Auftrag des Arbeiter- und Soldatenrates angenommen hatte, beauftragte sie ihren Vorsitzenden Carl Ulrich mit der Bildung der neuen Regierung. Er wandte sich noch in der Nacht vom 10. zum 11. November in einer Proklamation an das hessische Volk. Die Fraktion habe bestimmt, so betonte er darin, daß eine provisorische Regierung auch »das Vertrauen der nichtsozialdemokratischen Bevölkerung« besitzen solle, deshalb sei er bereit, »auch Vertreter anderer Parteien, falls diese zur aufrichtigen Mitarbeit gewillt sind, in die Regierung mit aufzunehmen«. Nachdem er Demokratie, Volkswohlfahrt und speziell die Sicherstellung der Ernährung als die Ziele der neuen Regierung benannt hatte, rief er alle Angehörigen des alten Staatsapparats zur Loyalität auf:

»An alle Beamten und Behörden des Landes ergeht der Aufruf, auf ihrem Posten zu bleiben und nach wie vor ihre Pflicht zu erfüllen. Die neue Regierung ist sich bewußt, daß nicht alle Kreise des Volkes politisch und wirtschaftlich auf ihrem Standpunkt stehen. Sie hofft und erwartet aber, daß auch diese Kreise in ihrer Liebe zu unserem Volke mit ihr zu gemeinsamem Wirken bereit sind. Je allgemeiner die Mithilfe ist, um so leichter wird diese schwere Übergangszeit getragen und überwunden werden können. Die neue Regierung unterstützen, heißt das Land vor der Anarchie bewahren.«[24]

Mit dieser Proklamation hatte Ulrich, wie die Mehrheitssozialdemokratie im Reich, auch für Hessen den Kurs des Zusammengehens mit dem alten Staatsapparat eingeleitet. Er appellierte an eine alle verbindende »Pflicht« und an die »Liebe zu unserem Volk«, ohne hinreichend die Ursachen, die zu imperialistischem Krieg und Massensterben in den Schützengräben geführt hatten, einzubeziehen. Die Perspektive wurde auf die Verhinderung von Anarchie verengt.

Ulrichs Angebot, in die Regierung einzutreten, ging an alle Parteien rechts von der Sozialdemokratie, nicht jedoch an Gruppen links von ihr. Während die rechten Parteien, die Deutsche Volkspartei (DVP) und der Hessische Bauernbund (HBB), das ablehnten, erklärten sich die Deutsche Demokratische Partei (DDP) und das katholische Zentrum dazu bereit, allerdings unter dem ausdrücklichen Vorbehalt, nicht an alle Beschlüsse des ABS-Rates gebunden zu sein und die Entscheidung über die Umgestaltung Hessens der neuzuwählenden Landesversammlung zu überlassen.[25] Damit war klar, daß von der neuen Regierung nicht die kurzfristige Realisierung des Minimalprogramms des ABS-Rates erwartet werden konnte. Der provisorischen Regierung, die Ulrich unter dieser Bedingung dann zwei Tage später bilden konnte, gehörten die Sozialdemokraten Heinrich Fulda (Inneres), Hermann Neumann (Ernährung) und Georg Raab (Arbeit und Wirtschaft), die Demokraten Konrad Henrich (Finanzen) und Otto Urstadt

(Bildung) sowie der Zentrumspolitiker Otto von Brentano (Justiz)[26] an.

Rund vier Wochen nach der Regierungsbildung gab Ministerpräsident Ulrich auf einer von 2 000 Zuhörern besuchten Veranstaltung im Orpheum einen Überblick über den Stand der Revolution im Reich und Land und über die Vorstellungen seiner Regierung. Zu Beginn sprach er der hessischen Beamtenschaft seine Anerkennung aus, sie habe voll und ganz ihre Schuldigkeit in dieser schwierigen Zeit getan. Man habe den Beamten natürlich nicht zumuten können, über Nacht zu Demokraten zu werden, aber dem Verlangen nach treuer Pflichterfüllung gegenüber dem Vaterland sei man ausnahmslos nachgekommen. Der Dank des Vaterlandes gebühre ebenfalls den Feldsoldaten und den Offizieren, einschließlich Hindenburg, die für eine ordnungsgemäße Rückführung der Truppen von der Front gesorgt hätten.

Das Bürgertum habe das Staatsschiff in der Revolution, so fuhr er fort, schleifen gelassen. Wenn die Arbeiterschaft nicht eingegriffen hätte, wäre Blut geflossen. Anstatt die ABS-Räte in der Öffentlichkeit mit Schmutz zu bewerfen, solle man lieber ihre Verdienste anerkennen. »Sie haben die Revolution gemacht und durchgeführt im Sinne unseres jahrzehntelangen Wirkens. Wir hatten die Aufgabe, dafür zu sorgen, daß in Ruhe und Ordnung die Revolution durchgeführt wurde. Nur in der Ordnung liegt die Sicherheit, daß wir alle gefährlichen Klippen umschiffen.« Die Ausrufung Hessens zur sozialistischen Republik, die die ABS-Räte in der Nacht zum 9. November vorgenommen hätten, gelte auch für die Zukunft, und der Versuch der Rückkehr zur Monarchie werde am dem eisernen Willen der ABS-Räte scheitern.

Mit dem Ausgang des Krieges und der Abschaffung der Monarchie seien ebenfalls der deutsche Militarismus und Imperialismus »vollkommen vernichtet und es sei kaum anzunehmen, daß in Deutschland noch jemals der Versuch unternommen werden könne, aufs neue militaristische und imperialistische Neigungen zu bekunden«.

Schließlich kam Ulrich auf den Auftrag seitens des ABS-Rats zu sprechen, binnen drei Tagen ein neues Wahlgesetz für den Landtag vorzulegen. Dieser Auftrag habe aus technischen Gründen nicht eingehalten werden können. Der Entwurf sei nach der Anhörung eines Staatsrechtlers dem ABS-Rat zugegangen, geprüft und inzwischen auf dem Wege der Verordnung erlassen worden. Die Frage der Sozialisierung könne erst angegangen werden, wenn die Wahlen zur Nationalversammlung und zum verfassungsgebenden Landtag durchgeführt seien, und auch nur dann, wenn eine breite Mehrheit des Volkes überzeugte Republikaner wählte. »Im Laufe der Zeit werde man viele Industriebetriebe sozialisieren können und auch der Großgrund- und Latifundienbesitz müsse enteignet werden, wobei die rechtlichen Verhältnisse entsprechend den wirtschaftlichen Verhältnissen gerecht berücksichtigt werden müssen. Allerdings befinden sich die Besitzer, die im Laufe der Jahrhunderte Tausende Morgen Land sich zugeeignet hätten, Tausende von Arbeitenden für sich beschäftigten, auf dem Holzwege, wenn sie glaubten, diese Zustände weiterhin aufrechterhalten zu können. Die Zeit der großen und unbeschränkten Ausbeuterei, der Lohnsklaverei ist vorüber.«[27]

Mit dieser Rede hatte Ulrich endgültig Abschied genommen von einer umgehenden Demokratisierung von Verwaltung, Justiz und Militär. Wenn Beamte wie Militärs in der Zeit des Zusammenbruchs lückenlose Loyalität bewiesen hatten, bestand doch keine Notwendigkeit dafür. Ähnliches galt für die Sozialisierung von Industrie und Großgrundbesitz. Ulrich kam zwar nicht umhin, diese Themen aufzugreifen, weil sie traditionelle zentrale sozialdemokratische Programmversprechungen waren, aber nur, um sie auf die lange Bank zu schieben: nicht nur auf die Zeit nach Verabschiedung einer neuen Verfassung, sondern auch aus der eigenen Entscheidung in die Verantwortung der Nationalversammlung. – Für manchen hessischen Zeitgenossen wird sich die Problemlage noch schärfer gestellt haben. Um es wenigstens als Frage anzudeuten: Was war von einer SPD zu halten, die sich im eigenen Lande selbst den Weg zur Realisierung der Reform-Versprechungen abschnitt, die eher das Bündnis mit rechts von ihr stehenden Parteien suchte, deren Programme kaum auf Sozialisierung zielten, und gleichzeitig den nächsten Bündnispartner in dieser Frage, die USPD, unter generellen Bolschewismusverdacht stellte, wie in zahllosen Fällen und zuletzt noch zwei Tage vor der Orpheum-Versammlung in sehr massiver Form auf der Titelseite des »Volksfreundes« geschehen?[28]

Das Wahlgesetz, das die Regierung in Übereinstimmung mit dem ABS-Rat beschloß, hatte dagegen recht fortschrittlichen Charakter. Es verlieh allen Männern und Frauen, die das 20. Lebensjahr vollendet hatten und in Hessen wohnten, die Stimmberechtigung (Art. 3), und den Stimmberechtigten, die seit mindestens einem Jahr die deutsche Staatsangehörigkeit besaßen, die Wählbarkeit (Art. 6). Wie vom ABS-Rat verlangt, ersetzte es das Mehrheits- durch das Verhältniswahlrecht und schuf so eine bessere Repräsen-

Foto Nr. 45: Wahlaufruf an die Frauen vom 19. Januar 1919. Institut für Stadtgeschichte, Frankfurt a. M.

tanz von Minderheiten im Parlament.[29] Aber es war absehbar, daß selbst ein solch progressives Wahlrecht nicht genügen würde, die Zielsetzungen der Revolution hinreichend abzusichern.

Auch wenn die Kompetenzen zwischen dem ABS-Rat und der Regierung nicht genau abgesteckt waren, stand doch eins für alle ziemlich fest: daß der Darmstädter ABS-Rat, der zugleich die Funktion eines hessischen Landesrates wahrnahm, der oberste Träger der Staatsgewalt war. Das galt erst recht, als er im Laufe des November seine soziale Basis vergrößerte, indem er den Anteil der Arbeiter zuungunsten der Soldaten vergrößerte, Vertreter der Bauernschaft, des Handelsvereins, des Reichsbundes der Kriegsgeschädigten, der Parteien und Frauenverbände sowie Delegierte der vier großen Städte und der drei Landesprovinzen aufnahm.[30] Die Zulassung von Vertretern der USPD wurde dagegen mehrheitlich abgelehnt.[31]

Seine führende Rolle kam auch in weiteren, den Grundsatzforderungen der ersten Stunde folgenden Beschlüssen zum Ausdruck: die Einführung des Achtstundentages in allen staatlichen und privaten Betrieben, die Schaffung einer nationalen Einheitsschule, die Errichtung eines Revolutionstribunals, das für revolutionsfeindliche Delikte die Todesstrafe verhängen konnte, die Aufstellung einer Bürgerwehr sowie die Aufforderung an alle gleichgesinnten ABS-Räte, von einer zögernden Reichsregierung die umgehende Einberufung einer Nationalversammlung zu verlangen.[32] In einzelnen Fällen griff er auch direkt in Verwaltung und Justiz ein und verfügte Beschlagnahmungen oder Absetzungen von Beamten.[33]

Am 9. Dezember erfolgte die Umwandlung des ABS-Rates in den Landesvolksrat. Das war notwendig, da Darmstadt aufgrund des mit den Alliierten geschlossenen Waffenstillstands ab dem folgenden Tag zur neutralen, entmilitarisierten Zone gehörte und alle Soldaten die Stadt verlassen mußten. Dieser Schritt war indes überwiegend formaler Natur. Nunmehr verstärkte die Mehrheits-SPD ihre Bemühungen, den Landesvolksrat in seiner politischen Bedeutung zurückzudrängen. Am 18. Dezember kam es zu einem denkwürdigen Zusammenstoß zwischen Ministerpräsident Carl Ulrich und dem Darmstädter USPD-Vorsitzenden Dr. Arthur Wolff, der aber nicht über diese Funktion, sondern als Vorsitzender des

Reichsbundes der Kriegsgeschädigten in den Rat gekommen war. Wolff war schon vorher für einen entschiedeneren Kurs des Rates eingetreten, z. B. Ende November für die Durchführung von Kriegsverbrecherprozessen gegen Wilhelm II., Reichskanzler Bethmann-Hollweg, Admiral Tirpitz oder auch verschiedene Industriebosse, und setzte sich auch in dieser Sitzung für ein härteres Vorgehen gegen Beamte, Geheimräte und Exzellenzen ein, die im alten Stil weiterarbeiteten. Als der Rat auf seine Initiative die Aufrechterhaltung des Revolutionstribunals beschloß, legte Ulrich dagegen Verwahrung ein; dieser Beschluß verstoße gegen Anordnungen der Berliner Regierung. Darauf entgegnete Wolff ihm, er verkenne wohl, daß der Volksrat die oberste Regierung und das Ministerium nur dessen Exekutive sei; wenn der Volksrat seine Maßnahmen treffe, habe er auch die Macht, sie durchzusetzen, einerlei, ob die Exekutive damit einverstanden sei oder nicht. Hatte Wolff Ende November noch eine Mehrheit für seine Anträge gefunden, so konnte er sich jetzt mit seiner Ansicht wie mit seinen Anträgen nicht mehr durchsetzen. Im Gegenteil: er geriet jetzt zunehmend ins Schußfeld der SPD, die seine Anträge als reine, aus persönlichem Ehrgeiz herrührende »Quertreibereien« bewertete. Am 7. Januar 1919 verließ Wolff daraufhin, zusammen mit seinen politischen Freunden, resigniert die Ratssitzung.[34] Spätestens ab jetzt spielte der Landesvolksrat so gut wie keine eigenständige Rolle in der Landespolitik mehr. Gut einen Monat später, am 12. Februar, erklärte er dann seine Aufgabe für vollendet, legte seine Macht in die Hände der neugewählten Volkskammer und löste sich selbst auf.[35]

3. Die vorläufige Verfassung

Die Wahl zur verfassungsgebenden Versammlung am 26. Januar 1919 brachte einen haushohen Sieg für die bisherigen Regierungsparteien: für die SPD 44,5 %, für die DDP 18,9 %, für das Zentrum 17,6 %. Das machte für die Koalition insgesamt einen Anteil von 81,0 %. Die USPD kam lediglich auf 1,5 % der Stimmen, war damit aber, da es noch keine 5-Prozentklausel gab, im Landtag vertreten, wenn auch nur mit einem Abgeordneten. Die beiden Rechtsparteien: die Deutsche und die Hessische Volkspartei, kamen auf 10,1 bzw. 7,4 %, insgesamt 17,5 %.

Bereits einen Tag nach Eröffnung des neuen Landtages, am 14. Februar, brachte Ministerpräsident Ulrich den Entwurf einer vorläufigen Verfassung ein. Er war nicht, wie vergleichbare Gesetze in Baden und Württemberg, von Fachleuten beraten, sondern in Regierungskreisen aufgesetzt worden. Diesen schnellen Schritt unternahm Ulrich vermutlich, um eine provisorische Grundlage für die Regierungstätigkeit zu haben, aber auch um Zeit zu gewinnen bis zur Verabschiedung der neuen Reichsverfasssung.

Der Entwurf[36] gliederte sich in folgende Teile: Artikel 1 bis 7 enthielt grundlegende Bestimmungen zur Staatsform, zum Staatsaufbau und zum Wahlrecht. Danach sollte alle Staatsgewalt in der Republik Hessen, die gleichzeitig als ein Freistaat innerhalb des Deutschen Reiches definiert war (Art. 1), vom Volke ausgehen (Art. 2). Für alle Wahlen und Abstimmungen galt das allgemeine, gleiche, geheime und direkte Verfahren, wobei alle »Volksgenossen« beiderlei Geschlechts sowohl wahlberechtigt als auch wählbar waren (Art. 3 und 4). Über die Wahlen konstituierte sich die Volkskammer (Art. 5), die den Ministerpräsidenten wählte. Er bildete wiederum ein Gesamt- oder Staatsministerium; dieses war die oberste vollziehende Gewalt und mußte das Vertrauen des Volkes haben (Art. 6). Der Ministerpräsident war zugleich der erste Beauftragte und der Repräsentant des Volkes (Art. 7). – Zusätzlich zum repräsentativen Wahlrecht waren in Artikel 8 zwei Formen direkter Demokratie vorgesehen: die Volksinitiative und das Referendum.

Es folgte die Festlegung der wichtigsten Grundrechte des einzelnen: die Aufhebung aller Vorrechte der Geburt, des Standes und des Besitzes bzw. Gleichheit aller Hessen vor dem Gesetz (Art. 9), die Unverletzlichkeit der Person, die Freiheit des Glaubens und der Meinung, Freiheit der Lehre, Wissenschaft und Kunst sowie das Recht auf Versammlung und Vereinigung (Art. 10) und dann noch die Unverletzlichkeit des Eigentums (Art. 12).

Schließlich wurden auch einige Regelungen zur sozialen Ausgestaltung der Republik getroffen: die Möglichkeit zur Enteignung von Vermögen und zur Vergesellschaftung der Wirtschaft zum Zwecke des Gemeinwohls (Art. 12); die Unentgeltlichkeit des Unterrichts und der Lehr- und Lernmittel in den Volksschulen sowie für unbemittelte befähigte Schüler in den höheren Bildungsanstalten (Art. 13); die Trennung von Kirche und Staat (Art. 14); die Festsetzung der Arbeitszeit auf acht Stunden (Art. 15) und der gleiche Zugang aller zu den öffentlichen Ämtern nach dem Grundsatz »Freie Bahn dem Tüchtigen« (Art. 16). Allerdings war die Realisierung einiger der wichtigsten Prinzipien, wie die Sozialisierung (Art. 12) oder die Regelung der Arbeitsverhältnisse (Art. 15), wiederum abhängig gemacht von der noch ausstehenden Reichsgesetzgebung.

Ulrich stellte den Entwurf vor als ein Werk, das die »wirkliche Demokratie« des Volkes zur Geltung bringe und die »Entwicklung zum sozialen Prinzip« sichere.[37] Er gab aber gleichzeitig zu, daß der Entwurf »ein Gemisch von Programm und Verfassungsfragen« und deshalb verbesserungsbedürftig sei.[38] Dieser sehr defensive Stil Ulrichs lud geradezu zu schärferer Kritik ein. Sie kam als erstes sogar aus den eigenen Reihen. So hielt der Finanzminister Konrad Henrich, der an der Vorberatung nicht teilgenommen hatte, Ulrich entgegen, der Entwurf enthalte zuviel Parteiprogrammatik und zu wenig zum normalen Gesetzgebungsverfahren.[39] In diese Kerbe schlug für die rechte Opposition auch der Vorsitzende der liberalkonservativen DVP, Eduard Dingeldey. Bei ihm hat man aber den Eindruck, daß er diese Kerbe nur nutzte, um die soziale Ausrichtung des Entwurfs zu Fall zu bringen. Er erklärte zwar feierlich für seine Partei, daß sie sich auf den von der Revolution geschaffenen Boden stelle, aber er hatte doch andere Vorstellungen über die Ausgestaltung der Republik, wie z. B. seine Forderung nach Einrichtung einer zweiten, berufsständisch gegliederten Kammer erkennen ließ.[40] Diese Vorstellung wies der Fraktionssprecher der SPD, Georg Kaul, zwar als unter keinen Umständen akzeptabel zurück, aber auch er mochte den Entwurf nicht verteidigen. Seine Rede blieb überdies zum Thema Sozialisierung recht lau. Die Revolution habe Demokratie und Republik erkämpft, sie sei damit beendet, die Sozialisierung werde ein Produkt der weiteren Entwicklung sein.[41] Das klingt fast so, als ob er der Meinung war, daß die Sozialisierung sich quasi im Selbstlauf verwirklichen werde; jedenfalls stahl er sich und seine Partei damit aus der Rolle des zuständigen Initiatoren.

Wegen der allseits geübten Kritik wurde der Entwurf an den schon vorher gewählten Verfassungsausschuß überwiesen. Er leistete schnelle Arbeit, so daß der Landtag schon am 20. Februar, nicht einmal eine Woche später, den revidierten Entwurf beraten konnte. Er war jetzt auf die Hälfte geschrumpft und umfaßte nur noch 10 Artikel. Der Ausschuß hatte im wesentlichen drei Veränderungen vorgenommen: alle programmatischen, aber auch die plebiszitären Teile waren herausgenommen, dagegen grundlegende Bestimmungen zum Gesetzgebungsverfahren hinzugefügt.[42]

In der nun vorliegenden Fassung stieß der Entwurf auf entschiedene Kritik bei dem Vertreter der USPD, Alfred Kiel. Er vermißte »den Geist des Sozialismus«, den der erste Entwurf wenigstens noch einigermaßen geatmet habe, und beklagte insbesondere das Fehlen jeder Bestimmung zur Einheitsschule und zur Sozialisierung. Zudem wandte er sich dagegen, daß die Arbeiter- und Soldatenräte ohne weiteres beiseitegeschoben wurden. Sie sollten nicht nur weiterbestehen, sondern sogar, so seine Vorstellung, zusätzliche Kompetenzen bekommen: aus ihrer Mitte sei ein Zentralrat, das »Parlament der Arbeiter«, zu wählen, dem alle Gesetze, die der Landtag beschließe, vorgelegt werden müßten.[43] Dagegen hielt es die SPD zunächst nicht für nötig, in die Debatte einzugreifen. Sie ließ durch ihren Abgeordneten Leonhard Eißnert lediglich erklären, daß sie der Vorlage, obwohl sie nicht in allen Teilen befriedige, zustimme, sich aber vorbehalte, bei der Beratung der endgültigen Verfassung zusätzliche Anträge zu stellen.[44]

Diese Zurückhaltung nutzte der DVP-Sprecher Dingeldey zu einer recht scharfen Attacke auf die Revolution und ihre Ergebnisse. Sie sei weder notwendig gewesen noch habe sie die Freiheit wesentlich befördert, sie habe im Gegenteil das Land »wirtschaftlich und national aufs schwerste geschädigt«. Damit nicht genug, griff er auch noch den mit der republikanischen Staatsform verbundenen Parlamentarismus an. Er berge die Gefahr, daß eine Regierung, die sich auf eine Parteienmehrheit stütze, leicht der Versuchung erliegen könne, den Geist der Unparteilichkeit und gleichmäßigen Gerechtigkeit zu verlassen. Ein Mittel, um solche Einwicklungen zu verhindern, war für ihn die Volksabstimmung. Deshalb forderte er die Wiederaufnahme des Referendums in die vorläufige Verfassung,[45] eine Regelung, die im ersten Entwurf enthalten gewesen, aber durch den Ausschuß als nicht unbedingt notwendig gestrichen worden war.

Die Rede Dingeldeys bestimmte nun die SPD, ihre Taktik zu verlassen und doch in die Debatte einzusteigen. So brachte Bernhard Schildbach zunächst seine Verwunderung darüber zum Ausdruck, daß das Referendum nunmehr als »Geschenk der Rechten« doch noch in die Notverfassung aufgenommen werden solle. Sodann widersprach er entschieden der Meinung, daß die SPD die Revolution gemacht habe, wie es der Abgeordnete Dingeldey unterstellt habe. Die Revolution sei, so sagte er, nachdem das Vertrauen der Mehrheit in das alte System vernichtet war, »einfach wie ein Naturereignis« losgebrochen. Die SPD habe nie den gewaltsamen Umsturz gewollt, sondern den evolutionären Übergang von der kapitalistischen in die sozialistische Produktionsordnung. Mit dem Sieg der Revolution seien nunmehr die Bedingungen geschaffen, daß dieser evolutionäre Weg weiterbeschritten werden könne: auf dem Wege der Demokratie zum Sozialismus. Deshalb lehne seine Partei auch, so hatte er schon vorher dem Abgeordneten Kiel beschieden, die Vorstellungen und Anträge der USPD ab. Das Rätesystem sei politisch überholt, es behalte lediglich als Instrument der innerbetrieblichen Mitbestimmung eine Bedeutung. Als solches müsse es, ebenso wie die Gewerkschaften, in die bestehende Gesellschaftsordnung eingepaßt werden. In diesem Teil der Rede rechtfertigte Schildbach, entgegen der Kritik Kiels, überdies ausdrücklich das Bündnis der Berliner Regierung mit dem alten Militär und ihre Anwerbung von Freikorpsverbänden zur Unterdrückung weitergehender Revolutionsbestrebungen, deretwegen die USPD kurz vorher den Rat der Volksbeauftragten verlassen hatte,[46] denn, so seine Begründung: noch immer tobte »eine Handvoll Anarchisten in Deutschland herum«, die »die öffentliche Ordnung, Sicherheit und Ruhe« gefährdeten.[47]

Die nunmehr breit sich entfaltende Diskussion über die wichtigsten Gegenwartsfragen beendete schließlich Ministerpräsident Ul-

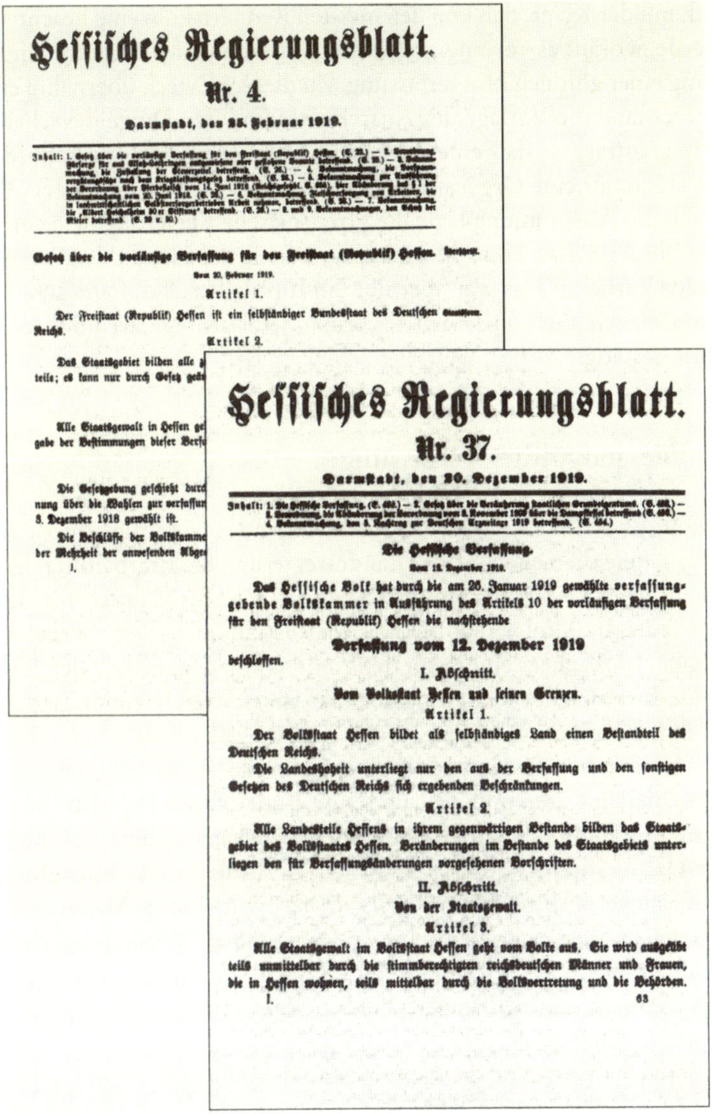

Hessisches Regierungsblatt.

Nr. 4.

Darmstadt, den 25. Februar 1919.

Gesetz über die vorläufige Verfassung für den Freistaat (Republik) Hessen.

Vom 20. Februar 1919.

Artikel 1.

Der Freistaat (Republik) Hessen ist ein selbständiger Bundesstaat des Deutschen Reichs.

Artikel 2.

Das Staatsgebiet bilden alle …
teile; es kann nur durch Gesetz geä…

Alle Staatsgewalt in Hessen ge…
gabe der Bestimmungen dieser Verf…

Die Gesetzgebung geschieht durc…
nung über die Wahlen zur verfassun…
8. Dezember 1918 gewählt ist.

Die Beschlüsse der Volkskamme…
der Mehrheit der anwesenden Abge…

1.

Hessisches Regierungsblatt.

Nr. 37.

Darmstadt, den 30. Dezember 1919.

Die Hessische Verfassung.

Vom 12. Dezember 1919.

Das Hessische Volk hat durch die am 26. Januar 1919 gewählte verfassunggebende Volkskammer in Ausführung des Artikels 10 der vorläufigen Verfassung für den Freistaat (Republik) Hessen die nachstehende

Verfassung vom 12. Dezember 1919

beschlossen.

I. Abschnitt.

Vom Volksstaat Hessen und seinen Grenzen.

Artikel 1.

Der Volksstaat Hessen bildet als selbständiges Land einen Bestandteil des Deutschen Reichs.

Die Landeshoheit unterliegt nur den aus der Verfassung und den sonstigen Gesetzen des Deutschen Reichs sich ergebenden Beschränkungen.

Artikel 2.

Alle Landesteile Hessens in ihrem gegenwärtigen Bestande bilden das Staatsgebiet des Volksstaates Hessen. Veränderungen im Bestande des Staatsgebiets unterliegen den für Verfassungsänderungen vorgesehenen Vorschriften.

II. Abschnitt.

Von der Staatsgewalt.

Artikel 3.

Alle Staatsgewalt im Volksstaat Hessen geht vom Volke aus. Sie wird ausgeübt teils unmittelbar durch die stimmberechtigten reichsdeutschen Männer und Frauen, die in Hessen wohnen, teils mittelbar durch die Volksvertretung und die Behörden.

I. 63

Foto Nr. 46: Abdruck der »Vorläufigen Verfassung für den Freistaat Hessen« vom 20. 2. 1919 und der endgültigen »Hessischen Verfassung« vom 12. 12. 1919 im ›Hessischen Regierungsblatt‹ (Staatsarchiv Darmstadt). Aus: Franz/Köhler, Parlament, S. 31.

rich mit der Klage, daß von den meisten Rednern zu wenig beachtet werde, worauf es vorrangig ankomme: auf die schnelle Verabschiedung einer gültigen Notverfassung. Zu diesem Zweck übernahm er kurzerhand die Vorlage des Ausschusses und den Dingeldeyschen Zusatzantrag, so daß eine Abstimmung en bloc erfolgen konnte. Sie ergab nur eine Gegenstimme, sicher die des USPD-Vertreters.[48] Nach der Abstimmung legte die provisorische Regierung, wie vorher die ABS-Räte, ihre Machtbefugnisse in die Hände des Parlaments zurück.[49] Das war aber nur ein förmlicher Akt, denn schon am nächsten Tag wurde die Regierung, jetzt als reguläre, in ihrem Amt bestätigt.[50]

4. Die endgültige Verfassung

Bereits zwei Wochen nach Verabschiedung der vorläufigen Verfassung leitete die neue und alte Landesregierung die Erarbeitung der endgültigen Verfassung ein. Am 5. März 1919 wurde unter Vorsitz des späteren Ministerialdirektors im Justizministerium, Staatsrat Daniel Lorbacher, eine Expertenkommission eingesetzt, der leitende Beamte aller Regierungsressorts angehörten. Grundlage der Kommissionsarbeit waren die Verfassungsberatungen in den Nachbarländern Baden und Württemberg, die bereits sehr viel weiter gediehen waren und deshalb schon Ende März bzw. Mitte Mai zum Abschluß kamen. An diese Verfassungstexte lehnte sich nun der Darmstädter Kommissionsentwurf in Aufbau wie in Einzelformulierungen eng an. Er wurde als »Vorentwurf« am 8. Mai in dem offiziellen Regierungsorgan, der »Darmstädter Zeitung«, veröffentlicht, damit er von einer breiteren Bevölkerung diskutiert werden könne,[51] eine Hoffnung, die sich nicht erfüllt hat,[52] wie man später feststellte.

Bereits vorher hatte die Kommission ihren Entwurf dem Gießener Verfassungsrechtler Hans Gmelin zugeleitet, der auch schon bei dem Wahlgesetz vom Dezember 1918 und bei der Vorläufigen Verfassung mitgewirkt hatte. Sein Gutachten brachte keine substantiellen Änderungen, regte aber eine Reihe von Umstrukturierungen, sprachlichen Abänderungen und Präzisierungen an.[53] Aber obwohl das Gutachten bereits kurze Zeit nach dem 30. April vorlag, erfolgte der nächste Schritt der Regierung erst im Herbst. Sie hatte, wie sich schon angedeutet hatte, die Verabschiedung der Weimarer Reichsverfassung abgewartet, die am 11. August erfolgte. Jene enthielt in Art. 13 Abs. 1 die Bestimmung, daß Reichsrecht Landesrecht breche. Sie wurde von der hessischen Landesregierung in der Weise interpretiert, daß »die Landesgesetzgebung nicht nur nicht bestimmen darf, was der Reichsgesetzgebung widerspricht, sondern nicht einmal das wiederholen darf, was das Reichsrecht ausspricht«. Diese ebenso eigenwillige wie einseitige Interpretation hatte weitreichende Folgen, denn daraufhin wurden zwei ganze Abschnitte: der Grundrechtskatalog und der Teil über Kirche und Schulen gestrichen.[54]

Der Entwurf, den die Landesregierung am 9. Oktober dem Landtag zuleitete, umfaßte neun Abschnitte und 65 Artikel.[55] Ich beschränke mich im folgenden darauf, die Struktur des vorgelegten Entwurfs zu erläutern und die wichtigsten Veränderungen bzw. Ergänzungen gegenüber der Vorläufigen Verfassung zu skizzieren.

Im 1. Abschnitt, »Vom Volksstaat Hessen und seinen Grenzen« überschrieben, wird das Land nicht mehr als Republik oder Freistaat, sondern als »Volksstaat« (Art. 1) bezeichnet, was aber nur eine sprachliche Korrektur war. Der 2. Abschnitt befaßt sich mit der Staatsgewalt und formuliert den demokratischen Grundsatz, daß sie in jedem Fall vom Volk ausgehe, durch alle Stimmberechtigten unmittelbar, und durch Volksvertretung und die Behörden mittelbar ausgeübt werde (Art. 3). Der 3. Abschnitt, der über die Gesetzgebung, ist der umfangreichste. Er bestimmt, daß alle Staatsbürger, die im Lande wohnen, stimmberechtigt sind (Art. 10), schafft also ein eigenes hessisches Staatsbürgerrecht ab. Im passiven Wahlrecht gab es insofern eine Verschlechterung, als es nicht, wie beim aktiven Wahlrecht, bei dem 20. Lebensjahr belassen, sondern auf das vollendete 25. Lebensjahr heraufgesetzt wurde. (Art. 19). Ausführlicher sind nunmehr die plebiszitären Elemente geregelt: die Volksabstimmung, etwa wenn die Auflösung des Landtages (Art. 12,1, 12,4 und 24) oder eine Verfassungsänderung angestrebt wird (Art. 13), sowie das Volksbegehren, das auf Erlaß, Aufhebung oder Abänderung eines Gesetzes gerichtet sein kann (Art. 12,2–3).

In Abschnitt 4, mit dem Titel »von der Staatsleitung«, ist, neben den Artikeln über Bildung, Zuständigkeit und Verantwortlichkeit des Gesamtministeriums, ein ganz neuer Teil über die Möglichkeit, Anklagen gegen seine Mitglieder zu erheben, eingefügt worden. Ein solches Recht sollte der Landtag nunmehr für den Fall haben, daß Minister gegen die Verfassung, gegen verfassungsmäßige Rechte oder gegen die Sicherheit oder Wohlfahrt des Staates verstießen oder solche Verstöße zuließen (Art. 47). Die Anklage war gegebenenfalls beim neu einzurichtenden Staatsgerichtshof zu erheben (Art. 50).

Abschnitt 5 regelt das Finanzwesen, insbesondere die Steuerbewilligung (Art. 53 und 54) und das Budgetrecht (Art. 54–57), bestimmte aber auch, daß das Familieneigentum des vormaligen großherzoglichen Hauses zu vollem Staatseigentum erklärt werden solle. – Die Abschnitte 6–9 sind wiederum relativ kurz. Abschnitt 6 hat die Rechtspflege zum Inhalt, wobei insbesondere das Begnadigungsrecht definiert wird; Abschnitt 7 handelt von den Gemeinden und öffentlichen Kommunalverbänden und Abschnitt 8 von den Patronaten. In Abschnitt 9, den Schluß- und Übergangsbestimmungen, wurde schließlich die noch immer gültige Verfassung von 1820 aufgehoben und die Wahl des ersten regulären Landtags auf November 1921 festgelegt.

Die Debatte um die Verfassung begann im Landtag am 4. Dezember und dauerte lediglich 3 Tage.[56] Eine solch kurze Dauer war absehbar, nachdem schon im Ausschuß keine echten Kontroversen aufgetreten waren.[57] Ministerpräsident Ulrich, der, wie die vorläufige, auch die endgültige Verfassung in den Landtag einbrachte, bedauerte, daß die Verfassungen, die die einzelnen Länder beschlossen, doch mehr oder weniger nur Ausführungsbestimmungen zur Reichsverfassung seien. Deshalb sei die Landesverfassung, so legte er nahe, auch nur im Kontext der Reichsverfassung zu verstehen. Sie habe für die Wirtschaftsordnung die Forderung aufgestellt, daß sie den »Grundsätzen der Gerechtigkeit mit dem Ziel der Gewährleistung eines menschenwürdigen Daseins für alle« entsprechen müsse. Diese Forderung sei in ihrer sozialen Zielsetzung einmalig auf der Welt, aber die Verfassung werde nur dann eine Zukunft haben, wenn sie »im Sinne der allgemeinen Gerechtigkeit, auch denjenigen gegenüber, die als Lohnarbeiter leben müssen, ausgebaut wird«. Das alte Wort von Johann Jakoby:[58] »Die Demokratie wird sozialistisch sein oder sie wird nicht sein«, habe sich in der Revolution als richtig erwiesen und werde auch der Gedanke sein, der der Republik Kraft zum Leben geben werde.[59]

Die folgenden Sprecher der drei Koalitionsparteien brachten in erster Linie die positiven Chancen des demokratischen Neubeginns, die die Verfassung biete, zum Ausdruck. Für den Gießener SPD-Abgeordneten Friedrich Vetters stellte sie die Mitwirkungs- und Mitbestimmungsmöglichkeiten des Volkes auf die breiteste Grundlage und sichere damit insbesondere den arbeitenden Schichten die Beteiligung am Staatsleben, wovon sie vorher gänzlich ausgeschlossen waren.[60] Für den Darmstädter Liberaldemokraten Heinrich Reh hatte die Revolution die Überlegenheit der Demokratie über die Monarchie erwiesen, vor allem, weil sie, mit der Volkssouveränität, eine richtige Verteilung der im Staat zur Geltung kommenden Gewalten bringe.[61] Etwas skeptischer war dagegen der Mainzer Zentrums-Abgeordnete Georg Lenhart. Für ihn war die Verfassung »ein Beweis rettungslos dahinsinkender Landessouveränität«, aber auch er gab sich schließlich der »guten Hoffnung« hin, daß mit ihr als Fundament »ein wohnliches Haus für alle« geschaffen werden kann.[62]

Grundsätzliche Zustimmung zum Entwurf kam auch von den beiden rechten Oppositionsparteien, obgleich sie nicht unbedeutende Einwände hatten. So widersprach der DVP-Sprecher Dingeldey der Interpretation, die Ulrich vom Grundsatzartikel der Wirtschaftsordnung in der Weimarer Verfassung gegeben hatte; er sei keineswegs, so seine Meinung, sozialistischer, sondern ganz allgemeiner Natur. Er erneuerte zudem den Wunsch nach einer speziell für Wirtschaftsfragen zuständigen 2. Kammer, um gegebenenfalls durch Parteipolitik bedingte Fehlentscheidungen korrigieren zu können.[63] Hier lagen auch die Bedenken des Sprechers der rechts außen stehenden Hessischen Volkspartei (HVP), Wilhelm Dorsch. Er befürchtete, daß die neue Verfassung bzw. das Wahlrecht eher die Artikulation des Parteiwillens als die des Volkswillens begünstigen werde.[64]

Grundsätzliche Vorbehalte gegenüber dem Entwurf kamen dagegen von der ganz linken Seite des Hauses. Ebenso wie mit der Weimarer Verfassung, so der Abgeordnete Kiel, sei er auch mit der hessischen nicht einverstanden. Ihm fehlten insbesondere Bestimmungen zur Einheitsschule, zur Sozialisierung, zur Verstaatlichung des Grund und Bodens, zur Überführung aller Produktionsmittel in Staatseigentum, aber auch zur Demokratisierung der Justiz. Das Mittel dazu war für ihn nach wie vor das Rätesystem. Er setzte sich aber gleichzeitig von der Vorstellung einer gewaltsamen Eroberung der Staatsmacht ab: »Wir wollen die Welt erobern durch geistige Revolutionierung der Köpfe, aber nicht durch Handgranaten und Maschinengewehre.«[65]

Einer der wenigen Punkte, die kontrovers diskutiert wurden, war das Wahlalter. Während die Rechtsparteien das aktive Wahlalter von 20 auf 21 bzw. 25 Jahre heraufsetzen wollten, forderten Teile der SPD die Herabsetzung des passiven Wahlalters auf 21 Jahre. Beide Seiten fanden aber für ihre Forderungen in der Abstimmung keine Mehrheit.[66]

Zum eigentlichen Streitpunkt der Debatte wurde schließlich die Forderung Dingeldeys, die Amtszeit des Verfassungsgebenden Landtags alsbald nach Verabschiedung der Verfassung zu beenden und Neuwahlen nicht erst im November 1921, wie in der Schlußbestimmung vorgesehen, sondern bereits im Frühjahr 1920 durchzuführen. Darin wurde er von der rechten wie linken Flügelpartei unterstützt. Dingeldeys ultimative Drohung, davon die Zustimmung zur Verfassung abhängig zu machen, zwang zur Wiederaufnahme der eigentlich bereits abgeschlossenen Debatte. Sie wurde nunmehr mit einer bis dahin nicht beobachteten Heftigkeit, bis hin zu persönlichen Beleidigungen, geführt. In der namentlichen Abstimmung über die Schlußbestimmung setzte sich aber die Regierungsmehrheit mit 44:11 Stimmen eindeutig durch. Daraufhin machten die Vertreter der beiden Rechtsparteien ihre Drohung war. Sie stimmten, obwohl sie in der überwiegenden Mehrheit die Einzelartikel mitgetragen hatten, am Ende gegen die Verfassung als Ganzes. Allerdings konnten sie damit die Annahme der Verfassung nicht verhindern.[67]

Was hinter diesem Verlangen nach frühzeitiger Auflösung des Landtags stand, hat der Abgeordnete Kiel deutlich gemacht: die

Foto Nr. 47: Die Abgeordneten des 2. Hessischen Landtags 1921/24 mit den Beamten der Landtagsverwaltung, darunter die weiblichen Abgeordneten Birnbaum, Hattemer und Steinhäuser.
Foto vom Oktober 1924.
Hessisches Staatsarchiv, Darmstadt, R 4 Nr. 4294 Ü F.

Volksstimmung habe sich gegenüber der Zeit der ursprünglichen Wahl völlig verändert. Wie sehr er damit Recht hatte, zeigte die dann am 17. November 1921 durchgeführte Wahl. Die Regierungskoalition erlebte einen gewaltigen Einbruch, verlor fast ein Viertel ihrer Stimmen, wovon die SPD allein fast 12 % zu tragen hatte. Währenddessen konnten die Oppositionsparteien ihren Anteil beachtlich steigern: auf der linken Seite, jetzt USPD und RPD, um das 5fache, auf der Rechten um das Doppelte.[68] Dies war ein deutliches Mißtrauensvotum gegen die Regierungspolitik, auch wenn die Koalition die Mehrheit zum Weiterregieren behielt.

5. Die Verfassungswirklichkeit

Einen guten Einblick in die Verfassungswirklichkeit des Volksstaates Hessen in den folgenden Jahren vermittelt eine Diskussion über den Zustand der Justiz, wie sie Mitte 1924 im Landtag geführt wurde.[69] Einer der Anlässe war die Ernennung des Amtsgerichtsrats Ludwig Neuroth Anfang Oktober 1923 zum Landgerichtsdirektor. Nachdem die Richterschaft in und nach der Revolution weitestgehend unbehelligt geblieben war, wurde er als erstes eingeschriebenes SPD-Mitglied, unter Umgehung der Berufungsliste, in sein Amt berufen. Dagegen lief die Mehrheit der traditionell-konservativen Richterschaft in der Öffentlichkeit Sturm, u. a. in einer großen öffentlichen Protestversammlung in Darmstadt. An ihrer Spitze stand der aus Altersgründen kurz vor der Pensionierung stehende Oberlandesgerichtspräsident Georg Best.

In der Landtagsdebatte machte sich der Seniorchef der DVP, Arthur Osann, zum Sprecher dieses Protestes. Wie Best sah er in der Ernennung Neuroths, die vorbei an vielen mindestens gleichqualifizierten Aspiranten und nur aufgrund des Parteibuches erfolgt sei, einen Akt der Politisierung der Justiz. Ein solch gravierender Eingriff in die unabhängige Justiz, so seine Klage, sei in Zeiten des Großherzogtums niemals vorgekommen.[70]

Daß das eine völlige Umkehrung der Realität war, das hatten vorher schon Sprecher der Koalition nachzuweisen versucht. So hatte der juristische Sprecher der SPD, Otto Sturmfels, darauf hingewiesen, daß die Fälle von Klassenjustiz in den letzten Jahren nicht nur nicht abgenommen, sondern sogar zugenommen hätten.[71] Und der Sprecher der DDP, Johannes Schreiber, hatte festgestellt, daß das Rechtsleben schwer erschüttert worden sei durch das fast völlige Versagen der Gerichte gerade in Prozessen mit politischem Einschlag. Er führte das in erster Linie darauf zurück, daß der größte Teil der Richterschaft nicht nur in Oppositionsstellung zum demokratischen Staat verharre, sondern seine Gegnerschaft sogar noch steigere.[72]

Trotz dieser unterschiedlichen Einschätzung trafen sich beide Seiten aber in der Frage der Beseitigung des festgestellten Übels: die Entpolitisierung der Justiz, das Richten streng nach den Gesetzen, nach dem Grundsatz der Unparteilichkeit und ohne Ansehen der betroffenen Personen.[73] Beide Seiten verstanden darunter aber etwas sehr Unterschiedliches: die Sprecher der Koalition, daß die rechten Richter sich endlich auf die Grundlage der republikanischen Gesetze stellen; die Sprecher der rechten Richter, daß die Eingriffe der linken Politik in das Recht unterbleiben sollten. Insofern war die Forderung nach der Entpolitisierung der Justiz, von links gestellt, ebenso richtig wie wirkungslos, solange das alte Selbstbewußtsein der rechten Richter und ihre alte soziale Stellung nicht erschüttert war.

Es blieb dem Jugenheimer Bildhauer und ehemaligen Mitglied der Darmstädter Künstlerkolonie auf der Mathildenhöhe, Daniel Greiner, der zu dieser Zeit die KPD im Landtag vertrat, vorbehalten, daran zu erinnern, daß das Recht einer jeweiligen Epoche Ausdruck der tatsächlichen Machtverhältnisse sei.[74] Weder bei den Parlamentariern der SPD noch bei denen der DDP war zu diesem Zeitpunkt ein hinreichendes Bewußtsein dafür vorhanden, daß es

Foto Nr. 48: Darmstädter Kundgebung zum 5. Jahrestag der Reichsverfassung am 10. August 1924 vor der Regierungstribüne mit Oberbürgermeister Wilhelm Glässing, Minister von Brentano, Staatspräsident Ulrich, Landtagspräsident Adelung u. a. Formationen des Reichsbanners und der Hessischen Schutzpolizei.
Stadtarchiv Darmstadt, ST 53; Foto: Th. Perabo.

ein gravierender Fehler war, nicht schon in der Revolution für die durchschlagende Ablösung der alten Eliten in Verwaltung und Justiz gesorgt zu haben, und daß ohne eine nachträgliche Korrektur dieses Fehlers sich an der als höchst übel und schädlich erkannten Situation in der Justiz substantiell kaum etwas ändern werde.

6. Verfassungsveränderungen

Die Verfassung hat im Laufe der Weimarer Zeit zwei Veränderungen von Bedeutung erfahren: im Herbst 1924 das Recht und die Pflicht zur Einsetzung von Untersuchungsausschüssen und im Frühjahr 1930 die Verlängerung der Legislaturperiode von 3 auf 4 Jahre.[75] Ging die erste Änderung 1924 ohne größere Probleme über die Bühne, so sah das bei der zweiten 1930 etwas anders aus. Offizielle Begründung für die Verlängerung der Legislaturperiode war die kostensparende Zusammenlegung von Landtags- und Reichstagswahlen und der vorgesehene Übergang zu Zweijahresperioden für den Landeshaushalt. Gegen diese Pläne hatten die Oppositionsparteien beider Seiten zunächst nur wenig einzuwenden, so daß die Plenumsdebatte am 28. März 1930 ohne größere Widersprüche verlief. Doch als die Regierung rund einen Monat später eine Gesetzesvorlage nachschob, die die Verfassungsänderung rückwirkend in Kraft setzen und den laufenden Landtag um ein Jahr verlängern sollte, erhob sich massiver Widerspruch. Die Vorlage wurde schließlich nur mit einer Stimme, also der knappsten denkbaren Mehrheit angenommen.

Hinter diesem Gesetz stand unausgesprochen der Gedanke, den Nationalsozialisten (NSDAP), die in anderen Ländern ihre ersten größeren Wahlerfolge erzielt hatte, den Einzug in den hessischen Landtag zu verwehren. Die Koalition griff also zu dem Mittel der Verfassungs-Manipulation, der Einschränkung von Demokratie, um die Demokratie vor dem Zugriff der extremen Rechten zu schützen. Daß solche Manipulationen immer nur nach hinten losgehen, sollte dann auch die Wahl vom 15. November 1931 beweisen: der Wahlsieg der NSDAP überstieg alle Befürchtungen, sie wurde auf einen Schlag die stärkste Fraktion im Hessischen Landtag.[76]

7. Zusammenfassung

Die Hessische Verfassung von 1919 kodifizierte wesentliche Bestimmungen der politischen Demokratie, vor allem des Parlamentarismus, blieb aber weit hinter den Erwartungen der Bevölkerung nach radikaler Überwindung des monarchischen Obrigkeitsstaates und nach Durchsetzung der sozialen Demokratie zurück. Das lag nur zu einem geringen Teil an der Vorrangstellung der Weimarer Reichsverfassung, als vielmehr an dem mangelnden Gestaltungswillen der Sozialdemokratie, obwohl sie von Anfang an und fast bis zum Ende der Weimarer Zeit die stärkste Partei im Lande war und blieb. Diese Lücken konnten auch nicht, wie in der Revolution in Aussicht gestellt, auf dem normalen parlamentarisch-demokratischen Weg geschlossen werden, nicht zuletzt, weil die Sozialdemokratie zu wenig auf die Schubkraft außerparlamentarischer Bewegungen setzte. Eine Verfassung im Sinne der allgemeinen Gerechtigkeit hatte Carl Ulrich 1919 versprochen. Die hessische SPD hat es versäumt, die notwendigen Grundlagen zu legen, daß ein solches Versprechen Wirklichkeit werden konnte.

Anmerkungen

1 Erdmann: Geschichte, S. 7.
2 Erdmann Weltkriege, S. 85.
3 Erdmann: Rätestaat, S. 4 und 6.
4 Kolb: Republik, S. 158.
5 Ebd.: Republik, S. 161–163, und Rürup: Revolution, S. 288–289.
6 Krause: USPD, S. 122 f.
7 Kolb: Republik, S. 163; ähnlich Rürup: Revolution, S. 292/93.
8 Rürup: Revolution, S. 282 und 287/88.
9 Winkler: Sozialdemokratie, S. 64.
10 Kolb: Republik, S. 164.
11 Winkler: Weimar, S. 600, und Kolb: Republik, S. 167.
12 Kolb: Republik, S. 166/67.
13 Dittmann: Erinnerungen, bes. Bd. 2, S. 631 ff.
14 Rürup: Revolution, S. 286/87, und Kolb: Republik, S. 163/64.
15 Rürup: Revolution, S. 287.
16 Franz/Köhler: Parlament, S. 10/11.

17 Die Grundsätze dieser Reform sind wiedergegeben bei: Knöpp: Volksstaat, S. 698 f.
18 VLVH 1 (1919–1921), Prot. 78, S. 2044–20460.
19 Ulrich: Erinnerungen, S. 104–109, Zitat S. 109.
20 VLVH 1 (1919–1921), Prot. 78, S. 2046/47 (nicht mehr bei Ulrich wiedergegeben).
21 Ulrich Erinnerungen, S. 116–118.
22 Hessischer Volksfreund (HVf) 264/1918 vom 9. 11. 1918, S. 1.
23 HVf 265 a/1918 vom 10. 11. 1918, S. 1, wiederabgedruckt bei Knöpp: Volksstaat, S. 701, der mit dem 11. 11. allerdings ein nicht korrektes Datum angibt.
24 Ulrich: Erinnerungen, S. 123/24, und HVf 266/1918 vom 12. 11. 1918, S. 1.
25 Ulrich: Erinnerungen, S. 124, und HVf 268/1918 vom 14. 11. 1918, S. 1.
26 Ulrich: Erinnerungen, S. 214; zu ihren Biographien siehe die entsprechenden Einträge bei Ruppel/Groß: Abgeordnete.
27 HVf Z89/1918 vom 9. 12. 1918, S. 1.
28 HVf 287/1918 vom 6. 12. 1918, S. 1: »Einzug der Spartakusse in Hessen. Gründung einer angeblich unabhängigen, in Wahrheit spartakistischen Landesorganisation. Die Bolschewisten unter falscher Flagge.«
29 »Verordnung über die Wahlen zur verfassungsgebenden Volkskammer der Republik Hessen« vom 3. 12. 1918, in: HRegBl 29/1918 vom 10. 12. 1918.
30 Nachweise im einzelnen bei Schuchmann: Entstehung, S. 24, und Hummel: Entwicklung, S. 63 ff.
31 Hummel: Entwicklung, S. 64.
32 Nachweise bei Schuchmann: Entstehung, S. 25.
33 Ebd., S. 31.
34 Zu Dr. Arthur Wolff (1888–1962) werde ich demnächst eine eigene biographische Skizze vorlegen.
35 Hummel: Entwicklung, S. 69/70 und 77–83; Schreiben des Leiters des Darmstädter Staatsarchivs, Prof. Dr. Eckhart G. Franz, zur Biographie des Dr. Arthur Wolff an den Verfasser vom 13. 3. 1992 (AZ: 526K-T998/92).
36 VLVH 1 (1919–1921), Drucksache Nr. 1.
37 Ebenda, S. 14.
38 Ebenda, S. 13.
39 Ebenda, S. 16/17.
40 Ebenda, S. 20–23.
41 Ebenda, S. 31/32.
42 Abgedruckt in: VLVH 1, Drucksache Nr. 21.
43 VLVH 1, Prot. 3, S. 38.
44 Ebenda, S. 39.

45 Ebenda, S. 40–42.
46 Zu diesen Berliner Vorgängen neuerdings Dittmann: Erinnerungen, 607 ff., und Winkler: Weimar, S. 42 ff.
47 VLVH 1 (1919–1921), Prot. 3, S. 43–44.
48 Abdruck des »Gesetzes über die vorläufige Verfassung für den Freistaat (Republik) Hessen« vom 20. 2. 1919, in: HRegBl 4/1919 vom 25. 2. 1919, S. 23–25.
49 VLVH 1 (1919–1921), Prot. 3, S. 60–61.
50 VLVH 1, Prot. 4, 5. 64.
51 Darmstädter Zeitung 106/1919 und in VLVH 1, Drucksache Nr. 237, Anlage 1.
52 So in der regierungsamtlichen Begründung des Entwurfs, der dem Landtag zuging, in VLVH 1, Drucksache 237, S. 11.
53 Ebenda, Anlage 2.
54 Ebenda, S. 11.
55 Ebenda, Hauptteil.
56 Die Debatte ist ausführlich dokumentiert in: Franz/Köhler: Parlament, S. 112 ff., wonach ich auch zitiere.
57 Der Ausschußbericht in VLVH 1, Drucksache Nr. 253.
58 Johann Jacoby (1805–1877), der in der Revolution von 1848/49 radikaldemokratische Positionen vertrat, im Alter dann, wie nur wenige seiner früheren Mitstreiter, zur Sozialdemokratie überging (Silberner: Jacoby).
59 Franz/Köhler: Parlament, S. 114; der von Ulrich zitierte Artikel per WRV ist der 151.
60 Franz/Köhler: Parlament, S. 119/20.
61 Ebenda, S. 122.
62 Ebenda, S. 125/26.
63 Ebenda, S. 117.
64 Ebenda, S. 127.
65 Ebenda, S. 128–130.
66 Ebenda, S. 113.
67 VLVH 1 (1918–1921), Prot. 41, S. 1031 ff. (namentliche und Schlußabstimmung, S. 1056/57), und Franz/Köhler: Parlament, S. 113.
68 Die Zahlen im einzelnen bei Franz/Köhler: Parlament, S. 40–41, Korrekturblatt.
69 Die Debatte ist ausführlich dokumentiert in Franz/Köhler Parlament, S. 277 ff.
70 Ebenda, S. 92/93.
71 Ebenda, S. 84/85.
72 Ebenda, S. 281.
73 Z. B. Johann Schreiber (DDP) und Arthur Osann (DVP), in Franz/Köhler: Parlament, S. 284 und 294.
74 Franz/Köhler: Parlament, S. 289.

75 hierzu näher Franz/Köhler Parlament, S. 34/35.
76 Siehe die Zahlen bei Franz/Köhler: Parlament, S. 41/42.

Literaturhinweise

Darmstädter Zeitung 1918–1919

Dittmann, Wilhelm: Erinnerungen, bearb. und eingeleitet von Jürgen Rojahn, 3 Bde., (Quellen und Studien zur Sozialgeschichte 14). Frankfurt/M., New York 1995

Erdmann, Karl Dietrich: Die Geschichte der Weimarer Republik als Problem der Wissenschaft, in: Vierteljahrshefte für Zeitgeschichte 3 (1955), S. 1–19

Erdmann, Karl Dietrich: Die Zeit der Weltkriege, in: Gebhardt, Bruno (Hrsg.): Handbuch der deutschen Geschichte, 8. Auflage, Bd. 4. Stuttgart 1959

Erdmann, Karl Dietrich: Die Weimarer Republik, in: Gebhardt, Bruno (Hrsg.): Handbuch der deutschen Geschichte, 9. Auflage, Bd. 4/1. Stuttgart 1973

Erdmann, Karl Dietrich: Rätestaat oder parlamentarische Demokratie. Neuere Forschungen zur Novemberrevolution 1918 in Deutschland. Kopenhagen 1979

Franz, Eckart G./Köhler, Manfred (Hrsg.): Parlament im Kampf um die Demokratie. Der Landtag des Volksstaates Hessen 1918–1933. Darmstadt 1991

Gmelin, Hans: Verfassungsentwicklung und Gesetzgebung von Hessen 1913–1919, in: Jahrbuch des öffentlichen Rechts der Gegenwart 9 (1920), S. 204–217

Gmelin, Hans: Die hessische Verfassung und Gesetzgebung von 1920, in: Jahrbuch des öffentlichen Rechts der Gegenwart 10 (1021), S. 301–320

Hessisches Regierungsblatt (Darmstadt (HRegBl) 1918–1919

Hessischer Volksfreund (Darmstadt) (HVf) 1918/19

Hummel, Ute: Entwicklungen und Folgen der Revolution 1918/19 in Darmstadt und im Landkreis Groß-Gerau, Wissenschaftliche Hausarbeit zur Erweiterungsprüfung für das Lehramt an Grund-, Haupt- und Realschulen. Darmstadt 1971

Knöpp, Friedrich: Der Volksstaat Hessen 1918–1945, in: Heinemeyer, Walter (Hrsg.): Das Werden Hessens. Marburg 1986, S. 697–763

Kolb, Eberhard: Die Weimarer Republik (Grundriß der Geschichte, Bd. 6), 3. Auflage. München 1993

Krause, Hartfried: USPD. Zur Geschichte der Unabhängigen Sozialdemokratischen Partei Deutschlands. Frankfurt/Main 1975

Rürup, Reinhard: Demokratische Revolution und »dritter Weg«. Die deutsche Revolution von 1918/19 in der neueren wissenschaftlichen Diskussion, in: Geschichte und Gesellschaft 9 (1983), S. 278–301

Ruppel, Hans Georg/Groß, Birgit (Hrsg.): Hessische Abgeordnete 1820–1933. Biographische Nachweise für die Landstände des Großherzogtums Hessen (2. Kammer) und den Landtag des Volksstaates Hessen. Darmstadt 1980

Schuchmann, Christa: Die Entstehung der Hessischen Verfassung von 1919, Wissenschaftliche Hausarbeit zur Erweiterungsprüfung für das Lehramt an Grund-, Haupt- und Realschulen. Darmstadt 1980

Silberner, Edmund: Johann Jacoby. Politiker und Mensch. Bonn-Bad Godesberg 1976

Struck, Wolf-Heino: Die Revolution von 1918/19 im Erleben den Rhein-Main-Gebietes, in: Hessisches Jahrbuch für Landesgeschichte 19 (1969), S. 368–438

Ulrich, Carl: Erinnerungen des ersten hessischen Staatspräsidenten, hrsg. von Ludwig Bergsträsser. Offenbach am Main 1953

Verhandlungen des Landtages des Volksstaates Hessen (VLVH), Protokolle und Drucksachen, 1918–1920

Winkler, Heinrich August: Die Sozialdemokratie und die Revolution von 1918/19. Ein Rückblick nach sechzig Jahren. Berlin 1979

Winkler, Heinrich August: Weimar 1918–1933. Die Geschichte der ersten deutschen Demokratie. München 1993

Marie-Luise Recker

Hessen im Dritten Reich

Als am 30. Januar 1933 Hitler zum Reichskanzler und Kopf einer Regierung der »nationalen Konzentration« berufen wurde, hatte dies schon bald weitreichende Auswirkungen auf die politischen Verhältnisse im hessischen Raum. Bereits am Abend dieses Tages war es in vielen Städten zu teils blutigen Zwischenfällen gekommen, als die Sturm-Abteilungen der NSDAP mit Fackelzügen und Siegesmärschen den politischen Erfolg in Berlin herausstellen wollten, SPD, KPD und Gewerkschaften zu Gegendemonstrationen aufriefen, beide Gruppen nicht selten aneinandergerieten und diese dann von Polizeikommandos attackiert und aufgelöst wurden. Ähnliche Vorkommnisse wiederholten sich vielerorts in den kommenden Wochen, wobei die Braunhemden immer aggressiver vorgingen und auch politische Versammlungen der linken Parteien systematisch zu sprengen suchten.

Wie sie eine »Machtergreifung« auch in Darmstadt bewerkstelligen konnten, war den hessischen Nationalsozialisten jedoch unklar. In den verschiedenen Wahlen[1] zwischen Ende 1931 und Ende 1932 hatten sie sich als bei weitem stärkste Partei des Landes etabliert. In den Landtagswahlen im Volksstaat Hessen am 15. November 1931 hatte die NSDAP 37,1 % der Stimmen erhalten, in der nach einem Einspruch notwendigen Wiederholung dieser Wahl am 19. Juni 1932 dieses Ergebnis sogar auf 44,0 % steigern können, doch hatte sie diese Erfolge nicht in Regierungsmacht umzusetzen vermocht. Angesichts der Patt-Situation im Darmstädter Landtag hatte sich keine regierungsfähige Mehrheit zusammengefunden, woraufhin die bisherige Regierung unter dem sozialdemokratischen Staatspräsidenten Bernhard Adelung geschäftsführend im Amt geblieben war. Dieser hatte sich als entschiedener Widerpart gegen die Agitation der Nationalsozialisten in Parlament und Öffentlichkeit erwiesen, so daß die hessische Parteiführung nun darauf sann, wie sie die Ereignisse in Berlin auch für sich nutzen konnte. Da der Versuch, den Landtag aufzulösen und im Volksstaat Neuwahlen zu erreichen, am Widerstand der SPD scheiterte, konnten politische Veränderungen in Darmstadt letztlich nur von außen bewirkt werden.

In der Tat versuchte die neue, nationalsozialistisch geführte Reichsregierung seit Anfang Februar, die Machtübernahme in den Ländern durch die Entsendung von Reichskommissaren zu erreichen. Hierbei setzte sie insbesondere darauf, die Befehlsgewalt über die Polizei zu erhalten, um so eine wichtige Barriere für die Aktionsmöglichkeiten der eigenen Parteigenossen zu beseitigen. Hier jedoch stieß Reichsinnenminister Frick in Darmstadt auf die entschlossene Gegenwehr des hessischen Innenministers Leuschner. Die hessische Polizeiführung war nach wie vor pro-republikanisch eingestellt, und auch in den Mannschaften hatte die Partei Hitlers nur wenige Anhänger. Anlaß für die Intervention aus Berlin war eine Notverordnung vom 4. Februar 1933, die weitgehende Einschränkungen der Versammlungs- und Meinungsfreiheit beinhaltete. Frick warf Leuschner vor, die Umsetzung der Notverordnung gegen die KPD nur halbherzig durchgeführt zu haben, und sandte am 10. Februar einen Beauftragten nach Darmstadt, der nach Rücksprache mit der hessischen NSDAP-Spitze den Innenminister ultimativ aufforderte, in Arbeit und Gesinnung der Polizei der neuen politischen Lage Rechnung zu tragen. Gleichzeitig verlangte er die Ablösung Leuschners. Diesem Druck vermochten weder Staatspräsident Adelung noch die SPD-Fraktion zu widerstehen und drängten auf dessen Rücktritt. »Eine harte Woche. Scheißkerle entpuppen sich!« So vertraute Leuschner enttäuscht und doppelsinnig seine Gefühle seinem Tagebuch[2] an und gab seinen Entschluß bekannt, sein Amt aufzugeben. Damit war für die hessischen Nationalsozialisten eine wichtige Bastion auf dem Weg zur Macht geschleift worden.

Die nächste Station bildeten die Reichstagswahlen vom 5. März

1933, in denen die braunen Parteigenossen im Volksstaat mit 47,4 % einen beachtlichen Erfolg verbuchen konnten. Bereits in den Morgenstunden des folgenden Tages forderten der nationalsozialistische Landtagspräsident Werner und der kommissarische Gauleiter Sprenger auf einer Kundgebung in der Innenstadt den Rücktritt der geschäftsführenden Regierung, da eine Übertragung der Reichstagswahlergebnisse in Hessen-Darmstadt auf die Mandatsverteilung im Landtag eine Mehrheit von Nationalsozialisten und Deutschnationalen ergeben würde. Stunden zuvor war bereits die Hakenkreuzfahne auf dem Landtag gehißt und die schwarz-rot-goldene Reichsfahne durch die SA auf dem Luisenplatz öffentlich verbrannt worden. Ähnliche symbolträchtige Fahnenwechsel erfolgten auch auf anderen öffentlichen Gebäuden.

Diese lokalen Ereignisse, die begleitet wurden von ähnlichen Vorgängen in anderen Städten und Gemeinden des Landes, wurden wirkungsvoll ergänzt durch entsprechende Maßnahmen in Berlin. Dort stellte Reichsinnenminister Frick die Weichen für die Einsetzung eines Reichskommissars in Darmstadt, nachdem Berichte hessischer Parteistellen über angebliche gewalttätige Zusammenstöße im Lande und über die vermeintliche Untätigkeit der Polizei die Handhabe für einen solchen Schritt geliefert hatten. Noch am Abend des 6. März kündigte Frick[3] dem überraschten Adelung die Bestellung des Alsfelder Finanzamtsdirektors Heinz Müller zum Reichskommissar an und forderte ihn auf, diesem sofort die Amtsgeschäfte zu übergeben. In enger Kooperation mit Sprenger ließ Müller bereits wenige Stunden später das Innenministerium, das Gewerkschaftshaus, das Verlagsgebäude der örtlichen sozialdemokratischen Zeitung sowie die Wohnungen von Adelung und Leuschner durch SA-Truppen besetzen. Gleichzeitig ernannte er den SS-Führer Werner Best zum Sonderkommissar für das Polizeiwesen, der nun die »Säuberung« der hessischen Polizei von »nicht zuverlässigen« Polizeioffizieren und die Aufstellung einer Hilfspolizei vornehmlich aus SA-Verbänden in Angriff nehmen konnte.

Diese faktische Machtergreifung wurde eine Woche später dann auch formal abgesichert. Mit den Stimmen von NSDAP (32), DVP (2), DNVP (1) und Zentrum (10) wählte der Landtag am 13. März den bisherigen Landtagspräsidenten Werner zum neuen Staatspräsidenten; 15 SPD-Abgeordnete hatten mit »nein« gestimmt, einer (Adelung) sich enthalten, ein weiterer Abgeordneter der SPD und alle sieben Abgeordneten von KPD und SAPD waren entweder bereits verhaftet oder hielten sich versteckt. Analog zu älteren Vorstellungen der hessischen Nationalsozialisten zur Reduzierung des Kabinetts wurde die Regierung radikal verkleinert; neben Werner gehörte ihr nur noch der seit einer Woche als Reichskommissar amtierende Müller an, der die Ministerien für Inneres, Justiz und Finanzen übernahm. Bei Stimmenthaltung der SPD wurde anschließend ein Ermächtigungsgesetz[4] verabschiedet, das der neuen Regierung nahezu uneingeschränkte Vollmachten verlieh. Ohnehin hatte der Landtag nur noch akklamatorische Funktion, bis er – wie alle Volksvertretungen der Länder – Anfang 1934 aufgehoben und seine Hoheitsrechte auf das Reich übertragen wurden.

Das Charakteristische an der Machtübernahme der Nationalsozialisten im »Volksstaat« Hessen – wie parallel auch in anderen Ländern des Reiches – war die Doppelstrategie von quasirevolutionärem gelenktem Terror »von unten« und pseudo-legalem Eingreifen »von oben«. Die regionalen und lokalen Organisationen der NSDAP setzten die Landesregierung durch Massendemonstrationen und Einschüchterungsmaßnahmen so lange unter Druck, bis die Reichsregierung zur Wiederherstellung von »Ruhe und Ordnung« nun ihrerseits deren Absetzung erzwang. Dies wiederholte sich hinsichtlich der Spitzen der verschiedenen Behörden, so daß die einzelnen Teile dieses Puzzles sich mehr und mehr in ein flächendeckendes Bild nationalsozialistischer Herrschaft einfügten.

Die ersten Schritte zur Eroberung der Macht auch auf kommunaler Ebene erfolgten auf der Grundlage des soeben verabschiedeten hessischen Ermächtigungsgesetzes. Zunächst einmal erhielt der Innenminister die Befugnis,[5] die Amtszeiten von Bürgermeistern und Beigeordneten für beendet zu erklären, wenn letztere Mitglieder von KPD oder SPD waren oder wenn generell eine solche Maßnahme »zur Aufrechterhaltung der Ordnung« notwendig schien. Dies bildete den Auftakt für zahllose Amtsenthebungen von nicht der NSDAP angehörenden Bürgermeistern, deren Stellvertretern oder anderen Stadtratsmitgliedern. Der nächste Schritt zur Entmachtung und Auflösung der Kommunalparlamente bildete dann das Vorläufige Gesetz zur Gleichschaltung der Länder mit dem Reich vom 31. März 1933, nach dem auch diese Wahlgremien entsprechend den Reichstagswahlergebnissen vom 5. März neu gebildet werden sollten, wobei die Mandate der KPD ersatzlos zu streichen waren. Auf der Grundlage dieses Gesetzes wurden z. B. in Darmstadt, wo die bisherige politische Spitze bereits am 30. März abgesetzt worden war, am 27. Juli der ehemalige Reichskommissar und Staatsminister Heinz Müller zum neuen Oberbürgermeister und die NSDAP-Funktionäre Haug und Kopp zu Bürgermeistern gewählt. Ähnliches geschah in anderen Gemeinden des Landes.

Der vorläufig letzte Akt im Rahmen der nationalsozialistischen Machteroberung im Volksstaat Hessen erfolgte schließlich aufgrund des Zweiten Gesetzes zur Gleichschaltung der Länder mit dem Reich vom 7. April 1933, nach dem an die Spitze der Länder Reichsstatthalter gestellt wurden, die nun ihrerseits die Befugnis zur Ernennung und Entlassung der Landesregierung erhielten. Hier setzte Hitler am 5. Mai den hessischen Gauleiter Jakob Sprenger zum Reichsstatthalter in Darmstadt ein, der damit zum ersten Mal auch staatliche Macht erhielt. Sprengers erste entscheidende Maßnahme[6] war die Umbildung der hessischen Landesregierung, indem der bisherige Innenminister Müller auf die Position des Landtagspräsidenten (und anschließend die des Darmstädter Oberbürgermeisters) abgeschoben wurde. Damit war der Weg frei für das von Sprenger angestrebte Einministersystem: Die bisherigen Ministerien wurden zu einer einzigen Behörde mit der Bezeichnung »Hessisches Staatsministerium« zusammengezogen und Werner Mitte Juni zum alleinigen Staatsminister ernannt. Gleichzeitig wurde der Regierungsapparat auf drei Ministerialabteilungen reduziert. Mit diesem Revirement wollte Sprenger verhindern, daß sich neben ihm ein zweites Machtzentrum in Darmstadt etablierte. Allerdings blieben auch nun Rivalitäten mit dem Ministerpräsidenten nicht aus. Nach verschiedenen Konflikten setzte er Werner noch im September 1933 ab und ernannte dessen bisherigen Vertreter, Jung, zum neuen alleinigen Staatsminister. Aber auch Jung erfüllte nicht die Hoffnung, ein leicht lenkbarer, ergebener Gehilfe zu sein, so daß er ebenfalls Anfang 1935 entlassen wurde. Gleichzeitig übertrug Hitler Sprenger selbst die Führung der Landesregierung in Hessen, so daß dieser hier über Partei- und Staatsapparat gleichermaßen gebieten konnte. Als letzten Schritt in der Auslöschung der gewachsenen Verwaltungsstrukturen verfügte Sprenger am 1. April 1937 die Aufhebung der drei Provinzen Starkenburg, Rheinhessen und Oberhessen; damit war die hessische Mittelinstanz fortgefallen und eine Einheitsverwaltung in diesem Land geschaffen worden.

Die hier für den Volksstaat Hessen beschriebenen Vorgänge im Rahmen der nationalsozialistischen Machtübernahme fanden in ähnlicher Weise, wenn auch teils zeitversetzt, ihre Parallele im preußischen Teil Hessens. Ausgangspunkt war hier der »Preußenschlag« vom 20. Juli 1932, durch den die geschäftsführende Regierung Braun abgesetzt und der amtierende Reichskanzler, von Papen, zum Reichskommissar von Preußen ernannt worden war. Auf dessen Veranlassung hin waren der Oberpräsident der Provinz Hessen-Nassau, August Haas, sowie der Polizeipräsident, Hohenstein, die in der Vergangenheit wirkungsvoll gegen nationalsozialistische Gewalttätigkeiten eingeschritten waren, umgehend ihrer Funktionen enthoben worden. Diese personellen Veränderungen waren nicht nur der Ausgangspunkt für weitere Wechsel innerhalb der Polizei in Hessen-Nassau, sondern bildeten auch den Auftakt für verstärkte Attacken der SA auf den politischen Gegner, für Einschüchterung und erste Verfolgungsmaßnahmen.

Die Ernennung Hitlers zum Reichskanzler am 30. Januar 1933, in deren Folge Göring zum Stellvertreter des Reichskommissars für Preußen ernannt wurde und damit die Aufsicht über das preußische Innenministerium – und die preußische Polizei – erhielt, beseitigte weitere Schranken für das Vorgehen der Nationalsozialisten gegen politisch oder »rassisch« Mißliebige auch in der Provinz Hessen-Nassau. Vor allem im Vorfeld der für den 12. März 1933 angesetzten Landtags- und Kommunalwahlen in Preußen häuften sich diese Vorfälle: Zeitungen wurden verboten, Versammlungen gesprengt, Mitglieder und Anhänger insbesondere der Linksparteien verhaftet oder brutal zusammengeschlagen, jüdische Mitbürger drangsaliert und verfolgt. Vor allem die als Hilfspolizei rekrutierten SA-Formationen taten sich hierbei hervor.

Die »Machtergreifung« in Berlin ebnete auch in der Provinz Hessen-Nassau den Weg für den personellen Wechsel in den entscheidenden politischen Positionen.[7] War nach von Papens Staatsstreich in Preußen noch der christlich-konservativ gesonnene und der DVP nahestehende Kurator der Universität Marburg, Ernst von Hülsen, zum Nachfolger des abgesetzten Oberpräsidenten ernannt worden, so beeilte sich Göring, diesen bereits im Juni 1933 durch einen langjährigen Bewunderer und Parteigänger der Nationalsozialisten, den Prinzen Philipp von Hessen, zu ersetzen. Allerdings war dessen Rolle an der Spitze der Provinz eher dekorativer Natur. An die Stelle des engagierten demokratischen Regierungspräsidenten in Kassel, Ferdinand von Friedensburg, trat im Februar 1933 der deutschnationale Landrat von Züllichau-Schwiebus, Konrad von Monbart, während in Wiesbaden der bisherige Kammer- und Forstrat Friedrich Zschintzsch dieses Amt seit dem 20. Februar kommissarisch, seit dem 15. Juni 1933 dann definitiv übernahm. Während hier also eher konservative oder doch nur im Dunstkreis der NSDAP stehende Beamte in die neuen Positionen berufen wurden, trugen die entsprechenden personellen und organisatorischen Veränderungen im Polizeiapparat eine eindeutigere Handschrift: In diesem Bereich wurde engagierten braunen Parteigängern der Vorzug gegeben und die Polizei so zu einem gefügigen Instrument der neuen Machthaber geformt.

Die »Machtergreifung« auf kommunaler Ebene in der Provinz Hessen-Nassau wurde durch die »Preußenwahlen« vom 12. März 1933 eingeläutet. Waren schon vorher Landräte, Bürgermeister und Stadträte vielfach Schikanen, Behinderungen und Nachstellungen ausgesetzt gewesen, so jagte man sie jetzt – sofern sie nicht der NSDAP angehörten oder ihr nahestanden – aus dem Amt, selbst wenn ihre Amtszeit noch fortdauerte. Bereits am Wahlabend wurde der Wiesbadener Oberbürgermeister[8] Krücke in »Schutzhaft« genommen; wenig später wurden sozialdemokratische und kommunistische Stadträte beurlaubt. Am 5. April stellten in Limburg Bürgermeister und Stadtverordnetenvorsteher »unter dem Druck der Masse« ihre Ämter zur Verfügung. In Frankfurt am

Main war der langjährige Oberbürgermeister Ludwig Landmann schon vor dem Wahltag dem Rat seiner politischen Freunde gefolgt, die Stadt vorsorglich zu verlassen, um sich der Verfolgung zu entziehen. Noch am Wahlabend wurde dort der »alte Kämpfer« Friedrich Krebs zum kommissarischen Ersten Bürgermeister und der NSDAP-Reichstagsabgeordnete Karl Lindner zum Zweiten Bürgermeister bestellt. In ähnlicher Weise wurde in Marburg der Oberbürgermeister der Weimarer Republik, Johannes Müller, abgelöst und durch Ernst Scheller ersetzt. Ebenso zwangen die neuen Machthaber die Oberbürgermeister von Kassel, Stadler, und Hanau, Blaum, zum Rücktritt, während der Oberbürgermeister von Fulda, Danzebrink, sein Amt behielt. In ähnlicher Weise verloren auch die meisten Landräte ihre Ämter und wurden durch willfährigere Nachfolger ersetzt.

Die Wahlen vom 12. März 1933 brachten in vielen Gemeindeparlamenten der Provinz deutliche Mehrheiten für die NSDAP, zumal die auf die Kommunisten entfallenden Sitze sofort eingezogen und wenig später auch die Mandatsträger der Sozialdemokratie aus diesen Vertretungen ausgeschlossen wurden. Allerdings blieb dieser Erfolg ephemer; die gemeindlichen Selbstverwaltungsgremien wurden noch im Sommer 1933 immer weiter zurückgedrängt und im weiteren Verlauf des Jahres ganz aufgehoben. Angesichts der Auflösung bzw. Selbstauflösung der Parteien mit Ausnahme der NSDAP und der Etablierung einer Einparteiendiktatur wäre ihre Arbeit ohnehin ohne Belang gewesen. Statt dessen regierte nun auch auf kommunaler Ebene das »Führerprinzip«, das jede freie Wahl der Gemeinderäte ausschloß; ebenso wurden die Kreistage und Kommunallandtage aufgehoben und auch die Arbeit der Kommunalverbände eingeschränkt bzw. dem Oberpräsidenten untergeordnet.

Vorangetrieben vom Wechselspiel revolutionären Drucks von unten und scheinlegaler Steuerung von oben war so den neuen Herrschern die Übernahme der politischen Macht auf Landes- und Provinzebene sowie im kommunalen Bereich innerhalb nur weniger Monate gelungen. Beide Teile Hessens hatten ihr politisches Gesicht vollkommen verändert. Allerdings war damit kein Endpunkt erreicht, vielmehr ergab sich die Dynamik der weiteren Entwicklung ebenfalls im wesentlichen aus dem Gegeneinander von Partei- und staatlichen Stellen und aus dem Führungsanspruch der NSDAP. Insbesondere die Gauleiter erwiesen sich als die treibende Kraft zugunsten weiterer organisatorischer und personeller Veränderungen.

Zunächst gab es im hessischen Raum drei Parteigaue, deren Abmessungen jedoch nicht mit den Verwaltungsgrenzen übereinstimmten. Karl Weinrich, der Gauleiter des Gaues Hessen-Nassau-Nord (ab 1934: Kurhessen), der den Regierungsbezirk Kassel außer den Kreisen Hanau-Stadt und -Land, Gelnhausen und Schlüchtern

Foto Nr. 49: Besuch Hitlers im Römer am 31. März 1938. Links Gauleiter Sprenger, rechts Oberbürgermeister Dieter Krebs.
Institut für Stadtgeschichte, Frankfurt a. M.

umschloß, gehörte nicht zu den politisch bedeutenden Repräsentanten[9] der NSDAP. Auch in der Parteizentrale in München als wenig dynamisch und kämpferisch eingeschätzt, konnte er sich in seinem Gau jedoch bis kurz vor Kriegsende halten, als ein schwerer Bombenangriff die »Gauhauptstadt« Kassel in Schutt und Asche legte und die Versäumnisse bei Brandschutz und Hilfsmaßnahmen dem Gauleiter zur Last gelegt wurden.

Die anderen hessischen Gebiete umfaßten den Gau Hessen-Nassau-Süd mit dem Regierungsbezirk Wiesbaden und dem südlichen Zipfel des Regierungsbezirks Kassel sowie den Gau Hessen-Darmstadt. Nach verschiedenen Querelen und Rivalitäten war schließlich 1932 der Darmstädter Parteibezirk mit dem Gau Hessen-Nassau-Süd zusammengelegt und in Hessen-Nassau umbenannt und anschließend der Frankfurter Gauleiter Sprenger – zunächst kommissarisch – mit der Führung des neuen Gaues betraut worden. Mit diesem Schritt hatte Sprenger eine deutliche Ausweitung seiner Macht erreichen können, die er – wie beschrieben – nach dem 30. Januar 1933 zielstrebig auch auf den staatlichen Bereich auszudehnen verstand. Allerdings hatte diese Machtakkumulation aus seiner Sicht nach wie vor den Nachteil, daß er zwar Partei- und Staatsverwaltung im Land Hessen befehligte, in den preußischen Teilen seines Gaues jedoch mit den dortigen staatlichen Behörden und Institutionen die Macht teilen mußte. Aber auch mit anderen Instanzen in seinem Gau – ob mit Bürgermeistern und Landräten oder mit anderen Einrichtungen – gab es einen permanenten, immer wieder aufflammenden Kleinkrieg um Maßnahmen und Kompetenzen, durch die Sprenger seinen Machtanspruch durchzusetzen versuchte.

Seinem Ziel, die Identität von Partei-Gau und staatlicher Verwaltungsbehörde zu erreichen und damit seine Hand auch auf Teile der Provinz Hessen-Nassau zu legen, kam Sprenger jedoch nur langsam näher. Durch eigenmächtige Vorstöße, die dann nicht selten zu langwierigen Kompetenzkonflikten führten, konnte er in den nächsten Jahren zwar einige Teilerfolge im Bereich von grenzüberschreitenden Zusammenschlüssen halbstaatlicher oder anderer Institutionen und Organisationen erreichen,[10] doch war dies für ihn kein Ersatz für sein eigentliches Vorhaben. Der Beginn des

Zweiten Weltkriegs brachte ihn der Realisierung seiner Absichten ein Stück näher, wenn die Lage zunächst auch noch komplizierter als bisher wurde. Am 1. September 1939 war für jeden der 18 Wehrkreise des Deutschen Reiches ein Reichsverteidigungskommissar bestellt worden, der die Maßnahmen der zivilen Verteidigung leiten und mit den Belangen der Wehrmacht in Übereinstimmung bringen sollte. Angesichts der Notwendigkeit zur Mobilisierung der »Heimatfront« kam diesen neuen Instanzen durchaus eine wichtige Rolle zu. Allerdings deckten sich diese Wehrkreise weder mit Provinzen oder Ländern noch mit den Partei-Gauen, so daß nun eine weitere territoriale Einheit die ohnehin komplizierten Zuständigkeiten in der Mittelinstanz noch unübersichtlicher machte. Sprenger wurde zum Reichsverteidigungskommissar im Wehrkreis XII ernannt, ein Gebiet, das sich nur zum geringen Teil mit den Territorien überschnitt, in denen er bereits als Reichstatthalter und Gauleiter Macht ausübte. Der größte Teil Hessens, darunter selbst Sprengers »Gauhauptstadt« Frankfurt am Main, gehörte zum Wehrkreis IX, in dem der thüringische Reichstatthalter und Gauleiter Fritz Sauckel das Kommando führte. Die völlige Verwirrung der Zuständigkeiten, die sich aus dieser Regelung ergab, war erneut Ursache verschärfter Auseinandersetzungen und Kompetenzkämpfe zwischen allen Beteiligten. Dies drohte das Ansehen der NSDAP in der Bevölkerung nachhaltig zu schädigen, egal, ob diese Fehden zwischen Parteistellen oder zwischen Partei- und staatlichen Instanzen ausgetragen wurden, und tangierte auch die Machtverhältnisse innerhalb der NSDAP.

Auf Drängen der Parteispitze wurden deshalb im November 1942 die Reichsverteidigungsbezirke den Gauen angeglichen und einheitlich die Gauleiter zu Reichsverteidigungskommissaren ernannt. Im hessischen Raum entstanden so der Reichsverteidigungsbezirk »Kurhessen« mit Weinrich und »Rhein-Main« mit Sprenger an der Spitze. Diese Neuregelung wertete das Amt des Gauleiters deutlich auf, da dieser sich nun der staatlichen Stellen in seinem Bezirk bedienen bzw. ihnen Anweisungen hinsichtlich ziviler Verteidigungsmaßnahmen erteilen konnte. Für Sprengers Machtbereich galt zudem, daß er als Reichsverteidigungskommissar über ein Territorium verfügte, das die alte Trennungslinie zwischen

Hessen-Darmstadt und Hessen-Nassau übersprang und das Land Hessen sowie ca. die Hälfte der preußischen Provinz umfaßte. Deshalb setzte er alles daran, diese Gaugrenzen nun auch zu Landesgrenzen zu machen, also Hessen-Nassau zu teilen und den südlichen Teil dem Land Hessen zuzuschlagen, gegebenenfalls sogar beide hessischen Gebiete miteinander zu vereinen.

Der Weg dorthin war jedoch schwierig, und Sprenger mußte sich mit Teilerfolgen zufrieden geben. Zwar wurde das Problem der territorialen Gliederung im hessischen Raum in den nächsten Monaten verschiedentlich in der politischen Spitze in Berlin erörtert, doch brachten erst personelle Veränderungen in Hessen-Nassau im Herbst 1943 den Stein in Sprengers Sinn ins Rollen. Am Tage des italienischen Waffenstillstands ließ Hitler den Oberpräsidenten der Provinz, Prinz Philipp von Hessen, der enge verwandtschaftliche Bande zum italienischen Königshaus hatte, verhaften und in ein Konzentrationslager bringen, so daß ein wichtiger Gegner der Teilungspläne ausfiel. Wenig später fiel auch Gauleiter Weinrich in

Foto Nr. 50: Der ausgebombte Bürgersaal im Frankfurter Römer im März 1944.
Institut für Stadtgeschichte, Frankfurt a. M.

Ungnade und wurde abgelöst. Damit war der Weg frei für die Teilung Hessen-Nassaus. Allerdings dauerte es noch mehr als sechs Monate, bis Hitler schließlich den Erlaß über die Bildung der Provinzen Kurhessen und Nassau unterschrieb, mit dem die preußische Provinz entlang den Gaugrenzen geteilt, die südlichen Kreise des bisherigen Regierungsbezirks Kassel somit der Provinz Nassau zugeschlagen wurden. Ab 1. Juli 1944 konnte Sprenger dann (auch) als Oberpräsident der Provinz Nassau in Wiesbaden agieren. Damit hatte er alle entscheidenden staatlichen Ämter, die es auf dem Gebiet seines Gaues gab, in seiner Hand vereint. Allerdings standen sie noch immer relativ isoliert nebeneinander und wurden allenfalls durch die Position des Gauleiters und Reichsverteidigungskommissars überwölbt. Allein die räumliche Trennung seiner Dienstsitze – Wiesbaden, Darmstadt und Frankfurt am Main – symbolisierte dieses Nebeneinander und brachte manche verwaltungstechnischen Schwierigkeiten mit sich. Sein Bestreben, dies in Frankfurt zu zentralisieren, scheiterte an der Absage Hitlers, weitere Änderungen von Verwaltungsgliederungen noch während des Krieges ins Auge zu fassen.

Mit seinem Aktionismus hatte Sprenger eine Reorganisation von politischen Strukturen und administrativen Grenzen in dem traditionell stark zersplitterten hessischen Gebiet erreicht, die jedoch weniger von kohärenten Neugliederungsansätzen ausging als vielmehr dem Machthunger des Gauleiters entsprang. Wie im ganzen Reich blieben auch in diesem Raum die entsprechenden Veränderungen ein unvollkommenes Stückwerk. Erst die Alliierten konnten – zumal nach der Auflösung Preußens – hier eine territoriale Neuordnung durchsetzen und auch den notwendigen politischen Neuaufbau in die Wege leiten.

Anmerkungen

1 Vgl. die Wahlergebnisse bei Rebentisch, Dieter: Nationalsozialistische Revolution, Parteiherrschaft und totaler Krieg in Hessen (1933–1945), in: Schultz, Uwe (Hrsg.): Die Geschichte Hessens. Stuttgart 1983, S. 233–248, hier S. 235.

2 Zitiert nach Leithäuser, Joachim: Wilhelm Leuschner. Ein Leben für die Republik. Köln 1962. S. 92. Vgl. auch zu diesen Vorgängen insgesamt Pingel-Rollmann, Heinrich: Widerstand und Verfolgung in Darmstadt und der Provinz Starkenburg 1933–1945, Darmstadt und Marburg 1985. S. 44 ff., sowie zuletzt Herbert, Ulrich: Best. Biographische Studien über Radikalismus, Weltanschauung und Vernunft 1903–1989. Bonn 1996, S. 121 ff.

3 Text des Telegramms in Pingel-Rollmann, S. 53 f. Frick berief sich hierbei auf die Reichstagsbrandverordnung vom 28. 2. 1933.

4 Text ebd., S. 58.

5 Verordnung vom 20. 3. 1933, vgl. ebd., S. 59.

6 Vgl. hierzu und zum folgenden Rebentisch, Dieter: Der Gau Hessen-Nassau und die nationalsozialistische Reichsreform, in: Nassauische Annalen 89, 1978, S. 128–162, hier S. 138 f.

7 Vgl. für diesen Wechsel Klein, Thomas (Hrsg.): Die Lageberichte der Geheimen Staatspolizei für die Provinz Hessen-Nassau 1933–1936, Teilband I. Köln und Wien 1986, S. 2 ff.

8 Vgl. Kropat, Wolf-Arno: Die nationalsozialistische Machtergreifung am 30. Januar 1933 in Wiesbaden und Nassau, in: Nassauische Annalen 94, 1983, S. 245–277, hier S. 268. Vgl. auch zum folgenden Klein, Thomas (Hrsg.): Der Regierungsbezirk Kassel 1933–1936. Die Berichte der Regierungspräsidenten und der Landräte, 1. Teil. Darmstadt und Marburg 1985, S. XX ff.

9 Vgl. zu Weinrich und dem anderen Führungspersonal der NSDAP Rebentisch, Dieter: Persönlichkeitsprofil und Karriereverlauf der nationalsozialistischen Führungskader in Hessen 1928–1945, in: Hessisches Jahrbuch für Landesgeschichte 33, 1983, S. 293–331.

10 Vgl. für Einzelheiten Rebentisch, Gau Hessen-Nassau (wie Anm. 6), S. 132 ff.

Abkürzungen

DNVP	Deutschnationale Volkspartei
DVP	Deutsche Volkspartei
KPD	Kommunistische Partei Deutschlands
NSDAP	Nationalsozialistische Deutsche Arbeiterpartei
SA	Sturm-Abteilung
SAPD	Sozialistische Arbeiterpartei Deutschlands
SPD	Sozialdemokratische Partei Deutschlands
SS	Schutzstaffel

Foto Nr. 51: Historisches Museum und Stadtarchiv, Blick auf die Nikolaikirche nach den Märzangriffen von 1944.
Institut für Stadtgeschichte, Frankfurt a. M.

Literaturhinweise

Hennig, Eike (Hrsg.): Hessen unterm Hakenkreuz. Studien zur Durchsetzung der NSDAP in Hessen. Frankfurt am Main 1983

Klein, Thomas: Provinz Hessen-Nassau und Fürstentum/Freistaat Waldeck-Pyrmont 1866–1945, in: Heinemeyer, Walter (Hrsg.): Das Werden Hessens. Marburg 1986, S. 565–695

Knöpp, Friedrich: Der Volksstaat Hessen 1918–1945, in: ebd., S. 697–736

Kropat, Wolf-Arno: Die nationalsozialistische Machtergreifung am 30. Januar 1933 in Wiesbaden und Nassau, in: Nassauische Annalen 94, 1983, S. 245–277

Pingel-Rollmann, Heinrich: Widerstand und Verfolgung in Darmstadt und der Provinz Starkenburg 1933–1945. Darmstadt und Marburg 1985

Rebentisch, Dieter: Der Gau Hessen-Nassau und die nationalsozialistische Reichsreform, in: Nassauische Annalen 89, 1978, S. 128–162

Ders.: Persönlichkeitsprofil und Karriereverlauf der nationalsozialistischen Führungskader in Hessen 1928–1945, in: Hessisches Jahrbuch für Landesgeschichte 33, 1983, S. 293–331

Ders.: Nationalsozialistische Revolution, Parteiherrschaft und totaler Krieg in Hessen (1933–1945), in: Schultz, Uwe (Hrsg.): Die Geschichte Hessens. Stuttgart 1983, S. 233–248

Helmut Berding

Tradition und Neuanfang. Die Verfassung des Bundeslandes Hessen. Vom »Groß-Hessen« der Proklamation Nr. 2 (19. September 1945) bis zum Bundesland Hessen (24. Mai 1949)

Die bedingungslose Kapitulation des Deutschen Reiches am 8. Mai 1945 und die Unterzeichnung des Grundgesetzes der Bundesrepublik Deutschland am 23. Mai 1949 markieren den Anfang und das Ende einer der einschneidendsten Epochen der neueren deutschen Geschichte. In diesen vier Jahren vollzog sich der Übergang von der Diktatur zur Demokratie. Der Wandel schritt von unten nach oben voran. Aus der politischen Neuordnung gingen zuerst die Länder hervor. Das spätere Bundesland Hessen wurde schon vier Monate nach Kriegsende aus der Taufe gehoben. Bereits 14 Monate später hat sich Hessen eine Verfassung gegeben. Die in ihr verankerte Bindung an die deutsche Republik[1] zeichnete den weiteren Weg vor. Das Land Hessen wirkte daran mit, »die Länder zu Pfeilern zu machen, auf denen der Neuaufbau des Reiches entstehen« konnte.[2] Maßgeblich bestimmt wurde die Entwicklung Hessens von der Staatsgründung bis zur Eingliederung in die Bundesrepublik von der amerikanischen Besatzungsmacht. In ihrer Zone lagen die Gebiete, aus denen sich das spätere Bundesland zusammensetzte. Mitte April war die Besetzung abgeschlossen. Damit übernahm der oberste Befehlshaber der US-Armee, General Dwight D. Eisenhower, »die höchste gesetzgebende, rechtsprechende und vollziehende Machtbefugnis und Gewalt«.[3]

Auf dieser Grundlage stellten die Amerikaner die Weichen für die weitere Entwicklung, die sich in vier Perioden gliedert. *Erstens* übertrug die amerikanische Militärregierung deutschen Behörden administrative Kompetenzen und schuf größere Verwaltungseinheiten. Aus der Zusammenlegung ehemals kurhessischer, nassauischer und hessen-darmstädtischer Gebiete ging das Land »Groß-Hessen« hervor. Die Regierung übernahm der von den Amerikanern eingesetzte Rechtswissenschaftler Karl Geiler. Parallel zur administrativen Neuordnung lockerte die Militärregierung das Verbot jeder politischen Tätigkeit, ließ demokratische Parteien wieder zu und ordnete Gemeinde- wie Kreistagswahlen an. *Zweitens* erteilte die Besatzungsmacht der Landesregierung in Wiesbaden den Auftrag, Verfassungsberatungen vorzubereiten. Weisungsgemäß setzte der hessische Ministerpräsident den Vorbereitenden Verfassungsausschuß ein. Die Arbeit dieses Sachverständigengremiums löste in den politischen Parteien eine lebhafte Verfassungsdebatte aus. In Reaktion auf die fortschreitende Politisierung gewährte die amerikanische Militärregierung den Beratungsgremien mehr Raum, die Verfassung in freier Selbstbestimmung auszugestalten. *Drittens* trat mit der freien Wahl der Abgeordneten zur Verfassungberatenden Landesversammlung die Verfassungsgebung in ihre parlamentarische Phase ein. In der Landesversammlung und ihren Ausschüssen prallten die Meinungsunterschiede und Interessengegensätze schon bald hart aufeinander. Als das Scheitern unabwendbar schien, bewiesen die Abgeordneten ihre Fähigkeit zum Kompromiß. Der Wille zur Einigung war stärker als die Parteiinteressen. So gelang es, den Verfassungsentwurf mit überwältigender Mehrheit zu verabschieden. Nach der Genehmigung durch die Besatzungsmacht und der Zustimmung durch das Volk stellte sich Hessen endgültig auf den Boden der parlamentarischen Demokratie. *Viertens* begannen Regierung und Landtag in Wiesbaden, die Verfassung mit Leben zu erfüllen. Landesgesetze paßten Staat, Wirtschaft und Gesellschaft Hessens den Bestimmungen der Verfassung an. Das Land beteiligte sich an der Ausarbeitung und Ratifizierung des Grundgesetzes und wirkte als Gliedstaat an der Ausgestaltung der freiheitlich-demokratischen Grundordnung in Deutschland mit.

1. Die Gründung des Landes »Groß-Hessen«

Verwaltungsaufbau und Staatsgründung

Nach dem Ende des Krieges lagen im besetzten Deutschland die Städte in Trümmern. Wirtschaft und Verkehr waren lahmgelegt. Die Bevölkerung litt unter Hunger, Kälte und Wohnraummangel. Mit dem Deutschen Reich geriet auch die öffentliche Verwaltung in den Strudel des Untergangs. Die meisten Behördenchefs und ein großer Teil der höheren Beamten, die Parteiämter innegehabt hatten, tauchten unter, wurden interniert oder blieben dem Dienst fern. Viele Behördengebäude lagen in Schutt. Personalmangel und Zerstörungen hatten in den hessischen Verwaltungszentren Darmstadt, Wiesbaden und Kassel die Landes-, Provinzial- und Bezirksbehörden praktisch funktionsunfähig gemacht. Kaum besser war es um die Stadt- und Kreisverwaltungen bestellt. Bei den Bemühungen, die lokale und regionale Verwaltung wieder in Gang zu setzen, bereitete die Rekrutierung von qualifiziertem und zugleich politisch unbelastetem Personal erhebliche Probleme. Die Besatzer orientierten sich an den bereits vor Kriegsende zusammengestellten, aber unzuverlässigen Weißen Listen und folgten den ebenfalls nicht sicheren Empfehlungen von Geistlichen beider Konfessionen.

Ohne funktionierende Behörden ließen sich die dringendsten Probleme nicht bewältigen. Daher trieb die Besatzungsmacht den administrativen Aufbau mit größtem Nachdruck voran. Trotz der anfänglichen Fehlschläge und der enormen Schwierigkeiten konsolidierte sich die Lage rasch. In den Städten und Landkreisen war die öffentliche Verwaltung schon wenige Wochen nach dem Einmarsch wieder arbeitsfähig. Seit der zweiten Aprilhälfte nahmen deutsche Behörden auch auf Provinzebene ihre Tätigkeit wieder auf. Die Militärmachthaber ernannten den einstigen Reichstagsabgeordneten und Historiker Ludwig Bergsträsser zum Chef der Verwaltung der Provinz Starkenburg und der oberhessischen Kreise. In Kassel übertrugen sie die Verwaltung des Regierungsbezirks Kurhessen an den früheren Regierungsrat Fritz Hoch. In Wiesbaden schließlich beauftragten sie den ehemaligen Reichsrundfunkkommissar Hans Bredow mit der Verwaltung des Regierungsbezirks Hessen-Nassau. Überall wurden die Führungskräfte ausgetauscht und die Verwaltung von belasteten Beamten gesäubert. Aber die alten Verwaltungseinheiten blieben unverändert erhalten. Für eine grundlegende Reorganisation war die US-Militärregierung noch nicht bereit. Sie wollte einer gemeinsamen Deutschlandpolitik der Siegermächte nicht vorgreifen. Doch nahm der Veränderungsdruck ständig zu. Zu den schwierigen Problemen, die zum Handeln zwangen, zählten in erster Linie die Versorgung der Bevölkerung mit Lebensmitteln und Brennstoffen, die Aufnahme der Flüchtlinge und Vertriebenen, die Instandsetzung der blockierten Verkehrswege, die Entnazifizierung und Umerziehung, die Reorganisation des Schulwesens, aber auch die Überschneidungen von Staats- und Sonderverwaltungen. Die Aufteilung der amerikanischen Besatzungszone in größere Verwaltungseinheiten duldete keinen Aufschub mehr.

Bei der Neuordnung stand von vornherein fest, daß Bayern mit seinen intakten Verwaltungsstrukturen als arrondiertes Staatswesen erhalten bleiben sollte. Auch kristallisierte sich schon früh der Gedanke heraus, im übrigen Zonengebiet Länder mit Staatscharakter zu schaffen. Über die genaue Aufgliederung gingen innerhalb der Militärregierung die Meinungen weit auseinander. Drei Pläne standen zur Diskussion. Es wurde erwogen, erstens aus der vormaligen preußischen Provinz Hessen-Nassau, dem Volksstaat Hessen und Württemberg-Baden drei Länder zu bilden; zweitens mit Württemberg-Baden und »Groß-Hessen« zwei Staaten zu gründen; drittens alle Gebiete der US-Zone außerhalb Bayerns zu einem einzigen großen »Weststaat« zu verbinden. General Lucius D. Clay, der stellvertretende Militärgouverneur der amerikanischen Besatzungszone, favorisierte zunächst die Drei-Staaten-Lösung, ließ sich aber aus einer Reihe von Gründen umstimmen und entschied sich für »Groß-Hessen«. Ins Gewicht fielen einmal die Empfehlungen von Walter L. Dorn und James K. Pollock. Beide Berater General Clays machten nach ausgedehnten Inspektionsreisen durch die amerikanische Besatzungszone wirtschaftliche, politische, administrative und historische Gründe für die Zusammenlegung der hessischen Gebiete geltend. Bedeutung erlangte zum anderen die vom stellvertretenden Militärgouverneur angeordnete

Befragung angesehener Persönlichkeiten aus Verwaltung, Politik, Wirtschaft, Universitäten und Kirchen. Die meisten Befragten plädierten für einen hessischen Gesamtstaat. Dabei knüpften sie an das Projekt einer Gebietsreform an, das in der Weimarer Republik Preußen zu Fall gebracht hatte. Die Empfehlungen der amerikanischen Besatzungsoffiziere und der deutschen Honoratioren paßten gut ins Konzept der US-Politik. Sie zielte darauf ab, das Deutsche Reich in einen Bundesstaat nach amerikanischem Muster umzuwandeln und schon im Vorfeld möglichst gleich große Gliedstaaten zu schaffen. So war es nur konsequent, daß die amerikanische Besatzungsmacht im eigenen Interesse und in Übereinstimmung mit den Betroffenen die hessischen Gebiete in ihrer Zone vereinigten. Am 19. September 1945 wurde die Gründung des Staates »Groß-Hessen« verkündet. Das neue Land umfaßte »Kurhessen und Nassau (ausschließlich der zugehörigen Exklaven und der Kreise Oberwesterwald, Unterwesterwald, Unterlahn und Sankt-Goarshausen) und Hessen-Starkenburg, Oberhessen und den östlich des Rheins gelegenen Teil von Rheinhessen«.[4] Kurze Zeit nach der offiziellen Proklamation nahm die amerikanische Militärregierung für »Greater Hesse« unter Colonel James R. Newman in der alten nassauischen Residenz Wiesbaden ihre Amtsgeschäfte auf, erklärte die Kurmetropole zur hessischen Landeshauptstadt und begann unverzüglich mit der Bildung einer zivilen Landesregierung.

Das Amt des Ministerpräsidenten übertrug die Wiesbadener Militärregierung dem parteilosen Heidelberger Rechtswissenschaftler Karl Geiler. Bis in allen Einzelheiten sind die Motive dieser Entscheidung nicht bekannt. Aber offensichtlich wollte die Wiesbadener Militärregierung »keinen Sozialdemokraten an der Spitze des neuen Landes, da bereits die drei Regierungspräsidenten in Kassel, Wiesbaden und Darmstadt von Mitgliedern der SPD – Hoch, Nischalke und Bergsträsser – geführt wurden«.[5] Die Ministerauswahl gestaltete sich schwierig. Doch war das Kabinett, das mehr nach fachlicher Kompetenz als parteipolitischem Proporz zusammengestellt worden war, am 1. November vollständig. Geiler führte die Regierung autoritär und weigerte sich, die Kabinettsarbeit nach dem Kollegialprinzip zu organisieren. Zur Rechtfertigung berief er

Militärregierung Deutschland-Amerikanische Zone

Proklamation Nr. 2

An das deutsche Volk in der amerikanischen Zone:

Ich, General Dwight D. Eisenhower, Oberster Befehlshaber der amerikanischen Streitkräfte in Europa, erlasse hiermit folgende Proklamation:

Artikel I

Innerhalb der amerikanischen Besatzungszone werden hiermit Verwaltungsgebiete gebildet, die von jetzt ab als Staaten bezeichnet werden; jeder Staat wird eine Staatsregierung haben. Die folgenden Staaten werden gebildet:

Groß-Hessen

umfaßt Kurhessen und Nassau (ausschließlich der zugehörigen Exklaven und der Kreise Oberwesterwald, Unterwesterwald, Unterlahn und Sankt-Goarshausen) und Hessen-Starkenburg, Oberhessen und den östlich des Rheines gelegenen Teil von Rheinhessen;

Württemberg-Baden

umfaßt die Kreise Aalen, Backnang, Böblingen, Crailsheim, Esslingen, Gmünd, Göppingen, Hall, Heidenheim, Heilbronn, Künzelsau, Leonberg, Ludwigsburg, Mergentheim, Nürtingen nördlich der Autobahn, Oehringen, Stuttgart, Ulm, Vaihingen, Waiblingen, den Landeskommissärbezirk Mannheim und die Kreise Bruchsal, Karlsruhe Stadt und Land und Pforzheim Stadt und Land;

Bayern

umfaßt ganz Bayern, wie es 1933 bestand, ausschließlich des Kreises Lindau.

Artikel II

Soweit das deutsche Recht, das zur Zeit der Besetzung in Kraft war, nicht durch die Militärregierung oder den Kontrollrat für Deutschland aufgehoben, zeitweilig außer Kraft gesetzt oder abgeändert worden ist, bleibt es in jedem Staatsgebiete der amerikanischen Besatzungszone anwendbar, bis es durch neue Gesetzgebung des Kontrollrates für Deutschland oder der Militärregierung oder der hierdurch gebildeten Staaten oder eines anderen zuständigen Organs aufgehoben oder außer Kraft gesetzt worden ist.

Artikel III

1. Jeder der hierdurch gebildeten Staaten hat unter Vorbehalt der übergeordneten Machtbefugnisse der Militärregierung volle gesetzgebende, richterliche und vollziehende Gewalt, soweit deren Ausübung nicht mit früher und zukünftig getroffenen Maßnahmen des Kontrollrates für Deutschland oder einer von diesem errichteten zentralen deutschen Behörde im Widerspruch steht.

2. Bis zu dem Zeitpunkt, an dem die Schaffung demokratischer Einrichtungen möglich sein wird, genügt es für die Gültigkeit staatlicher Gesetzgebung, daß sie von dem Ministerpräsidenten genehmigt und verkündet wird.

Artikel IV

Die Befugnis zur Gesetzgebung und zur Ausübung anderer Regierungsgewalten durch Regierungspräsidenten, Landräte, Bürgermeister und andere Beamte örtlicher Verwaltungen wird in dem folgenden Umfange anerkannt: Diese Befugnisse stehen den vorgenannten Beamten nach Maßgabe des deutschen Rechts zu, wie es zur Zeit der Besetzung in Kraft war und wie es zu gegebener Zeit durch den Kontrollrat für Deutschland oder durch die Militärregierung oder mit deren Genehmigung abgeändert worden ist oder abgeändert wird. Außerdem haben sie die Befugnisse, die notwendig oder angemessen sind, um die Aufgaben, deren Erledigung ihnen von der Militärregierung übertragen wird, zu erfüllen.

Datum: 19. September 1945

DWIGHT D. EISENHOWER
General of the Army, U.S.A.
Oberster Befehlshaber der Amerikanischen Streitkräfte in Europa.

Foto Nr. 52: Proklamation Nr. 2 vom 19. September 1945 zur Gründung des Landes Hessen.
Hessisches Hauptstaatsarchiv, Wiesbaden.

sich auf das Staatsgrundgesetz: »Der Ministerpräsident steht an der Spitze der Staatsregierung. Er trägt gegenüber der Militärregierung die volle Verantwortung«.[6] Die mit allen Souveränitätsrechten ausgestattete Besatzungsmacht setzte der Regierungstätigkeit enge Grenzen. Der hessische Ministerpräsident unterstand in Wiesbaden den Befehlen der Militärregierung. In Stuttgart war es das Regional Government Coordinating Office, das dem Länderrat Weisungen mit bindender Kraft für die Länderregierungen erteilte. Schließlich mußten in den hessischen Städten und Landkreisen die Bürgermeister und Landräte bis Januar 1946 die Anordnungen der örtlichen Militärmachthaber befolgen. Erst danach gingen ihre Befugnisse auf die hessischen Landesbehörden über. In dem Maße, in dem die amerikanische Besatzungsmacht Kompetenzen auf die hessische Regierung und Verwaltung übertrug, nahm die Frage einer demokratischen Kontrolle an Dringlichkeit zu. Darüber war sich die Militärregierung im klaren und unterstützte nach anfänglichem Zögern den Demokratisierungsprozeß mit allen Kräften.

Parteienbildung und Wahlen

Mit dem administrativen Wiederaufbau ging die Reaktivierung des politischen Lebens einher. Ehemalige Funktionäre und Mitglieder der Weimarer Parteien, der Gewerkschaften und der Kirchen stellten sich unverzüglich nach der Befreiung aus Gefängnissen und Konzentrationslagern, der Rückkehr aus dem Exil oder dem Ende der inneren Emigration für den demokratischen Wiederaufbau zur Verfügung. Eine relativ geringe Anzahl dieser engagierten Demokraten arbeiteten mit am Aufbau von Antifaschistischen Ausschüssen und Bürgerkomitees. Diese basisdemokratischen Ansätze zur Neugestaltung des politischen Lebens kamen nach kurzer Zeit wieder zum Erliegen. Erfolgreicher verliefen die Bemühungen, die demokratischen Parteien der Weimarer Zeit wieder zum Leben zu erwecken oder neue Parteien zu gründen. Trotz des ausdrücklichen Verbots bildeten sich oft schon unmittelbar nach dem Einmarsch der amerikanischen Truppen überall politische Parteien. Die örtlichen Militärbehörden nahmen den informellen Aufbau demokratischer Parteien zumeist stillschweigend hin. Offiziell rückte die amerikanische Besatzungsmacht erst im Sommer 1945 von ihrer restriktiven Haltung ab. Damit zog sie zum einen die Konsequenz aus den Vereinbarungen der Potsdamer Konferenz. Hier war beschlossen worden, in ganz Deutschland das politische Leben nach demokratischen Grundsätzen neu zu gestalten. Zum anderen setzte die sowjetische Besatzungsmacht die amerikanische Militärregierung unter Zugzwang. Nach der Wiederzulassung demokratischer Parteien im Osten konnte der Westen nicht an seiner von Mißtrauen geprägten Verbotspolitik festhalten. Dagegen sprach schließlich auch das besatzungspolitische Konzept der Amerikaner, im Gegenzug zur Austreibung des nationalsozialistischen Ungeistes das demokratische Potential in der deutschen Bevölkerung zu mobilisieren. Die Militärregierung genehmigte Parteien im August 1945 auf lokaler Ebene, im November auf Landesebene. Strenge Vorschriften und Kontrollen kanalisierten die Parteienbildung, so daß sich landesweit nur vier Parteien durchsetzen konnten: SPD, KPD, CDU und LDP.

Die Sozialdemokraten verfügten bereits vor der offiziellen Wiederzulassung über ein dichtes Netz von Ortsvereinen. Der frühe Aufbau einer starken Organisation verschaffte der SPD einen Vorsprung vor den anderen Parteien. Bei der Entstehung des hessischen Landesverbandes übernahm Frankfurt eine Führungsrolle. Unter dem Vorsitz des in der Mainmetropole aktiven SPD-Politikers Wilhelm Knothe hatte die Landespartei zwei schwierige Probleme zu lösen. Heftig umstritten war zum einen die Organisationsstruktur. Nach langen Auseinandersetzungen teilte sich der Landesverband in die beiden SPD-Bezirke Hessen-Süd und Hessen-Nord. Diese Entscheidung trug den historisch bedingten politischen Differenzen und der Rivalität zwischen den Sozialdemokraten im Rhein-Main-Gebiet und im kurhessischen Norden Rechnung. Zum anderen schieden sich die Geister an der Frage des Verhältnisses der SPD zur KPD. In diesem Konflikt um das Für und Wider einer einheitlichen Arbeiterpartei entschied sich die hessische Sozialdemokratie für eine strenge Trennung von den Kommunisten. Nicht vergessen war die Diffamierungskampagne der KPD in den letzten Jahren der Weimarer Republik. Neben der Erinnerung an die »Sozialfaschismus«-Beschimpfung wirkte sich der strikt antikommunistische Kurs Kurt Schumachers aus. Eine nicht geringe Rolle spielte schließlich die Zwangsvereinigung der SPD mit der KPD in der sowjetischen Besatzungszone.

Ähnlich wie die Sozialdemokraten konnten auch die hessischen Kommunisten nach Kriegsende alte Parteistrukturen reaktivieren. In den großen Städten kam der Organisationsaufbau gut voran. Auf dem Lande gelang es ihnen kaum, Fuß zu fassen. Das Aktionszentrum der KPD lag in Frankfurt. Die hier ansässige Landesleitung folgte in strategischen Fragen dem Berliner Zentralkomitee und präsentierte die KPD als eine radikal-demokratische Partei, die der sozialistischen Revolution abgeschworen hatte, gemeinsam mit den anderen demokratischen Kräften am wirtschaftlichen Aufbau des Landes mitwirken und die Demokratisierung voranbringen wollte.

Mit den Christdemokraten betrat eine neue demokratische Partei die politische Bühne. Ihr Programm zielte darauf ab, die konfessionelle Spaltung zu überwinden, soziale Gegensätze abzubauen und eine Staats- und Gesellschaftsordnung auf christlicher Grundlage zu errichten. Dies war der gemeinsame Nenner einer Sammlungspartei, die sehr heterogene Kräfte mit unterschiedlichen wirtschaftlichen Interessen, sozialen Ansprüchen und politischen Auffassungen unter dem Dach des christlichen Glaubens vereinte. Der organisatorische Aufbau der Partei kam auf allen Ebenen rasch voran. Programmatisch dominierte anfangs der Frankfurter Kreis, dem Intellektuelle wie Walter Dirks und Eugen Kogon, ehemalige Gewerkschaftler und Zentrumsmitglieder angehörten. Der von ihnen propagierte »christliche Sozialismus« unterschied sich in wirtschafts- und sozialpolitischer Hinsicht nicht wesentlich vom »demokratischen Sozialismus« der Sozialdemokraten. Zu den wirtschaftsliberalen Auffassungen und Interessen vieler CDU-Mitglieder besonders aus Wiesbaden und Kassel bestand jedoch eine kaum überbrückbare Kluft. Politisch gewann der rechte gegenüber dem linken Flügel zunehmend an Gewicht.

Wie die Christdemokraten konnten die Liberalen, die sich zur LDP zusammenschlossen, nicht an eine unmittelbare Parteitradition anknüpfen. Beiden Parteien gemeinsam waren auch die starken internen Spannungen zwischen dem rechten und dem linken

Flügel. Mit der Wahl August Martin Eulers zum Landesvorsitzenden fiel die Entscheidung gegen die sozialliberalen zugunsten der wirtschaftsliberalen Kräfte aus. Seither nahm die hessische LDP eine betont antisozialistische Haltung ein und entwickelte sich immer mehr zu einem Sammelbecken nationalkonservativer Elemente. Ihrer Mitgliederstruktur entsprechend forderte die LDP das Wahlrecht für ehemalige Mitglieder der NSDAP und setzte sich für eine großzügige Durchführung der Entnazifizierung ein. Die Militärregierung verfolgte die Entwicklung der hessischen Liberalen mit nicht geringem Mißtrauen.

Bevor der organisatorische Aufbau der Parteien abgeschlossen war, ordnete die Militärregierung für den 20. und 27. Januar 1946 Kommunalwahlen an. General Clay setzte den frühen Termin gegen die Einwände des hessischen Ministerpräsidenten, einiger politischer Parteien und amerikanischer Offiziere durch, um den Demokratisierungsprozeß zu beschleunigen. Die hohe Wahlbeteiligung und das Wahlergebnis gaben ihm Recht. Bei den Gemeindewahlen gingen 84,9 % der Stimmberechtigten zu den Urnen. Nur wenig niedriger lag die Wahlbeteiligung bei den Kreistags- und Stadtverordnetenwahlen im April und Mai. Die Gemeindewahlen hatten lokalen und personellen Einflüssen noch breiten Raum gegeben. 16 % der Stimmen entfielen auf »Sonstige«. Ein großer Teil der Bürgermeisterposten ging an Parteilose. Bei den folgenden Wahlen zeichnete sich ein deutlicher Parteientrend ab. Als stärkste Kraft präsentierte sich die SPD mit durchschnittlich 43,2 % der Stimmen, gefolgt von der CDU mit 36,9 %. Deutlich abgeschlagen waren die KPD mit 9,3 % und die LDP mit 7,3 % der abgegebenen Stimmen. Auf Sonstige kamen 3,3 %. Somit pendelte sich in Hessen ein stabiles Vierparteiensystem mit sozialdemokratischer Dominanz ein. Dieser Konstellation verdankt das Land das besondere Profil, durch das es sich von allen anderen Ländern in der amerikanischen Besatzungszone unterschied.

2. Weichenstellungen für den Verfassungsstaat

Februar-Direktive und Vorbereitender Verfassungsausschuß

Der Erfolg der Gemeindewahlen bestärkte General Clay in seinem Vorhaben, in der US-Zone unverzüglich mit der Vorbereitung von Länderverfassungen zu beginnen. Dahinter stand der Gedanke, die amerikanische Militärregierung weiter zu entlasten und den Deutschen mehr Verantwortung zu übertragen, die Demokratisierung auf eine höhere Stufe zu heben, den Aufbau föderalistischer Strukturen im künftigen Deutschland zu fördern und Mißerfolge in der gemeinsamen alliierten Deutschlandpolitik zu kompensieren. Die Ministerpräsidenten in der US-Zone meldeten Bedenken an. In ihren Augen fehlte es der Bevölkerung noch an der notwendigen Erfahrung und dem Verständnis für die Einrichtung einer parlamentarischen Demokratie in Hessen. Einwände kamen auch aus den Reihen der Militäroffiziere. Hier bestanden erhebliche Zweifel daran, daß die Deutschen aufgrund ihrer Geschichte und der Verstrickung weiter Teile der Gesellschaft in die Verbrechen des Nationalsozialismus auf absehbare Zeit überhaupt für die Demokratie reif seien.[7] Der stellvertretende Militärgouverneur wies die Argumente der ängstlichen Ministerpräsidenten und der mißtrauischen Besatzungsoffiziere zurück, setzte sich gegen seine Kritiker durch und steckte mit der Direktive vom 4. Februar 1946[8] den zeitlichen Rahmen der weiteren Entwicklung ab. Die Verantwortung für den fristgerechten und geregelten Ablauf übertrug Clay der Militärregierungszentrale, um sich die Kontrolle über die Verfassungsberatungen zu sichern.

Nach dem generalstabsmäßig entworfenen Zeitplan sollte der Prozeß der Verfassungsgebung in drei Phasen voranschreiten. Zunächst war es Aufgabe des Vorbereitenden Verfassungsausschusses, die rechtlichen Voraussetzungen für demokratische Wahlen zur Verfassungberatenden Landesversammlung zu schaffen und die verfassungspolitische Meinungsbildung zu fördern. Im zweiten Zeitabschnitt ging es darum, die Beratungen auf eine parlamentarische Ebene zu heben. Nicht mehr von oben eingesetzte Sachverständige, sondern frei gewählte Abgeordnete der Parteien sollten die Verfassung ausarbeiten. Vorgesehen war schließlich, in einem dritten Akt den von der Landesversammlung verabschiedeten Verfassungsentwurf der amerikanischen Militärregierung zur Genehmigung vorzulegen. Die US-Besatzungsmacht behielt sich ausdrücklich das Recht vor, »to disapprove a Land constitution in whole or in part because of provisions which are undemocratic, contrary to American or Allied policies, or prejudicial to the future structure of the Reich«.[9] Nach der Genehmigung durch die Amerikaner mußten die hessischen Bürger dem Verfassungsentwurf zustimmen und gleichzeitig den ersten Landtag des neuen Verfassungsstaates wählen. Dies sollte nach dem Zeitplan der Militärregierung am 3. November 1946 geschehen.

Mit der Februar-Direktive entschied sich die amerikanische vor der französischen und britischen Besatzungsmacht für eine förmliche Verfassungsgebung der Länder durch gewählte deutsche Volksvertreter. Die Anordnungen der US-Militärregierung lenkten die Entwicklung in neue Bahnen. Nicht fortgesetzt werden konnte der Weg, den die hessische Landesregierung bisher beschritten hatte. Den Ausgangspunkt ihrer Bemühungen bildete das Staatsgrundgesetz vom 22. November 1945. Nach seinen Bestimmungen sollte die »Groß-Hessische Staatsregierung [. . .] als Treuhänderin des Hessischen Volkes eine demokratische Verfassung vorbereiten und »als Vorläuferin einer künftigen Volksvertretung (Landtag)«[10] einen Beratenden Landesausschuß berufen. Politische Querelen zögerten die Einsetzung dieses Ausschusses hinaus. Der Streit entzündete sich an einer Erklärung des hessischen Ministerpräsidenten, der am 18. November 1945 in einer Rundfunkansprache an die Bevölkerung Hessens seine Absicht verkündete, den Beratenden Landesausschuß nach dem Prinzip der Parität mit Politikern aus den wieder- oder neugegründeten Parteien SPD, CDU, KPD und LDP zu besetzen. Hiergegen erhoben Vertreter der Industrie- und Handelskammern sowie der Städte Einspruch. Den Kritikern Geilers schwebte eine Mischung von berufsständischer und parteipolitischer Zusammensetzung des Vorparlaments vor. Expertentum und Interessen sollten gegenüber politischen Gesichtspunkten und Mehrheitsverhältnissen den Vorrang erhalten. Die Vertreter der demokratischen Parteien stellten sich auf den entgegengesetzten Standpunkt. Nach ihrem guten Abschneiden bei den Gemeindewahlen im Januar wollte insbesondere die SPD im Ausschuß stärker vertreten sein und mehr Einfluß auf die Regierungsentscheidungen erhalten. Die Sozialdemokraten gingen so weit, den Rücktritt Geilers zu fordern und ihre Minister aus dem Kabinett abzuziehen. Doch stellte sich die Militärregierung hinter den Ministerpräsidenten. Sie war zu diesem frühen Zeitpunkt nicht bereit, die Kontrolle über die weitere politische Entwicklung aus den Händen zu geben. Die SPD mußte notgedrungen einlenken.

Im Gegenzug verpflichtete sich Geiler, den Mitgliedern des aus je zwölf Vertretern der Parteien paritätisch zusammengesetzten Beratenden Landesausschusses ein hohes Maß an Eigenständigkeit einzuräumen. Zum einen galten die Ausschußmitglieder trotz ihrer Ernennung durch den Ministerpräsidenten als Parteivertreter, durften also nur einvernehmlich bestellt oder entlassen werden. Sodann lag es im freien Ermessen des Geschäftsführenden Ausschusses, das Plenum einzuberufen. Schließlich regelte eine Geschäftsordnung den Arbeitsablauf. Diese weitreichende Unabhängigkeit von der Regierung stärkte das Selbstvertrauen der Ausschußmitglieder, die sich als »Abgeordnete« eines Parlaments verstanden, obwohl sie nicht gewählt worden waren. Trotz der fehlenden demokratischen Legitimation gewannen sie erheblichen Einfluß auf die Regierungsarbeit. Das Kabinett folgte stets den Entschließungen, die der Landesausschuß zu bedeutenden politischen Fragen wie zum Beispiel der Eingliederung der Flüchtlinge und Vertriebenen faßte. Faktisch nahmen die Vertreter der Parteien in den sechs Plenarsitzungen die Funktion eines Landtags wahr. Aber die Verfassungsgespräche kamen nur schleppend voran. Wohl deshalb beauftragte die Direktive vom 4. Februar nicht den Beratenden Landesausschuß, sondern ein anderes Gremium, den Vorbereitenden Verfassungsausschuß, mit der Aufgabe, in einem Zeitraum von weniger als drei Monaten die Voraussetzungen für den Beginn parlamentarischer Verfassungsberatungen zu schaffen.

Zu den Mitgliedern des Vorbereitenden Verfassungsausschusses zählten die Minister Werner Hilpert, Hans Venedey und Georg-August Zinn, die Regierungspräsidenten Fritz Hoch und Ludwig

Bergsträsser, der Frankfurter Oberbürgermeister Kurt Blaum, die Professoren Walter Jellinek und Otto Vossler sowie angesehene Politiker wie der Christdemokrat Heinrich von Brentano, der Kommunist Leo Bauer und der Liberale Georg Weinhausen. Dieser von Ministerpräsident Karl Geiler geschickt zusammengesetzte Personenkreis verfügte nicht nur über juristischen Sachverstand, verfassungsgeschichtliches Wissen und politische Erfahrung, er spiegelte auch das ganze Meinungsspektrum der politischen Parteien wider. Am 12. März 1946 nahm das Sachverständigengremium die Arbeit auf und legte bereits am 31. März den Entwurf des Gesetzes für die Wahl der Verfassungberatenden Landesversammlung vor. Das Gesetz verband Mehrheits- und Verhältniswahlrecht miteinander. 64 der 90 Abgeordneten waren in den Regierungsbezirken zu wählen, die übrigen 26 Sitze aufgrund des Landesergebnisses nach dem Höchstzahlverfahren zu verteilen und die Sperrklausel von 15 % auf 5 % herabzusetzen.[11]

Anfang April wandte sich der Ausschuß seiner Hauptaufgabe zu, aus allen Bereichen der Gesellschaft Vorschläge für die Gestaltung der künftigen Landesverfassung einzuholen, sie nach systematischen Gesichtspunkten zu ordnen und die Umfrageergebnisse in einem Bericht für die Verfassungberatende Landesversammlung zusammenzufassen. Um ein möglichst breites Meinungsspektrum zu erhalten, entwarf der Ausschuß einen umfangreichen Fragebogen und sandte ihn an alle Parteien, Verbände, Kammern, Kirchen, Jugendorganisationen, Frauenausschüsse, Universitäten, Oberlandes- und Landgerichte, zugelassenen Zeitungen und rund 30 Einzelpersönlichkeiten.[12] Der Vorbereitende Verfassungsausschuß begnügte sich nicht damit, die Stellungnahmen in einem Bericht zusammenzufassen, sondern arbeitete einen eigenständigen Verfassungsentwurf aus, den er nach intensiven Beratungen am 18. Juni verabschiedete. Der erste Hauptteil über Grundrechte fußte weitgehend auf den Vorschlägen des Staatsrechtlers Walter Jellinek. Sein Grundrechtskatalog, der sich einerseits an die Weimarer Verfassung anlehnte, andererseits die Erfahrungen mit der nationalsozialistischen Zwangsherrschaft widerspiegelte, fand breite Zustimmung und ging, wie der ebenfalls stark von Jellinek geprägte Teil über die Staatsgewalt, in hohem Maße in den Ausschuß-Entwurf ein. Beide Teile fanden in den weiteren Beratungen keine gravierenden Veränderungen mehr, so daß sie in den Grundzügen die Hessische Verfassung in ihrer endgültigen Gestalt vorwegnahmen. Doch war der Verabschiedung des Teils über die Staatsgewalt eine erbitterte Kontroverse vorausgegangen. Die Ergebnisse der Fragebogenaktion hatten hierzu den Anlaß gegeben. In den Stellungnahmen, insbesondere in den Denkschriften der Kirchen und der Gießener Universität, herrschten Auffassungen vor, wie sie zu Beginn der Weimarer Republik etwa die Deutschnationale Volkspartei vertreten hatte. Verbreitet war vor allem das tief in der konservativen Tradition verankerte Mißtrauen gegen Parlaments- und Parteienherrschaft. Hieraus erklärt sich die Forderung nach Gegengewichten wie einem direkt vom Volk gewählten Staatspräsidenten, nach Wirtschafts- und Kulturkammern, nach einem berufsständisch gegliederten Senat. Zu solchen antiquierten Verfassungsvorstellungen gingen die allermeisten Ausschußmitglieder auf Distanz. Sie neigten einer reinen Mehrheitsdemokratie nach westlichem Muster zu. Nur eine kleine Minderheit sprach sich für die Direktwahl eines Staatspräsidenten und die Einsetzung einer Zweiten Kammer aus. Sie sollten das Parlament in Schranken weisen. Der Ausschuß setzte sich über die Minderheitenmeinung hinweg. So konnten die Abschnitte über die Grundrechte und die Staatsgewalt mit großer Mehrheit verabschiedet werden. Anders verhielt es sich mit der Sozial- und Wirtschaftsverfassung, dem Verhältnis von Kirche und Staat sowie der Stellung der Religion in der Schule. In diesen Fragen gingen die Auffassungen so weit auseinander, daß der Vorbereitende Verfassungsausschuß darauf verzichtete, sie in den Entwurf vom 18. Juni aufzunehmen.

Die Reaktionen der Parteien und der Militärregierung

Parallel zu den Beratungen im Vorbereitenden Verfassungsausschuß schritt die verfassungspolitische Diskussion in den politischen Parteien voran. Begonnen hatten die Überlegungen über den Aufbau einer demokratischen Grundordnung in Deutschland schon im Exil und im Widerstand. Aber damals bestand keine zwingende Notwendigkeit, die verfassungspolitischen Vorstellungen detailliert auszudifferenzieren. Erst im Frühjahr 1946, als die Parteien im Wahlkampf für die Verfassungberatende Landesversammlung öffentlich Stellung beziehen und verbindliche Programme vorlegen mußten, präzisierten sich die Vorstellungen. Erstmals in der deutschen Geschichte sprachen sich alle etablierten Parteien grundsätzlich für die parlamentarische Demokratie aus. Doch wichen die Meinungen in zentralen Fragen der Staats-, Wirtschafts- und Gesellschaftsordnung erheblich voneinander ab.

Die SPD hatte sich am besten auf die Verfassungsberatungen vorbereitet. Mit Georg-August Zinn, Hans Venedey, Fritz Hoch und Ludwig Bergsträsser bestimmten vier Mitglieder des Vorbereitenden Verfassungsausschusses das Niveau der parteiinternen Meinungsbildung. Ähnlich günstig wirkte sich die Mitarbeit von Adolf Arndt und Friedrich Caspary aus. Beide brachten ihre verfassungspolitischen Erfahrungen und Kompetenz in die Diskussion ein. Die straffe Parteiorganisation und die Bildung eines eigenen Verfassungsausschusses trugen dazu bei, die einzelnen Standpunkte einander anzunähern. So konnte es der SPD gelingen, die unterschiedlich ausgerichteten Entwürfe und Gegenentwürfe auf den gemeinsamen Nenner der Hochwaldhäuser Beschlüsse zu bringen. Diese dienten den Parteireferenten als verbindliche Richtlinie für die Wahl der Verfassungberatenden Landesversammlung, steckten zugleich den Rahmen für die weitere verfassungspolitische Debatte innerhalb der SPD ab und setzten die Eckpunkte der sozialdemokratischen Verfassungsforderungen fest: umfassende unveräußerliche Grundrechte, parlamentarische Mehrheitsdemokratie, laizistischer Staat, soziale Gerechtigkeit, Mitbestimmung, planmäßige Steuerung der Wirtschaft und Überführung der Schlüsselindustrie in Gemeineigentum.

Die CDU reichte organisatorisch und verfassungspolitisch nicht an die Geschlossenheit der SPD heran. Sie bildete weder einen Verfassungsausschuß, noch legte sie einen für die gesamte Partei verbindlichen Entwurf vor. Die einzelnen Leitsätze, Aufrufe und Positionspapiere wichen in manchen Fragen des Staatsaufbaus und der Wirtschaftsordnung zum Teil erheblich voneinander ab oder waren unbestimmt und ließen sich nicht zu einem einheitlichen Ganzen zusammenfügen. So blieb es eine offene Frage, wie die

Verbindung von Staat und Kirche, die Sicherung christlicher Werte in Ehe, Familie und Schule, die Mitbestimmung und Sozialpartnerschaft sowie andere wichtige Fragen konkretisiert werden sollten.

Die KPD beteiligte sich nur widerstrebend an der Diskussion. Eigentlich wollte sie zu diesem frühen Zeitpunkt unter den Bedingungen der Zonenteilung und der amerikanischen Besatzungsherrschaft gar keine Verfassung auf den Weg bringen. Nolens volens fügte sie sich ins Unvermeidbare und schaltete sich in die Verfassungsgebung ein. Zur Anpassung an die gegebenen Verhältnisse wandelte sie ihr leninistisches in ein radikaldemokratisches Programm um, trat für uneingeschränkte Mehrheitsdemokratie ein, propagierte die soziale Erweiterung von Grundrechten, forderte staatliche Planwirtschaft und die Sozialisierung der Schlüsselindustrie.

Die LDP bot im Sommer 1946 ein politisch und programmatisch höchst uneinheitliches Bild. Linke und rechte Liberale lagen im Streit miteinander. Die wenigen verfassungspolitischen Erklärungen aus der LDP divergierten stark und stießen in der Öffentlichkeit auf nur geringe Resonanz. Erst die Ernennung des Rechtsliberalen August-Martin Euler zum Landesvorsitzenden und der von ihm Anfang August vorgelegte offizielle Verfassungsentwurf brachten die Partei auf einen wirtschaftsliberalen Kurs und gaben ihr ein deutliches verfassungspolitisches Profil. Freie Wirtschaft und Wettbewerb, klare Abgrenzung von Staat und Kirche, Gewaltenteilung und Zweikammersystem prägten das Konzept.[13]

Die amerikanische Besatzungsmacht verfolgte die Beratungen im Vorbereitenden Verfassungsausschuß und die verfassungspolitischen Diskussionen in den politischen Parteien mit größter Aufmerksamkeit. Sie stand vor der schwierigen Frage, wie sie reagieren sollte, wenn in der Verfassungberatenden Landesversammlung die Beschlüsse der frei gewählten Abgeordneten von den Zielen der Militärregierung abwichen? Vier Antworten boten sich an: erstens der völlige Verzicht der Militärregierung auf Eingriffe, zweitens Beanstandungen nach der Verabschiedung des endgültigen Verfassungsentwurfs, drittens behutsame Kritik schon während der laufenden Beratungen oder viertens detaillierte Handlungsanweisungen, also letztlich Verfassungsoktroi. General Clay entschied sich für das dritte Modell und instruierte Kenneth Dayton, den Verbindungsoffizier in Wiesbaden, Einwände nur im Geist größter Vorsicht und Selbstbeschränkung zu erheben.[14] In diesem Sinne nahm der Besatzungsoffizier seine Arbeit auf, traf sich mehrmals wöchentlich mit einflußreichen Vertretern der Parteien und schuf ein Klima gegenseitigen Vertrauens, in dem die Gesprächspartner des amerikanischen Verfassungsbeauftragten »zu keiner Zeit den Eindruck hatten, vor dem Vertreter der Besatzungsmacht zu erscheinen. Herr Dayton hat vielmehr stets in vollkommener Vollendung mit uns als Experte für Verfassungsfragen gesprochen, dessen Rat stets gern eingeholt wurde. Ein Experte aus einem neutralen Land hätte seinen Rat kaum in anderer Art erteilen können«.[15]

3. Die Arbeit der Verfassungberatenden Landesversammlung

Kräfteverhältnisse und Zielsetzung

Als am 15. Juli 1946 die Verfassungberatende Landesversammlung zum erstenmal zusammentrat, begann eine neue Phase der Verfassungsgebung. Die Zeit der unverbindlichen Vorschläge von eingesetzten Ausschüssen war vorüber. Künftig bestimmte ein demokratisch gewähltes Gremium, wie die Verfassung gestaltet werden sollte. Der Legitimitätszuwachs fiel sicherlich positiv ins Gewicht und erweiterte den Handlungsspielraum nach außen. Doch in der Verfassungberatenden Landesversammlung hatten im Vergleich zum Vorbereitenden Verfassungsausschuß die Probleme eher zu- als abgenommen. So mußten die gewählten Abgeordneten jene besonders strittigen Verfassungsfragen lösen, die von den Sachverständigen ausgeklammert worden waren. Aufgrund der Mandatsverteilung bestanden keine guten Aussichten, die hohen Hindernisse überwinden zu können. Bei den Wahlen vom 30. Juni 1946 waren von den 90 Sitzen 42 auf die Sozialdemokraten, 35 auf die Christdemokraten, 7 auf die Kommunisten und 6 auf die Liberalen gefallen. Keine der beiden großen Parteien verfügte über die absolute Mehrheit. Niemand konnte seine verfassungspolitischen Vorstellungen allein durchsetzen, am wenigsten die CDU. Sie mußte sich mit der SPD verständigen. Nach dem harten Wahlkampf standen die Chancen nicht gut, zumal die CDU auf die SPD, aber nicht umgekehrt die SPD auf die CDU angewiesen war. Die Sozialdemokraten konnten rein numerisch auch mit Hilfe der KPD eine Verfassung verabschieden. Für eine Koalition der beiden Arbeiterparteien sprach die weitreichende Übereinstimmung in programmatischen Fragen. Negativ schlugen die knappen Mehrheitsverhältnisse zu Buche. Zudem engten starke Widerstände in den eigenen Reihen die Möglichkeiten der Sozialdemokratischen Fraktion ein. Viel hing von der Haltung der CDU ab. Ihr linker Flügel drängte auf eine Verständigung mit den Sozialdemokraten. Umgekehrt brachten auch in der SPD nicht wenige dem christlichen Sozialismus Sympathie entgegen. Doch bestanden auf beiden Seiten auch gegenläufige Tendenzen, und es war nicht von vornherein klar, wer die Oberhand gewinnen würde.

Auf der feierlichen Eröffnungssitzung am 15. Juli 1946 demonstrierten die Abgeordneten der Verfassungberatenden Landesversammlung Einigkeit und Entschlossenheit. Die Wahl der Mitglieder des Präsidiums, des Ältestenrats und des Verfassungsausschusses erfolgte einmütig. In derselben Atmosphäre von Eintracht und Verständigungsbereitschaft verlief die erste Plenarsitzung am 5. und 6. August. Die Fraktionsvorsitzenden bekräftigten in ihren programmatischen Eröffnungsreden den festen Willen, sich über alle Meinungs- und Interessenunterschiede hinwegzusetzen. Auch die jämmerlichen Arbeitsbedingungen nahmen sie bereitwillig in Kauf. Es fehlte praktisch an allem, insbesondere an geeigneten Räumen, Verpflegung, Unterkunft und Papier. Stärker noch als diese Beschwernisse fielen die wirtschaftliche Not der Bevölkerung, die territoriale Zersplitterung des in Besatzungszonen aufgeteilten Reiches und die politische Unfreiheit unter der Viermächteherrschaft ins Gewicht. Auch hierin erblickten die Redner keinen Hinderungsgrund. Im Gegenteil. Sie betrachteten die in jeder Beziehung erbärmliche Lage 15 Monate nach dem Ende der NS-Diktatur und des von ihr entfesselten Weltkrieges als Herausforderung und Chance, durch die Verabschiedung einer Verfassung einen Teil der Souveränität zurückzugewinnen, Regierung und Verwaltung unter demokratische Kontrolle zu bringen, »Deutschland als Bund der Länder neu zu konstituieren«[16] und die Grundlagen für eine bessere Zukunft in Freiheit und Frieden zu schaffen. Dieses Ziel war nach einhelliger Auffassung nur erreichbar, wenn es gelang, die Verfassung mit großer Mehrheit zu verabschieden. »Ich glaube«, erklärte Hermann Brill zum Abschluß der Ersten Lesung am 6. August, »wir alle, die wir Demokraten sind, haben ein Interesse daran, daß die Ergebnisse der Verfassungsberatung von vornherein so sind, daß sie nicht nur die restlose Billigung der Besatzungsmacht, sondern auch die Billigung der großen Mehrheit des Volkes finden. Eine Verfassung, die etwa nur mit 51 % gegen 49 % angenommen würde, wäre keine Rechtsgrundlage für das Staatsganze«.[17]

Gegensätze und Konflikte

In der Ersten Lesung versuchten die Abgeordneten, sich Klarheit über die Punkte zu verschaffen, über die Einigkeit leicht erreichbar schien. Übereinstimmend sprachen sich Vertreter aller Parteien dafür aus, das Mißtrauensvotum zu beschränken, Splitterparteien fernzuhalten und Notverordnungsrechte zu vermeiden, um einer Rückkehr zu Weimarer Verhältnissen vorzubeugen. Ferner blieb die Forderung unwidersprochen, daß der Staat in die Lage versetzt werden müsse, den Mißbrauch wirtschaftlicher Macht zu verhindern. Bei der Frage nach dem Umfang staatlicher Eingriffe in die Wirtschaftsfreiheit zeigte sich die erste Bruchstelle. Ein weiterer Dissens brach in der Diskussion über die Sicherung der Demokratie auf. Sozialdemokraten und Kommunisten verlangten, besondere Schutzbestimmungen gegen die Feinde der Demokratie in die Verfassung aufzunehmen. Im übrigen sahen sie in der sozialen Gerechtigkeit den wichtigsten Garanten für politische Stabilität. Demgegenüber versprachen sich Christdemokraten und Liberale mehr vom Ausbau der persönlichen Grundrechte, besonders des Eigentumsrechts. Außerdem verlangten sie zur Abwehr antidemokratischer Bestrebungen eine doppelte Teilung der Gewalten einerseits durch die Direktwahl eines Staatspräsidenten, andererseits durch die Einrichtung einer zweiten Kammer.

Nach der ersten Lesung begann die Kleinarbeit im Verfassungsausschuß. Hier traten die schon im Plenum aufgebrochenen Differenzen zwischen den Parteien immer mehr in den Vordergrund. Zum ersten Schlagabtausch kam es bei den Beratungen über das Einkammer- oder Zweikammersystem. Erich Köhler, der Fraktionsvorsitzende der CDU, verlangte die Einrichtung einer aus Unternehmern und Arbeitnehmern paritätisch zusammengesetzten Landeswirtschaftskammer und einer aus Repräsentanten von Kirchen und Bildungsinstitutionen bestehenden Kulturkammer. Beide Kammern gemeinsam sollten den Senat bilden. Köhler schlug vor, ihm ein suspensives Vetorecht einzuräumen, um damit »vielleicht manchmal Beschlüssen, die von rein parteipolitischen Gesichtspunkten bestimmt werden, einen gewissen Ausgleich zu bieten«. Diese Idee wies Leo Bauer kategorisch zurück und erklärte, daß »nicht die geringste Möglichkeit eines Kompromisses besteht«.[18] Wie die KPD erklärte auch die SPD, daß sie der Einrichtung einer zweiten Kammer nicht zustimmen werde. Die Kluft zwischen den Anhängern der sogenannten »konstitutionellen Demokratie«[19] und den Vertretern einer reinen Mehrheitsdemokratie war unüberbrückbar geworden. Der erste Bruch löste einen Polarisierungsprozeß aus, der eine eigentümliche Dynamik entfaltete und die Kompromißbereitschaft lähmte. Wie weit die gegenseitige Gereiztheit schon vorangeschritten war, zeigte die Auseinandersetzung über die Koalitionsfreiheit, die sich dem Streit über das Kammersystem anschloß. SPD und KPD wollten den Unternehmern das Recht zum Zusammenschluß verweigern. Dabei wiesen sie auf die unrühmliche Rolle hin, die Industrie, Banken und Interessenverbände im »Dritten Reich« gespielt hatten, und erklärten, in der Demokratie dürften die »Steigbügelhalter der NSDAP« und ehemaligen »Kriegstreiber« keinen Einfluß mehr haben. Die CDU wies solche »Klassenkampfparolen« zurück und warf den Sozialdemokraten sowie den Kommunisten mangelndes Demokratieverständnis vor.

Der Streit eskalierte weiter, als sich der Verfassungsausschuß mit der künftigen Wirtschaftsordnung befaßte. SPD und KPD verlangten, die Erzeugung materieller Güter auf Bedarf und nicht auf Gewinn auszurichten. Damit verbunden war die Forderung der

Planwirtschaft und Sozialisierung. Der von den Arbeiterparteien vorgelegte Katalog der Sofortsozialisierung umfaßte Bergbau, Eisen- und Stahlproduktion, Baustoffindustrie, Energiewirtschaft, Banken, Versicherungswesen, das an Schienen oder Oberleitungen gebundene Verkehrswesen, chemische und pharmazeutische Großindustrie, Lichtspiele, Post und Rundfunk. Auch Unternehmen, die aufgrund ihrer Größe und Bedeutung für das Allgemeinwohl lebensnotwendig waren, das heißt eine politische oder wirtschaftliche Machtstellung innehatten, sollten in Gemeineigentum überführt werden. Von der Sozialisierung auszunehmen waren bloß kleinere und mittlere Betriebe. Hier konnten private Unternehmer Initiative entfalten und die Erzeugung nach Gewinn statt nach Bedarf ausrichten.

Dieses SPD-Konzept hielt die CDU für überzogen, obwohl viele Christdemokraten »im Hinblick auf den doch im ganzen sehr labilen wirtschaftlichen Zustand, in dem wir augenblicklich leben«, ebenfalls der Planwirtschaft zuneigten. Auch in ihren Augen war nach der Zusammenarbeit großer Teile der deutschen Wirtschaft mit dem Nationalsozialismus kein Platz mehr für Konzerne mit »Tendenz zum Monopolkapitalismus«.[20] Unter dieses Verdikt fielen die Betriebe zur Erzeugung von Gas, Wasser und Elektrizität, Eisenbahn, Post, Großbanken, Versicherungswesen sowie die Kohlen- und Eisenindustrie. Während zumindest in Teilen der CDU die Bereitschaft bestand, diese Wirtschaftsbereiche zu sozialisieren, warnte die LDP vor jeder verfassungsrechtlichen Festlegung der künftigen Sozial- und Wirtschaftsordnung. Es sei falsch, den Entscheidungen eines gesamtdeutschen Parlaments vorzugreifen und der weiteren Entwicklung Fesseln anzulegen. Die Industrie- und Handelskammern schlossen sich diesem Argument an, das auch von Teilen der CDU geteilt wurde. Demgegenüber machte sich der Freie Gewerkschaftsbund die sozialistischen Forderungen von SPD und KPD zu eigen. Unübersehbar ging ein tiefer Riß durch den Verfassungsausschuß. Auf der einen Seite standen die von der Gewerkschaft unterstützten Sozialdemokraten und Kommunisten, auf der anderen Seite die Christdemokraten und Liberalen, die eng mit den Industrie- und Handelskammern verbunden waren. SPD und CDU waren trotz ihrer Übereinstimmung in vielen wichtigen Fragen in eine Frontstellung geraten, die von der anfänglichen Bereitschaft zur Zusammenarbeit kaum noch etwas übrigließ. Die Verfassungsberatungen hatten sich festgefahren.

Niemand konnte die Gefahren übersehen, die durch das Scheitern der Verfassungsberatungen drohten. Der gesamte Demokratisierungsprozeß stand auf dem Spiel. Um das Unheil abzuwenden, trafen sich die Fraktionsvorsitzenden zu Gesprächen in kleinem Kreis. Im sogenannten Siebener-Ausschuß gelang es nach zähen Verhandlungen, die Standpunkte einander anzunähern. Zur Gestaltung der künftigen Wirtschaftsordnung war vorgesehen, das Sozialisierungsprogramm zu differenzieren, den Kreis der zu sozialisierenden Betriebe einzuengen und die Entschädigungsfrage nach sozialen Gesichtspunkten zu regeln. Beim Staatsaufbau verzichtete die CDU auf einen Staatspräsidenten und die berufsständische Struktur der Zweiten Kammer, hielt aber an der Forderung nach einem Senat als Regulativ des politischen Parlaments fest. In der Schulfrage bekräftigten SPD und CDU ihre unterschiedlichen Standpunkte, einigten sich jedoch auf den Formelkompromiß, bis zum Erlaß von Ausführungsgesetzen den derzeitigen Rechtszustand im Schulwesen bestehen zu lassen.

In der CDU-Fraktion stießen die Absprachen über die Sozial- und Wirtschaftsordnung auf Kritik. Die Abgeordneten knüpften die vorläufige Zustimmung an die Bedingung, daß ihre Vorstellungen in den Abschnitten über »Staatsaufbau«, »Bildung und Schule« sowie »Staat und Kirche« stärker berücksichtigt würden. Diese Reaktion verhieß nichts Gutes für den Fortgang der Beratungen im Verfassungsausschuß. Tatsächlich lehnten es die Abgeordneten der LDP und der CDU in den folgenden Sitzungen ab, die Wirtschaft des Landes nach sozialistischen Grundsätzen zu organisieren. Im Gegenzug brachte die SPD gemeinsam mit der KPD die Forderung der CDU nach einer Zweiten Kammer zu Fall. Damit trieb der Konflikt zwischen den beiden stärksten Fraktionen einem neuen Höhepunkt zu. Die Sozialdemokraten und Kommunisten gingen zur Offensive über und setzten in einer Serie von Kampfabstimmungen ihre Forderungen durch: Sofortsozialisierung weiter Bereiche der Wirtschaft, Simultanschule als Regelfall, rechtliche

Gleichsetzung von Religions- und Weltanschauungsgemeinschaften sowie von christlicher Kirche und anderen Religionen. Der von SPD und KPD im Verfassungsausschuß mit knapper Mehrheit verabschiedete Entwurf setzte den Rahmen für soziale Mehrheitsdemokratie, sozialistische Gemeinwirtschaft und einen laizistischen Staat. Die CDU setzte dem offiziellen SPD-KPD-Entwurf ein Minderheitenvotum, den sogenannten Vollradser Entwurf entgegen. Es handelte sich um ein Staatsgrundgesetz, das alle strittigen Fragen zur wirtschaftlichen und sozialen Neuordnung, zum Verhältnis von Staat und Kirche sowie zur Erneuerung von Erziehung und Schule ausklammerte.[21]

Von der Krise zum Verfassungskompromiß

Die Vorlage von zwei miteinander konkurrierenden Entwürfen konnte keine der beiden großen Parteien zufriedenstellen. In der unterlegenen CDU sah man alle Aussichten schwinden, die politische Zukunft des Landes entscheidend mitzugestalten. Auch in der siegreichen SPD breitete sich Unbehagen aus. Neben den antikommunistischen Tendenzen innerhalb der Partei spielten vor allem Überlegungen über die politische Zukunft der SPD eine Rolle. Am 30. Juni hatten bei den Wahlen zur Verfassungberatenden Landesversammlung über 80 % der Wähler ihre Stimme der SPD und CDU gegeben. Vor diesem Hintergrund erschien es vielen Sozialdemokraten fraglich, ob ein nur von SPD und KPD unterstützter Entwurf beim Volksentscheid die erforderliche Zustimmung erhalten würde. In Frankreich war am 5. Mai 1946 die Verfassungsgebung an der Referendums-Hürde gescheitert. Vor diesem Hintergrund gewann in der SPD-Fraktion die Auffassung an Boden, daß es für die Sozialdemokratie politisch gefährlich sei, die Ablehnung der Verfassung zu riskieren und damit die Chance aufs Spiel zu setzen, demnächst als stärkste Partei in Hessen die Regierung zu übernehmen. Mit den Befürchtungen wuchs bei den SPD-Abgeordneten die Bereitschaft, trotz der programmatischen Differenzen und persönlichen Enttäuschungen erneut die Verständigung mit der CDU zu suchen.

Nach einer Reihe von sondierenden Vorgesprächen trafen sich

am 30. September je drei Vertreter von SPD und CDU zu einem letzten Einigungsversuch. Sie handelten innerhalb von vier Stunden den historischen Kompromiß aus. Im Bereich des Staatsaufbaus blieb es praktisch beim Einkammersystem. Zwar eröffnete Artikel 155 die Möglichkeit, eine Zweite Kammer einzurichten, änderte aber nichts an der Sache und diente nur dazu, daß »die CDU ihr Gesicht in der Frage Zweite Kammer wahren« konnte.[22] Auf dem Gebiet der Wirtschafts- und Sozialordnung mußte die CDU hinnehmen, daß der Sozialisierungsartikel grundsätzlich bestehen blieb. Die SPD hatte zu akzeptieren, daß die chemische Industrie aus dem Katalog der Sofortsozialisierung herausgenommen wurde. Vereinbart wurde ferner, die Betriebe des Bergbaus, der Eisen- und Stahlindustrie und der Energieerzeugung sowie Verkehrsbetriebe in Gemeineigentum zu überführen, Aussperrungen zu verbieten, die Ausrufung von Streiks an die Mitwirkung der Gewerkschaften zu binden und im Einheitssystem der Sozialversicherung private Träger zuzulassen. Im kulturpolitischen Teil ließ der Kompromiß die Simultanschule als Regelfall bestehen, erlaubte aber Privat- und Konfessionsschulen. Aufgewertet wurde die Stellung der Kirche in ihrem Verhältnis zum Staat.

Gegen dieses Verhandlungsergebnis erhob sich in der SPD-Fraktion kein nennenswerter Widerspruch. Demgegenüber opponierte ein Teil der CDU-Fraktion gegen die Annahme des Sozialisierungsartikels, lenkte jedoch ein, da das Paket nur als Ganzes angenommen werden konnte und niemand die Verantwortung für einen erneuten Bruch auf sich nehmen wollte. Am 2. Oktober stimmten die Abgeordneten von SPD und CDU den Vereinbarungen zu. Damit war der Kompromiß unter Dach und Fach. Der Verfassungskompromiß, das »entscheidende Ereignis in der Nachkriegsgeschichte Hessens«, war »nicht nur ein Produkt der Notzeit und ein Resultat der Einschätzung, daß die Vielzahl der Probleme nur durch eine breite politische Kooperation zu bewältigen sei. Er war auch das Ergebnis einer weitgehenden Übereinstimmung zwischen Sozialdemokraten und Christdemokraten in richtungsweisenden Punkten der Verfassung«.[23]

Die Verfassung mußte noch zwei Hürden nehmen: die Genehmigung durch die Besatzungsmacht und die Bestätigung durch das Volk. In der Militärregierung war man sich über die Tragweite der Zustimmung oder Ablehnung im klaren. Ein hochrangiger Besatzungsoffizier bezeichnete sie sogar als bedeutendste politische Entscheidung seit dem Beginn der Besatzung: »The decision to accept this Constitution - along with the acceptance of those of Bavaria and Wuerttemberg-Baden - is the most important political decision which has been presented to Military Government since the early days of the occupation«.[24] Der selbst gesetzte Terminplan trieb die Amerikaner zur Eile. Am 4. Oktober traf der hessische Verfassungsentwurf bei der Civil Administration Division in Berlin ein, bereits am 7. Oktober lag dem stellvertretenden Militärgouverneur der zusammenfassende Bericht vor. Die Kritik beschränkte sich auf wenige Punkte. Zum Artikel 130 über den Staatsgerichtshof merkte die Militärbehörde an, daß die Mitglieder des Staatsgerichtshofs nicht zugleich dem Landtag angehören dürften. Anstoß erregte das im Artikel 7 ausgesprochene Verbot, Deutsche einer fremden Macht auszuliefern. Hierin lag nach amerikanischer Auffassung ein Widerspruch zu der vom Nürnberger Militärgerichtshof und anderen interalliierten Stellen auferlegten Verpflichtung zur Auslieferung von Kriegsverbrechern. Am Artikel 41 beanstandete der Bericht der Berliner Civil Administration Division die Aufnahme des an Schienen oder Oberleitungen gebundenen Verkehrswesens in den Sozialisierungskatalog. Transportwesen, so die Begründung, sei nicht Ländersache. Einwände gab es schließlich gegen die in den Artikeln 152, 153 und 158 des Verfassungsentwurfs formulierten Übergangsbestimmungen. Hier zielte die Kritik darauf ab, alle Aussagen über die künftige Struktur eines deutschen Staates, die politischen Grundlagen seiner Existenz und die territoriale Gliederung mit dem ausdrücklichen Vorbehalt zu versehen, daß bis auf weiteres die oberste Gewalt bei den alliierten Mächten liegt.

Neben der Civil Administration Division meldeten andere Behörden der amerikanischen Besatzungsmacht Bedenken an. Sehr weitreichende Einwände kamen unmittelbar aus Washington vom Kriegs- und vom Außenministerium. Sie zu berücksichtigen hätte bedeutet, die Genehmigung auszusetzen. Hierzu war General Clay nicht bereit. Erstens überzeugten ihn einige der von der US-Regierung angemeldeten Kritikpunkte nicht. Es erschien ihm ungerechtfertigt, an die deutschen Länderverfassungen Ansprüche zu erheben, die nicht einmal die amerikanische Verfassung erfülle. Zweitens machte der stellvertretende Militärgouverneur geltend, daß die USA über die Möglichkeit verfügen, zu einem späteren Zeitpunkt auf die Verfassungsgebung in Deutschland einzuwirken. Drittens hielt er es für geradezu verhängnisvoll, mit Befehlen und Verboten den Deutschen zu demonstrieren, daß man ihnen die Fähigkeit zur Demokratie abspreche und das Recht auf freie Selbstbestimmung verweigere. Diesen Argumenten konnte sich Washington nicht verschließen. General Clay erhielt freie Hand, nutzte die Gelegenheit, der Verfassungberatenden Landesversammlung noch einige Änderungsvorschläge zu unterbreiten und stellte die termingerechte Genehmigung des Entwurfs in Aussicht.

In Wiesbaden gewannen hessische Parlamentarier aus Gesprächen mit amerikanischen Verbindungsoffizieren den Eindruck, daß die Militärregierung dem Verfassungsentwurf positiv gegenüberstand. Sie rechnete zwar mit einigen geringfügigen Änderungswünschen, war aber vom Widerspruch, den General Clay gegen den entscheidenden Artikel 41 erhob, völlig überrascht. Der Vorschlag des stellvertretenden Militärgouverneurs, die verbindliche Sofortsozialisierungsvorschrift durch eine unverbindliche Absichtserklärung zu ersetzen, lief darauf hinaus, die Sozialisierung auszusetzen und die Entscheidung über die künftige Wirtschaftsordnung der späteren Gesetzgebung zu überlassen. Diesem Ansinnen konnten SPD und KPD nicht nachgeben. Die Preisgabe einer ihrer zentralen Verfassungsforderungen wäre einem politischen Selbstmord gleichgekommen. Entsprechend wiesen beide Parteien den Widerspruch entschieden zurück. In der CDU lösten die amerikanischen Vorbehalte gegen den Artikel 41 zunächst Verwirrung aus. Doch stellte sich die Partei schließlich ebenfalls hinter die Vereinbarung mit der SPD. Nur die LDP scherte aus der Abwehrfront aus. Für die SPD erklärte Bergsträsser, daß seine Partei die Wähler zur Ablehnung der Verfassung aufrufen müsse, wenn die Militärregierung in der Sozialisierungsfrage gegen den nahezu einmütigen Willen der Verfassungberatenden Landesversammlung auf ihrer Position beharre. Die unnachgiebige Haltung der hessischen Parlamentarier brachte die Militärregierung in eine mißliche Lage. Beharrte sie auf ihren Widerspruch, geriet sie in Verdacht, alle politischen Ziele dem eigenen wirtschaftspolitischen Interesse unterzuordnen. Auf diese Gefahr machte der Direktor der Civil Administration Division den stellvertretenden Militärgouverneur aufmerksam: »I want to call your attention to the fact that with the reported positions of the parties we might find ourselves in a political position in Germany just as difficult as that which you foresaw in the United States – in other words branded as the friends and supporters of reactionary wealth«.[25] Doch war es nicht allein der drohende Vertrauensverlust, der General Clay zum Einlenken bewog. Hinzu kam die Tatsache, daß ohne die Zustimmung von SPD und CDU der von amerikanischer Seite eingeleitete und forcierte Demokratisierungsprozeß nicht zum Abschluß gebracht werden konnte. Die Entwicklung war inzwischen schon soweit vorangeschritten, daß nicht nur die demokratischen Parteien auf die amerikanische Militärregierung angewiesen waren, sondern umgekehrt auch die Amerikaner auf die Deutschen. Mit dem Vorschlag des stellvertretenden Militärgouverneurs, in einem Referendum über den Artikel 41 gesondert abstimmen zu lassen, konnten sich die hessischen Parteien abfinden. Das letzte Hindernis war aus dem Weg geräumt. General Clay billigte den Verfassungsentwurf. Am 29. Oktober traf das Genehmigungsschreiben gerade noch rechtzeitig zur dritten Lesung in Wiesbaden ein. In der Abschlußdiskussion sprachen sich SPD, CDU und KPD für, die LDP gegen die Annahme der Verfassung aus. Sie wurde in namentlicher Abstimmung mit der eindrucksvollen Mehrheit von 82 zu sechs Stimmen verabschiedet. Die Abgeordneten der Verfassungberatenden Landesversammlung hatten ihr Ziel erreicht. Ohne ihren Willen, die materielle Not und politische Abhängigkeit dauerhaft zu überwinden, ohne die Fähigkeit, Meinungsunterschiede und Interessengegensätze zu überbrücken, Kompromisse zu schließen und Demokratie zu praktizieren, ohne den Mut, über den Tag hinaus zu denken und eine Verfassung zu entwerfen, hätten die Beratungen nicht zum Erfolg geführt werden können.

Nach dem breiten Konsens in der Schlußabstimmung war der Ausgang des Volksentscheids von vornherein klar. Doch ließ sich nicht voraussehen, wie hoch die Zustimmung zur Verfassung und zum Artikel 41 und der Stimmenanteil der Parteien bei den gleichzeitig anberaumten Landtagswahlen sein würde. Darum ging es in dem kurzen und heftigen Wahlkampf, der im November 1946 den Schlußakkord einer langen öffentlichen Auseinandersetzung um die künftige Staats- und Wirtschaftsordnung bildete. Erwartungsgemäß rief die LDP die hessischen Bürger auf, die »rote« Verfassung abzulehnen. SPD, CDU und KPD appellierten an die Wähler, sich für die Verfassung und für den Artikel 41 zu entscheiden. Jede Partei setzte bei ihren Aufrufen die Akzente anders. So betonte die SPD den »fortschrittlichen« Charakter der von ihr maßgeblich gestalteten Verfassung, die den gleichzeitig ausgearbeiteten Verfassungen Bayerns und Württemberg-Badens weit überlegen sei. Dabei stellte sie ganz besonders die sozialistischen Elemente in der Wirtschaftsordnung sowie die sozialstaatliche und laizistische und mehrheitsdemokratische Prägung der Verfassung heraus. Die CDU trat mit dem Anspruch vor die Wähler, gegenüber den Forderungen der marxistischen Parteien den Sozialismus abgeschwächt und die Stellung der Kirche verteidigt zu haben. Umgekehrt wies die KPD auf ihr Eintreten für die Interessen und Rechte des schaffenden Volkes hin.[26] Am 1. Dezember gingen die Wähler zu den Urnen. Bei der Wahl der Abgeordneten für den Ersten Hessischen Landtag stimmten 42,7 % der Wähler für die SPD, 30,9 % für die CDU, 15,7 % für die LDP und 10,7 % für die KPD. Beim Volksentscheid bestätigten die hessischen Bürger das Ergebnis der Verfassungberatenden Landesversammlung. Der Verfassungsentwurf wurde mit 76,8 %, der Artikel 41 mit 72 % der gültigen Stimmen angenommen. Mit dem Volksentscheid trat die Verfassung in Kraft. 14 Monate nach seiner Gründung war das Land Hessen entsprechend dem Willen der amerikanischen Besatzungsmacht und der hessischen Bürger zu einem demokratischen Verfassungsstaat geworden.

Mit dem Volksentscheid am 1. Dezember hatte der Demokratisierungsprozeß in Hessen einen vorläufigen Endpunkt erreicht. Er glich in seinen Grundzügen nicht nur der parallel verlaufenden Entwicklung in der amerikanischen Zone, sondern auch der politischen Neuordnung in der französischen und der britischen Besatzungszone, wo die Konstituierung der Länder und die Verabschiedung der Länderverfassungen später erfolgten. Überall verlief der Aufbau der politischen Parteien, die Durchführung der ersten Wahlen, die Verfassungsgebung und die Errichtung der parlamentarischen Demokratie in ähnlichen Bahnen. Trotz aller Gemeinsamkeiten wies der Übergang von der Diktatur zur Demokratie in den einzelnen Ländern Unterschiede auf. An der politischen Neuordnung in Hessen sticht besonders die konsequente Wendung zum Sozialstaat hervor. Sie war möglich, weil in Hessen die SPD von Anfang an eine dominierende Stellung einnahm und die hessische CDU unter der Führung Werner Hilperts für soziale Reformen besonders aufgeschlossen war. Diese parteipolitische Konstellation war die Voraussetzung dafür, daß der Verfassungskompromiß geschlossen werden konnte. In ihm verbanden sich Vorstellungen des demokratischen Sozialismus und der christlichen Soziallehre miteinander und fanden Eingang in die hessische Verfassung. Artikel 27 HV erklärt die Anerkennung der Würde und der Persönlichkeit des Menschen zur Grundlage der Sozial- und Wirtschaftsordnung. Damit erhielt der Staat den Verfassungsauftrag, nicht nur die persönliche und politische Freiheit des Individuums zu garantieren, sondern auch für den Aufbau einer gerechten Sozial- und Wirtschaftsordnung im Dienste des arbeitenden Menschen zu sorgen. Mit dieser sozialstaatlichen Konzeption, die im Katalog der sozialen und wirtschaftlichen Rechte und Pflichten (Artikel 27 bis 47 HV) ihren konkreten Niederschlag fand, beschritt die Hessische Verfassung neue Wege. Sie wies nicht nur über die Tradition der deutschen Verfassungsgeschichte hinaus, sondern ging auch weiter als andere Landesverfassungen der Nachkriegszeit und auch als das spätere Grundgesetz der Bundesrepublik Deutschland. Nach einem vielzitierten Satz des CDU-Politikers Erwin Stein, dessen Stimme in der Verfassungberatenden Landesversammlung Gewicht besaß, »ist die Hessische Verfassung das erste Staatsgrundgesetz, das den Wandel von der nur liberal-humanitären zur sozial-humanitären Ordnung vollzogen hat«.[27] Zu den Fortschritten, die die Hessische Verfassung in Deutschland erstmals verwirklicht hat, zählt ferner die bindende Kraft der Grundrechte und der laizistische Charakter des Staats.[28] Die sozialstaatliche und laizistische Ausrichtung der Hessischen Verfassung gaben dem Land Hessen sein unverwechselbares Profil. Erst mit der 1948 einsetzenden verfassungsrechtlichen Integration, die nach dem Grundsatz »Bundesrecht bricht Landesrecht« verlief, kam es zu einer gewissen Nivellierung der Unterschiede.

Foto Nr. 53: Ansprache von Oberst James R. Newman als Direktor der Amerikanischen Militärregierung im als Plenarsaal genutzten ehemaligen Konzertsaal des Wiesbadener Stadtschlosses, heutiges Foyer.
Oberst Newman, Parlamentsstenograph, Emil Carlebach, Jakob Husch, Hermann Geschwind und Leopold Bauer.
Konstituierende Sitzung, 1. Wahlperiode, 19. 12. 1946.
Foto: Hessischer Landtag, Archiv.

4. Vom Land »Groß-Hessen« zum Bundesland Hessen

Bei den Landtagswahlen vom 1. Dezember 1946 entfielen fast drei Viertel der Stimmen auf SPD und CDU. Dieses Ergebnis interpretierten beide Parteien als den Auftrag der Wähler, den Weg fortzusetzen, den sie mit der Verständigung vom 30. September 1946 eingeschlagen hatten. Sozialdemokraten und Christdemokraten schlossen sich zu einer großen Koalition zusammen. Christian Stock (SPD) übernahm das Amt des Ministerpräsidenten, Werner Hilpert (CDU) wurde stellvertretender Ministerpräsident. Die Regierung stand vor einer Fülle von außerordentlich schwierigen Problemen. Sie mußte nicht nur in der immer noch herrschenden Not der Nachkriegszeit die Ernährung der Bevölkerung sichern, die Unterbringung der Flüchtlinge bewerkstelligen, das Problem der Entnazifizierung bewältigen, die Wiederbelebung der Wirtschaft fördern und den Aufbau der Landesverwaltung vorantreiben. Sie sah es auch als ihre vordringliche Aufgabe an, die wichtigsten Verfassungsbestimmungen so rasch wie möglich politisch und gesetzgeberisch umzusetzen. Die Landesregierung erledigte ein beachtliches Pensum. Doch wurden die mehr im Stillen vollzogenen Leistungen weder von den Zeitgenossen noch von der Nachwelt genügend zur Kenntnis genommen und anerkannt. Größere Aufmerksamkeit fanden naturgemäß die gesetzgeberischen Maßnahmen, die nicht reibungslos verliefen. Dies war der Fall beim Mitbestimmungsrecht und in der Sozialisierungsfrage. Sie bargen in sich reichlich Konfliktstoff. Als die Landesregierung sich anschickte, den Artikel 37 über die betriebliche Mitbestimmung und den Artikel 41 über die Sofortsozialisierung auf dem Wege der Gesetzgebung in die Verfassungswirklichkeit zu übertragen, brachen die Interessengegensätze offen aus. Dissens entstand »nicht bloß zwischen den Koalitionspartnern, zwischen Regierung und Opposition, zwischen Landesregionen, Wirtschaftsinteressen und sozialen Gruppen, sondern auch - was oft noch wichtiger war - zwischen deutscher Verwaltung und Besatzungsbehörden und zwischen den Zentren der Willensbildung innerhalb und außerhalb Hessens. Am meisten Belang hatten bis 1948 die Zielkonflikte mit den Amerikanern, danach die aus den Geburtswehen des entstehenden Weststaates resultierenden Spannungen.«[29]

In den Debatten der Verfassungberatenden Landesversammlung gehörte das Mitbestimmungsrecht zu den Artikeln, »um die nur im Detail und nicht um den Wesensgehalt«[30] gestritten wurde. Die Abgeordneten von SPD, CDU und KPD sahen es nicht als problematisch an, in allen Betrieben und Behörden Betriebsvertretungen einzurichten und ihnen das Recht zuzugestehen, »im Benehmen mit den Gewerkschaften gleichberechtigt mit den Unternehmern in sozialen, personellen und wirtschaftlichen Fragen des Betriebes mitzubestimmen« (Artikel 37). Noch bestand der Konsens fort, der in der Frage der innerbetrieblichen Mitbestimmung unmittelbar nach der Besetzung begründet worden war. Die Landesregierung, politische Parteien, Kirchen und Gewerkschaften setzten sich für die Wahl von Betriebsräten und die Übertragung weitreichender Mitbestimmungsrechte ein. Auch die Besatzungsmächte wollten die betriebliche Mitbestimmung in Deutschland wieder einführen. Allerdings verbanden sie damit andere Erwartungen als die Befürworter von deutscher Seite. Hier herrschte der Demokratisierungsgedanke vor. Demgegenüber betonte die amerikanische Militärregierung, als sie im August 1945 in der US-Zone Betriebsvertretungen offiziell genehmigte, die Ordnungsfunktionen der neuen Einrichtung. Die Abgeordneten, die in der Verfassungberatenden Landesversammlung den Artikel 37 der Hessischen Verfassung vorbereitet hatten, sahen in der betrieblichen Mitbestimmung eindeutig ein Element der Wirtschaftsdemokratie. Wäre der Militärregierung diese Stoßrichtung bewußt gewesen, hätte sie den Artikel 37 bestimmt beanstandet. Später erkannte sie ihren Fehler und reagierte prompt, als der Hessische Landtag im Mai 1948 mit den Stimmen von SPD, CDU und KPD gegen die LDP das Betriebsrätegesetz für das Land Hessen beschlossen hatte. Das Durchführungsgesetz zum Artikel 37 der Hessischen Verfassung räumte den Betriebsräten das Recht ein, »im Einvernehmen mit den Gewerkschaften gleichberechtigt mit dem Arbeitgeber in sozialen, personellen und wirtschaftlichen Fragen mitzubestimmen«.[31] Die amerikanische Militärregierung wollte diesem Gesetz, »das bis dahin in Deutschland und erst Recht in den USA ohne Beispiel war«,[32] die

Genehmigung verweigern. General Clay, der inzwischen zum amerikanischen Militärgouverneur aufgerückt war, stand dem Gesetz insgesamt ablehnend gegenüber. Besonderen Anstoß erregte der Paragraph über die innerbetriebliche Mitbestimmung der Arbeitnehmer in wirtschaftlichen Fragen. Mitspracherechte dieser Art störten, wie Clay meinte, den westdeutschen Integrationsprozeß. Zweifellos ließ sich voraussehen, daß im Parlamentarischen Rat aufgrund der bestehenden Mehrheitsverhältnisse ein so weitreichendes Mitbestimmungsrecht wie das hessische nicht durchzusetzen war. Im entstehenden deutschen Weststaat gab die CDU mit dem neoliberalen Programm Ludwig Erhards den Ton an. In ihren Augen bedeutete die Einschränkung der unternehmerischen Freiheit eine Gefahr für den wirtschaftlichen Wiederaufbau Deutschlands. Die amerikanische Militärregierung teilte diese Auffassung und erklärte, das hessische Betriebsrätegesetz verstoße gegen die Grundidee des Marshallplans.

Die Ankündigung des amerikanischen Militärgouverneurs, den anstößigen Paragraphen des hessischen Betriebsrätegesetzes zu suspendieren, stieß auf lebhaften Protest aus sehr unterschiedlichen Richtungen. So meldete das State-Department Bedenken an, für das die Glaubwürdigkeit der amerikanischen Demokratisierungspolitik auf dem Spiele stand. Die hessische Landesregierung drohte mit dem Rücktritt. Auch im Landtag kamen Zweifel auf, ob es sinnvoll sei, bei einer Nichtgenehmigung des Betriebsrätegesetzes weiter Verantwortung zu tragen. In einer Verlautbarung der Fraktionen von SPD und CDU hieß es: Dieses Veto gegen einen wichtigen Teil eines mit überwältigender Mehrheit in einer rein deutschen Angelegenheit beschlossenes Gesetz ist geeignet, das Ansehen der deutschen Demokratie schwer zu schädigen«.[33] Namhafte CDU-Politiker wie Heinrich von Brentano sprachen unumwunden von einer Vergewaltigung der Demokratie. Führende Gewerkschaftler spielten mit dem Gedanken, einen Generalstreik auszurufen. Auf Massenkundgebungen der organisierten Arbeiterschaft forderten sie nachdrücklich die Verwirklichung des Betriebsrätegesetzes. Hinter allen diesen Protesten stand die Überzeugung, daß sich die innerbetriebliche Mitbestimmung keineswegs negativ auf den Wirtschaftsprozeß auswirke, sondern vielmehr geeignet sei, einen

Beitrag zur Sicherung des sozialen Friedens zu leisten. Der amerikanische Militärgouverneur ließ sich von den starken Protesten nicht beeindrucken und entschied sich im Anschluß an eine Besprechung mit seinem britischen Kollegen, das Gesetz zwar zu genehmigen, aber den umstrittenen Paragraphen über die Mitbestimmung in wirtschaftlichen Fragen zu suspendieren, um dem Grundgesetz nicht vorzugreifen.

Die Wiesbadener Landesregierung und der Landtag wie auch die politischen Parteien und Gewerkschaften nahmen trotz der vielfältigen Drohungen und Proteste die Wiesbadener Intervention der Militärregierung widerstandslos hin. Sie mußten resigniert zur Kenntnis nehmen, daß selbst ein von breiter Mehrheit getragenes Gesetz nur mit Zustimmung der Militärregierung in Kraft treten konnte. Gegen den Willen der Amerikaner ließ sich der Ausbau der innerbetrieblichen Mitbestimmung nicht verwirklichen. Als der amerikanische Hohe Kommissar McCloy im Frühjahr 1950 das Veto aufhob, war es zu spät. Der hessische Landtag raffte sich zwar noch einmal auf und setzte am 13. April die ausgesetzten Teile des Gesetzes in Kraft. Aber alle Beteiligten wußten, daß es sich um eine reine Pflichtübung handelte. Das Betriebsverfassungsgesetz der Bundesrepublik von 1952 war schon in Vorbereitung. Es blieb weit hinter dem hessischen Gesetz zurück. Dennoch verfehlte das Wiesbadener Gesetzeswerk nicht ganz seine Wirkung, da es der weiteren Diskussion Impulse gab und dem neuen Betriebsverfassungsgesetz des Bundes von 1972 in mancherlei Hinsicht als Vorbild diente.[34]

Das Problem der Sozialisierung

Eine noch größere Herausforderung als die Mitbestimmung stellte die Sozialisierungsfrage dar. Anders als bei den Auseinandersetzungen um das Betriebsrätegesetz, bei denen die Hauptkonfliktlinien außerhalb Hessens verliefen, belastete der Streit um die politische Durchsetzung des Artikels 41 der Hessischen Verfassung die Landesinnenpolitik äußerst schwer. Die Gegensätze, die ideologisch, politisch und wirtschaftlich bedingt waren, verhärteten sich ständig. Davon wurde in Wiesbaden zunehmend auch das Verhältnis der Koalitionspartner in Mitleidenschaft gezogen. Selbst innerhalb der einzelnen Parteien kam es wegen der Sozialisierungsfrage zu Spannungen.

Unmittelbar nach Kriegsende waren die Interessenunterschiede noch nicht so deutlich hervorgetreten. Niemand hatte im chaotischen Durcheinander zu Beginn der Viermächte-Herrschaft in Deutschland klare Ideen von der künftigen Wirtschaftsordnung. Die Siegermächte begnügten sich zunächst mit der Verfolgung sicherheitspolitischer Ziele: Entflechtung der Konzerne, Kontrolle der Großindustrie und Zerstörung des Kriegspotentials. Auf diesen kleinsten gemeinsamen Nenner der alliierten Politik konnte sich auch auf deutscher Seite jedermann verständigen. Vertreter aller ordnungspolitischen Vorstellungen und sämtlicher politischer Parteien traten 1945 für Entmonopolisierung und Dezentralisierung der Wirtschaft ein. Mit dem Beginn der Verfassungsberatungen geriet die Sozialisierungsfrage auf eine politisch-programmatische Ebene. Zunehmend traten die bisher verborgen gebliebenen Meinungsunterschiede und Interessengegensätze hervor. Dies zeigt sich deutlich an den Diskussionen um den Artikel 41 der Hessischen Verfassung. Die LDP lehnte, wie dargelegt, Sozialisierung grundsätzlich ab, die CDU wollte einen möglichst schmalen, die SPD und KPD einen möglichst breiten Bereich der Großwirtschaft in Gemeineigentum überführen. Zwischen den unterschiedlichen Standpunkten zu vermitteln, bedurfte bereits erheblicher Anstrengungen. In den Kampfabstimmungen, die dem Verfassungskompromiß vorausgegangen waren, und in dem Hin und Her um die Genehmigung des Artikels 41 durch die amerikanische Militärregierung kündigten sich bereits der erneute Ausbruch des Konfliktes und die Verhärtung der Fronten an, die das weitere Geschehen kennzeichneten.

Mit der Bildung der Regierung Stock erreichte die Sozialisierungsfrage die gesetzgeberische Ebene. Als erstes wurden die Bergwerke und die Betriebe der eisen- und stahlerzeugenden Industrie, der Energiewirtschaft und des Verkehrs unter Treuhandverwaltung gestellt. Aufgrund der Struktur der hessischen Wirtschaft waren von dieser Regelung außer Buderus kaum ein größerer Betrieb betroffen. Dennoch entwickelte die hessische Regierung ehrgeizige

Pläne, die vor allem in Nordrhein-Westfalen für die Vergesellschaftung von Kohlebergbau und Stahlindustrie als Vorbild dienen sollten. Sie sahen die Überführung der zu sozialisierenden Unternehmen in »Sozialgemeinschaften« vor. Das Konzept stammte vom hessischen Wirtschaftsminister Harald Koch, einem Wirtschaftsfachmann aus der Umgebung des SPD-Vorsitzenden Kurt Schumacher. Die Vergesellschaftungspläne kollidierten mit Ludwig Erhards Konzept der sozialen Marktwirtschaft. Auch zum Marshallplan stand das Sozialisierungskonzept Kochs in einem diametralen Gegensatz. Die amerikanische Militärregierung reagierte entsprechend drastisch. Zum einen veranlaßte sie die britische Militärregierung, die Sozialisierungsbestrebungen in Nordrhein-Westfalen zu unterbinden. Zum anderen beschlagnahmte sie vorläufig fast die gesamte hessische Kohlen-, Eisen- und Stahlindustrie. Damit entglitten die interessantesten Vergemeinschaftungsprojekte dem Zugriff der hessischen Regierung. Diesen Verlust wollte Wirtschaftsminister Koch dadurch ausgleichen, daß er die kommunalen Energie- und Verkehrsbetriebe in das System der »Sozialgemeinschaften« einbezog. Auch hier regte sich Widerstand. Die kommunalen Spitzenverbände traten auf den Plan. Es hagelte Proteste von Kommunalpolitikern, darunter mehrerer SPD-Oberbürgermeister. Ihre ablehnende Haltung reichte in die Landtagsfraktionen und Parteiorganisationen hinein. Die Konfliktlinien, die sich vielfach überkreuzten, verliefen nun zwischen Landesregierung und Militärregierung, Koalition und Opposition, Sozialdemokraten und Christdemokraten, und sie durchzogen die Mehrheitsparteien sowie die Landesregierung selbst. Das Gesetzgebungsverfahren stockte, Resignation breitete sich aus. In dieser Situation gingen die Gegner der Sozialisierung unter Führung der amerikanischen Militärregierung zur Offensive über. Gemeinsam mit der LDP stimmte die CDU im Hessischen Landtag geschlossen gegen den Gesetzesentwurf über die Sozialgemeinschaften, nur SPD und KPD stimmten dafür. Damit scheiterte das Modell mit Stimmengleichheit. Das Ende der SPD-CDU-Koalition und damit auch des Kabinetts Stock war besiegelt.

Nach den Wahlen vom 19. November 1950 nahm eine SPD-Alleinregierung unter dem Ministerpräsidenten Georg August

Foto Nr. 54: Staatsbesuch von Bundespräsident Theodor Heuss in der Hessischen Landeshauptstadt Wiesbaden am 8. 12. 1949. Begrüßung in Begleitung von LP Otto Witte und Wiesbadens OB Redlhammer durch Ministerpräsident Christian Stock im Kuppelsaal.
Hessischer Landtag, Archiv. Foto: Büscher, Wiesbaden.

Zinn die Geschicke des Bundeslandes Hessen in die Hand. Ihre Politik konnte auf dem Fundament aufbauen, das in der Nachkriegszeit gelegt worden war. Die Hessische Verfassung steckte auch künftig den Rahmen der Landespolitik ab. Freilich engte das übergeordnete Grundgesetz der Bundesrepublik auf vielen Feldern den Handlungsspielraum Wiesbadens ein. Hierfür waren die Weichen schon früh gestellt worden. Die hessische Politik trat von Anfang an energisch dafür ein, in einen deutschen Gesamtstaat aufzugehen. Die eingangs erwähnte Präambel und der Artikel 64 der Hessischen Verfassung legen davon ebenso Zeugnis ab wie die Rede Karl Geilers vor dem Hessischen Landtag. Der von ihm zum Ausdruck gebrachte Wille, »die Länder zu Pfeilern zu machen, auf denen der Neuaufbau des Reiches entstehen kann«,[35] fand seinen hundertfachen Niederschlag in der Mitarbeit hessischer Politiker in sämtlichen Koordinations- und Integrationsinstanzen, angefangen vom Länderrat der amerikanischen Zone über die gemeinsamen Verwaltungen der Bizone, vor allem den Wirtschaftsrat bis hin zur Konferenz von Herrenchiemsee und dem Parlamentarischen Rat in Bonn. In Herrenchiemsee und Bonn griffen die Urheber des Grundgesetzes viele Elemente der Hessischen Verfassung, aber ebenso der anderen Länderverfassungen auf. Für das Grundgesetz, das stets eigene Wege gegangen ist, war die Hessische Verfassung eine der Quellen, aus denen sie ihre Bestimmungen geschöpft hat – »nicht mehr, aber auch nicht weniger«.[36] So gesehen war am 24. Mai 1949, als nach der Verabschiedung des auch von Hessen ratifizierten Bonner Grundgesetzes die Bundesrepublik Deutschland ins Leben trat, das wenn auch nur im Westen realisierbare Ziel erreicht, das die Gründer des Landes Hessen und die Urheber der Hessischen Verfassung immer angestrebt hatten. Damit begann ein neuer Abschnitt der hessischen Nachkriegsgeschichte. Das Spannungsverhältnis, das zwischen dem Bund und den Ländern, zwischen dem Grundgesetz und den Länderverfassungen besteht, ist eines der Strukturelemente, die jeder föderativen Ordnung anhaften.

Anmerkungen

1 »In der Überzeugung, daß Deutschland nur als demokratisches Gemeinwesen eine Gegenwart und Zukunft haben kann, hat sich Hessen als Gliedstaat der deutschen Republik diese Verfassung gegeben« (Präambel); »Hessen ist ein Glied der deutschen Republik« (Artikel 64).

2 So der scheidende hessische Ministerpräsident Karl Geiler am 6. Januar 1947 in einer Rede vor dem Landtag. Zitiert nach Walter Mühlhausen: ». . . die Länder zu Pfeilern machen . . .« Hessens Weg in die Bundesrepublik Deutschland 1945–1949. Wiesbaden 1989.

3 Proklamation Nr. 1 vom 14. 7. 1945, abgedruckt bei Wolf-Arno Kropat: Hessen in der Stunde Null 1945/1947, 1979, S. 14.

4 Proklamation Nr. 2, abgedruckt bei Kropat (o. Anm. 3), S. 25.

5 Walter Mühlhausen: Der staatliche Neubeginn des Landes Hessen unter Ministerpräsident Karl Geiler - Stunde der Exekutive. In: Die Konstituierung des Landes »Groß-Hessen« vor 50 Jahren. Veranstaltung des Hessischen Landtags am 13. Oktober 1995 im Landeshaus Wiesbaden, Wiesbaden 1996, S. 18. Nischalke trat am 1. 8. 1945 an die Stelle Bredows.

6 Staatsgrundgesetz des Staates Groß-Hessen vom 22. 11. 1945, abgedruckt bei Kropat (o. Anm. 3), S. 37.

7 Vgl. Die Entstehung der Hessischen Verfassung von 1946. Eine Dokumentation. Hrsg. und eingeleitet von Helmut Berding. Bearbeitet von Helmut Berding und Katrin Lange. Wiesbaden 1996, S. 1 ff.

8 Vgl. Entstehung (o. Anm. 7), S. 4 f.

9 Vgl. Entstehung, (o. Anm. 7), S. 5.

10 Vgl. Staatsgrundgesetz des Staates Groß-Hessen vom 22. 11. 1945, abgedruckt bei Kropat (o. Anm. 3), Artikel 9, S. 37.

11 Vgl. Entstehung, (o. Anm. 7), S. 6 ff.

12 Ausführliche Liste in: Entstehung (o. Anm. 7), S. 20 ff.

13 Zur Verfassungsdiskussion der Parteien vgl. Entstehung, (o. Anm. 7), S. 193 ff.

14 Vgl. Entstehung, (o. Anm. 7), S. 396 ff.

15 Friedrich Caspary: Vom Werden der Verfassung in Hessen. Offenbach 1946, S. 69.

16 Zitat aus der Rede von Staatssekretär Hermann Brill. Vgl. Entstehung, (o. Anm. 7), S. 481.

17 Vgl. Entstehung, (o. Anm. 7), S. 485.

18 Vgl. Entstehung, (o. Anm. 7), S. 524 ff.

19 Vgl. ausführlich: Entstehung (o. Anm. 7), S. 260 ff.

20 Entstehung (o. Anm. 7), S. 614 f.

21 Die Auseinandersetzungen und Entwürfe sind dokumentiert in Entstehung (o. Anm. 7), S. 847 ff.

22 Walter Mühlhausen: Der Kompromiß von SPD und CDU - Zur Entstehung der Hessischen Verfassung, in: Recht und Verfassung in Hessen. Vom Reichskammergericht zur Landesverfassung. (Kleine Schriftenreihe zur Hessischen Landeskunde 3), o. O., o. J. [Wiesbaden 1995], S. 61 ff. Zitat S. 67.

23 Walter Mühlhausen: »... die Länder zu Pfeilern machen ...« , (o. Anm. 2),. S. 49 und S. 41.

24 Bericht des Directors der Civil Administration Division Berlin, Henry Parkman, an den Chief of Staff, 7. 10. 1946. In: Entstehung (o. Anm. 7), S. 1065.

25 Memorandum von Henry Parkman an General Clay vom 14. 10. 1946. In: Entstehung (o. Anm. 7), S. 1069.
26 Vgl. die Dokumentation der Wahlaufrufe in: Entstehung (o. Anm. 7), S. 1114 ff.
27 Erwin Stein: Die Staatszielbestimmungen der Hessischen Verfassung, in: Stein, Erwin (Hrsg.): 30 Jahre Hessische Verfassung 1946–1976. Wiesbaden 1976, S. 185–203. Zitat S. 189. Vgl. auch Berding, Helmut: Gründung und Anfänge des Landes Hessen. In: Heinemeyer, Walter (Hrsg.): Das Werden Hessens. Marburg 1986, S. 784.
28 Vgl. Friedrich von Zezschwitz: Die Hessische Verfassung ein Markstein der Verfassungsgeschichte nach 1945, Zum verfassungsgeschichtlichen Standort der Hessischen Verfassung 1946, in: Böhme, Klaus und Mühlhausen, Walter (Hrsgs.): Hessische Streiflichter, Frankfurt am Main 1995, S. 82 ff; ders.: Die Hessische Verfassung zwischen der Weimarer Reichsverfassung und dem Bonner Grundgesetz, in: Der Hessische Ministerpräsident Hans Eichel und der Präsident des Hessischen Landtags Klaus Peter Möller (Hrsgs.): 50 Jahre Verfassung des Landes Hessen. Eine Festschrift. Opladen/Wiesbaden 1997, S. 70 ff.
29 Hellmut Seier: Parteien und Landespolitik in Hessen 1946–1950, in: Heidenreich, Bernd, und Schacht, Konrad (Hrsgs.): Hessen. Eine politische Landeskunde. Stuttgart/Berlin/Köln 1993, S. 147 ff., Zitat S. 152.
30 Walter Mühlhausen: Hessen 1945–1950. Zur politischen Geschichte eines Landes in der Besatzungszeit. Frankfurt am Main 1985, S. 348.
31 Betriebsrätegesetz für das Land Hessen vom 31. Mai 1948, § 30, Abs. 1. (GVBl, S. 117).
32 Wolf-Arno Kropat: Hessens Weg in die Bundesrepublik Deutschland (1945–1949), in: Heidenreich, Bernd, und Schacht, Konrad (Hrsgs.): Hessen. Eine politische Landeskunde. (o. Anm. 29) S. 77 ff., Zitat S. 88.
33 Zitiert nach Walter Mühlhausen: Hessen 1945–1950 (o. Anm. 30), S. 385.
34 Vgl. Helmut Berding: Vorgeschichte und Entstehung des Landes Hessen, in: Hessisches Jahrbuch für Landesgeschichte 37, 1987, S. 1–11.
35 Zitiert nach Walter Mühlhausen (o. Anm. 2).
36 Ulrich Bachmann: Die Hessische Verfassung – Pate und Vorbild des Grundgesetzes? Einflüsse der hessischen Verfassungsgesetzgebung und Verfassungsgeber auf das Bonner Grundgesetz, in: Der Hessische Ministerpräsident Hans Eichel und der Präsident des Hessischen Landtags Klaus Peter Möller (Hrsgs.): 50 Jahre Verfassung des Landes Hessen. Eine Festschrift. Opladen/Wiesbaden 1997, S. 90 ff. Zitat S. 121.

Literaturhinweise

Berding, Helmut: Gründung und Anfänge des Landes Hessen. In: Heinemeyer, Walter (Hrsg.): Das Werden Hessens. Marburg 1986, S. 767 ff.

Berding, Helmut: Hessen auf dem Weg von der Diktatur zur Demokratie. Die Verfassungberatende Landesversammlung. In: Heinemeyer, Walter (Hrsg.): Hundert Jahre Historische Kommission für Hessen 1897–1997. Festgabe dargebracht von Autorinnen und Autoren der Historischen Kommission, 2 Teile. Marburg 1997, S. 1067 ff.

Brünneck, Wiltraut von: Die Verfassung des Landes Hessen vom 1. Dezember 1946. In: Jahrbuch des öffentlichen Rechts der Gegenwart (JöR), N. F. 3 (1954), S. 213 ff.

Caspary, Friedrich: Vom Werden der Verfassung in Hessen. Offenbach 1946

Die Entstehung der Hessischen Verfassung von 1946. Eine Dokumentation. Hrsg. und eingeleitet von Helmut Berding. Bearbeitet von Helmut Berding und Katrin Lange. Wiesbaden 1996

Greven, Michael Th. und Schumann, Hans-Gerd (Hrsgs.): 40 Jahre Hessische Verfassung - 40 Jahre Politik in Hessen, Opladen 1989

Kropat, Wolf-Arno: Hessen in der Stunde Null 1945/1947. Wiesbaden 1979

Kropat, Wolf-Arno: Hessens Weg in die Bundesrepublik Deutschland (1945–1949). In: Heidenreich, Bernd und Schacht, Konrad (Hrsgs.): Hessen. Eine politische Landeskunde. Stuttgart/Berlin/Köln 1993, S. 77 ff.

Lange, Klaus: Die Landesverfassung – Fundament des politischen Lebens. In: Heidenreich, Bernd und Schacht, Konrad (Hrsgs.): Hessen. Eine politische Landeskunde. Stuttgart/Berlin/Köln 1993, S. 95 ff.

Lengemann, Jochen: Das Hessen-Parlament 1946–1986. Biographisches Handbuch des Beratenden Landesausschusses, der Verfassungberatenden Landesversammlung Groß-Hessen und des Hessischen Landtags 1.–11. Wahlperiode. Frankfurt am Main 1986

Mühlhausen, Walter: Hessen 1945–1950. Zur politischen Geschichte eines Landes in der Besatzungszeit. Frankfurt am Main 1985

Mühlhausen, Walter: ». . . die Länder zu Pfeilern machen . . .«. Hessens Weg in die Bundesrepublik Deutschland 1945–1949. Wiesbaden 1989

Stein, Erwin (Hrsg.): 30 Jahre Hessische Verfassung 1946–1976. Wiesbaden 1976

Der Hessische Ministerpräsident Hans Eichel und der Präsident des Hessischen Landtags Klaus Peter Möller (Hrsgs.): 50 Jahre Verfassung des Landes Hessen. Eine Festschrift. Opladen/Wiesbaden 1997

Zezschwitz, Friedrich von: Die Hessische Verfassung – ein Markstein der Verfassungsgeschichte nach 1945. In: Böhme, Klaus, und Mühlhausen, Walter (Hrsgs.): Hessische Streiflichter, Frankfurt am Main 1995, S. 82 ff.

Friedrich von Zezschwitz

Die Entstehung der Hessischen Verfassung als Ausdruck des gesellschaftlichen Umbruchs nach 1945

1. Das historische Umfeld

Die Hessische Verfassung ist in einer Zeit unvorstellbarer wirtschaftlicher und sozialer Not entstanden. Der nach 1945 herrschende Wille, die gesellschaftlichen Bedingungen grundlegend zu verändern, die den Nationalsozialismus hervorgebracht hatten, schuf eine breite Übereinstimmung unter den in der Verfassungberatenden Landesversammlung vertretenen Parteien. Gleichwohl blieben Streitfragen wie die Wirtschaftsverfassung, das Verhältnis zwischen Staat und Kirchen sowie die umstrittene Einrichtung einer zweiten Kammer, die ernste Dispute auslösten. Bestimmend war indes der gemeinsame Wille zum gesellschaftlichen Umbruch, der in zahlreichen Institutionen und Einzelregelungen einen starken Niederschlag in der Hessische Verfassung gefunden hat. Als erste deutsche Verfassung der Nachkriegszeit trägt die Hessische Verfassung die Züge des politischen Neubeginns nach 1945 deutlicher als alle anderen Verfassungen in Westdeutschland.

Der hohe sozialstaatliche Anspruch, von dem außer der LDP alle Parteien beherrscht waren, und die antifaschistische Grundhaltung haben starken Widerhall im Verfassungstext gefunden. Von prägender Kraft war auch die Furcht vor einer Wiederkehr Weimarer Verhältnisse. Die unerbittlichen Auseinandersetzungen über eine Zweite Kammer, deren Einrichtung die CDU in den Beratungen des Verfassungsentwurfs wiederholt aufgegriffen und in wechselnden Varianten beantragt hatte, die Erschwerung des Mißtrauensvotums gegen den Ministerpräsidenten, die verfassungsunmittelbare

Verteidigung der neu gewonnenen Demokratie gegen ihre Feinde und die Durchsetzung unmittelbarer Geltung der Grundrechte auch gegenüber dem Gesetzgeber sind Ausdruck dieser Furcht.

Die Gründe für den konsequenten Neubeginn liegen nach der Unterwerfung des Nationalsozialismus und nach der Aufdeckung seiner Schandtaten auf der Hand. Deswegen wäre es auch falsch, im Rückblick auf die Jahre 1945/46 von einer Stunde Null zu sprechen. Es waren die Männer des Widerstandes, Emigranten, ihrer Ämter Enthobene, Inhaftierte und Überlebende aus den Konzentrations- und Vernichtungslagern der Nationalsozialisten, die den demokratischen Wiederaufbau mit unvergleichlicher Energie in die Hände nahmen und binnen überaus kurzer Zeit auch erreichten. Namen wie *Brill, Hilpert und Kogon,* die aus Buchenwald zurückkehrten, oder *Kronstein, Geiler und Bergsträßer* mögen als Zeugen genügen. Das politische Umfeld, in dem sie aufgewachsen waren, war durch die erste deutsche Republik geprägt – im guten wie im schlechten Sinn. So kehrten zahlreiche Neuerungen, die erstmals die Weimarer Verfassung für die Sozialstaatlichkeit gebracht hatte, in dem sorgfältig diskutierten Abschnitt über die hessische Wirtschafts- und Arbeitsverfassung wieder – wegen des bald einsetzenden Bundesrechtsvorranges allerdings mit ähnlich schwacher Wirkung wie die vergleichbaren Regelungen der Weimarer Verfassung zwei Jahrzehnte zuvor. Umgekehrt wurden die demokratiestaatlichen Schwächen der Weimarer Verfassung und ihr Wertrelativismus als die wesentlichen Ursachen für deren Überwältigung durch die Nationalsozialisten begriffen und durch eine Vielzahl von verfassungsrechtlichen Vorkehrungen zu vermeiden gesucht.

Die Menschen, die das Naziregime in unvorstellbarer Not und Zerstörung zurückgelassen hatte, zeigten trotz den existentiellen Sorgen und dem dadurch erzwungenen Rückzug in die persönliche Sphäre eine erstaunliche Bereitschaft zur politischen Mitwirkung. Die verglichen mit heute hohen Wahlbeteiligungen sind ungeachtet des planmäßigen politischen Betruges, der die zwölfjährige Naziherrschaft geprägt hatte, des dadurch ausgelösten Ohne-mich-Verhaltens und des nach wie vor bestehenden Parteienüberdrusses[1] entstanden. Sie machen deutlich, daß nicht nur in den führenden politischen Schichten, sondern auch in der Bürgerschaft eine hohe

Bereitschaft zu aktivem Neubeginn entstanden war, obwohl die Besetzung Deutschlands gerade in der Anfangszeit nur von wenigen als Befreiung vom Faschismus, sondern als militärische Niederlage verstanden worden ist. Ungeachtet des Willens zum politischen Neubeginn machen alle Zeitzeugnisse offenkundig, daß die bestimmenden Lebensnöte darin lagen, dem durch die Kriegszerstörungen verursachten Wohnungsmangel - die Großstädte waren bis zu 80 % unbewohnbar geworden -, der ungeheueren Knappheit an Nahrungsmitteln und anderen Gegenständen des täglichen Bedarfs, dem Stillstand der Industrien und der Verkehrsmittel - 1946 erreichte die Produktion nur noch 36 % des Vorkriegsniveaus von 1936 - Herr zu werden. Hinzu kamen als unmittelbare Kriegsfolgen die Dezimierung der Männer auf etwa ein Drittel der Bürgerschaft, der die Frauen zwang, aus ihrer traditionellen Rolle innerhalb der Familie herauszutreten, und der stetige Zustrom hunderttausender Heimatvertriebener, deren Integration heute nur noch schwer vorstellbare gesellschaftliche und administrative Anstrengungen forderte. Daß neben dem tagtäglichen Kampf um das Überleben binnen kurzer Zeit ein neues politisches Bewußtsein hat entstehen können, gehört zu den eigentlichen Leistungen der frühen Nachkriegsjahre.

2. Die Rolle der amerikanischen Militärregierung

Der gelungene politische Wiederaufbau war letztlich das Werk einer recht kleinen Gruppe von Menschen, die im Zusammenwirken mit den anfangs ausschließlich, aber auch später sehr stark mit bestimmenden Militärregierungen für die Schaffung der neuen Verwaltungs- und Staatsstrukturen sorgten. Die zuweilen unmittelbaren, häufiger aber verborgenen Einwirkungen der amerikanischen Militärregierung werden im Rückblick leicht unterschätzt. Zwar sind direkte Interventionen während der Verhandlungen der Verfassungberatenden Landesversammlung durch restriktive Anweisungen an die Verbindungsoffiziere bewußt unterbunden worden.[2] Die in zahlreichen gemeinsamen Treffen mit führenden Abgeordneten umgesetzten Einflußnahmen und die dort vorgenommenen inhaltlichen Abstimmungen sind jedoch unverkennbar,[3] in entscheidenden Beratungsphasen trafen führende Abgeordnete fast täglich mit amerikanischen Verbindungsoffizieren zusammen - überwiegend in unterschiedlich besetzten Gruppen.[4] Diese Einflußnahmen reichen weit über den Zeitraum der Verfassungsgebung hinaus und enden erst mit der Gründung der Bundesrepublik. Bezeichnend ist, daß der erste gewählte Ministerpräsident des Landes Hessen, *Christian Stock*, im Hessischen Landtag noch im Juli 1948 die »unzulänglichen Handlungsmöglichkeiten« und »Strangulierungen der eigenen Regsamkeit« beklagt, die den Gestaltungsspielraum der deutschen Amtsträger einengten.[5]

Für die Verfassungsentwicklung sind vor allem das amerikanische Drängen auf demokratische Institutionen in allen staatlichen Ebenen und den Parteien,[6] die über das Schulsystem[7] verwirklichte Re-education und die konsequente Verdrängung des Nationalsozialismus und seiner Amtsträger bestimmend gewesen.[8] Der anfängliche Versuch, in den drei Ländern der amerikanischen Zone einen übereinstimmenden Grundrechtskatalog einzuführen, ist nicht weiter verfolgt worden. Auch ist die Wirtschafts- und Sozialverfassung trotz grundlegend anderer Strukturen in den USA weithin unbeeinflußt geblieben; sogar die verfassungsunmittelbare Sozialisierung nach Art. 41 HV ist von der Militärregierung nicht verhindert,[9] sondern nur mit der Forderung nach einer besonderen Abstimmung beantwortet worden - vermutlich, weil die von der deutschen Seite vorgetragene Begründung, die tiefe Verstrickung der Großindustrie in den Nationalsozialismus, der amerikanischen Einschätzung weithin entsprach.

Die starken Einflüsse, mit denen die amerikanische Militärregierung den Demokratisierungsprozeß geformt und auch dort begleitet hat, wo sie bereits deutsche Organe eingesetzt und mit abgeleiteten Regierungs- und Verwaltungsaufgaben betraut hatte, zeigt im Überblick die nachfolgende zeitliche Übersicht. Sie ist bewußt auf den Zeitraum bis Juni 1946 begrenzt worden und enthält zugleich wichtige Daten zur Staatswerdung »Groß - Hessens«.

23. 3. 1945	US-Truppen überschreiten den Rhein bei Oppenheim.
25. 3. 1945	Darmstadt wird von US-Truppen besetzt.

29. 3. 1945	Frankfurt wird von US-Truppen besetzt.
4. 4. 1945	Kassel wird besetzt.
14. 4. 1945	Einsetzung einer Bezirksregierung für die Provinz Starkenburg *(Bergsträßer)* - ab Juni »Regierung des Landes Hessen«.
1. 5. 1945	Einsetzung *Bredows* als Regierungspräsident von Wiesbaden.
10. 5. 1945	Einsetzung von *Hoch* als Regierungspräsident von Kassel.
18. 5. 1945	Erste Zivilregierung in Deutschland in Neustadt an der Weinstraße: *Heimerich, Zutt, Anschütz, Mitscherlich, Rausch und Henk.* Zuständigkeit für das Saarland, die Pfalz und Rheinhessen.
5. 6. 1945	Übernahme der gesamten Regierungsgewalt für Deutschland als Ganzes durch die »Berliner Erklärung« und die Einsetzung des Kontrollrates.
10. 6. 1945	Sowjets erlauben die Parteienneugründung und bereiten Länderbildung vor. Forderung nach »Antifaschistischem Block« in der sowjetisch besetzten Zone.
22. 6. 1945	Zonenprotokoll mit Abgabe von Rheinhessen und Montabaur an die französische Besatzungsmacht.
10. 7. 1945	Umzug der amerikanischen Militärregierungsverwaltung von Neustadt nach Wiesbaden; Grund: geringste Zerstörung mit nur 33 % gegenüber 78 % in Darmstadt, 76 % in Kassel und 87 % in Hanau.
16. 7. 1945	Übernahme der zentralen US-Befehlsgewalt für die amerikanische Besatzungszone.
26. 7. 1945	Organisationsanordnung für die Regierungspräsidien; Intensivierung der Entnazifizierung durch die Militärregierungsanordnung Nr. 8. Erfassung und Übernahme des Nazibesitzes.
18. 8. 1945	Wiederzulassung der Gewerkschaften.
August 1945	Wiedereröffnung der Grundschulen, Wiedereinsetzung der Gerichte.
30. 8. 1945	Durchsetzung der regionalen Militärregierungen gegenüber der Kreisebene.
1. 9. 1945	Bildung von politischen Parteien auf besonderen Antrag; Zulassung durch die Militärregierung.
Sept. 1945	»Frankfurter Leitsätze« der CDP *(Husch, Hilpert, Kogon, Knappstein, Dirks, Dörpinghaus, Schulte, Wahl).*
19. 9. 1945	Militärregierungsproklamation Nr. 2: Bildung von Groß-Hessen (gleichzeitig Bayern und Württemberg-Baden), Absage an *Clay's* Idee eines Weststaates. Die Proklamation überträgt dem neuen Staat die »volle gesetzge-

bende, richterliche und vollziehende Gewalt«, allerdings unter US-Oberhoheit.Die Architekten von Groß-Hessen sind *Murphy, Dorn, Pollock, Anschütz.* Die Begründung der deutschen Stellen ging dahin, daß das südliche Hessen ohne die Industrien in Offenbach, Worms und Mainz nicht lebensfähig sei. Der erste Vorschlag *Bergsträßers,* eine Provinz Main/Rhein unter Hinzufügung von Wiesbaden und Aschaffenburg zu gründen, wurde damit abgelehnt.

8.10. 1945	Bildung des Detachment E-5 für ganz Hessen mit zunächst 99 Offizieren unter *Colonel Dr. Newman.*
12. 10. 1945	Bestimmung von Wiesbaden als Landeshauptstadt nach zwischenzeitlicher Diskussion von Frankfurt oder Marburg als zentrale Verwaltungsorte.
12. 10. 1945	Ernennung des Heidelberger Rechtsanwalts *Dr. Geiler* als 1. Ministerpräsident des Landes Hessen. Geiler war von seinem Sozius *Zutt* empfohlen worden, und ist von *Kronstein, Isay* und *Wahrhaftig* gegen *Bergsträßer* durchgesetzt worden ist. Der Ministerpräsident stand unter US-Weisungsgewalt, gewann aber bald hohe Selbständigkeit.
19. 10. 1945	Erste Kabinettsitzung, Auseinandersetzungen über Kollegial- oder monokratische Führung.
Oktober 1945	Interzonaler Postverkehr wird neu eröffnet.
22. 10. 1945	Staatsgrundgesetz für Groß-Hessen verkündet (GVBl. 1945, S. 23).
1. 11. 1945	Vollständige Kabinettsbildung: *Mattes,* Finanzen, *Venedey* SPD - Innen, *Zinn,* SPD - Justiz, *Rudolf Müller,* LDP - Wirtschaft, *Binder,* SPD - Wiederaufbau und Entnazifizierung, *Oskar Müller,* KPD - Arbeit, *Häring,* SPD - Ernährung, *Böhm,* CDU - Kultus, *Hilpert,* CDU.
15. 12. 1945	Übertragung der meisten Zivilverwaltungsaufgaben auf die deutsche Regierung einschließlich des Ernennungsrechts für Beamte, auch in den Städten und Kreisen.
20./27. 1. 1945	Gemeindewahlen in Gemeinden unter 20 000 Einwohnern.
Febr. 1946	Heftige Regierungskrise nach hohen SPD-Erfolgen bei den Wahlen. Rücktrittsaufforderung gegenüber *Geiler* und Drängen auf stärkere Repräsentation der SPD. Zurückweisung dieser Forderungen durch *Geiler* und die Militärregierung.
4. 2. 1946	Anordnung zur Vorbereitung der Hessischen Verfassung durch die Militärregierung (zugleich in Bayern und Württemberg-Baden).

26. 2. 1946	Einsetzung eines paritätisch besetzten beratenden Landesausschusses mit je 12 Vertretern von SPD, CDU, KPD und LDP - Beratungsorgan für die Landesregierung.
19. 4. 1946	Berufung einer vorbereitenden Kommission für die Verfassungsberatung. Mitglieder: *Geiler, Hilpert, Venedey, Zinn, Bergsträßer, Hoch, Blaum, v. Brentano, Jellinek, Voßler, Bauer, Weinhausen, Swart und Noack.*
28. 4. 1946	Kreistagswahlen.
26. 5. 1946	Wahlen in den kreisfreien Städten.
18. 6. 1946	1. Verfassungsentwurf und zusätzliche Parteien- und Einzelentwürfe, unter anderem von *Caspary und Noack-Kremer, Arndt und Zinn.*
30. 6. 1946	Wahl der Verfassungberatenden Landesversammlung, Wahlbeteiligung 75,7 %, Mandatsverteilung: 41,2 % SPD, 34,5 % CDU, 11,5 % KPD, 9,8 % LDP.
30. 6. 1946	Ausweitung der US-Militärregierung für Hessen auf insgesamt 618 Offiziere und Mannschaften und 2 200 Personen deutschen Verwaltungspersonals.

3. Angleichung der organisationsrechtlichen Vielfalt in Groß-Hessen

Wie nahezu alle westdeutschen Länder ist das heutige Hessen ein synthetisches Gebilde, dessen Zuschnitt zwar historischen Vorgaben folgt, in seiner konkreten Gestalt aber aus der alliierten Nachkriegspolitik hervorgegangen ist. Die Zusammenführung von Hessen - Darmstadt, Hessen - Kassel und Hessen - Nassau hatte schon in der Weimarer Zeit zu den Desideraten einer Reichsreform vor 1933 gehört, war jedoch nicht zur Vollendung gekommen. Die Schaffung eines Einheitsstaates, der alle hessischen Territorien umfaßt, entsprach durchaus dem Willen der dazu von der Militärregierung ausdrücklich befragten hessischen Organe, ist aber letztlich ein Werk der Besatzungsmacht, die ihr Streben nach einer endgültigen Zerschlagung Preußens mit der Absicht verbunden hatte, lebensfähige Nachfolgestaaten als Voraussetzung für ein föderatives System zu schaffen. Dessen Entstehung hat die amerikanische Militärregierung schon 1946 bewußt offen gehalten. Diesem Neugliederungswillen entsprach die Fortsetzung der Verbindung Waldecks mit Hessen, während mit der Abtrennung der linksrheinischen Gebiete und der rechtsrheinischen Kreise um Montabaur dem französischen Verlangen genügt worden ist.[10]

Auf der staatsrechtlichen Ebene konnte die mit der Proklamation Nr. 2 angeordnete Zusammenführung der administrativ und verwaltungsrechtlich unterschiedlich geprägten Gebiete mit dem Inkrafttreten der Hessischen Verfassung sehr zügig abgeschlossen werden. Dafür waren zum einen die weitgespannten Reformschritte ursächlich, die schon in den ersten Monaten nach der Schaffung Groß - Hessens durch die von der Militärregierung eingesetzte Landesregierung vollzogen worden waren. Eine weitere Ursache bildeten die äußerst knapp bemessenen Zeitspannen, die die amerikanische Militärregierung für die Vorbereitung der Landesverfassung und die Verhandlungen der Verfassungberatenden Landesversammlung gesetzt hatte.

Demgegenüber nahm die weitere Rechtsvereinheitlichung in Hessen eine längere Zeit in Anspruch. Zwar unterschieden sich die Kommunalverfassungen in den ehemals preußischen Gebieten und im Volksstaat Hessen wegen der zuvor in allen Landesteilen geltenden Deutschen Gemeindeordnung von 1935 nicht mehr grundlegend,[11] gleichwohl bedurfte es auf Drängen der Militärregierung deutlicher Veränderungen, insbesondere hinsichtlich der Wahl der Landräte durch die Selbstverwaltungskörperschaften. Auch die Vereinheitlichung der Staatsverwaltung auf der Stufe der Regierungspräsidien war ein Gebot der ersten Stunde. Sie erfolgte unmittelbar nach der Gründung Hessens im September 1945 durch die Schaffung der drei Regierungsbezirke Darmstadt, Kassel und Wiesbaden.[12] Besonders umstritten war und blieb bis 1952 die Organisation der Provinzialebene, deren Selbstverwaltungseinrichtungen in Kurhessen und Nassau sich neu begründeten und deren Neueinführung in Darmstadt angestrebt wurde. Die Hessische Verfassung verzichtete auf verfassungsunmittelbare oder staatsvertragliche Übergangsregelungen, mit den eine sofortige Angleichung hätte erreicht werden können, und überantwortete die Harmonisierung der späteren einfachen Gesetzgebung. Vereinheitlicht wurde mit dem inzwischen mehrfach veränderten Art. 138 HV das kommunale Wahlverfahren. Auch in dieser Hinsicht ist der

Einfluß der Militärregierung offen zu tage getreten.[13] Die weitere Rechtsvereinheitlichung, die vor allem im Baurecht, in der Straßenbauverwaltung, im Kassenwesen und in Fürsorgefragen hohen Angleichungsbedarf aufgewiesen hatte, wurde durch verschiedene Kommissionen, in denen dem Leiter der Staatskanzlei, *Hermann L. Brill*, herausragende Bedeutung zukam, vorbereitet und bis 1952 weitgehend abgeschlossen. Den Abschluß fand die Rechtsvereinheitlichung mit dem Gesetz zur Bereinigung des Hessischen Landesrechts vom 6. Februar 1962.[14] Die schon damals beabsichtigte Gebietsreform in den Gemeinden und Landkreisen wurde hingegen erst in den siebziger Jahren in Angriff genommen.[15] Die Funktionalreform ist von Anbeginn umstritten gewesen und befindet sich bis heute in stetiger Veränderung.[16]

4. Die Hessische Verfassung als Instrument der staatsrechtlichen Integration. Die besondere Rolle der Sozial- und Wirtschaftsverfassung

Zu den wichtigsten Bausteinen, auf die der Neubeginn gegründet worden ist, gehört die Hessische Verfassung und die mit ihr geschaffene rechts- und sozialstaatliche Demokratie. Der Umstand, daß die amerikanische Besatzungsmacht der Verabschiedung durch die Verfassungberatende Landesversammlung eine Volksabstimmung hat folgen lassen, gibt der Verfassung nicht nur eine hohe demokratische Legitimation - auf die man beim Grundgesetz 1949 wie 1990 verzichtet hat. Nicht zu unterschätzen ist die einheitsbildende Kraft, die von dem heftigen politischen Kampf ausging, der von allen Parteien um die Zustimmung zur Verfassung vor der Volksabstimmung geführt worden ist. Ihr starkes Vertrauen in die eigenständige Willensbildung des Volkes zeigt die Hessische Verfassung mit den Institutionen des Volksbegehrens und der Volksabstimmung in den Artikeln 71, 117, 123 Abs. 2 und 124 bis heute. Diese partizipatorischen Gewährleistungen trennen die Hessische Verfassung deutlich vom Grundgesetz, das aus den demagogischen Anfälligkeiten des Weimarer Systems die Folgerung gezogen hat, nahezu ausschließlich Formen repräsentativer Demokratie vorzusehen. Daran ist ungeachtet grundlegend veränderter politischer Strukturen bis heute festgehalten worden.

Die Hessische Verfassung nimmt in ihrer rechts- und demokratiestaatlichen Konzeption viele Neuerungen vorweg, die das Grundgesetz drei Jahre später für ganz Westdeutschland verbindlich gemacht hat, und geht mit ihren sozialstaatlichen Institutionen weit über das Grundgesetz hinaus. Diese unter den westdeutschen Verfassungen einmalige Ausprägung ist durch den Zeitgeist erklärbar, in dessen Umfeld sie entstanden ist. Alle wichtigen politischen Kräfte der früheren Nachkriegszeit sahen in der verhängnisvollen Symbiose zwischen Nationalsozialismus und Großindustrie die wesentliche Ursache für die Ursurpation der Weimarer Republik durch die Faschisten und für die unverzüglich begonnene Kriegsvorbereitung. Eines der wichtigsten Ziele der Verfassungsgebung lag deswegen in den Vorkehrungen, mit denen verhindert werden sollte, daß wirtschaftliche Macht erneut zu politischen Zwecken mißbraucht werde. Die Ursachen für die Auseinandersetzungen über die sofortige Sozialisierung der wichtigsten Großindustrien, Banken und Versicherungen beruhte auf dieser historischen Erfahrung. Aus den Protokollen der Verfassungberatenden Landesversammlung und ihrer Ausschüsse ist klar ersichtlich, daß es diese politischen Beweggründe waren, die die verfassungsunmittelbare Vergemeinschaftung der Großindustrien, Banken und Versicherungen ausgelöst haben. Der bewußte Verzicht auf eine staatsunmittelbare Führung der vergemeinschafteten Industriezweigen zeigt das ebenso wie die Diskussionsbeiträge in den Verhandlungen der Verfassungberatenden Landesversammlung und deren Ausschüssen.

Die starke Ausprägung, die der III. Abschnitt der Verfassung über »Soziale und wirtschaftliche Rechte und Pflichten« gefunden hat, ist einerseits Ausdruck des gewandelten Grundrechtsverständnisses. Das kommt besonders deutlich in der Eingangsvorschrift des Art. 27 zum Ausdruck, in dem die Sozial- und Wirtschaftsordnung in »der Anerkennung der menschlichen Würde und der Persönlichkeit des Menschen« verankert worden sind. Mit diesem Fundament greift die Verfassung weit über den abwehrenden Charakter hinaus, der den Grundrechten im tradierten Verständnis zugemessen worden war. Darin liegt eine sehr bewußte Entscheidung der Verfassungsväter. Die Ursachen des Faschismus sind in dem scharfen wirtschaftlichen und sozialen Niedergang nach dem Ersten Weltkrieg gesehen worden. Um einem neuerlichen Mißbrauch der Produktionsmittel für die kriegerische Vernichtung und Verwüstung zu wehren, ist den sozialen und wirtschaftlichen Grundrechten die Bestimmung zugedacht worden, zum Damm gegen die »politische Sintflut« der Tyrannei zu werden. Die staatsrechtlichen Probleme der Zeit mit der Gesetzestechnik von gestern zu lösen, ist offen als Absurdität gegeißelt worden, der nur mit einer starken Sozial- und Wirtschaftsverfassung habe begegnet werden können.[17]

Zum anderen zeigen Art. 27 und die nachfolgenden Sozialgrundrechte, daß die Sozial- und Wirtschaftsordnung als ein wesentliches Element der neuen Verfassung verstanden worden ist. Die verfassungsunmittelbare Verankerung macht bewußt, daß die neue Staatsform nicht durch grundrechtliche Freiheiten der beati possidentes, sondern primär durch gerechte Teilhabe aller Staatsbürger geprägt sein sollte. Diese Ausrichtung mag aus den unermeßlichen Nöten der Zeit und aus den historischen Erfahrungen erklärbar sein. Der Verweis auf dieses Umfeld reicht indessen für das Verständnis dieses zentralen Abschnitts der Hessischen Verfassung nicht aus. Die hohe Energie, der große Zeitaufwand und das beeindruckende Argumentationsniveau, die aus den Beratungen zum III. Abschnitt erkennbar werden,[18] machen deutlich, daß der Sozial- und Wirtschaftsverfassung eine besondere Befriedungsfunktion zugemessen worden ist.[19] Diese Ausrichtung ist nicht zu Unrecht als »politische Konfession« und als »Bruch mit der deutschen Verfassungstradition« gekennzeichnet worden.[20] Es entsprach der damaligen Grundüberzeugung, daß Arbeitslosigkeit und soziale Not zu den wesentlichen Ursachen des Faschismus gehörten, denen mit der Neuausrichtung der Verfassungsgarantien hat vorgebeugt werden sollen. *Adolf Arndt* pointiert diesen Gedanken mit dem Satz: »Denn Hunger und Frieren erzeugen nichts als Angst; die politische Ausgeburt der Angst aber ist stets der Faschismus«.[21] Die Verankerung eines umfangreichen Katalogs sozialer Grundrechte in der Verfassung sollte die Weichen eindeutig umwerfen und zugleich eine höhere Identifikation der Bürger mit dem neuen Verfassungsstaat erreichen. Zeitgleiche Verfassungen wie die Bayerische und die Württemberg-Badische Verfassung weisen gleichartige Schwerpunkte nicht auf. Auch die wenig später verkündete Verfassung von Rheinland-Pfalz verzichtet trotz ihrer Berufung auf die katholische Soziallehre auf ausführliche Garantien für eine Wirtschafts- und Sozialverfassung.

Die Verhandlungen zum Entwurf der Hessischen Verfassung sind trotz der gemeinsamen Geschichte ihrer Urheber, ihrer Deutung der Weimarer Verfassung und ihrem Leiden unter dem Nazifaschismus kein Akt politischer Harmonie gewesen. Bis zum Schluß streitig und erst im sogenannten Verfassungskompromiß vom 30. September 1946 zwischen SPD und CDU[22] wurden die folgenden Fragen gelöst: Umfassende Sozialversicherung für alle Bürger, allerdings unter Bestätigung der Ersatzkassen; Streikaufruf nur durch Gewerkschaften, nicht durch Betriebsräte, Verankerung des Aussperrungsverbots in der Verfassung; sofortige Sozialisierung, jedoch ohne die Chemieindustrie, Beschränkung auf Aufsicht gegenüber auswärtigen Betrieben, Trennung von Kirche und Staat, jedoch besondere Erwähnung der Kirchen neben Weltanschauungsgemeinschaften, Einrichtung von Simultanschulen als Regelschulen, Aufrechterhaltung von Konfessionsschulen nur im Rahmen von Übergangsvorschriften, Privatschulgründungsfreiheit; keine Lernmittelfreiheit an den Hochschulen; einheitliches Dienstrecht für alle staatlichen und kommunalen Bediensteten; keine Zweite Kammer, nur Vorbehalt für eine Verfassungsänderung in einer Übergangsbestimmung. Der Kompromiß hat in den weiteren Beratungen redaktionelle Änderungen erfahren, ist aber in seinen wesentlichen Punkten in den Verfassungstext eingegangen. Ob der Preis für den Verfassungskompromiß in der Zusage der SPD zu einer »großen« Koalitionsregierung zwischen CDU und SPD für die erste Wahlperiode des Hessischen Landtages gewesen ist, hat bis heute nicht geklärt werden können.

Das in den ersten Nachkriegsjahren bestehende Parteienspektrum ähnelte zwar sehr stark dem heutigen, die Liberalen waren jedoch kräftiger, die Christdemokraten schwächer, während die Sozialdemokraten in etwa ihre heutige Stärke aufwiesen. In der

Verfassungberatenden Landesversammlung besaß die SPD mit den Abgeordneten der kommunistischen Partei die absolute Mehrheit. Dennoch verzichteten die Sozialdemokraten auf einen engen Schulterschluß mit den Kommunisten zur Durchsetzung einer sozialistischen Verfassung im Sinne der gemeinsamen Grundvorstellungen der beiden linken Parteien. Die Ursache ist zum einen darin zu suchen, daß bei den Sozialdemokraten hohe Berührungsängste wegen der gleichzeitig laufenden Ereignisse in der sowjetisch besetzten Zone bestanden. Zum anderen wurden empfindliche Widerstände seitens der amerikanischen Besatzungsmacht und eine Abstimmungsniederlage in der nachfolgenden Volksabstimmung befürchtet. Auszuschließen ist die Annahme, daß das Auftreten der kommunistischen Abgeordneten die SPD veranlaßte, sich der CDU zuzuwenden. Der Vorsitzende der Kommunistischen Partei in Hessen, der Abgeordnete Bauer, war überaus geachtet und agierte während der Verfassungsberatungen maßvoll, und zwar auch in den Augen der konservativen Parteien.[23]

Die mögliche Majorisierung der konservativen Parteien durch Sozialdemokratie und Kommunisten erzeugte in den Verfassungsberatungen einen permanenten Druck auf die Linksparteien. Der Kompromiß mit der CDU wurde möglich, weil die Verfassungsberatungen durch einen internen Konflikt der CDU beeinflußt waren. Der christlichen Linken aus Frankfurt um *Eugen Kogon, Walter Dirks, Heinrich Knappstein* und anderen stand der sogenannte Königsteiner Kreis[24] gegenüber, der zunehmend an Einfluß gewann, sich letztlich aber doch nicht hat durchsetzen können. Dadurch wurde die ausgeprägte sozialstaatliche Haltung der Frankfurter Christdemokraten zwischenzeitlich zurückgedrängt, auch wenn sich aus dem Zeugnis von Zeitgenossen ergibt, daß der Königsteiner Verfassungsentwurf nicht einmal in den internen Beratungen der CDU-Fraktion gebilligt worden ist.[25] Die starken sozialstaatlichen Komponenten der Hessischen Verfassung sind zwar im offenen politischen Konflikt mit den Sozialdemokraten entstanden; die Sozialdemokraten konnten sie im Verfassungskompromiß aber großenteils durchsetzen, weil sie auch in Teilen der CDU keineswegs auf jenen scharfen Widerstand stießen, der nach außen hervortrat. Daß schließlich eine breite Mehrheit für den Verfassungsentwurf erreicht werden konnte, ist auf diese politische Grundstruktur der unmittelbaren Nachkriegszeit zurückzuführen.

5. Vollverfassung mit Grundrechtsgewährleistungen

Nach dem Inkrafttreten des Grundgesetzes verabschiedete Landesverfassungen beschränken sich oft auf landesspezifische Komplementärregelungen, für die das Grundgesetz keine Aussagen trifft. Sie regeln folgerichtig nur das Staatsorganisationsrecht, das Schul- und Erziehungsrecht, das Verhältnis zu den autonomen Körperschaften und das Finanzverfassungsrecht. Zu diesem Verfassungstypus gehören beispielsweise einige norddeutsche Verfassungen wie die Nordrhein-Westfälische von 1950, die Hamburgische von 1952, die Niedersächsische von 1958 und die Mecklenburg-Vorpommerische von 1994. Sie verzichten auf einen eigenen Grundrechtsteil oder verweisen auf die grundgesetzlichen Gewährleistungen. Zuweilen werden diese um einzelne neue Gewährleistungen ergänzt.[26]

Die Hessische Verfassung geht in ihrer Regelungstiefe deutlich weiter. Sie hat ein umfassendes Staatsgrundgesetz geschaffen, das neben einem umfangreichen staatsorganisationsrechtlichen Teil und den bereits skizzierten wirtschafts-, arbeits- und sozialrechtlichen Handlungsaufträgen einen voll ausgebildeten Grundrechtskatalog enthält. Außerdem sind in ihrem Schlußteil detaillierte bundesstaatliche Kompetenzabschichtungen getroffen worden. Sie übertrifft damit auch ihre unmittelbaren historischen Vorgängerinnen, die in Kurhessen, Waldeck, Nassau und Frankfurt geltende Preußische Verfassung von 1920[27] und die im Volksstaat Hessen geltende Hessische Verfassung von 1919,[28] die reine Organisationsstatute ohne Grundrechtsteil waren. Die Ausbildung eines umfassenden Grundrechtskataloges entsprach nicht nur dem zu keiner Zeit in Frage gestellten Willen der Verfassungberatenden Landesversammlung, sondern dem dezidierten Willen der amerikanischen Militärregierung. Das ursprüngliches Streben *General Clay's* ging sogar dahin, daß die drei Länder der amerikanischen Besatzungszone sich auf einen übereinstimmenden Wortlaut einigen sollten;[29] dieser Plan erwies sich jedoch als unerfüllbar.

Die hohe Regelungstiefe der Hessischen Verfassung ist aus ihrer Entstehungszeit in der Zeit des bundesstaatlichen Interregnums zu erklären. Im Frühjahr und Sommer des Jahres 1946, als die Hessische Verfassung beraten und geschaffen wurde, hat trotz fortbestehender Hoffnungen[30] niemand damit gerechnet, daß nach den Verbrechen des »Dritten Reiches« alsbald ein deutscher Gesamtstaat erstehen würde. Die alliierte Deutschlandpolitik ließ noch nichts erkennen, was eine Überwindung der Länder- und Zonengliederung oder einen Verzicht auf die Oberhoheit der Besatzungsmächte hätte greifbar erscheinen lassen. Das Bekenntnis der Hessischen Verfassung zur gesamtdeutschen Einheit und zur deutschen Republik[31] stellt einerseits eine Antwort auf die dahingehenden Wünsche der Amerikaner dar.[32] Nicht minder bedeutsam war jedoch die klare Erwartung künftiger Einheit. Deutlicher als alle anderen Verfassungen der Nachkriegszeit hat die Hessische Verfassung schon in ihrer Präambel die Einbettung Hessens in einen wiedererstehenden deutschen Gesamtstaat betont.[33] Es liegt in der Konsequenz dieses Selbstverständnisses als »Gliedstaat der Deutschen Republik«, wenn in Art. 151 HV die Aussage formuliert worden ist, daß Hessen »alle Maßnahmen, die es auf Gebieten trifft, für welche die Deutsche Republik die Zuständigkeit beanspruchen könnte, unter den Grundsatz stellen (wird), daß die gesamtdeutsche Einheit zu wahren ist« und daß es »die bestehende Rechtseinheit nicht ohne zwingenden Grund antasten« werde.[34]

6. Wichtige Akzente der Hessischen Verfassung

Die Hessische Verfassung teilt ihre starke sozialstaatliche Ausrichtung mit der Weimarer Reichsverfassung. Das hat ihr das Etikett eingetragen, »sozialistischen« Zielen zu folgen.[35] Sie ist mit dieser Ausrichtung auf einen freiheitlichen Sozialismus[36] einmalig geblieben, wenn man von den Ländern der sowjetisch besetzten Zone absieht. Zur Schaffung einer »gerechten« Sozial- und Wirtschaftsordnung fordert die Hessische Verfassung in ihren detailreichen

Einzelregelungen für die Arbeitsbedingungen, daß sie Gesundheit, Würde, Familienleben und kulturelle Ansprüche der Arbeitnehmer sichern müssen und die leibliche, geistige und sittliche Entwicklung der Jugendlichen nicht gefährden dürfen, daß der Gesetzgeber Einrichtungen zum Schutz der Mütter und Kinder zu schaffen hat und daß er den Frauen die Wahrnehmung ihrer Aufgaben als Bürgerin und Schaffende und die Erfüllung ihrer Pflichten als Frau und Mutter ermöglichen muß - ein bis heute unverändert wirksamer und auch nach 50 Jahren unvollkommen verwirklichter Gestaltungsauftrag. Hohe Bedeutung wurde 1946 der Koalitionsfreiheit und der Mitbestimmung beigemessen. Die Hessische Verfassung geht mit ihrem Art. 29 Abs. 4 weiter als Grundgesetz, indem sie das Streikrecht ausdrücklich gewährleistet und die Aussperrung verbietet. Darin liegt ein deutliches Zeichen der Skepsis gegenüber industrieller Macht, das auch im Verbot des »Mißbrauchs der wirtschaftlichen Freiheit - insbesondere zu monopolistischer Machtzusammenballung und zu politischer Macht« wiederkehrt (Art. 39 Abs. 1 und 2). Die Verpflichtung des Gesetzgebers zur Kodifikation des Arbeitsrechts (Art. 29 Abs. 1) legt den Akzent auf die Schaffung eines einheitlichen Arbeitsrechts, in das die Dienstverhältnisse der Beamten ausdrücklich mit einbezogen werden.[37] Während es wegen der Bundeszuständigkeiten zu keinem Arbeitsgesetzbuch gekommen ist,[38] hatte Art. 29 insofern innovatorische Folgen, als mit dem hessischen Bedienstetengesetz[39] eine einheitliche Regelung für den gesamten öffentlichen Dienst geschaffen worden war. Wie ernst auch das Bekenntnis zu einer »gleichberechtigten« Mitbestimmung (Art. 37 Abs. 2) angelegt war, zeigt die unverzüglich folgende Ausführungsgesetzgebung durch das im Frühjahr 1948 verabschiedete hessische Betriebsrätegesetz.[40]

Das Vertrauen in staatliche Wirtschaftslenkung geht weit über das heutige Verständnis hinaus. Art. 38 Abs. 1 S. 2 gebietet dem Gesetzgeber, zur Bedarfssicherung für jedermann »Maßnahmen anzuordnen, die erforderlich sind, um die Erzeugung, Herstellung und Verteilung sinnvoll zu lenken und jedermann einen gerechten Anteil an dem wirtschaftlichen Ergebnis aller Arbeit zu sichern und ihn vor Ausbeutung zu schützen«. In diesen Vorschriften zeigt sich nicht nur die Stunde der Not, aus der sie geboren sind, sondern zugleich ein Grundtheorem sozialistischer Wirtschaftsverfassung. Gemildert wird dieser staatliche Auftrag dadurch, daß die Gewerkschaften in die Wirtschaftslenkung mit einbezogen werden müssen, um eine gleichberechtigte Mitbestimmung auch bei den administrativen Lenkungsorganen zu sichern (Art. 38 Abs. 3). Ergänzt werden diese Zentralnormen durch verfassungsrechtliche Schutzpflichten für die Arbeit (Art. 28 Abs. 1), bis hin zu einem Anspruch auf Arbeit, durch eine »das ganze Volk verbindende« Sozialversicherung (Art. 35), die alle Bürger ohne Unterschied von Art und Höhe des Einkommens einzubezieht, und durch die verfassungsunmittelbare Überführung[41] der Grundstoffindustrien in Gemeineigentum (Art. 41).

Obwohl bereits die Weimarer Reichsverfassung wesentliche Schritte zur Gleichberechtigung vom Mann und Frau getan hatte, war sie unvollkommen geblieben, da sie nur die Gleichheit der staatsbürgerlichen, nicht allgemein der bürgerlichen Rechte garantiert hatte. Da Art. 118 wegen der Einschränkung, daß Männer und Frauen »grundsätzlich« gleichgestellt sind, sehr restriktiv interpretiert wurde,[42] war es ein großer Fortschritt, als Art. 1 HV den allgemeinen Gleichheitssatz als uneingeschränktes Diskriminierungsverbot wegen unterschiedlichen Geschlechts ausstattete.[43] Diese Erweiterung der Gleichberechtigung ist vor allem der Abgeordneten *Elisabeth Selbert* zu verdanken, auf deren unermüdliches Wirken auch die Garantie der Lohngleichheit für Mann und Frau in Art. 33 S. 2, die Pflicht zur Förderung arbeitender Mütter in Art. 30 Abs. 2 und schließlich auch der Gleichberechtigungsgrundsatz in Art. 3 Abs. 2 GG zurückgeht.[44]

Ein weiteres Problemfeld der Verfassungsberatungen lag im umstrittenen Verhältnis von Kirche und Staat sowie in der Schulverfassung. Der 1946 noch lebendigen antiklerikalen Tradition der SPD und der KPD folgend zeigt die Hessische Verfassung mit ihrer Betonung der Nicht-Identifikation deutlich laízistische Züge.[45] Sie vollzieht die Trennung von Staat und Kirchen allerdings aufgrund des Verfassungskompromisses mit der CDU nur unvollkommen. Abweichend davon betonen andere zeitgleiche Landesverfassungen naturrechtliche und religiöse Vorstellungen, wie etwa die Verfassung von Rheinland-Pfalz, die sich im »Bewußtsein der Verantwortung vor Gott, dem Urgrund des Rechts und Schöpfer aller menschlichen Gemeinschaft« sieht und immer wieder der katholischen Soziallehre folgt.[46] Die Hessische Verfassung fordert die weltanschauliche Neutralität des Staates gegenüber den Kirchen und Religionsgemeinschaften, aber auch gegenüber dem Glauben und den Weltanschauungen seiner Bürger. Diesem Toleranzgebot kommt besonderer Rang zu (Art. 9, 48, 54, 56). Dem Grundsatz der Nicht-Identifikation folgend hat die Hessische Verfassung eine strikte Trennung von Staat und Kirche zum Prinzip erhoben (Art. 48 Abs. 3, 49). Ohne Parallele im deutschen Staatskirchenrecht ist das Gebot an die Kirchen und Weltanschauungsgemeinschaften, sich jeder Einmischung in die Angelegenheiten des Staates zu enthalten (Art. 50 Abs. 2). Diese Pflicht der Kirchen zur Mäßigung stellt eine sonst unbekannte Regelung des Staatskirchenrechts dar; die Pflicht zur Nichteinmischung wird von den Kirchen längst nicht mehr anerkannt, wie die Vielzahl kirchlicher Stellungnahmen zu allen gesellschaftspolitischen Fragen zeigt, die mit dem »Öffentlichkeitsanspruch der Kirchen« legitimiert werden.[47] Er ist kaum von einer unzulässigen Einmischung in die staatlichen Angelegenheiten zu trennen. Die in Art. 50 formulierte Umkehrung des Toleranzgebotes stellt eine Abkehr vom herkömmlichen liberalistischen Staatsverständnis dar.

Die weltanschauliche Neutralität ist auch im Bekenntnis zur Gemeinschaftsschule als Standardtypus staatlicher Schulen verankert worden (Art. 56 Abs. 1). Der in den Verfassungsberatungen hartnäckig verfolgte Wunsch der CDU, eine christliche Prägung in den staatskirchenrechtlichen und schulrechtlichen Teilen der Verfassung zu verankern, stand in deutlichem Widerspruch zum strikt laizistischen Verfassungsentwurf, den *Georg August Zinn und Adolf Arndt* verfaßt hatten. Das hohe emanzipatorische Ideal, das die Schulrechtsartikel verfolgen, verbietet bis heute eine Verengung auf traditionalistisch geprägte religiöse, marxistische oder andere weltanschauliche Vorverständnisse.

Der Grundrechtskatalog der Hessischen Verfassung deckt sich weitgehend mit den später geschaffenen Grundrechten des Grundgesetzes. Einige thematische Besonderheiten verdienen jedoch erwähnt zu werden. So werden

- die menschliche Ehre gleichwertig neben Leben, Gesundheit und Würde gestellt und als grundrechtliches Schutzgut ausgestaltet (Art. 3),
- auch das Recht zur Verbreitung wissenschaftlicher und künstlerischer Werke ausdrücklich garantiert (Art. 10),
- die Informationsfreiheit auf alle denkbaren, also nicht nur öffentlich zugänglichen Quellen erstreckt (Art. 13),
- die Unschuldsvermutung (noch) nicht verurteilter Beschuldigter verfassungsrechtlich verankert; damit verbunden ist das Recht, sich jederzeit eines Verteidigers zu bedienen (Art. 20 Abs. 2),
- jede Kollektivschuld oder Kollektivhaftung[48] für Handlungen oder Unterlassungen verboten, soweit keine persönliche Schuld nachweisbar ist (Art. 22 Abs. 2),
- das Recht auf einen von Gewerkschaften organisierten Streik anerkannt, die Aussperrung hingegen verboten (Art. 29 Abs. 4, 5),
- Kinderarbeit verfassungsrechtlich verboten (Art. 30 Abs. 3),
- der acht-Stunden-Arbeitstag garantiert (Art. 31),
- der Anspruch auf gleichen Lohn für Frauen und Jugendliche für gleiche Tätigkeit und gleiche Leistung gewährleistet (Art. 33 S. 2),
- ein Mindesturlaub von 12 Tagen im Jahr anerkannt (Art. 34),
- die negative Vereinigungsfreiheit ausdrücklich garantiert (Art. 36 Abs. 2),
- das Mitbestimmungsrecht der Erziehungsberechtigten bei der Gestaltung des Schulunterrichts als Grundrecht[49] positiviert (Art. 56 Abs. 6) und
- das Recht auf Unterrichtsgeld- und Lernmittelfreiheit an allen öffentlichen Schulen als Grundrecht[50] gewährleistet (Art. 59 Abs. 1).

Viele der genannten Grundrechtsgarantien übrschreiten den Kanon der traditionellen Freiheitsrechte. Die strafverfahrensrechtlichen Grundrechte der Hessischen Verfassung sind die naheliegende Reaktion auf die zahllosen Unrechtsakte der Nazidiktatur. Auch das weitreichende Mitwirkungsrecht der Erziehungsberechtigten bei der Gestaltung des Schulunterrichts soll den Gefahren totalitär einseitiger Indoktrination begegnen. Es ist die grundrechtliche Kehrseite des Toleranzgebotes, dessen zentrale Bedeutung für die Schulrechtsartikel offenkundig ist.[51] Die sozialstaatlichen Grundrechte sind die Antwort auf die nur noch schwer vorstellbare Not der ersten Nachkriegsjahre; mit ihnen sollte zugleich der alten sozialistischen Idee einer gleichberechtigten Partizipation der Arbeitnehmer zum Durchbruch verholfen werden. Besonders deutlich tritt das in der verfassungsrechtlichen Leitlinie des Art. 30 Abs. 1 zu tage, wo für die Arbeitsbedingungen gefordert wird, daß sie Gesundheit, Würde, Familienleben und kulturellen Ansprüche des arbeitenden Menschen genügen müssen. Emanzipatorischen Zielen dienen die wiederholten Garantien zur Gleichberechtigung von Mann und Frau, vor allem die gesondert gewährleistete Lohngleichheit und die Schutzpflichten für berufstätige Mütter. Die Durchbrechung der tradierten Bildungsschranken soll mit der allgemeinen Schulgeld- und Lernmittelfreiheit erreicht werden, die in der Verfassung ungeachtet der Haushaltsnöte der Nachkriegszeit verankert worden ist. Auch davon sind prägende Einflüsse auf das gesamte deutsche Schulsystem ausgegangen.

Neben diese thematischen Neuerungen treten gewichtige dogmatischen Innovationen. Die Hessischen Verfassung geht erstmals den heute selbstverständlichen Schritt, die Grundrechte ausdrücklich als unabänderliche Individualrechte zu gewährleisten (Art. 26 1. Hs.). Sie werden erstmals als unmittelbar bindendes Recht nicht nur für Richter und Verwaltung, sondern auch für den Gesetzgeber in Geltung gesetzt (Art. 26 2. Hs.). Ihr Wesensgehalt wird für unantastbar erklärt (Art. 63 Abs. 1) und als Gesetz im Sinne grundrechtlicher Beschränkungs- und Ausgestaltungsvorbehalte wird nur das förmliche Volks- oder Parlamentsgesetz anerkannt. Damit werden Verordnungen, gesetzliche Verweisungen auf ältere Vorschriften sowie administrative Ausführungsvorschriften als unzureichende Formen der Grundrechtsbeschränkung ausgewiesen (Art. 63). Erstmals können Verletzungen der Grundrechte können im individualrechtlichen Grundrechtsklageverfahren[52] vor einem Staatsgerichtshof gerügt werden (Art. 131 Abs. 1 HV). Außerdem ist allen Bürgern eine gegenständlich unbeschränkte Rechtsweggarantie für den Fall zuerkannt worden, daß sie eine Verletzung durch die öffentliche Gewalt erlitten zu haben glauben (Art. 2 Abs. 3 HV). Mit diesen allgemeinen grundrechtsdogmatischen und rechtsstaatlichen Innovationen hat die Hessische Verfassung im Wege der ausdrücklichen Positivierung einen Schlußpunkt unter die bis zum Schluß offenen Auseinandersetzungen gesetzt, die das Grundrechtsverständnis in der Weimarer Staatsrechtslehre gekennzeichnet hatten.[53] Die heute selbstverständlich gewordene Effektivität war im Jahre 1946 noch keineswegs vorgezeichnet. Im Rückblick kann festgestellt werden, daß diese Entscheidung den Grundrechten jene Autorität verliehen hat, die es den Staatsbürgern erlaubt, sich dem wechselnden politischen Gestaltungswillen unter Berufung auf wirksame Individual- und Minderheitenrechte entgegenzustellen. Die Hessische Verfassung kann daher als die eigentliche Begründerin des seither grundlegend veränderten Verfassungsverständnisses gekennzeichnet werden.[54]

Anmerkung

1 Nachweise dazu bei *Adolf Arndt,* Vortrag zu Verfassungsfragen, datiert vom 6. August 1946, abgedruckt in: *Helmut Berding* (Hrsg.) Die Entstehung der Hessischen Verfassung von 1946, Wiesbaden 1996, Dokument Nr. 22, S. 243 ff. (253).

2 Direktive vom 7. 8. 1946 – BA, Z45 F OMGUS, CAD 3/153-2/8 – abgedruckt in: *Helmut Berding* (Hrsg.) Die Entstehung der Hessischen Verfassung von 1946, Wiesbaden 1996, Dokument Nr. 37, S. 402. Zu dem der amerikanischen Verfassungsgenehmigung vorausgehenden internen Konflikt *General Clay's* mit dem War Department in Washington siehe Dokument Nr. 67, S. 1069 ff.

3 Siehe dazu die Berichte *Dayton's* von 17. 8. 1946 und aus der 2. Septemberhälfte, abgedruckt in: *Helmut Berding* (Hrsg.) Die Entstehung der Hessischen Verfassung von 1946, Wiesbaden 1996, Dokumente Nr. 42 und 49, S. 573 und 707.

4 So etwa am 5., 6., 7., 13. und 14. August 1946, Nachweise im Militärregierungsdokument vom 17. 8. 1946 (siehe vorstehende Fußnote, Nr. 42). Für September sind zwei Zusammentreffen am 4. und 12. dokumentiert (Nachweis wie vor Dokument Nr. 49)

5 HLT-Drs. 1. WP III S. 176

6 Militärregierungsdirektive vom 16. September 1946 an den Hessischen Ministerpräsidenten, abgedruckt in: *Helmut Berding* (Hrsg.) Die Entstehung der Hessischen Verfassung von 1946, Wiesbaden 1996, Dokument Nr. 63, S. 1061 (1062), Tz. 11.

7 Die ursprünglich angestrebte verfassungsrechtliche Verankerung einer »basic 6-year elementary school« nach amerikanischem Vorbild ist zwar in der Form aufgegeben, in der Folgezeit aber als Teilelement der umfangreichen Reformverlangen gegenüber der Landesregierung weiter energisch vertreten worden, vgl. *Walter Mühlhausen,* Hessen 1945-1950, 1985, S. 463 f., 467 ff. - hier auch zur Rolle des einflußreichen Zook-Reports.

8 Vorstehendes Dokument (Fn. 6), Tz. 16 bis 18

9 Zur Auseindersetzung mit dem Verfassungsausschuß, *Bergsträßer,* Befreiung, Besatzung, Neubeginn. Tagebuch, Hrsg. *Walter Mühlhausen,* 1986, S. 186, und amerikanisches Memorandum vom 14. Oktober 1946, abgedruckt in: *Helmut Berding* (Hrsg.) Die Entstehung der Hessischen Verfassung von 1946, Wiesbaden 1996, Dokument Nr. 66, S. 1068.

10 Zunächst hatte Frankreich neben der Saar, Baden und der Pfalz die gesamte Rheinprovinz und Hessen-Nassau gefordert, vgl. *Hans-Jürgen Wünschel,* Die Teilungspläne der Alliierten und die Forderung Frankreichs nach Abtrennung des linken Rheinufers, in: Jahrbuch für westdeutsche Landesgeschichte 1979, S. 357 ff. (361). Da die Amerikaner sich widersetzten und nur einen rechtsrheinischen »Brückenkopf« zugestanden, verblieb es bei den vier Kreisen Unter- und Oberwesterwald, St. Goarshausen und Unterlahn (Zonenprotokoll vom 22. Juni 1945).

11 Bereinigt von nationalsozialistischen Überlagerungen wurde sie bereits am 14. Dezember 1945 als neues hessisches Recht in Kraft gesetzt. Wenig später folgte die Kreisordnung vom 24. Januar 1946, die sich mit der stärkeren »Kommunalisierung« des Landrats allerdings bereits stärker vom bisherigen Rechtszustand entfernte. Vgl. *Wolfgang Pittermann,* Entwicklungen in der Organisation der Landesverwaltung, in: *Erwin Stein* (Hrsg.), 30 Jahre Hessische Verfassung, 1976, S. 316 ff. (323). Der heutige Zustand (Organleihe als Behörde der Landesverwaltung) wird allerdings erst mit der Neukonzeption der Kommunalverfassung im Jahr 1952 erreicht.

12 Mit dem neugeschaffenen Regierungsbezirk Darmstadt wurde die ehemals preußische Organisation und Zuständigkeitsordnung für ganz Hessen maßgebend. Die Kompetenzen der Oberpräsidenten und weitere staatliche Zentralzuständigkeiten wurden in die Landesregierung verlagert.

13 Schreiben von *Dayton,* 2. Hälfte September 1946, sowie Militärregierungsdirektive vom 16. September 1946 an den Hessischen Minister-

präsidenten, abgedruckt in: *Helmut Berding* (Hrsg.) Die Entstehung der Hessischen Verfassung von 1946, Wiesbaden 1996, Dokument Nr. 42 S. 573 (581) sowie Nr. 49, S. 707 (708). Militärregierungsdirektive vom 16. September 1946 an den Hessischen Ministerpräsidenten, abgedruckt in: *Helmut Berding* (Hrsg.) Die Entstehung der Hessischen Verfassung von 1946, Wiesbaden 1996, Dokument Nr. 63, S. 1061 (1063), Tz. 11

14 GVBl. 1962 I S. 21–135

15 Siehe dazu *Hans Voit,* Die Kommunale Gebietsreform in Hessen, in: *Erwin Stein* (Hrsg.), 30 Jahre Hessische Verfassung, 1976, S. 366 ff.

16 Zu den Anfängen siehe *Wolfgang Pittermann,* Entwicklungen in der Organisation der Landesverwaltung, in: *Erwin Stein* (Hrsg.) 30 Jahre Hessische Verfassung, 1976, S. 316 ff. (322 ff.)

17 In diesem Sinn ausdrücklich *Adolf Arndt,* Vortrag zu Verfassungsfragen, datiert 6. August 1946, abgedruckt in: *Helmut Berding* (Hrsg.) Die Entstehung der Hessischen Verfassung von 1946, Wiesbaden 1996, Dokument Nr. 22, S. 243 ff. (247).

18 Nachweise zu den umfangreichen, wiederholten und höchst streitigen Beratungen im Verfassungsausschuß, im Siebener-Ausschuß, bei den Verhandlungen über den sogen. Verfassungskompromiß zwischen CDU und SPD sowie den abschließenden Beratungen bei *Zinn – Stein,* Die Verfassung des Landes Hessen, Bd. I, 1954, Anm I. vor Art. 27 (S. 169 f.); aus den Drucksachen der Verfassungberatenden Landesversammlung siehe vor allem Teil III a S. 157 f., 161 f., 206 ff., 244 f., 249 ff., 278 f., Teil III S. 212 ff.

19 Siehe dazu *Adolf Arndt,* Vortrag zu Verfassungsfragen, datiert 6. August 1946, abgedruckt in: *Helmut Berding* (Hrsg.) Die Entstehung der Hessischen Verfassung von 1946, Wiesbaden 1996, Dokument Nr. 22, S. 243 ff. (247).

20 *Thilo Ramm,* Die soziale Ordnung in der Hessischen Verfassung, in: *Erwin Stein* (Hrsg.), 30 Jahre Hessische Verfassung, 1976, S. 204 ff. (206, 208)

21 Zitat aus *Adolf Arndt,* Vortrag zu Verfassungsfragen, datiert 6. August 1946, abgedruckt in: *Helmut Berding* (Hrsg.) Die Entstehung der Hessischen Verfassung von 1946, Wiesbaden 1996, Dokument Nr. 22, S. 243 ff. (247).

22 Teilnehmer bei den Kompromißverhandlungen waren *Bergsträßer, Caspary und Stock* (SPD) sowie *Köhler, Kanka und Stiller* (CDU). Bereits nach vier Stunden Verhandlungen erfolgte die Vereinbarung des Kompromisses.

23 Der spätere Kultus- und Justizminister *Erwin Stein* (CDU), der in den Beratungen ds Verfassungberatenden Landesversammlung eine wichtige Rolle spielte, hat diese allgemeine Hochschätzung in persönlichen Gesprächen mit dem Autor immer wieder hervorgehoben.

24 *v. Brünneck,* JöR 3, 220 f.; krit. zum Einfluß des Königsteiner Kreises *Erwin Stein,* in: 30 Jahre Hessische Verfassung, 1976, S. 195 f., Fn. 19.

25 *Erwin Stein,* in: 30 Jahre Hessische Verfassung, 1976, S. 195, Fn. 19.

26 Die Nordrhein-Westfälische Verfassung hat einige ergänzende Punkte normiert: eine Datenschutzgewährleistung, einen Familienschutz, der über Art. 6 GG hinausgreift, und einen besonderen Jugendschutz- und -förderungstatbestand (Art. 4 Abs. 2; 5 und 6 NRW-Verf). Ähnlich wie Nordrhein-Westfalen ist Mecklenburg-Vorpommern verfahren, das neben einem Verweis auf die Bundesgrundrechte besondere Garantien für den Datenschutz, die Freiheit von Kunst und Wissenschaft, die Chancengleichheit im Bildungswesen, den Jugendschutz, die Gleichstellung von Mann und Frau und den Minderheitenschutz geschaffen hat (Art. 5 Abs. 3; 6 bis 8; 13; 14; 18 MV-Verf).

27 Verfassung des Freistaats Preußen vom 30. 11. 1920 (PreußGS S. 543).

28 Verfassung vom 12. 12. 1919 (GS für das Großherzogtum Hessen S. 210).

29 Militärregierungsdokument vom 17. August 1946 (Bericht *Dayton's*), abgedruckt in: *Helmut Berding* (Hrsg.) Die Entstehung der Hessischen Verfassung von 1946, Wiesbaden 1996, Dokument Nr. 42, S. 573 ff. (580); weiterer Nachweis daselbst in Fußnote 59 (Brief *Brill* an *Bergsträßer*).

30 Zum Bewußtsein fortbestehender staatlicher Existenz als Wirkungsfaktor siehe *Günter Dürig,* Der deutsche Staat nach 1945 und seither, VVDStL 13 (1954), S. 27.

31 Art. 151 und 152 HV. Hessen hat als einziges Land einen verfassungsrechtlichen Auftrag an seine gesetzgebenden und Verwaltungsorgane gerichtet, die deutsche Rechtseinheit so weit wie möglich zu wahren und »ohne zwingenden Grund« keine Veränderungen der überkommenen Rechtseinheit vorzunehmen.

32 Anordnung der Militärregierung vom 30. Oktober 1946, Tz. 3. (3), abgedruckt in: *Helmut Berding* (Hrsg.) Die Entstehung der Hessischen Verfassung von 1946, Wiesbaden 1996, Dokumente Nr. 49, S. 707 (709) und Nr. 69, S. 1074 ff. (1075).

33 Art. 64 HV wiederholt diese Eingliederung Hessens in den Gesamtstaat, während Art. 65 HV das republikanische Selbstverständnis für Hessen als Gliedstaat zum Ausdruck bringt.

34 Auch Art. 151 Abs. 1 denkt nicht an e i n e künftige, sondern benennt d i e deutsche Republik. Die entstehungszeitlich verwandten Verfassungen von Bayern und Rheinland-Pfalz sind in dieser Frage sehr viel verhaltener. Zwar kündigt auch Bayern seinen »freiwilligen« Beitritt zu einem Bundesstaat an, bindet ihn jedoch daran, daß dieser das »staatsrechtliche Eigenleben« des Freistaats sichert (Art. 178 Bay-Verf.).

35 Bezüglich der Weimarer Verfassung siehe *Gerhard Anschütz,* Kommentar, 14. Aufl. 1930, Vorbem. zu Art. 151 ff., der diese Kennzeichnung allerdings auf den Abschnitt der Art. 151 bis 165 beschränkt und zudem hervorhebt, daß mit der Garantie der Vertragsfreiheit (Art. 152), vor allem aber den Eigentums- und Erbrechtsgarantien (Art. 153, 154) sowie dem Mittelstandsschutz (Art. 153, 164) Gewährleistungen aufgenommen worden sind, die keineswegs »sozialistisch« gewertet werden können. - In Hessen ist der Vorwurf einer »roten« Verfassung vor allem von der Vorläuferin der FDP, der LDP erhoben und erfolgreich in Wählerstimmen umgesetzt worden,

36 Die Auffassung von *Manfred Dörr,* Zeitschrift für Parlamentsfragen 1971, S. 99 (117 f.), daß die hessische Wirtschafts- und Sozialverfassung unter dem Einfluß der CDU zu einer verschleiernden Deklamation abgewertet worden sei, übersieht, daß die wesentlichen Teile des SPD-Entwurfs vom Verfassungskompromiß unberührt geblieben sind.

37 In diesem Punkt hat sich die SPD im Verfassungskompromiß durchgesetzt, obwohl die allgemeine Streitfrage um die Beamtenschaft und ihre besonderen Rechte ausgeklammert worden ist.

38 Ein Entwurf eines Arbeitsschutzgesetzes wurde 1929 in den Reichstag eingebracht, aber nicht abschließend beraten.

39 Gesetz über die Rechtsstellung der Beamten und Angestellten im öffentlichen Dienst des Landes Hessen vom 12. 11. 1946 (GVBl. S. 205), Neufassung vom 25. 6. 1948 (GVBl. S. 101), vgl. zu den Verfassungsfragen *Zinn-Stein,* Kommentar, Anm. 2a zu Art. 29 HV. Mit dem Beamtenrechtsrahmengesetz endete der hessische Sonderweg.

40 Gesetz vom 31. 5. 1948 (GVBl. S. 117). Das hessische Gesetz ging über das Kontrollratsgesetz Nr. 22 vom 30. 4. 1946 hinaus und warf die Frage auf, ob es dem Vorrang alliierten Rechts zu weichen habe, vgl. *Zinn-Stein,* Kommentar, 1. Aufl., 1954, Anm. 9 zu Art. 37 HV.

41 Vom StGH, Urteile vom 6. 1. und 4. 8. 1950 (Staatsanzeiger 1950, Beilage 7) und vom 6. 6. 1952 (Staatsanzeiger S. 516), ist die verfassungsunmittelbare Enteignungswirkung bestätigt worden.

42 Vgl. *Gerhard Anschütz*, Kommentar, Anm. V 3 zu Art. 109, Anm. 2 zu Art. 119, Anm. 4 zu Art. 128 WRV. Erst unter dem Eindruck mehrerer Reichsgerichtsentscheidungen (RGZ 102, S. 145; 106, S. 154 und 110, S. 189) trat eine gewisse Wende ein, die dann allerdings durch verfassungsändernde Gesetze unterlaufen wurde - so durch das Gesetz über die Rechtsstellung der weiblichen Beamten vom 30. 5. 1932 (RGBl. S. 245). Art. 128 Abs. 2 wurde zudem nicht auf Bewerberinnen um Beamtenstellen angewandt (*Walter Jellinek,* Verwaltungsrecht, 3. Aufl. 1931, S. 166).

43 Die kurze Zeit später verabschiedete Rheinland-Pfälzische Verfassung sieht in ihrem Art. 17 Abs. 3 nur eine Gleichstellung hinsichtlich der

staatsbürgerlichen Rechte vor. Auch die schulische Erziehung darf der »Eigenart der männlichen und weiblichen Jugend« Rechnung tragen (Art. 32) und führt damit zur Verfestigung bestehender Rollenunterschiede.

44 Sie war später Mitglied des Parlamentarischen Rates und hat sich gegen erhebliche Widerstände durchsetzen können, (vgl. Stenoprotokoll Parlamentarischer Rat, 42. Sitzung des Hauptausschusses, S. 539).

45 *Erwin Stein,* in: 30 Jahre Hessische Verfassung, 1976, S. 186 ff.

46 Beispielsweise Art. 23, 41 Abs. 1, 51 Abs. 1, 60 Rh-Pf-Verf.

47 Er wird auf deren grundrechtliche Meinungsfreiheit gestützt, die in der pluralistischen Gesellschaft auch den Kirchen ein Mitwirkungsrecht verleiht. Zu Hirtenbriefen der kath. Kirche vor Wahlen BVerwGE 18, S. 14 f.; vgl. ferner *Hanns Engelhardt*, in: *Zinn-Stein,* Komm. zur HV, Stand 1991, Anm. 6 zu Art. 50 HV.

48 Art. 22 reagiert auf die Naziwillkür gegenüber Juden, vgl. die VO über eine Sühneleistung der Juden deutscher Staatsangehörigkeit vom 12. 11. 1938 (RGBl. I, S. 1579)

49 Für Grundrechtsqualität *Zinn-Stein,* Kommentar, Anm. 11 zu Art. 56 HV.

50 *Zinn-Stein,* Kommentar, Anm. 2 zu Art. 57 HV. Zur unmittelbaren Geltung StGH vom 8. 7. 1949 (Staatsanzeiger S. 348). Für die Lernmittelfreiheit ist ein Haushaltsvorbehalt zulässig gewesen, StGH vom 11. 5. 1956 und vom 13. 7. 1956 (Staatsanzeiger S. 552).

51 Zum historischen Bezug auf die Nazijahre *Zinn-Stein,* Kommentar, Anm. 9 zu Art. 56 HV. Auf *Erwin Stein* geht auch der Ministerialerlaß über die Erziehung zur Toleranz vom 22. 7. 1948 (Amtsbl. S. 89 f.) zurück.

52 Obwohl Art. 131 Abs. 1 HV ein Individualklagerecht nicht ausdrücklich statuiert, wird die Grundrechtsklage einhellig als verfassungsunmittelbare Gewährleistung betrachtet. Der Ausgestaltungsvorbehalt in Art. 131 Abs. 3 HV wird daher allein auf die verfahrensrechtlichen Voraussetzungen bezogen. Vgl. *Zinn-Stein,* Kommentar, Anm. IV.1 zu Art. 131 HV. Deswegen ist auch unbedenklich, daß der StGH im Anschluß an das BVerfG als Zulässigkeitsvoraussetzung fordert, daß der Kläger selbst, gegenwärtig und unmittelbar betroffen sein müsse; vgl. StGH, Urt. vom 7. 1. 1970 (Staatsanzeiger S. 342 und ESVGH, S. 206).

53 Dazu zusammenfassend *Gerhard Anschütz,* Kommentar, Vorbem. 5 b, c, 6, 7 zum 2. Hauptteil der WRV (S. 511 ff.).

54 Ansätze für eine gesetzesfeste Gewährleistung bestanden in der Rechtsfigur von Instituts- und institutionellen Garantien, vgl. *Martin Wolff,* Reichsverfassung und Eigentum, in: Festschrift für *Wilhelm Kahl,* 1923, S. 5 f.; *Carl Schmitt,* in: Handbuch des Deutschen Staatsrechts, Bd. 2, 1932, S. 595 ff.

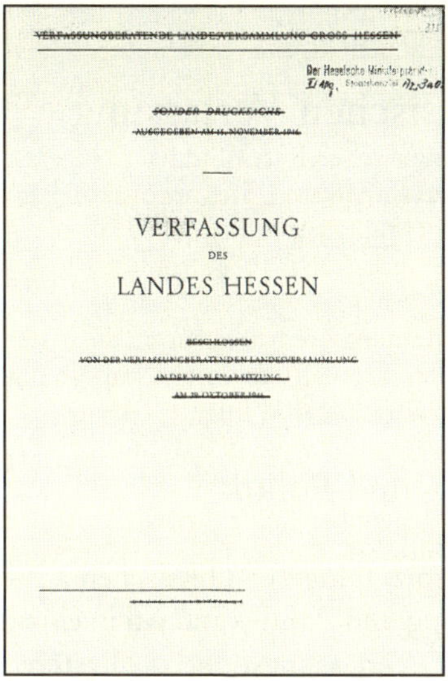

VERFASSUNG

DES

LANDES HESSEN

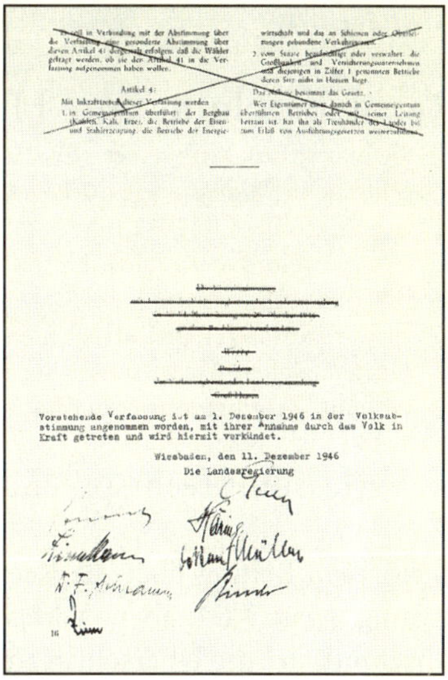

Vorstehende Verfassung ist am 1. Dezember 1946 in der Volksabstimmung angenommen worden, mit ihrer Annahme durch das Volk in Kraft getreten und wird hiermit verkündet.

Wiesbaden, den 11. Dezember 1946

Die Landesregierung

Foto Nr. 55: Verfassung des Landes Hessen. Exemplar der Proklamation durch die Hessische Landesregierung vom 11. Dezember 1946, erste u. letzte Seite.
Hessische Staatskanzlei, Archivakten Nr. 1.

Klaus Lange

Rechtsprechung zur Hessischen Verfassung

1. Verfassungsrechtsprechung und Politik

Gehört ein Beitrag über die Rechtsprechung zur Hessischen Verfassung in ein Werk über »Verfassung und Politik«, zumal in einen Abschnitt, der die Überschrift trägt »Verfassungspolitik«? Ersteres wird man sicherlich bejahen können. Denn natürlich gibt es Beziehungen zwischen Verfassung und Politik: Die Verfassung ist einerseits Ergebnis eines politischen Prozesses; andererseits wirkt sie auf die Politik ein, gibt dieser Richtung und Grenzen. Aber gehört die Rechtsprechung zur Hessischen Verfassung zu etwas, was man als Verfassungspolitik bezeichnen könnte? Dies wird allenfalls bei einem sehr weiten Verständnis des Politikbegriffs bestätigt werden können. Rechtlich geht es gerade um etwas von Politik prinzipiell ganz Verschiedenes: um die Konkretisierung des mit besonderer rechtlicher Bindungskraft vorgegebenen Verfassungstextes, also um die Auslegung und Anwendung von Normen, wie sie auch sonst Aufgabe der Rechtsprechung ist. Was Verfassungsrechtsprechung von sonstiger Rechtsprechung unterscheidet, ist wesentlich die Aufgabe, Normen auszulegen, die alle Staatsorgane einschließlich des Gesetzgebers binden, Ausdruck politischer Grundsatzentscheidungen sind, im allgemeinen über lange Zeiträume mit unverändertem Text fortgelten und oft ungewöhnlich offen formuliert sind. Die Notwendigkeit, solche Verfassungsnormen in ihrer Bedeutung für eine Gegenwart mit veränderten tatsächlichen Verhältnissen und veränderten Wertvorstellungen zu interpretieren, mag hier mehr Raum als in anderen Gerichtsbarkeiten dafür lassen, daß unterschiedliche Vorstellungen der Richter von der gesellschaftlichen Entwicklung, aber auch schon von der Funktionsverteilung zwischen Verfassungsgerichtsbarkeit und anderen staatlichen Institutionen, in Entscheidungen einfließen. Im Kern handelt es sich nichtsdestoweniger um Rechtsprechung, nicht um Politik.

2. Verfassungsgerichtsbarkeit und Fachgerichtsbarkeit

Die Verfassung des Landes Hessen - im folgenden: Hessische Verfassung (HV) - sieht im VIII. Abschnitt ihres zweiten Hauptteils die Bildung eines Staatsgerichtshofs vor und regelt ihn in seinen Grundzügen. Der Staatsgerichtshof besteht gemäß Art. 130 HV aus 11 vom Landtag gewählten Mitgliedern, von denen fünf im Hauptberuf Richter sein müssen. Das Nähere über die Bildung des Staatsgerichtshofs, das Verfahren vor ihm sowie über die Vollstreckung seiner Entscheidungen bestimmt das Gesetz über den Staatsgerichtshof - StGHG - i.d.F. vom 30. 11. 1994.[1] Nach Art. 131 Abs. 1 HV entscheidet der Staatsgerichtshof über die Verfassungsmäßigkeit der Gesetze, die Verletzung der Grundrechte, bei Anfechtung des Ergebnisses einer Volksabstimmung, über Verfassungsstreitigkeiten sowie in den weiteren in der Verfassung und den Gesetzen vorgesehenen Fällen.

Das bedeutet indessen nicht, daß die Rechtsprechung zur Hessischen Verfassung allein dem Staatsgerichtshof vorbehalten wäre. Art. 26 HV bestimmt, daß die zuvor genannten Grundrechte den Gesetzgeber, den Richter und die Verwaltung unmittelbar binden. Das heißt: Sie verpflichten alle staatlichen Gewalten. Auch andere Gerichte als der Staatsgerichtshof haben die Grundrechte mithin anzuwenden, üben Rechtsprechung zur Verfassung aus. Nichts anderes gilt aufgrund des allgemein anerkannten Vorrangs der Verfassung selbst vor den (einfachen) vom Parlament beschlossenen Gesetzen für alle anderen Verfassungsbestimmungen, soweit sie nach ihrem Inhalt von den Gerichten unmittelbar anwendbar sind. Die Bindung erfaßt allerdings nur die Landesstaatsgewalt, da die Hessische Verfassung begriffsnotwendig nur das Land Hessen verpflichten kann, und selbst das nur, soweit die Landesstaatsgewalt nicht Recht, wie insbesondere Bundesrecht, anwendet, das dem Landesrecht vorgeht; denn die Hessische Verfassung kann nicht Maßstab für die Auslegung und Anwendung von Recht sein, das Vorrang vor ihr selbst hat.[2]

Wenn somit auch in diesem Rahmen die Anwendung und Auslegung der Hessischen Verfassung Sache der hessischen Gerichte ist, kommt das letzte, und in manchen Verfahrensarten auch das erste, Wort zur Auslegung der Hessischen Verfassung doch dem Staatsgerichtshof zu.

Das letzte Wort hat er prinzipiell in Grundrechtsklageverfahren. Mit der Grundrechtsklage kann den Staatsgerichtshof anrufen, wer geltend macht, durch die öffentliche Gewalt in einem durch die Verfassung des Landes Hessen gewährten Grundrecht verletzt worden zu sein.[3] Ist für den Gegenstand der Grundrechtsklage der Rechtsweg zulässig – was gegenüber Hoheitsakten der Exekutive schon wegen der Rechtsweggarantie des Art. 19 Abs. 4 des Grundgesetzes – GG – regelmäßig der Fall ist, und zwar nach § 40 Abs. 1 der Verwaltungsgerichtsordnung – VwGO – zumeist in Gestalt des Verwaltungsrechtswegs –, so kann die Grundrechtsklage aber erst erhoben werden, wenn der Rechtsweg erschöpft ist. Der Staatsgerichtshof prüft nur, ob die Entscheidung des höchsten in der Sache zuständigen hessischen Gerichts auf der Verletzung eines von der Verfassung des Landes Hessen gewährten Grundrechts beruht. Wenn das höchste in der Sache zuständige Gericht kein Gericht des Landes Hessen ist, ist die Grundrechtsklage ohnehin unzulässig. Vor Erschöpfung des Rechtswegs entscheidet der Staatsgerichtshof nur, wenn die Bedeutung der Sache über den Einzelfall hinausgeht oder wenn der antragstellenden Person ein schwerer und unabwendbarer Nachteil entstünde, falls sie zunächst auf den Rechtsweg verwiesen würde.[4] Die vorherige Anrufung der Fachgerichte erübrigt sich grundsätzlich nur dann, wenn jemand Grundrechtsklage gegen ein Gesetz erhebt, weil dieses ihn unmittelbar in Grundrechten verletze. Denn gegen Gesetze ist, abgesehen vom Normenkontrollverfahren gegen untergesetzliche Normen nach § 47 VwGO, grundsätzlich kein Rechtsweg eröffnet.

Auch außerhalb von Grundrechtsklagen kann der Staatsgerichtshof über die Verfassungsmäßigkeit von Gesetzen entscheiden, nämlich bei der konkreten und der abstrakten Normenkontrolle. Um eine konkrete Normenkontrolle handelt es sich, wenn im Rahmen eines Rechtsstreits die Gültigkeit einer Norm geprüft wird, auf die es für die Entscheidung ankommt. Auch die Prüfung der Verfassungsmäßigkeit einer Norm im Rahmen der konkreten Normenkontrolle obliegt dem Staatsgerichtshof nicht allein. Vielmehr ist jedes Gericht verpflichtet, Zweifeln nachzugehen, die an der Verfassungsmäßigkeit eines für seine Entscheidung erheblichen Gesetzes bestehen. Denn wenn ein Gesetz, auf das es für die Entscheidung ankommt, verfassungswidrig ist, ist es grundsätzlich nichtig.[5] Kommt das Gericht zu dem Ergebnis, daß das betreffende Gesetz verfassungsmäßig oder jedenfalls nicht wegen Verfassungswidrigkeit unwirksam ist, so hat es das Gesetz seiner Entscheidung zugrundezulegen; der Staatsgerichtshof wird nicht tätig. Anders ist es aber, wenn ein Gericht ein Gesetz oder eine Rechtsverordnung, auf deren Gültigkeit es bei einer Entscheidung ankommt, für verfassungswidrig und deshalb unwirksam hält. Dann ist, soweit es um die Unvereinbarkeit mit der Hessischen Verfasung geht, eine Entscheidung des Staatsgerichtshofs herbeizuführen.[6] Denn nach Art. 132 HV entscheidet nur der Staatsgerichtshof darüber, ob ein Gesetz oder eine Rechtsverordnung mit der Verfassung in Widerspruch steht. Die Entscheidung des Staatsgerichtshofs ist endgültig und hat Gesetzeskraft.[7]

Im Gegensatz zur konkreten Normenkontrolle, bei der die Verfassungsmäßigkeit einer Rechtsnorm im Rahmen eines konkreten Rechtsstreits geprüft wird, für dessen Entscheidung es auf die Gültigkeit der Norm ankommt, dient die abstrakte Normenkontrolle der Prüfung der Verfassungsmäßigkeit einer Rechtsnorm unabhängig von einem konkreten Rechtsstreit. Antragsberechtigt sind nur die im Gesetz über den Staatsgerichtshof insoweit für antragsberechtigt Erklärten.[8] Der Antrag ist an den Staatsgerichtshof zu richten. Allein dieser trifft die Entscheidung im abstrakten Normenkontrollverfahren.

Dem Staatsgerichtshof vorbehalten sind auch sog. Verfassungsstreitigkeiten. Hier entscheidet der Staatsgerichtshof auf Antrag über die Auslegung der Hessischen Verfassung aus Anlaß von Streitigkeiten über den Umfang der Rechte und Pflichten eines obersten Landesorgans oder anderer Beteiligter, die durch die Verfassung des Landes Hessen, durch ein Gesetz oder in der Geschäftsordnung eines obersten Landesorgans mit eigenen Rechten ausgestattet sind. Antragsberechtigt sind der Landtag, ein Zehntel der gesetzlichen Zahl der Mitglieder des Landtags, eine Fraktion des Landtags, die Landesregierung, die Ministerpräsidentin oder der Ministerpräsident, die Landesanwaltschaft und in begrenztem Rahmen der Rechnungshof. Die Anträge können sich nur gegen andere Antragsberechtigte richten. Der Staatsgerichtshof entscheidet, wenn geltend gemacht wird, durch eine Maßnahme oder Unterlassung anderer Antragsberechtigter in den durch die Verfassung des Landes Hessen übertragenen Rechten und Pflichten verletzt oder unmittelbar gefährdet zu sein.[9]

Auch über die Anklage gegen ein Mitglied der Landesregierung wegen schuldhafter Verletzung der Verfassung oder der Gesetze,[10] über die Aberkennung von Rechten aus der Hessischen Verfassung[11] und in den im Gesetz über den Staatsgerichtshof geregelten Verfahren bei Volksabstimmung, Volksbegehren und Volksentscheid[12] entscheiden keine anderen Rechtsprechungsorgane als der Staatsgerichtshof.

Da nach alledem letztlich, wenn nicht sogar schon von vornherein, der Staatsgerichtshof die Rechtsprechung zur Hessischen Verfassung prägt, soll im folgenden auf von ihm getroffene wichtige Entscheidungen abgestellt werden. Auch sie können hier nur sehr selektiv und knapp skizziert werden.

III. Entscheidungen des Staatsgerichtshofs zur Hessischen Verfassung

Wahlrecht

Vielfach hat sich der Staatsgerichtshof mit Fragen des Wahlrechts befaßt. Zu seinen bekanntesten wahlrechtlichen Entscheidungen gehört das Urteil vom 7. 7. 1977[13] zum ruhenden Mandat. Dadurch wurde eine Bestimmung des Landtagswahlgesetzes für verfassungswidrig und nichtig erklärt, nach der ein Abgeordneter, der

Mitglied der Landesregierung wurde, sein Mandat für die Dauer seiner Amtszeit ruhen lassen konnte. Der Wahlbewerber, der das Mandat während dieser Zeit ausübte, trat zurück, sobald das Ruhen des Mandats endete. Der Staatsgerichtshof sah hierdurch die Unmittelbarkeit der Wahl verletzt, weil die Bestimmung nach der Wahlhandlung eine neue Form des vorübergehenden Ausscheidens bzw. einer zeitweisen Mandatsausübung eingeführt habe und weil für den Wiedereintritt des Minister-Abgeordneten nach Ablauf seiner Amtszeit als Minister dessen erneute Willensentscheidung maßgeblich sei. Die dadurch zugleich geschaffene unterschiedliche Rechtsstellung von Abgeordneten verstoße gegen die Gleichheit der Wahl. Die vorzeitige Abberufung des Nachfolge-Abgeordneten bei Wiedereintritt des Minister-Abgeordneten in den Landtag vor Ablauf der Wahlperiode sei auch mit dem Grundsatz des freien Mandats nicht vereinbar.

Demgegenüber sind viele wegen vermeintlicher Verfassungswidrigkeit angegriffenen Wahlrechtsbestimmungen vom Staatsgerichtshof für verfassungsmäßig erklärt worden. Das gilt u. a. für die Regelung, wonach Kreiswahlvorschläge einer bereits im Landtag vertretenen Partei nur von drei Mitgliedern der Landesleitung der Partei unterschrieben sein mußten, während bei allen anderen Kreiswahlvorschlägen die Unterschrift von mindestens 300 Wählern des Wahlkreises erforderlich war,[14] für wahlrechtliche Bestimmungen, nach denen nur Parteien und Wählergruppen zur Einreichung von Wahlvorschlägen berechtigt sind,[15] und für die Vorschrift, nach der das passive Wahlrecht zum Landtag einen Wohnsitz von längerer Dauer im Lande Hessen verlangt als das aktive Wahlrecht.[16] Für die Prüfung der Gültigkeit der hessischen Landtagswahlen betrachtet der Staatsgerichtshof nach Wortlaut und Sinn des Art. 78 HV das Wahlprüfungsgericht für ausschließlich zuständig, so daß eine Wahlprüfung durch andere Gerichte, insbesondere auch durch den Hessischen Staatsgerichtshof, nicht möglich ist. Der Staatsgerichtshof kann aber auch Entscheidungen des Wahlprüfungsgerichts auf entsprechende Anträge daraufhin überprüfen, ob die Grundrechte eingehalten worden sind.[17]

Durch Urteil vom 11. 1. 1991[18] hat der Staatsgerichtshof auf eine Grundrechtsklage von Landtagsabgeordneten festgestellt, daß die

Antragsteller als Wahlbewerber für den 13. Hessischen Landtag durch die Anzeigenserie des Hessischen Wirtschaftsministeriums zum Thema Solarenergie unter dem Motto »Hessen ist sonnenaktiv« in ihrem Grundrecht auf Chancengleichheit im Wahlwettbewerb verletzt worden seien. Die Anzeigenkampagne überschreite die Grenze zulässiger Öffentlichkeitsarbeit in der Vorwahlzeit. Die Anzeigen seien nicht wettbewerbsneutral und vermittelten durch ihre reklamehafte Gestaltung den Eindruck einer auf Sympathiewerbung für den Wirtschaftsminister gerichteten Aktion.

Normen des Kommunalwahlrechts mißt der Staatsgerichtshof am allgemeinen Gleichheitssatz des Art. 1 HV, als dessen Unterfälle er die Wahlrechtsgrundsätze der allgemeinen und gleichen Wahl betrachtet. Hieran gemessen hat er durch Urteil vom 26. 1. 1995[19] die Regelung des Hessischen Kommunalwahlgesetzes als verfassungsmäßig betrachtet, nach der die Wahlvorschläge in der Reihenfolge zu veröffentlichen sind, daß zuerst die im Landtag vertretenen Parteien nach ihrem Stärkeverhältnis und dann die übrigen Wahlvorschläge in der Reihenfolge ihres Eingangs beim Wahlleiter aufgeführt werden. Denn die Vorschriften über die Reihenfolge der Wahlvorschläge bei der Veröffentlichung und auf den Stimmzetteln dienten der Ordnung des Wahlverfahrens und seien nicht geeignet, das Wahlergebnis zu beeinflussen.

Gesetz und Rechtsverordnung

Die Frage nach dem Vorbehalt des Gesetzes, also danach, inwieweit staatliche Entscheidungen nur durch ein vom Parlament beschlossenes Gesetz oder auf dessen Grundlage getroffen werden können, hat den Staatsgerichtshof wiederholt beschäftigt. In seinem Urteil vom 4. 4. 1984[20] hat der Staatsgerichtshof auf Grundrechtsklagen von Eltern hin festgestellt, daß die flächendeckende Einführung der obligatorischen Förderstufe durch Rechtsverordnung deren Elternrecht verletze, weil es an einer hinreichenden gesetzlichen Grundlage fehle. Ebenso wie im Bereich des Grundgesetzes verpflichteten Rechtsstaats- und Demokratieprinzip als integrierende Bestandteile der Hessischen Verfassung den Gesetzgeber, die grundlegenden Entscheidungen im Schulwesen, insbesondere im Bereich der Grundrechtsausübung, selbst zu treffen und nicht der Schulverwaltung zu überlassen. Der Gesetzgeber müsse ein ausgewogenes Verhältnis zwischen Kern- und Kursunterricht festlegen, insbesondere bestimmen, welche Fächer in Kursen und welche gemeinsam zu unterrichten sind. Er müsse die Voraussetzungen für die Ersteinstufung in die Kurse und Umstufungen bestimmen und auch das hierbei einzuhaltende Verfahren, insbesondere die Mitwirkung der Erziehungsberechtigten festlegen.

Nicht zuletzt im Beschluß vom 28. 2. 1985[21] zum Sexualkundeunterricht in der Schule hat der Staatsgerichtshof die genannte verfassungsrechtliche Bedeutung des Vorbehalts des Gesetzes bestätigt. Auf dieser Basis hat er § 3 Abs. 4 des Hessischen Schulverwaltungsgesetzes als hinreichende Grundlage des Sexualkundeunterrichts angesehen.

In seinem Urteil vom 12. 6. 1991[22] zur Frage der gesetzlichen Grundlage eines Gebührenbescheids hat der Staatsgerichtshof aber auch zum Ausdruck gebracht, daß die zur Zeit seiner Urteilsfindung geltenden Anforderungen hinsichtlich des Vorbehalts des Gesetzes in Anbetracht des Wandels der Rechtsauffassung nicht schon zu dem erheblich zurückliegenden Zeitpunkt des Erlasses des Gebührenbescheids gegolten haben müßten.

Die Grenzen der Gesetzgebungskompetenz des Landes waren von entscheidender Bedeutung für den Beschluß des Staatsgerichtshofs vom 15. 1. 1982[23] zum Volksbegehren gegen die Startbahn West des Frankfurter Flughafens. Die Hessische Landesregierung hatte den Antrag auf Zulassung eines Volksbegehrens abgelehnt, das durch ein Gesetz über die Raumordnung im Bereich des Frankfurter Flughafens den Bau der Startbahn West verhindern sollte. Der Staatsgerichtshof wies die gegen den ablehnenden Beschluß der Landesregierung gerichtete Beschwerde zurück, weil der Antrag auf Zulassung des Volksbegehrens nicht den Bestimmungen der Verfassung entspreche, wie § 3 Abs. 2 Satz 1 des Gesetzes über Volksbegehren und Volksentscheid es verlange. Zu den Bestimmungen der Verfassung im Sinne dieser Norm gehörten auch die Kompetenzvorschriften des Grundgesetzes. Dagegen verstoße das mit dem Volksbegehren angestrebte Gesetz, weil es der Rechtsmaterie des Luftverkehrs zuzuordnen sei, für die dem Bund nach Art. 73 Nr. 6 GG die ausschließliche Gesetzgebungskompetenz zusteht. Die Frage, ob er auch im Verfahren der abstrakten Normenkontrolle ein Landesgesetz bei Überschreitung der Gesetzgebungskompetenz des Landes wegen Verstoßes gegen die Landesverfassung für nichtig zu erklären hätte, hat der Staatsgerichtshof in seinem Aussetzungs- und Vorlagebeschluß vom 16. 4. 1997[24] zum Hessischen Gleichberechtigungsgesetz allerdings offengelassen.

Die Befugnis der Exekutive zum Erlaß von Rechtsverordnungen ist in Hessen anders geregelt als im Bund. Art. 80 Abs. 1 Satz 1 GG sieht allein vor, daß der Bundesgesetzgeber die Bundesregierung, einen Bundesminister oder die Landesregierungen zum Erlaß von Rechtsverordnungen ermächtigen kann. Nach Art. 80 Abs. 1 Satz 2 GG müssen Inhalt, Zweck und Ausmaß der erteilten Ermächtigung im Gesetz bestimmt werden. In seinem Urteil vom 22. 1. 1960[25] hat der Staatsgerichtshof die Auffassung vertreten, daß Art. 80 Abs. 1 GG weder als allgemeiner Rechtsgrundsatz noch aufgrund der Homogenitätsklausel des Art. 28 Abs. 1 GG in Hessen gelte.[26] Der hessische Verfassungsgeber habe vorausgesetzt, daß der Landtag nach seiner Wahl die Exekutive zum Erlaß von Rechtsverordnungen ermächtigen könne. Art. 118 HV beschränke diese Möglichkeit des Gesetzgebers für gesetzesvertretende Verordnungen – von deren grundsätzlicher Zulässigkeit die Verfassung danach offenbar ebenfalls ausgeht. Bei gesetzesvertretenden Verordnungen handele es sich um Verordnungen, die anstelle eines Gesetzes ergingen und mit der vollen Kraft des formellen Gesetzes ausgestattet sein sollten, also an vorgegebene formelle Gesetze nicht gebunden seien und sie gegebenenfalls abändern könnten (»vereinfachtes Gesetzgebungsverfahren«). Zum Erlaß solcher Rechtsverordnungen könne allein die Landesregierung durch Gesetz ermächtigt werden, und zwar nur hinsichtlich bestimmter einzelner Gegenstände; die Gesetzgebungsgewalt dürfte weder im ganzen noch für Teilgebiete, d. h. umfassende Bereiche der gesetzgeberischen Aufgaben, die einen in sich einheitlichen Zusammenhang bilden, übertragen werden. Daneben räumt Art. 107 HV der Landesregierung ein generelles Recht zum Erlaß von Ausführungsverordnungen, also Rechtsverordnungen ein, die lediglich ein die Grundfragen seines Anwendungsbereichs regelndes Gesetz durch Erlaß konkretisierender Bestimmungen funktionsfähig und unmittelbar praktikabel gestalten. Art. 107 HV kommt allerdings nur zum Zuge, wenn der Gesetzgeber nicht einzelne Minister zum Erlaß von Rechtsverordnungen ermächtigt hat, was er unterhalb der Schwelle des Art. 118 HV nach Auffassung des Staatsgerichtshofs nicht nur im Hinblick auf Ausführungsverordnungen, sondern etwa auch im Hinblick auf Ergänzungsverordnungen tun kann.[27]

Im Urteil vom 10. 5. 1989[28] hat sich der Staatsgerichtshof insbesondere auch zu den rechtsstaatlichen Anforderungen an die Verkündung von Rechtsverordnungen geäußert. Danach soll die Verkündung von Rechtsnormen den Bürgern den Inhalt der für sie geltenden Rechtsvorschriften so zugänglich machen, daß sie von ihm sicher und ohne unzumutbare Erschwernisse Kenntnis nehmen können. Diesen Anforderungen genügte die hessische Verordnung über die vorläufigen Denkmälerverzeichnisse vom 20. 12. 1974 nicht, weil die Denkmälerverzeichnisse als Bestandteil dieser Verordnung ausschließlich im Landesamt für Denkmalpflege in Wiesbaden ausgelegt waren. Das aber reiche in einem Flächenstaat von der Größe Hessens nicht aus.

Eine über die Befugnis zum Erlaß von Rechtsverordnungen noch hinausgehende eigenständige Befugnis der Verwaltung zum Erlaß von »Sonderverordnungen« zur Regelung »besonderer Gewaltverhältnisse« im Schulwesen hat der Staatsgerichtshof mit Urteil vom 15. 7. 1970[29] verneint.

Personalvertretungsrecht

Mehrfach hat sich der Staatsgerichtshof mit dem Personalvertretungsrecht befaßt. Durch Urteil vom 30. 4. 1986[30] hat er mehrere Bestimmungen des Hessischen Personalvertretungsgesetzes für verfassungswidrig und nichtig erklärt. Betroffen waren vor allem Bestimmungen, wonach personelle Angelegenheiten der Angestellten, die im hoheitlichen Bereich tätig und in die Vergütungsgruppen BAT I bis Vb eingruppiert sind, der Mitbestimmung unterlagen. Im Hinblick auf die Grundsätze der Volkssouveränität (Art. 70, 71 HV), der parlamentarischen Verantwortlichkeit der

Landesregierung (Art. 102 HV) und des Selbstverwaltungsrechts der Gemeinden (Art. 137 HV) müßten nämlich die verfassungsmäßig berufenen obersten Exekutivorgane die Möglichkeit haben, die Angelegenheiten, die für die Organisation und die Leitung und Steuerung der betreffenden juristischen Personen des öffentlichen Rechts wesentlich seien, selbständig und gegenüber der zuständigen, aus Wahlen hervorgegangenen Vertretungskörperschaft verantwortlich zu entscheiden. Insoweit sei eine gleichberechtigte Mitbestimmung der Personalvertretungen des öffentlichen Dienstes verfassungsrechtlich nicht zulässig. Die Personalvertretungen verfügten, anders als die verfassungsmäßig berufenen Staats- und Kommunalorgane, über keine auf die Gesamtheit der Wahlbürger zurückzuführende Legitimation.

In seinem Urteil vom 27. 4. 1994[31] hat der Staatsgerichtshof festgestellt, daß Art. 144 HV zwar eine institutionelle Garantie für den Bestand des Rechnungshofs enthalte und diesem die Aufgabe der Überprüfung der Ordnungsmäßigkeit und Wirtschaftlichkeit der Haushaltsführung zuweise, daß die verfassungsrechtlich gewährleistete Prüfungstätigkeit des Rechnungshofs durch eine Mitbestimmung des Personalrats über den Inhalt von Personalfragebogen aber nicht in verfassungswidriger Weise erschwert werde.

Auf das Urteil des Staatsgerichtshofs vom 22. 12. 1993[32] zur Zusammensetzung des Personalrats wird im Zusammenhang mit dem geschlechtsbezogenen Gleichbehandlungsgebot des Art. 1 HV zurückzukommen sein.[33]

Schulrecht

Eine beträchtliche Anzahl von Entscheidungen des Staatsgerichtshofs hat schulrechtliche Fragen zum Gegenstand.

Das gilt schon für das Urteil des Staatsgerichtshofs vom 27. 10. 1965[34] zum Schulgebet. Mit ihm wurde es auf Antrag des Schülers einer hessischen öffentlichen Grundschule für verfassungswidrig erklärt, daß in der Schule gegen den Willen dieses Schülers vor Beginn des Unterrichts ein Gebet gesprochen wurde. Damit werde seine negative Bekenntnisfreiheit im Sinne des Art. 48 Abs. 2 HV als Teil der durch Art. 9 HV gewährleisteten Glaubens-

und Gewissensfreiheit verletzt. Das Grundrecht anderer auf ungestörte Religionsausübung müsse unter diesen Umständen zurücktreten. Es könne überall und da ausgeübt werden, wo Rechte anderer dadurch nicht verletzt würden, während es für den Antragsteller kein zumutbares Ausweichen gäbe. Diese Entscheidung des Staatsgerichtshofs ist vom Bundesverfassungsgericht durch Beschluß vom 16. 10. 1979[35] als nicht bindend angesehen worden, weil sie mit Bundesverfassungsrecht nicht im Einklang stehe. Ein Recht auf Schweigen mit absolutem Vorrang vor der Religionsausübung anderer sei dem Grundgesetz nicht zu entnehmen. Danach müsse bei Spannungsverhältnissen negativer und positiver Religionsfreiheit vielmehr unter Berücksichtigung des Toleranzgebots ein Ausgleich gesucht werden.[36]

Einer Grundrechtsklage von Eltern und Schülern gegen die Neuordnung der gymnasialen Oberstufe gab der Staatsgerichtshof mit Urteil vom 30. 12. 1981[37] statt. Er ging dabei davon aus, daß das in Art. 55 Satz 1 HV garantierte Elternrecht über das Elternrecht nach Art. 6 Abs. 2 GG, so wie das Bundesverfassungsgericht es verstehe, hinausgehe. Während das Grundgesetz in Art. 6 Abs. 2 den Eltern vor allem ein Abwehrrecht gegen familienfremde Einflüsse auf Pflege und Erziehung der Kinder gebe, verleihe ihnen das Landesgrundrecht kollektiv und individuell aktive Mitwirkungs- und Bestimmungsrechte bei der Festlegung der Ausbildungsgänge und Unterrichtsziele im Schulbereich, der im übrigen zur ausschließlichen Kompetenz des Landesgesetzgebers gehöre. Gegen das so verstandene Elternrecht verstoße das Oberstufengesetz, weil es das durch die Verfassung des Landes Hessen gewährleistete elterliche Bestimmungsrecht auf Auswahl der Bildungsgänge und Ausbildungsziele nicht mehr ausreichend ermögliche. Das elterliche Erziehungsrecht erstrecke sich darauf, daß die Oberstufe die bestmögliche Grundlage für alle an den Universitäten angebotenen Ausbildungen sei. Durch die Spezialisierung im Leistungs- und Grundkurssystem werde aber nicht durchweg mehr ein Bildungsniveau vermittelt, das quantitativ und qualitativ geistige Tüchtigkeit im Sinne von Art. 55 HV für alle durch die allgemeine Hochschulreife eröffneten Studienrichtungen vermittle, sondern vielfach nur Teilwissen, das sich dem Fachwissen innerhalb der Berufsausbildung annähere. Das gelte insbesondere für die Abwählbarkeit des Faches Deutsch in einer der drei Jahrgangsstufen der Oberstufe und das Aufgehen des Geschichtsunterrichts im Gemeinschaftskundeunterricht; der durch Art. 56 Abs. 5 HV verlangte Geschichtsunterricht sei durch Gemeinschaftskundeunterricht mit ausgewählten historischen Aspekten nicht gewährleistet.

Durch Beschluß des Staatsgerichtshofs vom 25. 11. 1982[38] wurden Grundrechtsklagen von Eltern und Schülern zurückgewiesen, die jeweils gegen die Umwandlung eines selbständigen Gymnasiums in eine schulformbezogene additive Gesamtschule gerichtet waren. Solche schulorganisatorischen Maßnahmen ließen das Elternrecht auf Bestimmung des Bildungsweges der Kinder unberührt. Im schulorganisatorischen Bereich sei das Elternrecht nur dort verletzt, »wo das Wahlrecht der Eltern zwischen den vom Staat zur Verfügung gestellten Schulformen unverhältnismäßig begrenzt würde«, ... »also eine substantielle Wahlmöglichkeit unter den anzubietenden, nach Bildungsweg und Bildungsziel zu differenzierenden Schulformen, sei es im Rahmen des gegliederten Schulsystems herkömmlicher Art, sei es im Rahmen eines Gesamtschulsystems mit entsprechender schulformbezogener Binnendifferenzierung, nicht mehr gegeben wäre«.

Nachdem die flächendeckende obligatorische Einführung der Förderstufe in Hessen im Förderstufen-Abschlußgesetz eine gesetzliche Grundlage erhalten hatte, wurde sie vom Staatsgerichtshof in einem Normenkontrollverfahren auf Antrag von Abgeordneten des Hessischen Landtags durch Urteil vom 11. 2. 1987[39] für im wesentlichen verfassungsmäßig erachtet. Der Staatsgerichtshof brachte in dieser Entscheidung nochmals zum Ausdruck, daß die Hessische Verfassung keine institutionelle Bestandsgarantie für ein bestimmtes Schulsystem oder für organisatorische Strukturen des Schulsystems enthalte. Aufgrund des Elternrechts könne vom Staat nicht eine bestimmte Schulform gefordert, sondern lediglich verlangt werden, ein differenziertes Schulsystem zu schaffen und zu gewährleisten.

In einem weiteren Normenkontrollverfahren auf Antrag von Abgeordneten des Hessischen Landtags erklärte der Staatsgerichtshof durch Urteil vom 4. 10. 1995[40] die angegriffenen Vorschriften des Hessischen Schulgesetzes vom 17. 6. 1992 für verfassungsmäßig. Insbesondere biete das Schulgesetz hinreichende Gewähr dafür, daß die einzelnen Bildungsgänge, nämlich der Hauptschule, der Realschule und des Gymnasiums, in ihrer inhaltlichen Ausgestaltung hinreichend bestimmt seien und voneinander unterscheidbar für die Eltern oder die volljährigen Kinder wählbar blieben, gleichviel in welcher Unterrichtsorganisation sie angeboten würden. Das gelte auch, soweit diese Bildungsgänge in der integrierten Gesamtschule, wie sie im Hessischen Schulgesetz ausgestaltet sei, in integrierter Unterrichtsorganisation angeboten würden. Ob Art. 56 Abs. 5 HV eine institutionelle Garantie für ein selbständiges Unterrichtsfach Geschichte in den Jahrgangsstufen 7 bis 10 der Sekundarstufe I enthält, hat der Staatsgerichtshof in dieser Entscheidung offengelassen, da das Hessische Schulgesetz für die Sekundarstufe I das Fach Geschichte als selbständiges Unterrichtsfach ohnehin vorsehe.

Weitere wichtige Entscheidungen zu den Grundrechten der Hessischen Verfassung

Viele der bereits genannten Entscheidungen beziehen sich jedenfalls auch auf Grundrechte der Hessischen Verfassung. Die Wahlrechtsgleichheit stellt nach der Rechtsprechung des Staatsgerichtshofs eine besondere Ausprägung des allgemeinen Gleichheitssatzes des Art. 1 HV dar. Der Vorbehalt des Gesetzes und die verfassungsrechtlichen Voraussetzungen des Erlasses von Rechtsverordnungen sind im Rahmen des Art. 2 HV von Bedeutung, nach dessen Abs. 2 niemand zu einer Handlung, Unterlassung oder Duldung gezwungen werden darf, wenn nicht ein Gesetz oder eine auf Gesetz beruhende Bestimmung es verlangt oder zuläßt.[41] In der Entscheidung zum Schulgebet ging es um die Glaubensfreiheit nach Art. 9 HV und deren Konkretisierung in Art. 48 Abs. 2 HV, wonach niemand gezwungen werden darf, an einer religiösen Übung teilzunehmen. Auch das Elternrecht nach Art. 55 HV, das im Mittelpunkt vieler seiner schulrechtlichen Entscheidungen steht, versteht der Staatsgerichtshof als Grundrecht. Damit bringt er zugleich zum Ausdruck, daß die Grundrechte der Hessischen

Verfassung nicht auf die Art. 1 bis 25 HV beschränkt sind. Das scheint im Widerspruch dazu zu stehen, daß die Formulierung des Art. 26 HV (»Diese Grundrechte sind unabänderlich; sie binden den Gesetzgeber, den Richter und die Verwaltung unmittelbar«) sich offenbar nur auf die vorangehenden Grundrechte bezieht. Doch macht Art. 63 HV, der sich zur Beschränkung »eines der vorstehenden Grundrechte« äußert, deutlich, daß die Grundrechte der Hessischen Verfassung sich in dem gesamten, 63 Artikel umfassenden ersten Hauptteil der Hessischen Verfassung finden können. Daß andererseits durchaus nicht alle in diesem Hauptteil genannten Normen Grundrechte enthalten, hat der Staatsgerichtshof in vielen Entscheidungen ausgesprochen.[42] Die Bestimmung des Grundrechtscharakters einer Regelung ist deshalb im einzelnen nicht ohne Schwierigkeiten.[43]

Die umfangreiche Rechtsprechung des Staatsgerichtshofs zu den Grundrechten der Hessischen Verfassung kann hier nicht eingehender behandelt werden. Es sollen aber wenigstens zwei Punkte von besonderer Aktualität angesprochen werden, nämlich das geschlechtsbezogene Gleichbehandlungsgebot und der Rechtsschutz.

Geschlechtsbezogenes Gleichbehandlungsgebot

Zur Bedeutung des geschlechtsbezogenen Gleichbehandlungsgebots des Art. 1 HV (»Alle Menschen sind vor dem Gesetz gleich, ohne Unterschied des Geschlechts . . .«) hat sich der Staatsgerichtshof in seinem Urteil vom 22. 12. 1993[44] geäußert. In dieser Entscheidung erklärte der Staatsgerichtshof die Regelungen des Hessischen Personalvertretungsgesetzes, nach denen Männer und Frauen bei der Bildung des Personalrats entsprechend ihrem Anteil an den wahlberechtigten Beschäftigten der Dienststelle zu berücksichtigen sind, für verfassungsmäßig. Das geschlechtsbezogene Gleichbehandlungsgebot des Art. 1 HV erstrecke sich im Sinne der Rechtsprechung des Bundesverfassungsgerichts zum Gleichberechtigungsgebot des Art. 3 Abs. 2 GG auch auf die gesellschaftliche Wirklichkeit und ziele insofern auf die Angleichung der Lebensverhältnisse. Dieses Verständnis des Art. 1 HV werde bestätigt und verstärkt durch das Verfassungsgebot des Art. 30 Abs. 2 HV

(»Das Gesetz schafft Einrichtungen zum Schutze der Mütter und Kinder, und es schafft die Gewähr, daß die Frau ihre Aufgaben als Bürgerin und Schaffende mit ihren Pflichten als Frau und Mutter vereinbaren kann«). Soweit die vom Gesetzgeber zur Verwirklichung des genannten Verfassungssatzes herbeigeführte Erhöhung des Frauenanteils in den Personalvertretungen auf der Kehrseite zu einer Senkung des Männeranteils und deshalb insofern auch zur »Benachteiligung« männlicher Wahlbewerber führe, verletze diese zwangsläufige Folge der Verwirklichung des Gleichbehandlungsauftrags des Art. 1 HV nicht zugleich das Benachteiligungsverbot derselben Vorschrift.

Diese Interpretation des Art. 1 HV ist durch den Beschluß des Staatsgerichtshofs vom 16. 4. 1997[45] in dem Verfahren zur Prüfung der Verfassungsmäßigkeit des Hessischen Gleichberechtigungsgesetzes, mit welchem dem Gerichtshof der Europäischen Gemeinschaften gemäß Art. 177 Abs. 3 EG-Vertrag bestimmte Fragen zur Auslegung des Gemeinschaftsrechts vorgelegt worden sind, beibehalten und bestätigt worden. Der Staatsgerichtshof weist in dieser Entscheidung darauf hin, daß auch nach Ergänzung des Art. 3 Abs. 2 GG durch Einfügung seines Satzes 2 für die Auslegung des Art. 1 HV nichts anderes gelte.

Rechtsschutz

Art. 2 Abs. 3 HV statuiert in teilweise sogar präziser formulierter Vorwegnahme des Art. 19 Abs. 4 GG die Rechtsweggarantie für jedermann, der geltend macht, durch die öffentliche Gewalt in seinen Rechten verletzt zu sein. Gemeint ist damit die Garantie der Klagemöglichkeit zu den sog. Fachgerichten; die Grundrechtsklage zum Staatsgerichtshof stellt eine darüber hinausgehende Rechtsschutzmöglichkeit dar.[46]

Durch Beschluß vom 13. 1. 1988[47] hat der Staatsgerichtshof unter Aufgabe seiner früheren Rechtsprechung der Hessischen Verfassung auch ein Grundrecht auf rechtliches Gehör entnommen. Dieses Grundrecht ist in der Hessischen Verfassung zwar nicht ausdrücklich erwähnt. Es ergibt sich als objektive Verfahrensnorm jedoch aus dem der Hessischen Verfassung immanenten Rechtsstaatsprinzip und als Grundrecht jedenfalls aus Art. 3 HV, der die Würde des Menschen für unantastbar erklärt. Zu ihr gehört das Recht, im gerichtlichen Verfahren tatsächliche und rechtliche Argumente vorzutragen und damit gehört zu werden. Eine Verletzung des rechtlichen Gehörs wird vom Staatsgerichtshof jedoch nur dann als erheblich betrachtet, wenn das konkrete Verfahrensergebnis auf ihr beruhen kann. Auch müssen die Gerichte nicht jedes Vorbringen von Beteiligten in den Gründen einer Entscheidung ausdrücklich bescheiden. Vielmehr ist grundsätzlich davon auszugehen, daß ein Gericht das von ihm entgegengenommene Vorbringen von Beteiligten auch zur Kenntnis genommen und in Erwägung gezogen hat.

Dem Selbstverwaltungsrecht der Gemeinden und Landkreise nach Art. 137 HV hat der Staatsgerichtshof in jahrzehntelanger Rechtsprechung den Charakter eines mit der Grundrechtsklage geltend zu machenden Grundrechts abgesprochen.[48] Soweit es um Verletzungen des Selbstverwaltungsrechts durch Vorschriften des Landesrechts geht, ist diese Rechtsprechung zur Antragsbefugnis der Kommunen vor dem Staatsgerichtshof durch die Neufassung des Gesetzes über den Staatsgerichtshof vom 30. 11. 1994 überholt. § 46 StGHG bestimmt nunmehr ausdrücklich, daß Gemeinden und Gemeindeverbände die Grundrechtsklage mit der Behauptung erheben können, daß Landesrecht die Vorschriften der Verfassung des Landes Hessen über das Recht der Selbstverwaltung verletze. Bislang[49] ist beim Staatsgerichtshof jedoch noch keine derartige Grundrechtsklage von Gemeinden oder Gemeindeverbänden eingegangen.

Als Landesverfassungsgericht hat sich der Staatsgerichtshof wegen Art. 31 GG (»Bundesrecht bricht Landesrecht«) allerdings in ständiger Rechtsprechung nicht für befugt gehalten, die Anwendung von Bundesrecht am Maßstab der Landesverfassung zu überprüfen.[50] Von dieser Rechtsprechung des Staatsgerichtshofs und dem ihr zugrundeliegenden Verständnis des Art. 31 GG weichen andere Landesverfassungsgerichte in unterschiedlichem Grade ab.[51] Der Verfassungsgerichtshof des Freistaates Sachsen hat die Frage, wie Art. 31 GG insofern auszulegen sei, durch Beschluß vom 21. 9. 1995[52] gemäß Art. 100 Abs. 3 GG dem Bundesverfassungsgericht vorgelegt. Eine Entscheidung des Bundesverfassungsgerichts hierzu ist bislang nicht ergangen.

Obsolete Verfassungsbestimmungen

Durch Bundesrecht, das nach Art. 31 GG dem Landesrecht vorgeht, haben manche Normen der Hessischen Verfassung ihre Geltung verloren. So hat der Staatsgerichtshof wiederholt Anträge auf Strafverfolgung wegen Verfassungsbruchs zurückgewiesen, da Art. 147 Abs. 2 HV, der ein solches Verfahren vorsieht, durch die bundesgesetzliche Regelung des § 6 des Einführungsgesetzes zur Strafprozeßordnung gegenstandlos geworden ist. Die Strafverfolgung wegen Verfassungsbruchs fällt danach in die Zuständigkeit der Strafgerichte.[53] Durch solche obsolet gewordenen, aber gleichwohl noch im Verfassungstext enthaltenen Normen werden Irrtümer des Bürgers über den geltenden Inhalt der Verfassung und in deren Folge Enttäuschungen hervorgerufen, die dem Rang und Anspruch der Verfassung nicht entsprechen und dem Verfassungsverständnis nicht guttun. Um dies zu vermeiden, sollte eine der Rechtslage entsprechende Korrektur des Verfassungstextes ernsthaft in Erwägung gezogen werden[54].

Anmerkungen

1 GVBl. S. 684.
2 Vgl. des Näheren unten bei Anm. 50 ff.
3 § 43 Abs. 1 StGHG.
4 § 44 StGHG.
5 Es kann allerdings durchaus sein, daß ein verfassungswidriges Gesetz für eine Übergangszeit gleichwohl noch anwendbar ist. Vgl. dazu zuletzt StGH, Urteile vom 13. 3. 1996 - P. St. 1174, 1175 -, Staatsanzeiger für das Land Hessen (StAnz.) 1996, 1438 -, 1188, 1201 und 1216 -.
6 Art. 133 Abs. 1 Satz 1 HV.
7 Art. 133 Abs. 1 Satz 3 HV.
8 § 19 Abs. 2 StGHG.
9 § 42 StGHG.
10 §§ 31 ff. StGHG.
11 §§ 36 ff. StGHG.

12 §§ 48 ff. StGHG.
13 P. St. 783, StAnz. 1977, 1526 = Entscheidungen des Hessischen Verwaltungsgerichtshofs und des Verwaltungsgerichtshofs Baden-Württemberg mit Entscheidungen der Staatsgerichtshöfe beider Länder (ESVGH) 27, 193 = Neue Juristische Wochenschrift (NJW) 1977, 2065.
14 Beschluß vom 10. 11. 1950 - P. St. 78 -, ESVGH 11/II, 13 (L).
15 Urteil vom 13. 7. 1962 - P. St. 289 -, StAnz. 1962, 996 = ESVGH 12/II, 13 = Die Öffentliche Verwaltung (DÖV) 1962, 785.
16 Urteil vom 24. 4. 1964 - P. St. 378 -, StAnz. 1964, 676 = DÖV 1964, 421 = NJW 1964, 1668.
17 Beschluß vom 19. 1. 1984 - P. St. 1000 -, StAnz. 1984, 823; st.Rspr., vgl. zuletzt Beschluß vom 13. 1. 1993 - P. St. 1147 -, StAnz. 1993, 438.
18 P. St. 1114, StAnz. 1991, 447 = ESVGH 41, 1.
19 P. St. 1171, StAnz. 1995, 892 = DÖV 1995, 596.
20 P. St. 1002, StAnz. 1984, 825 = ESVGH 35, 1 = DÖV 1984, 718.
21 P. St. 1005, StAnz. 1985, 736 = Deutsches Verwaltungsblatt (DVBl.) 1985, 682.
22 P. St. 1106, StAnz. 1991, 1702 = ESVGH 42, 1.
23 P. St. 947, StAnz. 1982, 240 = ESVGH 32, 20 = DÖV 1982, 320 = DVBl. 1982, 491 = NJW 1982, 1141.
24 P. St. 1202 = StAnz. 1997, 1447 = Europäische Grundrechte-Zeitschrift (EuGRZ) 1997, 213.
25 P. St. 295, StAnz. 1960, 208 = ESVGH 11/II, 24 (L) = DÖV 1960, 341 = NJW 1960, 717.
26 Vgl. auch StGH, Beschluß vom 1. 2. 1995 - P. St. 1187 -, StAnz. 1995, 1057. A. A. BVerfG, Beschluß vom 20. 10. 1981, BVerfGE 58, 257 (277 f.).
27 Vgl. Urteil vom 6. 9. 1958 - P. St. 221 -, StAnz. 1958, 1154 = ESVGH 11/II, 20 (L) = DÖV 1959, 101.
28 P. St. 1073, StAnz. 1989, 1237 = ESVGH 40, 1 = DVBl. 1989, 656 = Neue Zeitschrift für Verwaltungsrecht (NVwZ) 1989, 1153.
29 P. St. 548/563, StAnz. 1970, 1669 = ESVGH 21, 1 = DÖV 1971, 202 = DVBl. 1971, 66 = NJW 1970, 1915 (L) = Verwaltungsrechtsprechung in Deutschland (VerwRspr.) Bd. 23, 1.
30 P. St. 1023, StAnz. 1986, 1089 = Die Personalvertretung (PersV) 1986, 227.
31 P. St. 1172, StAnz. 1994, 1331 = Neue Zeitschrift für Verwaltungsrecht, Rechtsprechungs-Report Verwaltungsrecht (NVwZ-RR) 1994, 678 = Der Personalrat (PersR) 1994, 420.
32 P. St. 1141.
33 S. unten bei Anm. 44.
34 P. St. 388, StAnz. 1965, 1394 = ESVGH 16, 1 = DÖV 1966, 51 =

DVBl. 1966, 29 = Juristische Rundschau (JR) 1966, 232 = NJW 1966, 31 = Recht der Jugend und des Bildungswesens (RdJB) 1965, 319.

35 BVerfGE 52, 223 (255).

36 BVerfGE 52, 223 (245 ff.).

37 P. St. 880, StAnz. 1982, 150 = ESVGH 32, 1 = DÖV 1982, 244 = DVBl. 1982, 409 = Juristenzeitung (JZ) 1982, 463 = NJW 1982, 1381 = NVwZ 1982, 370 = RdJB 1982, 245.

38 P. St. 929, StAnz. 1982, 2432 = ESVGH 33, 6 = NVwZ 1984, 90 = RdJB 1983, 199.

39 P. St. 1036, StAnz. 1987, 562.

40 P. St. 1170, StAnz. 1995, 3391 ff.

41 Vgl. StGH, Beschluß vom 1. 2. 1995 - P. St. 1187 - (o. Anm. 26).

42 Vgl. grundsätzlich StGH, Urteil vom 18. 2. 1958 - P. St. 230 -, StAnz. 1958, 311 = ESVGH 11/II, 22 (L) = DÖV 1958, 462 = DVBl. 1958, 543; Beschluß vom 18. 6. 1980 - P. St. 878 -, StAnz. 1980, 1287 = ESVGH 30, 131 = DÖV 1981, 63 = DVBl. 1980, 920 = NJW 1980, 2405 = RdJB 1980, 384 = VerwRspr. Bd. 31, 898. Im einzelnen hat der Staatsgerichtshof beispielsweise festgestellt, daß Art. 43 HV, wonach selbständige Klein- und Mittelbetriebe in Landwirtschaft, Gewerbe, Handwerk und Handel durch Gesetzgebung und Verwaltung zu fördern und besonders vor Überlastung und Aufsaugung zu schützen sind, kein Grundrecht enthalte, sondern lediglich einen Programmsatz mit Anweisungen an den Gesetzgeber und die Verwaltung (StGH, Beschluß vom 31. 1. 1968 - P. St. 463 -; Beschluß vom 26. 3. 1990 - P. St. 1103/1103 e. V. -, Landes- und Kommunalverwaltung (LKV) 1991, 41 = NVwZ 1991, 158 [L]).

43 Vgl. das wenig scharfe Abgrenzungskriterium der Bedeutsamkeit einer Regelung in StGH, Urteil vom 18. 2. 1958 - P. St. 230 - (o. Anm. 42).

44 P. St. 1141, StAnz. 1994, 285 = DÖD 1994, 91 (L) = DÖV 1994, 519 = DVBl. 1994, 471 = NVwZ 1994, 1197 = PersR 1994, 67 = ZBR 1994, 163 (L).

45 P. St. 1202 (o. Anm. 24).

46 Vgl. die Formulierung des § 44 StGHG sowie zu Art. 19 Abs. 4 GG schon BVerfGE 1, 332 (340).

47 P. St. 1039, StAnz. 1988, 1873, - seitdem ständige Rechtsprechung.

48 Vgl. StGH, Beschluß vom 7. 11. 1952 - P. St. 107 -, ESVGH 11/II, 14 (L); Beschluß vom 16. 6. 1971 - P. St. 631 -.

49 Stand September 1997.

50 Vgl. StGH, Beschluß vom 22. 12. 1993 - P. St. 1166 -, StAnz. 1994, 738; Beschluß vom 8. 11. 1995 - P. St. 1207 -, StAnz. 1995, 3894.

51 Vgl. zum Stand der Rechtsprechung Rudolf Steinberg: Landesverfassungsgerichtsbarkeit und Bundesrecht. In: Hans Eichel; Klaus Peter Möller (Hrsg.): 50 Jahre Verfassung des Landes Hessen, 1997, S. 356 (377 f.).

52 DVBl. 1996, 102.
53 Vgl. StGH, Beschluß vom 4. 8. 1971 - P. St. 649 -, ESVGH 22, 13; Beschluß vom 23. 6. 1993 - P. St. 1160 -, StAnz. 1993, 1871.
54 Vgl. Klaus Lange: Die Landesverfassung - Fundament des politischen Lebens. In: Bernd Heidenreich/Konrad Schacht (Hrsg.): Hessen. Eine politische Landeskunde, 1993, S. 95 (109); Klaus Lange/A. Thorsten Jobs: Brauchen wir eine Verfassungsreform? Vom Beruf unserer Zeit zur Landesverfassungsgesetzgebung, in: Hans Eichel; Klaus Peter Möller (o. Anm. 51), S. 445 (460 ff.).

Literaturhinweise

Brünneck, Wiltraut von: Die Verfassung des Landes Hessen vom 1. Dezember 1946. In. Jahrbuch des öffentlichen Rechts der Gegenwart (JöR), N. F. 3 (1954), 213 ff.
Eichel, Hans; Möller, Klaus Peter (Hrsg.): 50 Jahre Verfassung des Landes Hessen. Eine Festschrift. Wiesbaden 1997
Gehb, Jürgen: Verfassung, Zuständigkeiten und Verfahren des Hessischen Staatsgerichtshofs. Baden-Baden 1987 (zur alten Fassung des Gesetzes über den Staatsgerichtshof)
Greven, Michael Th.; Schumann, Hans-Gerd (Hrsg.): 40 Jahre Hessische Verfassung - 40 Jahre Politik in Hessen. Opladen 1989
Gross, Rolf: Die Entwicklung des Hessischen Verfassungsrechts. In: JöR N. F. 21 (1972), 309 ff.
Gross, Rolf: Die Entwicklung des Hessischen Verfassungsrechts von 1972 bis 1980. In: JöR N. F. 29 (1980), 353 ff.
Heidenreich, Bernd; Schacht, Konrad (Hrsg.): Hessen. Eine politische Landeskunde. Stuttgart/Berlin/Köln 1993
Schmidt, Walter: Verfassungsrecht. In: Meyer, Hans; Stolleis, Michael (Hrsg.): Staats- und Verwaltungsrecht für Hessen. 4. Aufl., Baden-Baden 1996, S. 35 ff.
Stein, Erwin (Hrsg.): 30 Jahre Hessische Verfassung 1946-1976. Wiesbaden 1976
Zinn, Georg-August; Stein, Erwin (Hrsg.): Verfassung des Landes Hessen. Kommentar. Bad Homburg vor der Höhe 1963 ff. (Losebl., Stand April 1991)

Rolf Groß

Die Fortentwicklung der Hessischen Verfassung

1. Einführung

Der Verfassungsbegriff, von dem hier die Rede ist, erfaßt nicht das gesamte Verfassungsrecht im materiellen Sinne. Gemeint ist vielmehr nur, wie schon der Titel verrät, das Verfassungsrecht im

Foto Nr. 56: Blick auf die Stirnwand des Plenarsaales des Hessischen Landtages mit Regierungsbank und Präsidium. Fragestunde der 38. Sitzungen in der 8. Wahlperiode, 25. August 1976.
Hessischer Landtag, Archiv. Foto: Karl Becker, Wiesbaden.

formellen Sinne. Einfaches Gesetzesrecht oder Gewohnheitsrecht, dem aufgrund seines Sachzusammenhangs mit der geschriebenen Verfassung der Charakter von materiellem Verfassungsrecht zukommt, ohne an der formalen Bestandskraft der geschriebenen Verfassung teilzuhaben, scheidet aus. Die Fortentwicklung des materiellen Verfassungsrechts ist daher im Rahmen dieses Themas nur dann von Interesse, wenn sie sich gleichzeitig als Entwicklung des formellen Verfassungsrechts darstellt.

Zur Fortentwicklung einer Verfassung trägt in erster Linie die verfassungsändernde Gesetzgebung bei. Sie ändert den formalen Bestand des Verfassungstextes und bedeutet damit die ausgeprägteste Form der Fortentwicklung. Fortentwicklung findet aber auch unter Wahrung des Textbestandes durch die einfache Gesetzgebung statt. Dabei geht es einmal um die Fälle, in denen der Gesetzgeber einen Auftrag der geschriebenen Verfassung erfüllt. Zum anderen führt der Gesetzgeber auch ohne Verfassungsauftrag Verfassungsbestimmungen im einzelnen aus und verwirklicht auf diese Weise die Verfassungsnorm. Dabei geht es vorrangig um die Verwirklichung von Grundrechten und institutionellen Garantien.

2. Verfassungsänderungen

Nicht zu Unrecht betont die Allgemeine Begründung des Initiativantrags der Fraktion der FDP betreffend den Entwurf eines Gesetzes zur Änderung der Verfassung des Landes Hessen vom 13. 1. 1970,[1] daß die Hessische Verfassung »nach dem Willen der Verfassungsberatenden Versammlung« ein »Verfassungswerk von bleibendem Bestand« sein sollte. Der Verfassungsgeber hat deshalb auch die Änderung der Verfassung vom Überspringen reichlich hoher Hürden abhängig gemacht. Nach Art. 123 HV kommt eine Verfassungsänderung durch einen vom Landtag mit absoluter Mehrheit zu fassenden Beschluß und anschließende Billigung der Änderung durch das Volk mit der Mehrheit der Abstimmenden zustande. Es läßt sich für die Hessische Verfassung aufgrund der Erschwerung der Verfassungsänderung feststellen, daß der formale

Bestand der Verfassung seit ihrem Inkrafttreten nahezu unangetastet geblieben ist.

Die 1. Änderung erfolgte durch das Gesetz zur Änderung der Art. 75 und 137 der Verfassung des Landes Hessen vom 22. 7. 1950 (GVBl. S. 131). Durch diese Änderung wurde die ursprünglich vorhandene Bindung des Landesgesetzgebers an das Verhältniswahlrecht bei Landtags- und Kommunalwahlen aufgehoben. Der Landesgesetzgeber bekam mit der Änderung von 1950 die auch dem Bundesgesetzgeber für die Gestaltung des Bundestagswahlrechts eingeräumte Befugnis, sich durch einfaches Gesetz für das eine oder andere Wahlsystem oder auch eine Mischform zu entscheiden.

Auch die 2. Änderung der Landesverfassung durch das Gesetz zur Änderung der Art. 73 und 75 der Verfassung des Landes Hessen vom 23. 3. 1970 (GVBl. I S. 281) betraf das Wahlrecht. Das Alter für das aktive Wahlrecht und das Stimmrecht bei Volksabstimmungen wurde durch die Änderung von 1970 von 21 auf 18 Jahre herabgesetzt; die Wählbarkeit beginnt seit dieser Verfassungsänderung nicht mehr mit dem 25., sondern mit dem 21. Lebensjahr. Die Herabsetzung des Volljährigkeitsalters im BGB[2] hat das Wählbarkeitsalter nach Art. 75 Abs. 2 HV nicht geändert, weil dort an die Vollendung des 21. Lebensjahres und nicht an die Volljährigkeit angeknüpft wird. Der Gleichklang mit der Wählbarkeit zum Bundestag würde eine erneute Änderung von Art. 75 Abs. 2 HV fordern.

Die 3. Änderung durch das Gesetz zur Änderung des Artikel 138 und zur Ergänzung der Verfassung des Landes Hessen vom 20. 3. 1991 (GVBl. I S. 101) führt die unmittelbare Wahl (Urwahl) der kommunalen Hauptwahlbeamten durch die Bürgerinnen und Bürger ein. Die Urwahl tritt an die Stelle der Wahl der kommunalen Hauptwahlbeamten (Bürgermeister/Oberbürgermeister, Landrat) durch die kommunalen Vertretungskörperschaften.

Durch das Gesetz zur Ergänzung der Verfassung des Landes Hessen (Artikel 26 a – Umweltschutz) vom 20. 3. 1991 (GVBl. I S. 102) erfolgte die 4. und letzte Änderung des Verfassungstextes. Die Ergänzung führte einen neuen Abschnitt II a in die Verfassung ein, der allein aus Art. 26 a mit dem Staatsziel Umweltschutz besteht. Danach stehen die natürlichen Lebensgrundlagen des Menschen unter dem Schutz von Staat und Gemeinden.

Wesentlich zahlreicher als die erfolgten Änderungen der Landesverfassung waren die erfolglosen Initiativen zu ihrer Änderung. Gleichwohl kann man an ihrer doch insgesamt relativ geringen Zahl ablesen, wie hoch die Hürden eingeschätzt werden, deren Überwindung zur Änderung der Verfassung erforderlich ist. Diese Initiativen sind nach Einbringung im Parlament entweder von ihren Initiatoren zurückgenommen worden oder gescheitert.

Von der Auffassung, daß die Gemeinden Satzungen und Polizeiverordnungen nur erlassen können, wenn sie hierzu im Wege einer ausdrücklichen Änderung der HV ermächtigt würden, ging der Antrag der Fraktion der CDU vom 12. 2. 1952[3] aus. Ihre Meinung, Art. 137 HV gewährleiste nur die exekutive Betätigung der kommunalen Körperschaften, sah die CDU insbesondere dadurch bestätigt, daß Art. 137 Abs. 1 HV von der »örtlichen öffentlichen Verwaltung« spricht. Nachdem der Hessische Staatsgerichtshof noch während der parlamentarischen Verhandlungen in seinem Urteil vom 12. 6. 1953[4] die Vereinbarkeit der Ermächtigung der Gemeindevertretungen und Kreistage zum Erlaß von Polizeiverordnungen mit der Hessischen Verfassung bejaht hatte, zog die CDU-Fraktion ihren Antrag zurück, zumal sie auch mit ihrem Vorschlag, die unmittelbare Wahl der kommunalen Hauptverwaltungsbeamten durch Änderung des Art. 138 HV zu ermöglichen, damals wie auch 1956[5] auf wenig Gegenliebe stieß.

Ein ähnliches Schicksal hatte der Initiativantrag der Fraktion der CDU vom 4. 3. 1952.[6] Mit diesem Antrag sollten Verfassungsänderungen und Volksentscheide erleichtert werden. So sollte Art. 123 Abs. 2 HV insoweit geändert werden, als neben der Änderung der Verfassung durch Landtagsbeschluß und anschließende Volksabstimmung auch die Änderung durch »isolierten« Volksentscheid ermöglicht werden sollte. Damit wäre das an sich schon in der Hessischen Verfassung enthaltene Element der plebiszitären Demokratie gestärkt und dem Volk, bei dem nach Art. 70 HV unveräußerlich die Staatsgewalt liegt, die Möglichkeit gegeben worden, eine Verfassungsänderung auch ohne Mitwirkung des Parlaments herbeizuführen.

Weiter sollte nach diesem Antrag ein Referendum bereits dann erfolgreich sein, wenn ein Zehntel der bei der letzten Landtagswahl abgegebenen gültigen Stimmen das Begehren unterstützt. Damit wäre das in Art. 124 Abs. 1 HV vorgeschriebene Quorum von einem Fünftel erheblich herabgesetzt worden. Durch Einfügen eines neuen Abs. 4 in Art. 124 HV sollte den durch Volksentscheid angenommenen Gesetzen ein besonderer Rang verliehen werden. Sie sollten nämlich nur vom Landtag geändert und aufgehoben werden können, wenn das Volk mit der Mehrheit der Abstimmenden dem zustimmt. Die Hierarchie der Rechtsquellen im Lande wäre hiermit ausgebaut worden. Denn zwischen das ranghöchste Landesrecht, das Landesverfassungsrecht, und das einfache vom Landesparlament beschlossene Gesetzesrecht wäre das durch Volksabstimmung geschaffene Recht getreten. Auch der Initiativantrag vom März 1952 wurde nach vorübergehender Zurückstellung von den Antragstellern zurückgenommen.

Zwei Anträge zur Änderung der Hessischen Verfassung löste das Urteil des Hessischen Staatsgerichtshofs vom 27. 10. 1965[7] aus. Der Staatsgerichtshof nahm in dem genannten Urteil über die Zulässigkeit des gemeinschaftlichen Schulgebets auch zum Charakter der durch Art. 56 Abs. 2 HV statuierten Gemeinschaftsschule Stellung. Hierbei lehnte er es ab, die hessische Gemeinschaftsschule als Gemeinschaftsschule auf christlicher Grundlage zu betrachten. Der Gerichtshof brauchte deshalb die Frage, ob ein Schüler, der nach Auffassung des Gerichts aufgrund der ihm nach Art. 9 und Art. 48 Abs. 2 HV gewährten Grundrechte die Unterlassung eines Schulgebets verlangen kann, in dieser Grundrechtsausübung durch die Verankerung der christlichen Gemeinschaftsschule im Wortlaut des Art. 56 Abs. 2 HV gehindert wäre, nicht näher zu prüfen. Sowohl der Initiativantrag der Fraktion der CDU vom 9. 11. 1965[8] wie die Vorlage der Landesregierung vom 1. 12. 1965[9] hatten das Ziel, in Art. 56 Abs. 2 HV zum Ausdruck zu bringen, daß die Gemeinschaftsschule nach dieser Bestimmung eine Gemeinschaftsschule auf christlicher Grundlage sei. Nachdem der Hessische Landtag in der Plenarsitzung am 30. 3. 1966[10] eine Entschließung mit Mehrheit angenommen hatte, in der betont wird, daß die Gemeinschaftsschule im Sinne es Art. 56 Abs. 2 HV eine Gemeinschaftsschule auf christlicher Grundlage sei, zog die Landesregierung ihre Vorlage zurück. Der Initiativantrag der CDU-Fraktion verfiel in der gleichen Sitzung in zweiter Lesung der Ablehnung.

Den bisher weitgehendsten Initiativantrag hat die Fraktion der FDP am 13. 1. 1970 gestellt.[11] Der Antrag ging davon aus, daß es nach 23 Jahren Staatspraxis seit Inkrafttreten der Verfassung erforderlich sei, diese aufgrund der zwischenzeitlich eingetretenen Änderungen der Lebensverhältnisse und im Hinblick auf den Wandel der Rechtsüberzeugungen zu überarbeiten. Der Initiativantrag erstrebte die Änderung von insgesamt 16 Verfassungsartikeln. Dabei werden im wesentlichen drei Gruppen von Vorschriften erfaßt. Zunächst wird die Streichung von Bestimmungen gefordert, die nach Auffassung der Antragsteller durch das GG überholt sind. Weiter sollen die Vorschriften gestrichen werden, die durch Zeitablauf oder Erfüllung inzwischen gegenstandslos sind. Und schließlich werden in einzelnen Bestimmungen materielle Änderungen verlangt.

Zur ersten Gruppe der Vorschriften gehören Art. 21 Abs. 1 Satz 2 und Art. 109 Abs. 1 Satz 3 HV – Todesstrafe und Gnadenrecht bei Todesstrafe –, Art. 39 Abs. 2 bis 4 HV – Überführung in Gemeineigentum und Entschädigungsvorschriften hierzu –, Art. 53 HV – Schutz der Sonn- und Feiertage – und Art. 159 HV – Vorrang des Besatzungsrechts –. Daß diese Bestimmungen aufgrund des Art. 102 GG, Art. 15 i.V.m. Art. 14 Abs. 3 GG, Art. 140 GG i.V.m. Art. 139 der Weimarer Reichsverfassung und aufgrund des Deutschlandvertrages aufgehoben sind, wird man wohl kaum bestreiten können. Ebenso unzweifelhaft dürften Art. 42 Abs. 1 und 2 HV – Bodenreform –, Art. 101 Abs. 1 Satz 3 HV – Verbot für Mitglieder ehemals regierender Häuser, Mitglied der Landesregierung zu werden – und Art. 157 HV – Grundrechtseinschränkungen zur Beseitigung der Nachkriegsnotlage – aus der zweiten Gruppe gegenstandslos sein. Streichungen, wie sie die Antragsteller im Bereich dieser beiden Gruppen von Bestimmungen begehrten, hätten daher lediglich deklaratorischen Charakter gehabt.

Materielle Änderungen hatten dagegen die im übrigen in diesem Initiativantrag vorgeschlagenen Änderungen zum Inhalt. Das gilt für die Einfügung eines weiteren Satzes in Art. 21 Abs. 3 HV, der nach Auffassung der Antragsteller zum Ausdruck bringen soll, daß der Vollzug der Strafe der Wiedereingliederung in die Gesellschaft dient. Das gilt ebenso für die Streichung der »sittlichen Pflicht zur Arbeit« in Art. 28 Abs. 2 HV und am stärksten für die Streichung des Art. 29 Abs. 5 HV, der die Rechtswidrigkeit der Aussperrung betont. Weiter sollte der Sozialisierungsartikel - Art. 41 HV - gestrichen und in Art. 55 HV das Recht auf Bildung festgelegt werden. Durch Änderung des Art. 59 HV sollte die Möglichkeit entfallen, durch Gesetz von leistungsfähigen Erziehungsberechtigten ein angemessenes Schulgeld zu verlangen, eine Möglichkeit, von der der Landesgesetzgeber bisher keinen Gebrauch gemacht hat. Durch Ergänzung des Art. 89 Abs. 2 HV sollte erreicht werden, daß die Landtagsausschüsse grundsätzlich öffentlich tagen. Mit dem Änderungsvorschlag zu Art. 124 Abs. 1 HV wurde ein altes Anliegen wieder aufgegriffen, die Herabsetzung des Quorums für das Volksbegehren von 20 auf 10 v. H. der Stimmberechtigten. Außerdem sah der Antrag ein sog. »einfaches« Volksbegehren vor, das mit 2 v. H. der Stimmberechtigten den Landtag zwingen kann, über einen Gesetzentwurf zu entscheiden, ohne ihn dabei in der Richtung seines Entscheides festzulegen.

Dieser bislang umfangreichste Antrag zur Änderung der Verfassung hat mit dem Ende der 6. Legislaturperiode des Hessischen Landtags seine Erledigung gefunden.

Nach 20 Jahren der Ruhe lebte in der zweiten Jahreshälfte 1990 die Verfassungsdiskussion in Hessen wieder auf. Dazu trug in erster Linie die Wiedervereinigung Deutschlands bei, die den ostdeutschen Bundesländern die Aufgabe zuwies, Landesverfassungen zu schaffen, und die die Frage nach der Revision des Grundgesetzes aufwarf. Auch wenn die Änderungen des Grundgesetzes anläßlich der deutschen Vereinigung im Änderungsgesetz vom 27. 10. 1994[12] eher marginal ausfielen, so fand doch ab 1990 eine breite Diskussion statt, die das Spektrum von minimalen Änderungen und Ergänzungen bis zur Totalrevision abdeckte. Der Bericht der am 16. 1. 1992 konstituierten Gemeinsamen Verfassungskommission von Bundesrat und Bundestag vom 28. 10. 1993[13] dokumentiert das Ergebnis dieser Arbeit.[14] In Hessen erreichte die Verfassungsdebatte schon im Sommer 1990 das Parlament; dazu trug das bevorstehende Ende der 12. Wahlperiode bei, zumal die Wahl des 13. Hessischen Landtags auf den 20. 1. 1991 terminiert war.

Dem bevorstehenden Landtagswahltermin war es wohl auch zu verdanken, daß Regierungs- und Oppositionsfraktionen jeweils eigene Initiativen im Landtag einbrachten. Mit dem Gesetzentwurf der Fraktionen der CDU und F.D.P. zur Verankerung des Staatszieles Umweltschutz vom 28. 8. 1990[15], der als 3. Änderung der Verfassung in Kraft trat, konkurrierten Anträge der Fraktionen der SPD vom 17. 9. 1990[16] und der GRÜNEN vom 18. 9. 1990.[17] Die Entwürfe der SPD und der GRÜNEN bezweckten nicht nur den Schutz der natürlichen Lebensgrundlagen des Menschen, sondern den besonderen Schutz der natürlichen Lebensgrundlagen schlechthin. Dem Entwurf der Regierungsfraktionen zur Urwahl vom 28. 8. 1990[18] stand ein Entwurf der SPD-Fraktion vom 7. 12. 1990[19] gegenüber, der sich vom Entwurf der Regierungsfraktionen nur in redaktioneller Hinsicht unterschied.

Neben den Initiativen zum Umweltschutz und zur Urwahl, die Aufnahme in den Verfassungstext fanden, brachte die SPD-Fraktion am 17. 9. 1990 einen Vorschlag zur Verankerung des Rechts auf Wohnung[20] und eine Vorlage zur Gleichstellung von Frauen[21] ein. Die beiden letzteren Anträge behandeln Themen, die die SPD auch in die Diskussion über die Revision des Grundgesetzes anläßlich der Wiedervereinigung einbrachte.

Zur Verankerung des Rechts auf Wohnung sollte in einem einzufügenden Art. 27 b einerseits das Recht auf angemessenen Wohnraum als Menschenrecht garantiert werden, andererseits sollte die Pflicht des Staates zur Förderung des Anspruchs durch eine aktive Wohnungsmarktpolitik verfassungsrechtlich festgeschrieben werden. Der Gleichheitssatz in Art. 1 HV sollte zur Förderung der Gleichstellung von Mann und Frau um die Pflicht des Staates, auf eine rechtliche und tatsächliche Gleichstellung hinzuwirken, in einem neuen Art. 27 a ergänzt werden. Zu letzterem Antrag stellte die Fraktion der GRÜNEN am 30. 11. 1990 einen Abänderungsantrag,[22] der im Schwerpunkt die Ergänzung des Art. 1 HV durch einen 2. Absatz vorsah, wonach der Staat u. a. die Rahmenbedingungen schaffen sollte, um die tatsächliche Gleichstellung in allen

Bereichen der Gesellschaft herzustellen. Entsprechend diesem Änderungsvorschlag änderte die SPD-Fraktion mit Antrag vom 7. 12. 1990[23] ihre ursprüngliche Initiative.

Ein spezifisch hessisches Anliegen enthielt der Entwurf eines Gesetzes zur Änderung des Art. 123 Abs. 2 der Verfassung des Landes Hessen der SPD vom 17. 9. 1990.[24] Dieser Antrag hatte die Einführung eines Quorums von zwei Dritteln der gesetzlichen Zahl der Mitglieder des Landtags für die Beschlußfassung über verfassungsändernde Gesetze zum Inhalt. In der Begründung des Antrags wird darauf hingewiesen, daß die bis dahin erfolgten 2 Änderungen der Verfassung »im breiten Konsens« erfolgten. So geschah dies übrigens auch bei der 3. und 4. Änderung in der Plenarsitzung am 12. 12. 1990.[25] Die Annahme dieser Änderungsantrages hätte die Erhöhung juristisch und faktisch bereits erheblich hoher Hürden bedeutet. Dies sahen außer den Antragstellern wohl auch alle Parlamentsfraktionen so.

Angesichts der Aktualität der Verfassungsdiskussion im allgemeinen und im Hinblick auf das Alter der Hessischen Verfassung, das zwangsläufig eine Fülle von Bestimmungen inzwischen gegenstandslos gemacht hatte, begehrte ein Antrag der Fraktionen der CDU und F.D.P. vom 23. 11. 1990[26] die Einsetzung einer Enquete-Kommission zur Überarbeitung der Hessischen Verfassung. Aufgabe der Kommission sollte es sein, die ganze Bandbreite der Änderungsvorschläge zu behandeln. Orientierungspunkte sollten dabei die Werteskala des Grundgesetzes, die Verfassungswirklichkeit, die verfassungsgerichtliche Rechtsprechung, die Ergebnisse der Diskussion um die Stärkung föderativer Strukturen und die Bedeutung der Regionen in einem zusammenwachsenden Europa sein. Wegen des bevorstehenden Endes der 12. Wahlperiode konnte über die Einsetzung der Kommission nicht entschieden werden, es wurde lediglich durch die Annahme des Antrags[27] dem 13. Hessischen Landtag eine Empfehlung mit auf den Weg gegeben. Der 13. Landtag ist bislang dieser Empfehlung nicht gefolgt.[28]

3. Einfache Gesetzgebung

Die einfache Gesetzgebung dient der Ausführung der Verfassung, wenn sie Verfassungsaufträge erfüllt. Wie andere Verfassungen bestimmt auch die Hessische Verfassung an vielen Stellen, daß nähere Regelungen zu treffen, Aufgabe des Gesetzgebers ist. Beispiele hierfür sind Art. 25 Satz 3, 28 Abs. 3 Satz 2, 29 Abs. 1 und 3, 30 Abs. 2, 34 Satz 2, 35 Abs. 1 Satz 5 und Abs. 3 Satz 2, 37 Abs. 3, 39 Abs. 2 Satz 2, Abs. 3 und 4 Satz 1, 41 Abs. 2, 42 Abs. 1 und 4, 43 Abs. 1, 45 Abs. 2 Satz 3 und Abs. 4 Satz 2, 51 Abs. 3, 52, 56 Abs. 7, 59 Abs. 1 Satz 3 und 4, 61 Satz 3, 62 Satz 2, 73 Abs. 3, 75 Abs. 3 Satz 1, 76 Abs. 2, 78 Abs. 4, 98 Abs. 3, 105 Satz 2, 115 Abs. 3, 124 Abs. 4, 127 Abs. 6, 129 Satz 2, 130 Abs. 4, 131 Abs. 3, 133 Abs. 2, 136 Abs. 2, 146 Abs. 2, 147 Abs. 2, 149. Sicher ist ein Teil dieser Vorschriften inzwischen gegenstandslos. Von den verbleibenden Vorschriften wird man allenfalls bei denen, die ohne gesetzliche Konkretisierung nicht vollziehbar sind, wie z. B. Art. 75 Abs. 3, Art. 78 Abs. 4 und Art. 98 Abs. 3, eine Verpflichtung des Gesetzgebers zum Handeln annehmen können. Aber auch soweit der Gesetzgeber lediglich zum Handeln ermächtigt ist, ist es seine Aufgabe, die Richtungsvorgaben der Verfassung zu erfüllen.

Der Umfang der Gesetze, die als Ausführung der Verfassung zu bewerten sind, nimmt zu, wenn man mit Rechtsprechung und Lehre aus den Grundrechten und anderen Verfassungsverbürgungen Aufträge an die Gesetzgebung entnimmt. Zwar wird gelegentlich die Tendenz bedauert, aus einer Verfassung einen Generalauftrag an Regierung und Parlament zur Verwirklichung von sozialem Rechtsstaat, Freiheit, Menschenwürde usw. abzuleiten.[29] Allein das ist eine zwangsläufige Folge des Wandels der Staatsfunktion, die besonders an der aktuellen Diskussion über den Bedeutungsinhalt der Grundrechte deutlich wird, die sich aus reinen Abwehrrechten zu Teilhabe- und Leistungsrechten entwickelt haben.[30] Berücksichtigt man, daß außer aus den Grundrechten auch aus anderen verfassungsrechtlichen Verbürgungen, seien es institutionelle Garantien oder Wertentscheidungen, Richtungsvorgaben für den Gesetzgeber abgeleitet werden, so wird deutlich, daß der Umfang der Gesetze, die dem Bereich der Ausführung der Verfassung zugeordnet werden können, beträchtlich ist.

Gleichheit

Zwar hat die Pflicht des Staates, auf eine rechtliche und tatsächliche Gleichstellung hinzuwirken, in Art. 1 HV, wie oben geschildert, keine Aufnahme gefunden. Gleichwohl hat sich der einfache Gesetzgeber das Ziel gesetzt, dort, wo das Postulat der Gleichstellung von Männern und Frauen und die soziale Realität im Erwerbsleben besonders auseinanderklaffen, Abhilfe zu schaffen. Da ein solches Feld der Unterrepräsentanz von Frauen auch der öffentliche Dienst ist und die Bundesgesetzgebung aufgrund der Rahmenzuständigkeit nach Art. 75 Abs. 1 Nr. 1 GG dem Landesgesetzgeber insoweit keine Regelungssperre auferlegt hat, konnte das Land durch das Hessische Gesetz über die Gleichberechtigung von Frauen und Männern zum Abbau von Diskriminierungen von Frauen in der öffentlichen Verwaltung (Hessisches Gleichberechtigungsgesetz) vom 21. 12. 1993 (GVBl. I S. 729) einen Beitrag zur Verwirklichung der verfassungsrechtlich garantierten Gleichberechtigung leisten.

Das Gleichberechtigungsgesetz verpflichtet die Dienststellen zur Aufstellung von Frauenförderplänen, in denen sog. Ergebnisquoten zur Erhöhung des Frauenanteils festgesetzt werden, und zur Bestellung von Frauenbeauftragten in jeder Dienststelle. Durch befristete Förderung von Frauen bei Einstellung, Beförderung und Übertragung höherwertiger Tätigkeiten oder zusätzlicher Aufgaben soll der Frauenanteil gesteigert werden. Die von der Dienststelle zu bestellende Frauenbeauftragte ist an der Erstellung und Einhaltung des Frauenförderplans zu beteiligen. Sie hat Informationsrechte gegenüber der Dienststelle, auch wenn sie trotz des ihr eingeräumten Vetorechts in bestimmten Fällen Teil der Dienststelle bleibt. Zur Unterstützung ihrer Stellung ist die Frauenbeauftragte an Weisungen nicht gebunden und im erforderlichen Umfang von ihren dienstlichen Aufgaben zu entlasten.

Das allgemeine Freiheitsrecht des Art. 2 Abs. 1 HV verwirklicht das Hessische Sammlungsgesetz vom 27. 5. 1969 (GVBl. I S. 71). Nach dem Gesetz sind nur noch solche Sammlungen erlaubungspflichtig, bei denen aus Gründen der öffentlichen Sicherheit und Ordnung auf eine vorbeugende staatliche Kontrolle nicht verzichtet werden kann. Das gilt für Straßen- und Haussammlungen. Im Vergleich zum Reichssammlungsgesetz sind nach dem Hessischen Gesetz Sammlungen durch Aufrufe in Presse, Rundfunk und Fernsehen, Sammlungen durch Versendung von Werbeschreiben sowie verschiedene Formen der Sammlung nicht mehr erlaubnispflichtig. Das Gesetz hat weiter die Bedürfnisprüfung durch die Exekutive beseitigt und ein subjektives Recht auf Erteilung der Sammlungserlaubnis eingeführt. Damit trägt das Gesetz der grundrechtlichen Befugnis, im Rahmen von Sammlungen und sammlungsähnlichen Veranstaltungen karitativ tätig zu werden, in bemerkenswertem Umfang Rechnung.

Der Verwirklichung der allgemeinen Handlungsfreiheit nach Art. 2 Abs. 1 HV wie dem Schutz der Würde des Menschen nach Art. 3 HV dient das Datenschutzrecht. Mit dem Datenschutzgesetz vom 7. 10. 1970 (GVBl. I S. 623) hatte der hessische Gesetzgeber Neuland betreten. Das Gesetz sicherte die Privatsphäre des Bürgers gegenüber den nachteiligen Auswirkungen der elektronischen Datenverarbeitung. Geheimhaltungspflichten der mit der Datenverarbeitung befaßten Personen und die Einräumung von Unterlassungs- und Wiederherstellungsansprüchen bei Eingriffen dienen diesem Zweck. Nachdem bereits eine Novelle von 1978 den Geltungsbereich des Gesetzes auf nicht automatisierte Dateien ausgedehnt hatte, gebot das Volkszählungsurteil des Bundesverfassungsgerichts vom 15. 12. 1983[31] die Gewährleistung des in dieser Entscheidung entwickelten Rechts auf informationelle Selbstbestimmung durch die Gesetzgebung.

Unter Berücksichtigung des Volkszählungsurteils hat das Hessische Datenschutzgesetz vom 11. 11. 1986 (GVBl. I S. 309) den Datenschutz weiter ausgebaut. Das Gesetz gibt dem einzelnen die Möglichkeit, über die Preisgabe und Verwendung seiner Daten zu bestimmen; die Daten sind beim Betroffenen zu erheben, und eine Verwendung ist unzulässig, wenn sie dem Erhebungszweck nicht entspricht. Die im überwiegenden allgemeinen Interesse erforderlichen Ausnahmen werden im Gesetz enumerativ geregelt. Zur wirksamen Rechtsverfolgung durch den Betroffenen verstärkt das Gesetz die den Behörden obliegenden Aufklärungspflichten. Obwohl die Verwendung gespeicherter oder zur Speicherung vorgesehener Daten davon unabhängig ist, ob diese in Akten, Dateien oder sonstigen Datenträgern festgehalten sind, wird durch strengere Vorschriften der Gefährdung durch automatisierte Dateien und automatisierte Verfahren entgegengewirkt.

Daß der Kreis der Gesetze, die als Ausführungsgesetze zu Art. 3 HV betrachtet werden können, sehr umfangreich ist, liegt daran, daß die Würde des Menschen, die in Art. 3 HV verbürgt wird, ähnlich wie die allgemeine Handlungsfreiheit nach Art. 2 Abs. 1 HV in Anspruch genommen werden kann, wenn spezifische Grundrechtsverbürgungen fehlen. Darüber hinaus lassen sich aus der Würde des Menschen mehr noch als aus der auf die Abwehrfunktion zugeschnittenen allgemeinen Handlungsfreiheit Teilhabe- und Leistungsansprüche und damit Aufträge an die staatliche Gesetzgebung begründen. So wird man aus der Würde des Menschen auch das Recht auf Bildung ableiten müssen, zumal dieses Recht in den Vorschriften über Erziehung und Schule der Art. 55 ff. HV nur für Jugendliche gesichert ist. Das Recht auf Bildung außerhalb der Schule und damit die Würde des Menschen nach Art. 3 HV verwirklichen insbesondere das Gesetz über Volkshochschulen in der Fassung vom 21. 5. 1981 (GVBl. I S. 198), das Gesetz zur Förderung von Einrichtungen der Erwachsenenbildung (Erwachsenenbildungsgesetz) in der Fassung vom 9. 8. 1978 (GVBl. I S. 502) und das Gesetz zur Förderung der außerschulischen Jugendbildung (Jugendbildungsförderungsgesetz) in der Fassung vom 5. 6. 1981 (GVBl. I S. 200).

Sämtliche Schritte des Gesetzgebers zur Förderung der Volkshochschulen dienten der Verbesserung der Erwachsenenbildung. Der Durchbruch wurde durch das Gesetz von 1970 erzielt. Erst dieses Gesetz machte die Volkshochschulen zu einen Teil des öffentlichen Bildungswesens. Kreisfreie Städte, Landkreise und kreisangehörige Gemeinden mit mehr als 50 000 Einwohnern sind danach zur Errichtung und Unterhaltung von Volkshochschulen verpflichtet. Auf die Förderung durch das Land haben die Träger der Volkshochschulen einen Rechtsanspruch.

Wie das Volkshochschulgesetz trägt auch das Erwachsenenbildungsgesetz dazu bei, das regionale und soziale Gefälle in der Weiterbildung abzubauen und ausgewogene und den Bildungsbedürfnissen entsprechende Bildungsangebote zu schaffen. Die Förderung des Erwachsenenbildungsgesetzes ist den nichtöffentlichen Trägern der Erwachsenenbildung gewidmet, die im Gegensatz zu den kommunalen Trägern von Volkshochschulen, die eine Pflichtaufgabe wahrnehmen, freiwillig tätig werden. Da in die Organisation der gesellschaftlich bedeutsamen Gruppen, die die Bildungsaufgaben übernehmen, wie z. B. Kirchen, Gewerkschaften und Wirtschaftsverbände, nicht eingegriffen werden kann, hat sich der Gesetzgeber im Bereich des Erwachsenenbildungsgesetzes darauf beschränkt, die Voraussetzungen staatlicher Förderung zu fixieren und den Kreis der Berechtigten zu umreißen.

Neben dem Erwachsenenbildungsgesetz ist das Jugenbildungsförderungsgesetz ein Gesetz, das Ansprüche auf staatliche Förderung festschreibt. So haben die Träger der außerschulischen Jugendbildung wie Gemeinden, Gemeindeverbände und kommunale Zweckverbände sowie Jugendverbände auf Landesebene und Zusammenschlüsse der genannten Organisationen Ansprüche auf Förderung durch das Land. Zur Verwirklichung dieser Aufgabe errichtet das Gesetz beim Sozialministerium ein Landeskuratorium für Jugendbildung, dem Vertreter der Jugendverbände und der kommunalen Spitzenverbände sowie vom Sozialminister und von den Landtagsfraktionen benannte Mitglieder angehören.

Leben und Gesundheit

Dem in Art. 3 HV neben der Würde des Menschen ausdrücklich verankerten Grundrecht auf Leben und Gesundheit trägt das Krankenhausgesetz vom 18. 12. 1989 (GVBl. I S. 452) Rechnung. Gerade der Schutz von Leben und Gesundheit muß durch positives Tun des Staates heute gesichert werden. Hier wird besonders deutlich, daß es nicht allein Sinn der Grundrechte sein kann, den einzelnen vor dem Staat zu schützen, daß es vielmehr Aufgabe des Staates ist, für den Schutz des einzelnen zu sorgen. Die Sicherstellung der Krankenhausversorgung für die Bevölkerung ist eine öffentliche Aufgabe von zentraler gesundheitspolitischer Bedeutung. Damit alle Teile der Bevölkerung gleichermaßen am medizinisch-technischen Fortschritt im Krankenhaus teilhaben können, kommt der öffentlichen Hand, unabhängig von der Krankenhausträgerschaft, für die gesamte Krankenversorgung eine koordinierende Aufgabe zu, die als Konsequenz auch ein finanzielles Engagement des Staates erfordert. Deshalb trifft das Hessische Gesetz auch ergänzende Regelungen zum Krankenhausrecht des Bundes.

Der Ausführung des Art. 23 HV dient das Gesetz über die Entziehung der Freiheit geisteskranker, geistesschwacher, rauschgift- oder alkoholsüchtiger Personen vom 19. 5. 1952 (GVBl. S. 111). Das Gesetz verlangt für die Einweisung eines geistig oder körperlich Kranken in eine Anstalt eine erhebliche Gefährdung von dessen Mitmenschen. Daraus folgt, daß medizinische Erwägungen allein zur Unterbringung nicht ausreichen, daß vielmehr darüber hinaus eine Gefahr für Leib und Leben oder bedeutende Sachwerte bestehen muß. Über den Wortlaut von Art. 23 HV hinaus läßt das Gesetz auch die Unterbringung bei Selbstgefährdung zu, eine Regelung, die sicher nicht auf Art. 23 HV, sondern nur auf weitergehende Eingriffsbefugnisse nach Art. 2 Abs. 2 GG gestützt werden kann. Die Rechtsstaatlichkeit des Verfahrens wird durch die Einschaltung des Richters in das Einweisungsverfahren gewährleistet.

Dem Schutz von Leben und Gesundheit dient auch das Hessische Ausführungsgesetz zum Kreislaufwirtschafts- und Abfallgesetz vom 23. 5. 1997 (GVBl. I S. 173). Wie das Kreislaufwirtschafts- und Abfallgesetz des Bundes verankert das Ausführungsgesetz die Pflicht zur Abfallvermeidung und Schadstoffminimierung. Darüber hinaus enthält es Regelungen zur Vermeidung von Abfallexporten. Es gilt der Grundsatz der ortsnahen Beseitigung von Abfällen. Deutlich hervorgehoben wird die Pflicht zur Vorbehandlung der Abfälle vor der Ablagerung. Damit wird der Erkenntnis Rechnung getragen, daß ungeachtet des Streits um die richtige Vorbehandlungsmethode die immer noch praktizierte unbehandelte Ablagerung aus Gründen des Umweltschutzes abzulehnen ist. Mülldeponien von heute dürfen nicht mehr die Altlasten von morgen sein. Zur besseren Bekämpfung der Abfallkriminalität werden die Polizeibehörden in die Abfallüberwachung eingebunden. Neu ist die grundsätzliche Verpflichtung der öffentlichen Hand, bei Veranstaltungen in ihren Einrichtungen oder auf ihren Grundstücken den Einsatz wiederverwertbarer Erzeugnisse (Mehrwegprodukte) zu fördern. Für die Erstellung von Abfallbilanzen und Abfallwirtschaftskonzepten werden inhaltliche Vorgaben gemacht. Bei der Abfallwirtschaftsplanung des Landes werden die nach § 29 des Bundesnaturschutzgesetzes anerkannten Verbände beteiligt.

Der Gewährleistung der Wohnung nach Art. 8 HV dient das Wohnungsaufsichtsgesetz vom 4. 9. 1974 (GVBl. I S. 395). Dabei wird davon ausgegangen, daß auch die Wohnungsgarantie kein Grundrecht mit bloßer Abwehrfunktion ist. Außerdem wird vorausgesetzt, daß die von Staats wegen zu schützende Wohnung eine menschenwürdige Wohnung ist, da andernfalls das Gesetz dem Art. 3 HV nicht genügen würde. Das Wohnungsaufsichtsgesetz sieht die Erhaltung und Pflege des Wohnungsbestandes als Aufgabe des Staates an. Nicht nur ein gewisser baulicher und technischer Standard soll gewährleistet sein, sondern ebenso müssen hygienische Mindestanforderungen eingehalten werden. Das Gesetz überläßt es nicht dem Mieter, sich auf privatrechtlicher Grundlage gegen Wohnungsmißstände zu wehren und um Mängelbeseitigung zu bemühen. Schon wegen der Möglichkeit, daß Mieter Schäden durch Mängel in der Wohnung erleiden können, war es im öffentlichen Interesse gerechtfertigt, behördliches Einschreiten gegen Wohnungsmißstände zu ermöglichen.

Meinungs- und Informationsfreiheit

Die Freiheit der Meinungsäußerung nach Art. 11 HV und die Informationsfreiheit des Bürgers nach Art. 13 HV werden durch das Gesetz über den Hessischen Rundfunk vom 2. 10. 1948 (GVBl. S. 123), das Gesetz über den privaten Rundfunk in Hessen (Hessisches Privatrundfunkgesetz) in der Fassung vom 25. 1. 1995

(GVBl. I S. 87) und das Hessische Gesetz über Freiheit und Recht der Presse in der Fassung vom 20. 11. 1958 (GVBl. S. 183) gesichert.

Der Hessische Rundfunk, eine Anstalt des öffentlichen Rechts mit dem Recht der Selbstverwaltung, hat als Organe Rundfunkrat, Verwaltungsrat und Intendanten. Der Rundfunkrat, der die Allgemeinheit auf dem Gebiete des Rundfunks vertritt, besteht aus Vertretern aller politischen und gesellschaftlichen Kräfte des Landes. Er wählt den Intendanten, berät diesen in grundsätzlichen Fragen der Programmgestaltung und übt das Haushaltsrecht aus. Als weiteres wichtiges Kollegialorgan überwacht der Verwaltungsrat die wirtschaftliche Geschäftsführung. Die Leitung der Anstalt obliegt dem auf 5 bis 9 Jahre gewählten Intendanten, der dafür verantwortlich ist, daß die Programmgestaltung den Vorgaben des Rundfunkgesetzes entspricht.

Das Niedersachsen-Urteil des Bundesverfassungsgerichts vom 4. 11. 1986[32] hat eine duale Rundfunkordnung akzeptiert. Es bezeichnet das im Wege der abstrakten Normenkontrolle angegriffene Niedersächsische Landesrundfunkgesetz vom 23. 5. 1984[33] als in seinen Grundlinien mit dem Grundgesetz vereinbar; lediglich einzelne Bestimmungen hat es für verfassungswidrig erklärt. Das Gericht stellt fest, der Gesetzgeber dürfe die Voraussetzungen für den Privatfunk nicht so hoch ansetzen, daß die Veranstaltung privater Programme erschwert oder gar ausgeschlossen werde. Vielmehr müßten die öffentlich-rechtlichen Rundfunkanstalten in ein System der Ausgewogenheit einbezogen werden, wodurch den Privaten mehr Spielraum gelassen werde. Somit wird der öffentlich-rechtliche Rundfunk zur Pluralitätsreserve für kommerzielle Veranstalter.

Nach Niedersachsen haben auch die anderen Bundesländer Privatfunkgesetze erlassen, die als endgültiger ordnungspolitischer Rahmen für die Medienordnung konzipiert sind. In Hessen hat eine vom Ministerpräsidenten eingesetzte Arbeitsgruppe am 25. 11. 1987 den »Entwurf eines Gesetzes über den privaten Rundfunk in Hessen« vorgelegt. Dieser Entwurf wurde von der Hessischen Landesregierung am 21. 6. 1988 gebilligt und dem Landtag zugeleitet, der das Gesetz am 24. 11. 1988 verabschiedet hat.

Das Gesetz stellt in Rechnung, daß die Herstellung ausgewogener Vielfalt im System des kommerziellen Koordinationsfunks scheitert. Nach dem Vorbild anderer Bundesländer hat das Gesetz das System des Koordinationsfunks mit Elementen des binnenpluralistischen Rundfunks ausgestattet. Die Gewährleistung der Vielfalt und Ausgewogenheit soll dabei durch ein »öffentlich-rechtliches Dach« erfolgen. Dieses Dach, unter dem die privatwirtschaftlichen Veranstalter tätig werden, ist als juristische Person des öffentlichen Rechts (Hessische Landesanstalt für privaten Rundfunk) organisiert. Zentrales Entscheidungsorgan ist die Versammlung, in der nach dem Vorbild der Rundfunkräte gesellschaftliche Gruppen vertreten sind.

Das Hessische Pressegesetz (HPrG) vom 23. 6. 1949 (GVBl. S. 75)[34] brachte in Hessen die bis in die Zeit der Weimarer Republik zurückreichenden Ansätze zur Modernisierung des Reichspressegesetzes vom 7. 5. 1874 zu einem nur vorläufigen Abschluß. Schon im Jahre 1958 wurde es durch das Gesetz vom 25. 10. 1958 (GVBl. S. 152) geändert. Zur Vorbereitung der Novelle hatte der Hessische Ministerpräsident eine Kommission eingesetzt, die sich aus Universitätsprofessoren, Verlegern, Journalisten, Staatsanwälten und Ministerialbeamten zusammensetzte. Die Kommission untersuchte vor allem das Beschlagnahmerecht und das Recht der Gegendarstellung und arbeitete Vorschläge für das Abänderungsgesetz aus. Den Anlaß für die Novellierung in jenem Zeitpunkt hatte eine Beschlagnahmeaktion gegen mehrere Zeitungen im Bundestagswahlkampf 1957 gegeben. Um die Wiederholung derartiger Beschlagnahmeaktionen zu verhindern, schränkte man die Beschlagnahme durch abschließende Aufzählung der Beschlagnahmegründe ein. Außerdem führte man die Entschädigungspflicht bei ungerechtfertigter Pressebeschlagnahme ein.[35]

Das Gesetz in der Fassung vom 20. 11. 1958 behandelt in den §§ 1 bis 3 die Pressefreiheit. In den folgenden §§ 4 bis 9 werden die Ordnungsvorschriften normiert, denen die Druckwerke unterliegen. Was Druckwerke im Sinne des Gesetzes sind, bestimmt § 4. In § 10 wird das Recht der Gegendarstellung geregelt. Damit wird den Interessen derjenigen, die von einer Presseveröffentlichung betroffen werden, Rechnung getragen. § 11 handelt von der strafrechtlichen Verantwortung des Redakteurs, § 12 von der Verjährung der Pressestraftaten und Presseordnungswidrigkeiten. Die §§ 13 bis 20 regeln die Pressebeschlagnahme; davon ist § 17, der die weitere Beschwerde zuließ, vom Bundesverfassungsgericht für nichtig erklärt worden.[36] § 21 ist die einzige Strafvorschrift; daneben enthält § 21 a eine Bußgeldvorschrift für leichtere Verstöße gegen das Presseordnungsrecht. Keine Regelung enthielt das HPrG von Anfang an zur Redakteursmitbestimmung. Dieser Gegenstand war weder zur Entstehungszeit 1949 noch zur Zeit der Überarbeitung 1958 Thema der Auseinandersetzung.[37]

Im Hinblick darauf, daß die Anwendungsformen der neuen Informations- und Kommunikationstechniken nicht an den Landesgrenzen haltmachen, sind gemeinsame Entscheidungen der Länder notwendig. Diese zu finden, ist wegen unterschiedlicher medienpolitischer Vorstellungen nicht einfach. Indessen kann man sich dem Zwang, Minimalkonsense zu finden, nicht entziehen. Schritte auf diesem Weg sind Absprachen der Regierungschefs der Länder über Bildschirmtext, Satellitenrundfunk und Multimedia-Dienste.[38]

Aufgrund der Länderzuständigkeit zur Regelung der Nutzung von Bildschirmtext sind die Ministerpräsidenten 1982 übereingekommen, Vorbereitungen zu treffen, die ländereinheitliche Regelungen für die Einführung von Bildschirmtext in all seinen Anwendungsformen ermöglichen. Unter Berücksichtigung der Ergebnisse der Feldversuche in Berlin und Düsseldorf haben die Länder nach Anhörung der betroffenen Verbände und Institutionen einen Vertrag erarbeitet, der am 18. 3. 1983 von den Ministerpräsidenten unterzeichnet wurde. Nach Verabschiedung der Zustimmungsgesetze zum Bildschirmtext-Staatsvertrag in allen Landtagen[39] gilt dieser seit 1. 9. 1984 bundesweit.

Bei Bildschirmtext handelt es sich um ein für jeden als Teilnehmer und als Anbieter zur inhaltlichen Nutzung bestimmtes Informations- und Kommunikationssystem, bei dem elektronisch gespeicherte textorientierte Informationen und andere Dienste über die öffentlichen Fernmeldenetze (z. B. Telefonnetz) abgerufen werden. Der Bildschirmtext-Staatsvertrag gewährleistet den chancengleichen Zugang für jedermann. Dabei verzichtet der Vertrag auf ein Zulassungsverfahren für die Anbieter. Da Anbieter von Bildschirmtext jedermann sein kann, soweit ihm nicht die Nutzung wegen Verletzung der Bestimmungen des Vertrages oder der allgemeinen Gesetze untersagt ist, kommen als Anbieter auch solche natürlichen Personen in Frage, die nicht geschäftsfähig sind. Um hier eine klare Verantwortungsregelung zu schaffen, verlangt der Staatsvertrag die Bestellung eines Bildschirmtextbeauftragten, der die Verantwortung nach dem Vertrag übernimmt. Das gleiche gilt für ausländische Anbieter. Auch diese müssen im Inland einen Bildschirmtextbeauftragten haben, der für die Einhaltung des Staatsvertrages verantwortlich gemacht werden kann.

Mit dem Satellitenrundfunk hat sich die Ministerpräsidentenkonferenz erstmals 1981 befaßt. Die Regierungschefs haben festgestellt, daß über die Nutzung von Satelliten für Rundfunkzwecke ausschließlich die Länder als verfassungsmäßige Träger der Rundfunkhoheit zu entscheiden haben. Außerdem haben die Regierungschefs betont, daß Vorstellungen von dritter Seite über die Nutzung von Satelliten für Rundfunkzwecke an dieser Rechts- und Kompetenzlage zu messen seien. Schließlich haben sie ihren Willen bekundet, die aktuellen Fragen und Probleme des Satellitenrundfunks möglichst gemeinsam zu lösen. Die Beratungen führten zum Entwurf eines Konzepts der Länder zur Neuordnung des Rundfunkwesens, das Gegenstand vertraulicher Beratungen auf der Jahreskonferenz der Regierungschefs der Länder in Bremerhaven vom 17. bis 19. 10. 1984 war. Der Entwurf wurde ohne Änderung der wesentlichen Aussagen zum Beschluß erhoben.

Wesentliche Elemente des Bremerhavener Beschlusses sind die Aussagen zur Zulassung privatwirtschaftlicher Veranstalter und zu den Veranstalterpflichten. So betont der Beschluß, daß die Startchancen privater Veranstalter »im Rahmen des geltenden Verfassungsrechts« zu gestalten sind. Damit sollte sichergestellt werden, daß der aufgrund des Beschlusses zu erarbeitende Vertrag entsprechend den grundgesetzlichen Anforderungen die Zulassung privatwirtschaftlicher Veranstalter regelt. Medienpolitisch gewichtig ist der Hinweis darauf, daß der Rundfunk im allgemeinen angemessene Anteile von Information und Bildung, von Eigenproduktion und Produktionen aus dem europäischen Kulturraum enthalten soll.[40]

Nachdem, wie oben erwähnt, das Bundesverfassungsgericht im Niedersachsen-Urteil die duale Rundfunkordnung bestätigt hatte,[41] schlossen die Regierungschefs der Länder den Staatsvertrag zur Neuordnung des Rundfunkwesens (Rundfunkstaatsvertrag) vom 1./3. 4.1987.[42] Der Rundfunkstaatsvertrag beschränkte bundesweite Veranstalter auf je ein Voll- und Spartenprogramm im Fernsehen und Hörfunk. Das galt auch für den Rundfunkstaatsvertrag i.d.F. des von den Regierungschefs der Länder abgeschlossenen Staatsvertrages über den Rundfunk im vereinten Deutschland vom 31. August 1991,[43], wonach es bei dieser Beschränkung, wenn auch leicht modifiziert, blieb.

Zwischen dem 26. 8. und dem 11. 9. 1996 haben die Regierungschefs der Länder den Dritten Rundfunkänderungsstaatsvertrag[44] unterzeichnet. Zentraler Gegenstand der Änderung des Rundfunkstaatsvertrages ist die Novellierung des materiellen Medienkonzentrationsrechts. Die numerische Programmzahlbegrenzung gibt es nicht mehr. Nach § 26 Abs. 1 des Vertrages kann jede natürliche oder juristische Person beliebig viele Programme veranstalten, solange vorherrschende Meinungsmacht die Meinungsvielfalt nicht gefährdet. Nach § 26 Abs. 2 wird vorherrschende Meinungsmacht vermutet, wenn die Person mit der Summe der ihr zurechenbaren Programme im Jahresdurchschnitt einen Zuschaueranteil von 30 % erreicht. Gemäß § 27 sind bei der Ermittlung des Anteils alle deutschsprachigen Programme einzubeziehen, wobei keine Differenzierung nach Voll- und Spartenprogrammen stattfindet. Dem Veranstalter sind aufgrund von § 28 sämtliche Programme zuzurechnen, soweit er eine Beteiligung von 25 % oder mehr hält. Die Wirksamkeit der Konzentrationsbekämpfung hat sich damit nicht sonderlich verbessert.[45]

Der Markt für informationswirtschaftliche Produkte und Dienstleistungen gehört zu einem der weltweit größten Wirtschaftszweige. Für einzelne Segmente dieses Marktes werden zum Teil erhebliche Wachstumsraten erwartet, die einen lang andauernden Wachstumsschub auslösen. Der Übergang in eine Informationsgesellschaft wird zu tiefgreifendem sozialem Wandel führen.

Der berufliche und private Alltag der Menschen wird sich verändern. Partizipationsmöglichkeiten aller Bürgerinnen und Bürger sind ebenso anzustreben wie Gefahren für die Privatspähre und Persönlichkeitsrechte des einzelnen zu vermeiden sind.

Vor diesem Hintergrund ist es Ziel des Staatsvertrages über Mediendienste (Mediendienste-Staatsvertrag), den die Regierungschefs der Länder zwischen dem 20. 1. und 12. 2. 1997 unterzeichnet haben und dem der Landtag inzwischen zugestimmt hat,[46] im Rahmen der Länderkompetenzen eine verläßliche Grundlage für die Gestaltung der sich dynamisch entwickelnden Angebote im Bereich der Informations- und Kommunikationsdienste zu bieten und einen Ausgleich zwischen freiem Wettbewerb, berechtigten Nutzerinteressen und öffentlichen Ordnungsinteressen herbeizuführen. Der Staatsvertrag stützt sich dabei auf die Ergebnisse der Bund-Länder-Arbeitsgruppe »Multimedia« und die bislang auf diesem Sektor durch Pilotprojekte und themenbezogene Untersuchungen in den Ländern gewonnenen Erfahrungen.

Soziale Rechte

In Ausführung der Forderung des Art. 29 Abs. 1 HV nach einem einheitlichen Arbeitsrecht für »alle Angestellten, Arbeiter und Beamten«, die in Art. 135 HV für die »Arbeitnehmer der öffentlichen Verwaltungen« wiederholt wird, wurde auf Anweisung der Militärregierung das Gesetz über die Rechtsstellung der Beamten und Angestellten im öffentlichen Dienst des Landes Hessen vom 12. 11. 1946 (GVBl. S. 205) erlassen. Entsprechend dem Auftrag des Art. 29 Abs. 1 HV regelte das Gesetz das Recht des öffentlichen Dienstes umfassend. Es behandelte das Beamtenverhältnis und das Verhältnis der Angestellten und Arbeiter mit Ausnahme der rein manuellen Tätigkeiten. Die Grundsätze des Berufsbeamtentums traten stark zurück: das Beamtenverhältnis wurde nicht durch Ernennung, sondern durch Vertrag begründet, und vermögensrechtliche Streitigkeiten aus dem Beamtenverhältnis waren den Arbeitsgerichten zugewiesen. Mit gewissen Änderungen, zu denen u. a. die Zuweisung aller beamtenrechtlichen Angelegenheiten an die Verwaltungsgerichte gehörte, galt dieses Gesetz, das man zu Recht als Bedienstetengesetz bezeichnete, zuletzt in der Fassung vom 11. 11. 1954 (GVBl. S. 239). Mit Erlaß des Rahmengesetzes zur Vereinheitlichung des Beamtenrechts (Beamtenrechtsrahmengesetz) vom 1. 7. 1957[47] brach diese Entwicklung ab.

Bei der Ausführung des Art. 30 Abs. 2 HV, der zur Schaffung von Einrichtungen zum Schutz von Mutter und Kind auffordert, damit Frauen ihre Aufgabe als Mutter und Berufstätige vereinbaren können, ist auf das Kindergartengesetz vom 14. 12. 1989 (GVBl. I S. 399) hinzuweisen. Die ursprünglich bedeutsame Gewährung eines Mindesturlaubs für jeden Arbeitnehmer nach Art. 34 HV, zu dessen Ausführung das Urlaubsgesetz vom 29. 5. 1947 (GVBl. S. 33) erlassen worden war, hat an Bedeutung verloren. Denn dem Bund steht nach Art. 74 Abs. 1 Nr. 12 GG die konkurrierende Gesetzgebungszuständigkeit für das Arbeitsrecht zu, und der Bundesgesetzgeber hat durch Erlaß des Bundesurlaubsgesetzes von seiner Kompetenz für den Erholungsurlaub Gebrauch gemacht. Aufgrund der durch die Bundesregelung für den Bereich des Erholungsurlaubs eingetretenen Sperrwirkung kann aus Art. 34 HV allenfalls noch der Auftrag herausgelesen werden, Arbeitnehmern für andere als Erholungszwecke Urlaub einzuräumen. In diesem Sinne ist die Begründung eines Anspruchs auf einen fünftägigen Bildungsurlaub nach dem Hessischen Gesetz über den Anspruch auf Bildungsurlaub vom 16. 10. 1984 (GVBl. I S. 300) zu sehen, der der politischen Bildung oder der beruflichen Weiterbildung dient.

Wie Art. 34 HV ist auch Art. 37 HV Ausdruck der sozialstaatlichen Zielsetzung. Er teilt auch das Schicksal von Art. 34 HV. Da er sich mit der Bildung und Mitbestimmung von Betriebsvertretungen beschäftigt, wozu das Hessische Betriebsrätegesetz vom 31. 5. 1948 (GVBl. S. 117) ergangen war, hat er durch das aufgrund der konkurrierenden Gesetzgebungszuständigkeit des Bundes für die Betriebsverfassung nach Art. 74 Abs. 1 Nr. 12 GG erlassene Betriebsverfassungsgesetz des Bundes vom 11. 10. 1952,[48] an dessen Stelle inzwischen das Betriebsverfassungsgesetz in der Fassung vom 23. 12. 1988[49] getreten ist, seine Bedeutung für den Bereich der Privatwirtschaft verloren. Für den öffentlichen Dienst hatte die Anweisung des Art. 37 HV eine zeitlich darüber hinausreichende

Bedeutung. Aber nachdem der Bund aufgrund seiner Rahmenzuständigkeit für das Recht des öffentlichen Dienstes nach Art. 75 Abs. 1 Nr. 1 GG das Personalvertretungsrecht geregelt hatte, überlagerten die Anweisungen des Bundesrahmenrechts weitgehend Art. 37 HV.

Durch das Hessische Personalvertretungsgesetz vom 23. 12. 1959, das heute in der Fassung vom 24. 3. 1988 (GVBl. I S. 161) gilt und das die im Bundespersonalvertretungsgesetz enthaltenen Rahmenvorschriften in Landesrecht umgesetzt hat, hat der Landesgesetzgeber Art. 37 Abs. 2 HV für den öffentlichen Dienst weitgehend verwirklicht. Das Hessische Gesetz übernahm die Einrichtung der Stufenvertretung, obwohl sie für die Länder nicht zwingend vorgeschrieben war. Um die Zusammenarbeit von Dienststelle und Personalvertretung zu vereinfachen, bestimmte es, daß in erster Linie der Personalrat der Dienststelle zu beteiligen ist, der der Bedienstete angehört. Es sieht weitgehend Mitbestimmung und nicht bloß Mitwirkung vor, ohne Rücksicht darauf, ob es sich um soziale oder personelle Fragen handelt. Ohne Vorbild in der Bundesregelung war die Beteiligung in wirtschaftlichen Angelegenheiten. Einen entscheidenden Schritt zur Stärkung der Mitwirkung hat der Gesetzgeber mit der Einführung der Einigungsstelle getan, deren Aufgabe es ist, eine Einigung herbeizuführen, wenn zwischen oberster Dienstbehörde und Hauptpersonalrat keine Verständigung zustande kommt. Allerdings verbleibt der Landesregierung der Stichentscheid.

Sozialisierung und Enteignung

Zur Ausführung der durch Art. 41 HV angeordneten Sofortsozialisierung war zunächst das Treuhändergesetz vom 25. 8. 1947 (GVBl. S. 72) erlassen worden. Das Abschlußgesetz zu Art. 41 HV vom 6. 7. 1954 (GVBl. S. 126) hob das Treuhändergesetz auf und bestimmte die endgültigen Rechtsträger der von der Sofortsozialisierung erfaßten Betriebe sowie die Entschädigung der früheren Betriebsinhaber. Durch Gesetz vom 19. 6. 1967 (GVBl. I S. 119) wurde eine Veränderung der Rechtsverhältnisse an den von Art. 41 HV erfaßten Betrieben zugelassen. Damit wurde eine Reprivatisierung von in Gemeineigentum stehenden Unternehmen möglich, wenn infolge der Entwicklung der wirtschaftlichen Verhältnisse die erfaßten Betriebe zu Klein-oder Mittelbetrieben wurden. Die Herausnahme der Klein- und Mittelbetriebe entsprach dem Auftrag des Art. 43 HV, diese Betriebe zu fördern und »besonders vor Überlastung und Aufsaugung zu schützen«. Zur Erfüllung dieses Auftrags ist das Gesetz zur Förderung der kleinen und mittleren Unternehmen der hessischen Wirtschaft vom 23. 9. 1974 (GVBl. I S. 458) ergangen.

Die unterschiedlichen Vorschriften über das Enteignungsverfahren, die in den einzelnen Landesteilen galten, wurden durch das Hessische Enteignungsgesetz vom 4.4.1973 (GVBl. I S. 107) ersetzt. Das Gesetz erweitert nicht die Enteignungsmöglichkeiten, sondern beschränkt sich darauf, die Verfahrensfragen einheitlich zu regeln. Im übrigen versucht es, die Durchführung der Enteignungsverfahren zu beschleunigen. Seine Bedeutung liegt in der Vereinheitlichung und Klärung der Verfahrensfragen, die im Hinblick auf die Bedeutung der Eigentumsgarantie in Art. 45 HV notwendig erscheinen.

Kirchen und Staat

Die Kirchen ordnen und verwalten nach Art. 49 HV ihre Angelegenheiten selbständig. Ihre Rechtsstellung nach Art. 48 bis 52 HV stimmt im wesentlichen mit ihrer Stellung in Art. 140 GG überein. Die verfassungsrechtlichen Bestimmungen gelten für alle Religions- und Weltanschauungsgemeinschaften und wahren die freie Religionsausübung durch klare Abgrenzung staatlicher und kirchlicher Bereiche. Kennzeichnend ist, daß als Mittel der Abgrenzung in Art. 50 Abs. 1 HV die Vereinbarung besonders erwähnt ist. In Ausführung dieser Bestimmung sind zwischen dem Lande und den Kirchen Staatsverträge geschlossen worden, denen das Parlament durch Ratifikationsgesetze zugestimmt hat. Durch Gesetz vom 10. 6. 1960 (GVBl. S. 54) wurde dem Vertrag mit den Evangelischen Landeskirchen die Zustimmung gegeben. Der Vertrag gewährt den Kirchen weitgehende Freiheiten auf ihrem Gebiet, aber auch zahlreiche Einwirkungsmöglichkeiten auf staatliche Belange,

z. B. bei Berufung von Theologieprofessoren, bei der Prüfung von Religionslehrern, beim Religionsunterricht sowie in der Krankenhaus- und Anstaltsseelsorge. Diesem Vorbild folgt der Vertrag mit den Katholischen Bistümern, dem der Landtag mit Gesetz vom 4. 7. 1963 (GVBl. I S. 102) zugestimmt hat. Mit dem Vertrag zur Ergänzung des Vertrages mit den Katholischen Bistümern, der durch Gesetz vom 4. 9. 1974 (GVBl. I S. 388) ratifiziert wurde, wurden die Rechte zum Eingriff des Staates in die kirchliche Vermögensverwaltung abgebaut.

Erziehung und Schule

Die Verwirklichung des Art. 56 Abs. 1 Satz 1 HV, wonach allgemeine Schulpflicht besteht, ist Gegenstand des Schulgesetzes vom 17. 6. 1992 (GVBl. I S. 233). Danach besteht für Kinder, Jugendliche und Heranwachsende, die im Lande ihren Wohnsitz oder gewöhnlichen Aufenthalt, ihre Ausbildungs- oder Arbeitsstätte haben, Schulpflicht, die sich in die in der Regel 9jährige Vollzeitschulpflicht und die Berufsschulpflicht gliedert. Die Vollzeitschulpflicht wird während der ersten 4 Jahre durch Besuch der Grundschule erfüllt; auch der Besuch einer genehmigten privaten Grundschule ist möglich. Anschließend erfolgt der Besuch einer Schule der Mittelstufe (Sekundarstufe I), einer Hauptschule, Realschule, eines Gymnasiums oder einer schulformbezogenen (kooperativen) oder Schulform übergreifenden (integrierten) Gesamtschule. Für Schüler, die das Ziel der Hauptschule nicht erreicht haben, kann die Vollzeitschulpflicht auf Antrag in der Regel um ein Jahr verlängert werden. Die Berufsschulpflicht beginnt mit Ende der Vollzeitschulpflicht oder mit dem Eintritt in ein Ausbildungs- oder Arbeitsverhältnis. Sie dauert grundsätzlich 3 Jahre. Auszubildende sind darüber hinaus bis zur Beendigung der Ausbildungszeit zum Besuch der Berufsschule verpflichtet.

Außerdem legt das Gesetz die pädagogischen Grundforderungen fest und legalisiert moderne Unterrichtsformen und schulische Einrichtungen. Es enthält Vorschriften über Schulträgerschaft, Schulfinanzierung, kommunale Schulverwaltung, die rechtliche Stellung von Lehrerkonferenz, Schulleitern und Lehrern sowie Bestimmungen über Organisation und Aufgaben der Schulaufsicht. Das Bürgerrecht auf Bildung, das nicht als eigenständiges Grundrecht in der Verfassung fixiert ist, aber aus der Würde des Menschen nach Art. 3 HV abgeleitet werden kann und Voraussetzung der von der Hessischen Verfassung gebotenen Demokratisierung in Staat und Gesellschaft ist, wird durch die 2jährige Beobachtungsstufe in den Jahrgangsstufen 5 und 6, insbesondere die Förderstufe, die die Wahl des Bildungsweges länger offen hält, und die Gesamtschule, die die Chancengleichheit und individuelle Begabungsentfaltung fördert, in hohem Maße gewährleistet.

Im übrigen regelt das Gesetz das Nähere zum pädagogischen Elternrecht nach Art. 56 Abs. 6 HV. Danach werden von den Erziehungsberechtigten die Klassen- und Schulelternbeiräte, Kreis- und Stadtelternbeiräte und als oberste Vertretung der Elternschaft ein Landeselternbeirat gewählt.

Den mit dem Schulgesetz von 1992 beschrittenen Weg geht das Änderungsgesetz vom 15. 5. 1997 (GVBl. I S. 143) konsequent weiter. Den Schulen werden noch mehr Entscheidungsspielräume eröffnet, und die Rechte der Eltern und Schüler werden gestärkt. Eltern und Schüler können ihre Erfahrungen und Interessen in das Schulleben einbringen; deshalb werden der Schulkonferenz mehr Entscheidungsmöglichkeiten eingeräumt. Die Weiterentwicklung der Staatlichen Schulämter zu Servicezentren, die die Schulen konkret und ortsnah unterstützen, wird ebenso angestrebt wie die Unterstützung der Eigenständigkeit der Schulen durch Einführung der Budgetierung. Der eigene Haushalt der Schulen wird nicht nur die Sachmittel, sondern auch Personalmittel enthalten. Erste Erfahrungen mit der Budgetierung gibt es bereits in einigen hessischen Schulen, und sie sind zum überwiegenden Teil positiv. Die Schulen werden künftig zur Formulierung eines Schulprogramms aufgefordert. So können sie selbst ihr Angebotsspektrum in Ergänzung des für alle geltenden Pflichtprogramms definieren, Alternativen bei der Verwendung knapper Mittel abwägen und entscheiden.

Die pädagogische Eigenverantwortung wird mit dem Instrument des Schulprogramms erweitert. Das Schulprogramm hat folgende Funktionen: Mittel der Selbstvergewisserung und verbindliche Dokumentation der eigenen pädagogischen Möglichkeiten und Ziele im Rahmen des vorgegebenen Bildungs- und Erziehungsauftrages und des verbindlichen Standards, Ansatz zur Selbstkontrolle und zu einer neuen Form der Kooperation mit der Schulaufsicht in der Orientierung auf ein gemeinsam verantwortetes Entwicklungsziel. Dieser Weiterentwicklung dient das Modell einer arbeitsteiligen Schulleitung mit der Bereichsverantwortung der Funktionsstelleninhaber unter der Letztverantwortung des Schulleiters.

In einem engen bildungspolitischen Zusammenhang mit der Weiterentwicklung der Schulen steht die Strukturreform der Schulaufsicht und der Landesinstitute. Die Reform der Bildungsverwaltung ist sowohl eine Maßnahme zur Unterstützung der Selbständigkeit, als auch zur Modernisierung der Staatsverwaltung im Rahmen der Verwaltungsreform 2000. Die Entwicklung ist wesentlich bestimmt durch den Wegfall der Schulabteilung der Regierungspräsidien als mittlerer Schulaufsichtsebene und der Konzentration der Aufsichtsfunktionen sowie der Verwaltungsaufgaben in der unteren Schulaufsichtsebene, den Staatlichen Schulämtern, deren Zahl auf 15 verringert wird.

Zur Weiterentwicklung der Schule, werden die bisher selbständigen Landesinstitute, das Hessische Institut für Lehrerfortbildung, das Hessische Institut für Bildungsplanung und Schulentwicklung, die Landesbildstelle und die Hessische Erwachsenenbildungsstätte, zum Hessischen Landesinstitut für Pädagogik zusammengefaßt. Unter diesem Dach sollen regionale pädagogische Institute die Begleitung der Schulen in ihrer Entwicklung leisten, und zwar in Kooperation mit den Staatlichen Schulämtern und den Studienseminaren.

Von zukunftsweisender Bedeutung war die in Art. 59 HV angeordnete Unterrichtsgeld- und Lernmittelfreiheit. Aus Art. 59 und dem Schulgesetz ergibt sich, daß kein Schulgeld an öffentlichen Schulen sowie keine Studiengebühren und Kolleggelder an Hochschulen erhoben werden. Den Kreis der Berechtigten hat der Gesetzgeber schrittweise erweitert: während anfangs nur Deutsche mit Wohnsitz in Hessen berechtigt waren, wurden die Vergünstigungen später auf Schüler und Studenten aus anderen Bundesländern und auf Ausländer ausgedehnt.

Private Schulen bedürfen nach Art. 61 HV staatlicher Genehmigung. Einzelheiten regelt das Schulgesetz. Außerdem sichert der Staat die finanzielle Existenz der Privatschulen.

Universitäten und Fachhochschulen

Dem Gebot des Art. 60 Abs. 1 HV, die Selbstverwaltung der Universitäten und staatlichen Hochschulen unter staatlicher Aufsicht zu gewährleisten und die Beteiligung der Studenten an der Selbstverwaltung zu sichern, trug bereits das Gesetz über die Wissenschaftlichen Hochschulen des Landes Hessen vom 16. 5. 1966 (GVBl. I S. 121) Rechnung. Dieses Gesetz schuf eine einheitliche Rechtsgrundlage für alle Wissenschaftlichen Hochschulen des Landes und verlieh ihnen die Stellung rechtsfähiger Körperschaften des öffentlichen Rechts. Außerdem brachte es eine Stärkung des Wirkungsgrades der Hochschulverwaltung durch kontinuierliche Amtsführung ihrer Organe, die Beteiligung der Studentenschaft an der Verwaltung der Hochschule und die Beschleunigung des Verfahrens zur Besetzung der Lehrstühle. Das Gesetz über die Hochschulen des Landes (Hochschulgesetz) vom 12. 5. 1970 (GVBl. I S. 315) führte die Reform des Hochschulwesens fort und verband Universitäten, Kunsthochschulen und Fachhochschulen zu einem Gesamthochschulsystem, dessen Zweck die Zusammenarbeit und Arbeitsteilung und die Abstimmung der Studiengänge sowie die gemeinsame Nutzung von Forschungs-, Lehr - und Ausbildungsmöglichkeiten ist.

Innerhalb dieses Rahmens gilt das Gesetz über die Universitäten des Landes Hessen (Universitätsgesetz) in der Fassung vom 28. 3. 1995 (GVBl. I S. 325). Es enthält die Organisations- und Verwaltungsstruktur und regelt die Beteiligung der einzelnen Gruppen und Organe an der Selbstverwaltung sowie ihr Zusammenwirken zu rationalen, an langfristigen Planungen orientierten Entscheidungen. Organe der Universitäten sind der Konvent, der Senat und die Ständigen Ausschüsse. In Konvent, Senat und Ständigen Ausschüssen sind die betroffenen Hochschulangehörigen vertreten. Für den Bereich der Fach- und Kunsthochschulen wird das Hochschulgesetz durch das Gesetz über die Fachhochschulen im Lande Hessen (Fachhochschulgesetz) in der Fassung vom 28. 3. 1995 (GVBl. I S. 359) und das Gesetz über die Kunsthochschulen des Landes Hessen (Kunsthochschulgesetz) in der Fassung vom 28. 3. 1995 (GVBl. I S. 349) vervollständigt.

Natur und Denkmalschutz

Den Auftrag von Art. 62 HV realisieren das Hessische Gesetz über Naturschutz und Landschaftspflege (Hessisches Naturschutzgesetz) vom 19. 9. 1980 (GVBl. I S. 309) und das Gesetz zum Schutz der Kulturdenkmäler (Denkmalschutzgesetz) in der Fassung vom 5. 9. 1986 (GVBl. I S. 262). Beide Gesetze ziehen die Konsequenz daraus, daß mit steigender Bevölkerungsdichte in den Ballungsräumen und zunehmender räumlicher Ausbreitung der gewerblichen Wirtschaft sowohl Landschaft wie Kulturdenkmäler in Gefahr geraten. Diese Gefahren, die besonders bei den Beeinträchtigungen der Landschaft deutlich werden, werden durch Eingrenzung privater Verfügung sowie durch Erhaltens- und Wiederherstellungsgebote in Grenzen gehalten.

Anmerkungen

1 LT-Drucks. 6/2593
2 Gesetz vom 31. 7. 1974, BGBl. I S. 1713
3 LT-Drucks. Abt. I, Nr. 364 der 2. Wp.
4 StAnz. 1953 S. 749
5 LT-Drucks. Abt. I, Nr. 560 der 3. Wp.
6 LT-Drucks. Abt. I, Nr. 378 der 2. Wp.
7 StAnz. 1965 S. 1394 = JR 1966 S. 232 mit Anm. von Groß
8 LT-Drucks. Abt. I, Nr. 1641 der 5. Wp.
9 LT-Drucks. Abt. I, Nr. 1655 der 5. Wp.
10 Stenografische Protokolle des Hessischen Landtags, 5. Wp., S. 2297
11 A.a.O. (Fn. 1)
12 BGBl. I S. 3146
13 BT-Drucks. 12/6000

14 Sannwald in DÖV 1994 S. 629 ff., Jahn in DVBl. 1994 S. 177 ff., Vogel in DVBl. 1994 S. 497 ff. und Rohn/Sannwald in ZRP 1994 S. 65 ff.
15 LT-Drucks. 12/7216
16 LT-Drucks. 12/7340
17 LT-Drucks. 12/7350
18 LT-Drucks. 12/7217 mit Änderung LT-Drucks. 12/7729
19 LT-Drucks. 12/7810
20 LT-Drucks. 12/7341
21 LT-Drucks. 12/7342
22 LT-Drucks. 12/7762
23 LT-Drucks. 12/7811
24 LT-Drucks. 12/7343
25 Stenografische Protokolle des Hessischen Landtags, 12. Wp. S. 7276 ff.
26 LT-Drucks. 12/7694
27 A.a.O. (Fn. 10), S. 7278
28 Zur Reform der HV vgl. Lange und Jobs, Brauchen wir eine Verfassungsreform? in Festschrift - 50 Jahre Verfassung des Landes Hessen, 1997, S. 445 ff.
29 Hennis, Verfassung und Verfassungswirklichkeit, in Recht und Staat, Heft 373/374, 1968, S. 20 ff.
30 Häberle in VVDStRL 30 S. 43 ff. - 112 -
31 BVerfGE 65 S. 1 ff.
32 BVerfGE 73, S. 118 ff.
33 Nds. GVBl. S. 147, zu den Mediengesetzen vgl. Groß, Medienlandschaft im Umbruch, 1986, S. 79 ff.
34 Zum HPrG vgl. Groß, Die Ausformung der Meinungsfreiheit durch das Hessische Pressegesetz, in Festschrift - 50 Jahre Verfassung des Landes Hessen, 1997, S. 151 ff.
35 Zu Entstehung und Inhalt der Novelle von 1958 vgl. Löffler in NJW 1959 S. 417 ff.
36 BVerfGE 48 S. 367 ff. = NJW 1978 S. 1911 ff. = DÖV 1978 S. 687 f.
37 Groß, Zur inneren Pressefreiheit, Festschrift für E. Stein, 1983, S. 73 ff.
38 Zur Länderkoordinierung in der Medienpolitik vgl. Groß DÖV 1983 S. 437 ff.
39 GVBl. 1983 I S. 91; zu den Regelungen des Vertrages vgl. Scherer in NJW 1983 S. 1832 ff.
40 Zur Entwicklung der Beratung bis zum Beschluß von Bremerhaven Groß, a. a. O. (Fn. 33), S. 50 ff.
41 A.a.O. (Fn. 32)
42 GVBl. 1987 I S. 165

43 GVBl. 1991 I S. 367
44 GVBl. 1996 I S. 485
45 Vgl. Röper in Media Perspektiven 1996 S. 610 ff. und Dörr in Media Perspektiven 1996 S. 621 ff.
46 GVBl. 1997 I S. 134
47 BGBl. I S. 667
48 BGBl. I S. 681
49 BGBl. I S. 13

Lothar Scholz

Verfassung in Schule und Unterricht

1. Begegnung mit Verfassungen

Jahr für Jahr werden zigtausende von Büchern an die allgemeinbildenden Schulen in Hessen ausgeliefert, die die Texte der Verfassung des Landes Hessen und des Grundgesetzes für die Bundesrepublik Deutschland enthalten (im folgenden als »Verfassungsbücher« bezeichnet). Eine Einführung sowie ein Anhang, der die Allgemeine Erklärung der Menschenrechte, die Konvention zum Schutze der Menschenrechte und Grundfreiheiten (Auszug) und die Charta der Vereinten Nationen umfaßt, komplettieren das Werk.[1] Absender ist das Hessische Kultusminsterium, Adressaten sind die Schülerinnen und Schüler der 9. Jahrgangsstufen der allgemeinbildenden Schulen. Im Jahre 1997 ist diese Publikation bereits in der 50. Auflage erschienen und in 63 000 Exemplaren versandt worden.

Man kann also davon auszugehen, daß jeder junge Mensch in Hessen – in den anderen Bundesländern wird ähnlich verfahren – mit den Verfassungen »in Berührung« gekommen ist, bevor er die Schule verläßt. Die Kultusministerien als Teil der Exekutive wollen so die Voraussetzungen schaffen, daß den Heranwachsenden die grundlegenden Verfassungsdokumente unserer Staatsordnung auf ihrem weiteren Lebensweg als Staatsbürger und -bürgerin dauerhaft zur Verfügung stehen. Als »Schulentlassgabe« soll das Buch und dessen Übereignung auch eine Identität mit Verfassung und Staat herstellen, bzw. vertiefen.

Neben diesem formalen Akt sind selbstredend inhaltliche Absichten mit der Übergabe der Verfassungstexte verbunden: Kenntnisse von und die Auseinandersetzung mit Grundrechten, Staatsaufbau und -organen, politischen Entscheidungsprozessen und Partizipationsmöglichkeiten gehören zu den fundamentalen Bestandteilen einer Politischen Bildung, deren Zielsetzungen von dem Bild eines mündigen, aktiven Staatsbürgers geleitet sind. Schule hat die Aufgabe, diese Politische Bildung zu vermitteln.

Die Weitergabe der »Verfassungsbücher« an die Schülerinnen und Schüler veranlaßt zu der Frage, welchen Stellenwert die Verfassungen (im Plural sind stets das Grundgesetz und die Hessische Verfassung gemeint) in Schule und Unterricht haben. Auf welche Weise befassen sich Schülerinnen und Schüler inhaltlich mit der Verfassung? Wie werden Verfassungen und ihre Inhalte zu Unterrichtsthemen, welche Zielsetzungen sind damit verbunden und welche Rolle spielen die Texte von Grundgesetz und Hessischer Verfassung selbst, als Unterrichtsinhalt und als -medium?

Die ersten intensiveren Auseinandersetzungen mit verfassungsrelevanten Unterrichtsinhalten erfolgen in der Schule im Unterricht der Sekundarstufe I (Jahrgangsstufen 5–10). Zwar werden auch in dem Sachunterricht in der Grundschule Problemstellungen thematisiert, die Grund- und Menschenrechte berühren (z. B. im Lernfeld Zusammenleben) oder Fragen der örtlichen politischen Institutionen und Einflußmöglichkeiten beinhalten (z. B. im Lernfeld Öffentliches Leben.), doch eine systematische und didaktisch und methodisch strukturierte Sozialkunde oder Gesellschaftslehre mit Themen aus dem Verfassungsrecht und der Staatsorganisation ist erst für die Sek. I vorgesehen.[2]

Dieser Schulabschnitt, in dem der »Erstkontakt« mit den Verfassungen erfolgt, steht im Mittelpunkt dieses Beitrages. Der überwiegende Teil der Schülerinnen und Schüler verläßt die Schule nach der 10. Klasse. Welchen Stellenwert Verfassungen in ihrer Schulzeit eingenommen haben, wie ihnen verfassungsrelevante Fragestellungen, Kenntnisse und Einsichten vermittelt worden sind, welche Assoziationen, Einstellungen, Werthaltungen sie mit Verfassungen verbinden, ist nicht nur für politische Bildung, sondern auch für die Stabilität der Demokratie von großer Bedeutung.

Zur Beantwortung dieser Fragen werden die curricularen Rahmenvorgaben in dem Rahmenplan Gesellschaftslehre und dem Rahmenplan Sozialkunde für die Sekundarstufe I herangezogen und auf ihre Aussagen über »Verfassungsthemen« untersucht. Die darin enthaltenen Ziele, Inhalte und Themen formulieren das Anspruchsniveau für den politischen Unterricht in dieser Schulstufe.

Anschließend werden in einer komprimierten Zusammenfassung die Anforderungen für die Sekundarstufe II (Jahrgangsstufe 11–13) anhand des Kursstrukturplans Gemeinschaftskunde beschrieben.

Einige Schlußfolgerungen und unterrichtsbezogene Hinweise schließen den Beitrag ab.

2. Verfassung und Bildungsauftrag

In § 2 des Hessischen Schulgesetzes vom 17. Juni 1992, i. d. F.vom 15. Mai 1997 ist als Bildungs- und Erziehungsauftrag der Schule formuliert:

»(1) Die Schulen im Lande Hessen erfüllen in ihren verschiedenen Schulstufen und Schulformen den ihnen in Art. 56 der Verfassung des Landes Hessen erteilten gemeinsamen Bildungsauftrag, der auf humanistischer und christlicher Tradition beruht. Sie tragen dazu bei, daß die Schülerinnen und Schülern ihre Persönlichkeit in der Gemeinschaft entfalten können.

(2) Die Schulen sollen die Schülerinnen und Schüler befähigen, in Anerkennung der Wertordnung des Grundgesetzes und der Verfassung des Landes Hessen

die Grundrechte für sich und andere wirksam werden zu lassen, eigene Rechte zu wahren und die Rechte anderer auch gegen sich selbst gelten zu lassen, . . .«

Die Beziehungen zwischen Verfassung und Schule werden in diesen Aussagen des Hessischen Schulgesetzes auf zweifache Weise charakterisiert: einmal erteilt die HV den Schulen einen von ihnen zu erfüllenden Bildungsauftrag, zum anderen werden die Intentionen des GG und der HV, vor allem die des Grundrechtsbereichs, zu verbindlichen Erziehungszielen erklärt. Die Verfassungen bilden somit den Ausgangspunkt, den normativen Rahmen und die pädagogische Zielperspektive schulischen Handelns.

Schule ist nicht nur Unterricht, und Unterricht ist nicht nur Lehren und Lernen. Das System Schule ist auch durch vielfältige, komplexe Strukturen, Beziehungen und Abhängigkeiten gekennzeichnet. Dies gilt es zu berücksichtigen, wenn von »Verfassung und Bildungsauftrag« die Rede ist.

Politik- und verfassungsrelevante Kenntnisse, Fertigkeiten und Fähigkeiten werden weitgehend in didaktisch strukturierten und methodisch organisierten Unterricht, hier vor allem in den Fächern der politischen Bildung (in Hessen: Sozialkunde, Geschichte, Erdkunde, Gesellschaftslehre, Gemeinschaftskunde, Politik) vermittelt. Aber schon bei der Beantwortung der Frage, wodurch Einstellungen und Werthaltungen aufgebaut werden, die ja auch Ziele von Unterricht darstellen, reicht der Blick auf die Unterrichtsprozesse im engeren Sinne nicht aus. Vielmehr müssen die Formen der Beziehungen und Interaktionen der in der Schule lernenden und arbeitenden Menschen betrachtet werden. Soll der Bildungsauftrag der Hessischen Verfassung, der ja vor allem den affektiven Bereich anspricht, verwirklicht werden (»Anerkennung der Wertordnung«), müssen auch die Formen der Schulorganisation, der Unterrichtsgestaltung, des Umgangs miteinander den Grundwerten der Verfassung entsprechen. Zu Demokratie erziehen, bedeutet auch Demokratie leben, erleben und vorleben. Neben dem inhaltlich-fachlichen Unterricht sind somit auch die Interaktions- und Kommunikationsstrukturen in der Schule entscheidend für die Internalisierung von Grundwerten. Sie müssen verbindlich institutionalisiert werden und »Teil der Lebenspraxis sein.[3]

Diese Hinweise sollen das Gesamtspektrum der Thematik aufzeigen und den Fokus dieses Beitrages, der den Unterricht im engeren Sinne im Blick hat, verdeutlichen.

3. Verfassungen im politischen Unterricht

3.1. Verfassungen in der didaktischen Diskussion

Einige wenige didaktische Ausführungen sollen Grundpositionen erhellen.[4]

Politikunterricht hat zum Ziel, »die Schülerinnen und Schüler als die zukünftigen Bürgerinnen und Bürger zum selbständigen politischen Denken und Handeln zu befähigen und ihnen eine demokratische Wertorientierung zu vermitteln, in deren Mittelpunkt die Achtung und der Schutz der Menschenwürde und der davon abgeleitete Menschen- und Grundrechte stehen«.[5] In diesem Zielkontext kommt den Verfassungen eine herausragende Bedeutung zu.

»Politische Bildung wäre verfehlt, wollte man sie an den Grundregelungen, die für das eigene Gesellschaftssystem entwickelt wurden, vorbeibetreiben. Aufklärung über die Grundstrukturen der eigenen Gesellschaft geschieht im Interesse der Schüler selbst, weil sie einmal in der realen alltäglichen Auseinandersetzung stets den Regelungen begegnen und Konflikte in ihrem Umfeld erleben. Zum andern ist es auch notwendig, gemeinsame Grundwerte der eigenen Gesellschaft zu erkennen, ...

Darüber hinaus wird das Grundgesetz stets zum politischen prinzipiellen Bezugspunkt politischen Lernens, wenn es um die Aufklärung über das eigene Gesellschaftssystem geht; denn ohne das Verständnis von Verfassung und Verfassungswirklichkeit können die Bürger der Bundesrepublik Deutschland ihre Lebenssituation nicht verstehen.«[6]

Bei allen »Differenzen zwischen affirmativen und emanzipatorischen Konzeptvorstellungen«,[7] herrscht in der didaktischen Diskussion Konsens darüber, daß bei der Behandlung von Verfassungsthemen ebenso wie bei der Auseinandersetzung mit Aufgaben und Arbeitsweise von parlamentarischen Institutionen eine formalisierende »Institutionenkunde« vermieden werden sollte. Die Beschränkung auf die Vermittlung von Kenntnissen über Verfassungstexte oder formale Abläufe in Parlamenten oder Gremien hat geringe Lernwirkungen und Erkenntnismöglichkeiten. Für

Schülerinnen und Schüler ist ein solcher Unterricht oft sehr trokken, wenig anschaulich und von ihren Interessen oft meilenweit entfernt.

Andererseits darf auf Systemkenntnisse nicht verzichtet werden. Sie sind die unerläßliche Voraussetzung für Orientierung, Einflußnahme und Mitwirkung am politischen Geschehen, auf die alle Staatsbürgerinnen und -bürger Anspruch haben.

Politische Bildung und insbesondere sozialkundlicher Unterricht über Fragen von Verfassung, Parlamentarismus und politische Institutionen sollte deshalb die folgenden drei Aufgaben verknüpfen:

- Vermittlung von Kenntnissen über die Grundstrukturen, das »Funktionieren«, des politischen Systems (*»Systemwissen«* oder *»Orientierungswissen«*)
- Problemorientiertes, wirklichkeitsbezogenes, kritisch-reflexives Nachdenken, Bearbeiten und Erschließen von relevanten Fragen und Themen (*»Urteilsbildung«*) sowie
- Anbahnung von Handlungsbereitschaft (*»Handlungskompetenz«*).

Am ertragreichsten sind solche Lernprozesse dann, wenn

- sie von Fragen, Interessen, Ansichten und Erfahrungen der Schülerinnen und Schüler ausgehen (*Schülerbezug*);
- sie aktuelle und/oder im Wahrnehmungsbereich der Schülerinnen und Schüler liegenden Ereignisse und Anlässe aufgreifen (*Aktualitätsbezug*);
- Probleme und Fragestellungen zur Bearbeitung anstehen, die eine Kontroverse beinhalten und die zu Stellungnahme und deren Begründung herausfordern (*Problembezug*);
- sie die aktive, tätige Auseinandersetzung mit dem Thema ermöglichen (*Handlungsbezug*).[8]

3.2. »Verfassungsthema« in der Mittelstufe

Was sollen hessische Schülerinnen und Schüler »in Sachen Verfassung« lernen?

Welche Ziele sind mit der Behandlung verfassungsbezogener Themen verbunden?

Zur Beantwortung wird der Rahmenplan Gesellschaftslehre für die Sekundarstufe I herangezogen.[9] Er integriert die sozialkundlichen Themenaspekte, die der separate Rahmenplan Sozialkunde enthält.[10]

3.2.1. Ziele und Qualifikationen

Um »verantwortlich am politischen Leben in einer demokratischen Gesellschaft teilnehmen zu können«, werden in dem Rahmenplan Gesellschaftslehre folgende auf die Verfassungen bezogenen »Ziele und Qualifikationen« formuliert:
- die Menschenrechte als Leitlinie politischen Handelns und ihre Achtung und Verwirklichung als wichtigste politische Aufgabe verstehen;
- die Gleichstellung von Frau und Mann als wichtige Aufgabe zu erkennen;
- Demokratie und Rechtsstaat als die Ordnung zu begreifen, in der Menschenrechte und Selbstbestimmung des Menschen verwirklicht werden können;
- Strukturen und Prozesse demokratischer Entscheidungen, Bedrohungen der demokratischen Ordnung und Perspektiven ihrer weiteren Entwicklung zu kennen.«[11]

Als sozialkundliches Grund- und Orientierungswissen sollen die Schülerinnen und Schüler »die grundlegenden Institutionen und Regeln einer Demokratie kennen«.[12]

3.2.2. Inhalte

In den beiden Themenfeldern »Menschenrechte« und »Demokratie gestalten« werden Inhalte aufgelistet, die sich auf die Verfassungen beziehen, so z. B.:
- Menschenrechte und die Geschichte ihrer Entstehung;
- die universale Bedeutung der Menschenrechte als Leitlinie verantwortlichen politischen Handelns;
- das Spannungsverhältnis zwischen Freiheit und Gleichheit; (Themenfeld Menschenrechte)

- demokratische Verfahren und Regeln;
- Möglichkeiten der politischen Einflußnahme im eigenen Lebensbereich;
- die Verfassungsgrundsätze (Föderalismus, Rechts- und Sozialstaatlichkeit);
- die Gewaltenteilung als Kernstück der demokratischen Ordnung;
- Anspruch und Wirklichkeit der parlamentarischen Demokratie und die Verwirklichung der Demokratie als Prozeß und Aufgabe. (Themenfeld Demokratie gestalten).[13]

3.2.3. Themen

Es entspricht der oben in Ansätzen skizzierten didaktischen Konzeption politischer Bildung, wenn diese Inhalte nicht isoliert als solche »behandelt« werden, sondern unter Einbeziehung didaktischer Grundsätze zu **Themen** entfaltet und strukturiert werden. »Schülerorientierung«, »Interkulturelle Orientierung«, »Handlungsorientierung«, »Wissenschaftsorientierung«, »Problemorientierung« und »Diskursorientierung« sind die didaktisch-methodischen Maximen, die unter Berücksichtigung von bestimmten Erschließungskategorien zu Themen hinführen.[14]

Folgerichtig gibt es kein eigenständiges Thema »Verfassungen« in den Rahmenplänen. Verfassungsbezogene Themen sind vielmehr in allgemeiner gefaßten sozialkundlichen und politischen Themenstellungen integriert. Das gleiche gilt auch für die Schulbücher der Sekundarstufe I.

Für die Jahrgangsstufe 5/6 z. B. sollen die »Gültigkeit der Grundrechte für alle Menschen« am Themenbeispiel »Alle Menschen haben gleiche Rechte – Menschen mit Behinderungen« behandelt werden.

In derselben Jahrgangsstufe werden Menschenrechte unter der Fragestellung »Warum fliehen Menschen?« zum Thema.[15]

Die für die Jahrgangsstufe 7/8 vorgesehene Thematik »Einfluß in der Gemeinde« soll anhand der »Fallanalyse eines aktuellen Problems (z. B. Verkehrsberuhigung, Straßenbau, Abfallentsorgung . . .): Auseinandersetzung mit unterschiedlichen Standpunkten und Interessen, Entwicklung einer eigenen Position« bearbeitet werden.[16]

Daneben werden institutionenkundliche und Fragen des politischen Entscheidungsprozesses ebenfalls thematisiert.

Der Rahmenplan Gesellschaftslehre sieht z. B. vor, daß im Zusammenhang mit der Fallanalyse zum Themenbereich »Einfluß nehmen in der Gemeinde« (s. o.) neben den Ursachen des Problems »Formen und Auswirkungen; Lösungsmöglichkeiten; Entscheidungsinstitutionen, -kompetenzen und -prozesse; Prinzipien der repräsentativen Demokratie, Partizipationsmöglichkeiten der Öffentlichkeit« erörtert und vermittelt werden.[17]

Eine spezifische »institutionenkundliche Orientierung« ist ebenfalls für die Jahrgangsstufe 7/8 vorgesehen: Unter dem Themenfeld »Demokratie gestalten« sollen im Rahmen des Themas: »Wie funktioniert unsere Demokratie – wer darf mitentscheiden?« »Verfassungsgrundsätze und Verfassungsorgane; Parteien und Wahlen; Staatsbürgerrechte heute: Berechtigte und Nichtberechtigte« als Elemente gegenwärtiger Strukturen und Prozesse thematisiert werden.[18]

Zusammenfassend kann festgehalten werden, daß alle verfassungsrelevanten Themen, wie z. B. Grund- und Menschenrechte, Verfassungsorgane und Staatsaufbau, Formen und Möglichkeiten der politischen Willensbildung und Teilhabe, Partizipation und Repräsentation etc., verpflichtende Themen im Unterricht der Fächer des Lernbereichs Gesellschaftslehre in der Sekundarstufe I sind.

Dabei sollen, in einem Falle auch in spezifisch institutionenkundlicher Ausprägung, an problemorientierten, kontroversen und schülerbezogenen Fragestellungen, Verfassungsansprüche und der Grad ihrer Realisierung reflektiert werden.

Es fällt jedoch auf, daß im unterrichtspraktischen Teil der Rahmenpläne der Begriff Hessische Verfassung gar nicht, der Begriff Grundgesetz nur an einer Stelle auftaucht: im Zusammenhang mit der Inhaltsformulierung »Sozialstaatsgebot des Grundgesetzes als Ausdruck gesellschaftlicher Solidarität und als Versuch, eine gerechtere Gesellschaft zu verwirklichen« findet das Grundgesetz nur im Rahmenplan Sozialkunde Erwähnung.[19]

In beiden Rahmenplänen vermisse ich eine Anregung, die Texte des Grundgesetzes oder der Hessischen Verfassung als Themen, Informationsquellen oder als Arbeitsmaterialien zu benutzen. Auch einen Hinweis auf die Übergabe der »Verfassungsbücher« fehlt. Die Pläne nehmen auf dieses doch nicht gewöhnliche Informationsangebot keinen Bezug. Ein Vorschlag zur Einbindung in ein Unterrichtsthema unterbleibt.

3.3. Das Thema »Verfassungen« in der Oberstufe

Für den Unterricht in der gymnasialen Oberstufe im Fach Gemeinschaftskunde (Aufgabenfeld II) liegt seit 1995 für Hessen ein Kursstrukturplan vor. Er sieht für die Jahrgangsstufe 12/II das verbindliche zu behandelnde Themenfeld »Menschenrechte und Politische Partizipation« vor. Zum Stellenwert der Verfassungen im Unterricht heißt es u. a.: »Voraussetzung dafür, einerseits die Gegenwart begreifen und andererseits Orientierungsmöglichkeiten für die Zukunft erhalten zu können, ist ein solides Grundwissen über die Bedeutung und Verwirklichung der Menschenrechte und über die Grundprinzipien der Verfassung der Bundesrepublik Deutschland.«[20]

Verbindlich sind auch »Thematische Kernbereiche«. In Kontext von Verfassungsfragen sind dies: »Grundlagen des demokratischen Verfassungsstaates« sowie »Das politische System der Bundesrepublik Deutschland und Prozesse der politischen Willensbildung«.[21]

Als »mögliche Kursthemen« werden vorgeschlagen:
- Politisches System der Bundesrepublik Deutschland und Prozesse der Willensbildung und Entscheidungsfindung - Grundlagen und Probleme
- Politikverdrossenheit und Demokratie in Deutschland
- Sozio-ökonomischer Wandel und Politisches System
- Krise der Parteiendemokratie?«[22]

Die zu erwerbenden Qualifikationen und Kompetenzen sollen es den Schülerinnen und Schülern ermöglichen, »sich an öffentlicher Meinungs- und Willensbildung zu beteiligen und staatsbürgerliche Verantwortung zu übernehmen.«[23] Von daher hat der Unterricht wissenschaftspropädeutische Aufgaben zu erfüllen, um auf eine Studierfähigkeit vorzubereiten. Wenngleich die didaktischen Grundsätze mit denen in dem Rahmenplan Gesellschaftslehre weitgehend identisch sind, sind die »Verfassungsthemen« im Vergleich zur Sekundarstufe I gekennzeichnet durch ein höheres Maß an Komplexität von Problemstellungen und an Intensität der Untersuchungen, durch ein höheres Abstraktionsniveau, durch einen größeren Stellenwert theoretischer Analysen sowie einer erhöhten Selbständigkeit und Selbsttätigkeit der Schülerinnen und Schüler. Verfassungsthemen nehmen deshalb auch einen höheren Stellenwert im Gemeinschaftskundeunterricht ein.

3.4. Die Verfassungsdokumente als Medium im Unterricht

»Für den Bürger eines freiheitlichen Rechtsstaates gibt es Grunde genommen keine wichtigere Informationsquelle als das Grundgesetz. Dort wird für das politische Handeln des einzelnen, der Parteien und der staatlichen Organe der gültige Rahmen gesetzt: dort wird mit den Grundrechten der freiheitliche Raum des Bürgers gesichert. Nur wer das Grundgesetz kennt, kann alle Chancen an freiheitlicher Mitbestimmung und politischer Mitwirkung nutzen, die unsere Verfassung uns allen anbietet« (Bundespräsident Gustav W. Heinemann)[24]

Als eine Schlußfolgerung aus diesen Ausführungen des ehemaligen Bundespräsidenten Heinemann können die folgenden Postulate von Bernhard Sutor betrachtet werden:

»Daß der Text der Verfassung im Politikunterricht ständig als Medium herangezogen werden muß, versteht sich von selbst. Politik verstehen heißt auch, ihre Institutionen, ihre Regeln, ihre Rahmenordnung zu verstehen. Politikunterricht darf nicht auf Institutionenkunde zurückschrumpfen, er darf aber gerade auch in seiner heute allgemein geforderten Problemorientierung die Institutionen nicht vernachlässigen. Er muß versuchen, die drei Dimensionen des Politischen, die im angelsächsischen Sprachgebrauch als politics, policy und polity unterschieden werden, in der Auseinandersetzung mit aktuellen Fragen, in Fall- und Problemanalysen miteinander zu verbinden. Wird dabei ständig auch mit dem Text der

Verfassung gearbeitet, dann erübrigt sich eine systematische Verfassungskunde fast völlig, weil die Lernenden die Verfassung gleichsam nebenher kennenlernen und den Sinn ihrer Prinzipien und Institutionen im Kontext politischer Problemlösungsversuche erfassen können. Freilich sollte Politikunterricht streckenweise auch das Ziel verfolgen, die Verfassung in systematischen Zusammenhang und prinzipiell zu erschließen. Aber gerade auch dabei darf es nicht um trockene Institutionenkunde und nur mühsame Textarbeit gehen.«[25]

In der Praxis des politischen Unterrichts sind diese Vorstellungen Sutors allerdings nicht in dem angesprochenen Ausmaß realisiert, schon gar nicht in der Sekundarstufe I. Nur mit punktuellen, themenbezogenen Auszügen aus der Verfassung kommen die Schülerinnen und Schüler in Berührung, wenn sie mit Schulbüchern oder Unterrichtseinheiten arbeiten. Der weiter oben dargelegten didaktischen Konzeption entsprechend wird auf Verfassungstexte nur im Zusammenhang mit dem jeweiligen Problem oder Fall Bezug genommen. In der Regel werden einzelne Artikel als Quellenmaterialien angeboten. Daß »die Lernenden die Verfassung gleichsam nebenher kennenlernen und den Sinn ihrer Prinzipien und Institutionen im Kontext politischer Problemlösungsversuche erfassen können« (Sutor) muß deshalb sehr bezweifelt werden.

Dies wird auch bestätigt durch die Ergebnisse einer kleinen nicht repräsentativen Umfrage, die ich unter hessischen Politiklehrerinnen und -lehrern durchführte. Die Verfassungen scheinen nach der Auswertung der Antworten nicht den Stellenwert im Unterricht einzunehmen, den ihm die Pädagogen gerne zuschreiben würden. Die Befragung ergab, daß das Grundgesetz zwar als wichtiges Thema für den Unterricht angesehen wird, in der Praxis aber eine eher unbedeutende Rolle spielt. Als Gründe für den geringen Stellenwert werden Stoffülle, Zeitknappheit, Abstraktheit der Verfassungsartikel und fehlende Schülerbezüge angeführt. Deutlich beklagt wird das Fehlen ansprechender und schülerorientierter Unterrichtsmaterialien.

Eine völlig unbedeutende Rolle spielt nach den Antworten der Befragten die Hessische Verfassung im Unterricht. Auch ihr wird eine höhere Bedeutung zugesprochen. Als Ursachen für die thematische Bedeutungslosigkeit im Unterricht werden die fehlende curriculare Verankerung, fehlende Unterrichtsmaterialien sowie mangelndes Schülerinteresse angegeben.

Einen Anlaß, die Verfassungen systematisch und vertiefend zu erschließen, bietet meines Erachtens die Übereignung der »Verfassungsbücher« an die Schüler und Schülerinnen. Besteht hier doch für die Heranwachsenden, möglicherweise zum 1. Mal, die Gelegenheit, die Verfassungen nicht nur »in die Hand zu nehmen«, sondern auch einen vertiefenden Blick hineinzuwerfen.

Aber auch diese Gelegenheit scheint nur in seltenen Fällen wahrgenommen zu werden. Meine eigenen Unterrichtserfahrungen und -beobachtungen sowie Gespräche mit Lehrerinnen und Lehrern sprechen dafür, daß – um vorsichtig zu schätzen – in einer hohen Anzahl von Fällen die Bücher lediglich ausgeteilt werden – ohne eingehendere inhaltliche Auseinandersetzung, oft begleitet von unterschiedlich ausführlichen Hinweisen auf die Bedeutung der Dokumente durch die Lehrerinnen und Lehrer. Manchmal werden auch Einleitungen sowie die Grundrechtsartikel aufgeschlagen und gemeinsam gelesen und besprochen, doch beschränkt sich dies auf ein bis zwei Unterrichtsstunden. Die schuleigenen Unterrichtspläne sehen eine solche Thematik in der Regel nicht vor, so daß zu der Zeit, wenn die Bücher an die Schulen ausgeliefert werden (etwa vier Wochen vor den Sommerferien) andere Unterrichtsthemen behandelt werden. Die »Verfassungsbücher« »passen« somit nicht zu den gerade anstehenden Stoffen. Sicher gibt es noch verschiedene andere Varianten des Umgangs mit der »Schulentlassgabe«, doch es kann als wahrscheinlich angenommen werden, daß die Verfassungstexte nicht zum Gegenstand eines separaten Unterrichtsvorhabens gemacht werden, vertiefend und systematisch erschlossen werden.

Neben der mangelnden thematischen Abstimmung in den schuleigenen Plänen liegt eine wesentliche Ursache für die meist nur oberflächliche Behandlung der Verfassung anläßlich der Übereignung darin, daß geeignete Unterrichtsmaterialien und Arbeitsvorschläge für das Kennenlernen der Verfassung (bislang) fehlten. Denn die Heranführung der Schülerinnen und Schüler an die Verfassung und die Auseinandersetzung mit ihr bedarf didaktischer und methodischer Anleitung, durchdachter Arbeitschritte und motivierender Aufgabenstellungen, um die Schülerinnen und Schüler zu bewegen, sich mit den in Sprache und Aufmachung alles andere als ansprechenden Primärquellen zu befassen.

In der erwähnten Befragung wiesen die Lehrerinnen und Lehrer auf diesen Mangel an anregenden Arbeitsmaterialien, die die Verfassung thematisieren, deutlich hin. Vorschläge und Anregungen für schülergemäße Methoden und aktivierende Arbeitsverfahren, anschauliche und motivierende Arbeitsmaterialien, konkrete Beispiele, »Übersetzungshilfen in Schülersprache« sowie kreative und spielerische Zugänge für den »trockenen Stoff« wurden von Fortbildungseinrichtungen, Instituten der politischen Bildung und Schulbuchverlagen angemahnt.

3.5. Einstiege in Verfassungen

Eine 1996 erschienene, von mir verfaßte Publikation aus der von der Bundeszentrale für politische Bildung in Bonn herausgegebenen Reihe »Materialien zum Unterricht« versucht, diese mediale und methodische Lücke ein wenig zu schließen. Die in der Arbeitsmappe »Grundgesetz für Einsteiger«[26] angebotenen Texte, Karikaturen und Bilder sowie die Lernimpulse, Aufgabenstellungen und Arbeitsanregungen auf den 24 Arbeitsblättern stellen einen Einstieg in die Verfassung dar und führen Schülerinnen und Schüler in ansprechender und anregender Form an die wesentlichen Verfassungsprinzipien und -einrichtungen, an Grund- und Menschenrechte heran. Außerdem werden eigene Demokratie- und Politik-Vorstellungen und Handlungsmöglichkeiten thematisiert. Um »Aktivierende Arbeitsblätter« geht es auch in der Arbeitsmappe »Hessische Verfassung für Einsteiger«, die im Jahre 1997 über die Hessische Landeszentrale für politische Bildung in Wiesbaden erschienen ist und die einen Zugang zur Landesverfassung anbietet.[27] Neben den staatsrechtlichen Fragen (Staatsorgane, Gewaltenteilung) werden in dieser Mappe vor allem die historischen und landesspezifischen Aspekte der Landesverfassung (»Hessische Verfassungs-Spezialitäten«), das Verhältnis zwischen Bund und

Ländern, Grundgesetz und Hessischer Verfassung, die Selbstverwaltung der Gemeinden (Hessische Kommunalverfassung) sowie Möglichkeiten politischer Einflußnahme und Anregungen zur Erkundungen der eigenen Gemeinde mit den aktivierenden Arbeitsmaterialien und Aufgabenstellungen thematisiert.

Die Aufmachung, Medienauswahl (z. B. eine Vielzahl von Karikaturen) sowie die Arbeitsaufträge und methodischen Impulse in beiden Arbeitsmappen versuchen einigen der oben genannten Ansprüche der Lehrer und Lehrerinnen an schülerorientierte Arbeitsmaterialien gerecht zu werden. Die »Aktivierenden Arbeitsblätter« fordern die Schülerinnen und Schüler zum Assoziieren, Enträtseln und Entschlüsseln, Interpretieren sowie zur Auseinandersetzung, Diskussion, Stellungnahme und Entscheidung auf.

Diese Einstiegsmaterialien eignen sich besonders für die erste grundlegendere Heranführung der Schülerinnen und Schüler an die Verfassungen, wie dies z. B. anläßlich der Übergabe der »Verfassungsbücher« geschehen sollte. Aber auch unabhängig von diesem Anlaß können die Arbeitsmappen jederzeit diese Aufgabe erfüllen, da die Texte der Verfassungen jeweils im vollständigen Wortlaut den Mappen beiliegen. Damit ist eine weitaus flexiblere Plazierung des Themas »Verfassung« in den Arbeits- und Unterrichtsplänen der Lehrer und Lehrerinnen möglich.

Ein wichtiges Ziel dieser Arbeitsmaterialien ist es, Schülerinnen und Schüler auf anregende und motivierende Weise mit den Grundgedanken der Verfassungen vertraut zu machen. Darüberhinaus sollen sie dazu ermuntern, auch bei der Behandlung von Verfassungsthemen im Unterricht mehr Kreativität und methodische Phantasie zu verwirklichen.

Auch bildliche, zeichnerische, sprachliche, spielerische, pantomimische und szenische Darstellungs- oder Verarbeitungsformen können Zugänge zu komplexeren Fragestellungen herstellen.

Gelingt dies, so fällt es für Schüler und Lehrer nicht nur leichter, sich vertiefender, systematischer und wissenschaftsbezogener mit komplexeren Fragestellungen zu befassen, wie dies in der Sekundarstufe II dann erforderlich ist – auch die Chancen, eine positiv besetzte Grundhaltung und eine Identifizierung mit den Verfassungsnormen zu entwickeln, sind beträchtlich höher.

Anmerkungen

1 Hessisches Kultusministerium (Hrsg.): Verfassung des Landes Hessen und Grundgesetz für die Bundesrepublik Deutschland. 50. Auflage, Wiesbaden 1997.

2 Hessisches Kultusministerium (Hrsg.): Rahmenplan Grundschule. Wiesbaden 1995.

3 vgl. Kahsnitz, Dietmar: Politische Bildung: Ohne Krisenbewußtsein in der Krise. In: Aus Politik und Zeitgeschichte, Beilage zur Wochenzeitung Das Parlament B 47/96, 15. November 1996, S. 32.

4 Die Beschränkung auf Grundpositionen geht auf die Absicht zurück, diesen Beitrag weniger aus einem abstrakt-theoretischen, sondern vielmehr aus einem didaktischen und methodischen Blickwinkel anzufertigen, der auf Schulrealität und Unterrichtspraxis gerichtet ist. Der Verfasser findet die von Gerhard Himmelmann (Himmelmann, Gerhard:: Chancen und Grenzen politischer Beteiligung und »Handlungsorientierung« in der Politischen Bildung, in: Massing,Peter (Hrsg.): Das Demokratiemodell der Bundesrepublik Deutschland. Schwalbach/Ts. 1966, S. 82) angeführten Thesen in seiner Berufspraxis bestätigt, »1.) daß die Politiklehrer von der Fachdidaktik »entfremdet« seien und 2.) daß sich die Fachdidaktik ihrerseits vom Lehrerhandeln »entfernt habe«. Diese »Entfremdung« möchte der vorliegende Beitrag nicht noch vergrößern. Deshalb wendet er sich nach einer kurzen Darlegung didaktischer Grundpositionen in erster Linie curricularen und unterrichtsrelevanten Fragestellungen zu.

5 Breit, Gotthard: Verfassungspatriotismus – eine ausreichende Zielsetzung des Politikunterrichts? In: Behrmann, Günter C., Schiele, Siegfried (Hrsg.): Verfassungspatriotismus als Ziel politischer Bildung?, Schwalbach/Ts 1993, S. 185.

6 Sandmann, Fritz: Verfassungs- und Regierungssystem der Bundesrepublik Deutschland. Didaktischer Teil. In: Nitzschke, Volker/Sandmann, Fritz (Hrsg.): Metzler-Handbuch für den politischen Unterricht. Stuttgart 1987, S. 338.

7 Claußen, Bernhard: ›Verfassungspatriotismus‹ im Rahmen einer emanzipatorischen Politischen Bildung, in: Behrmann, Schiele, a. a. O., S. 137.

8 vgl.: Hessischer Landtag (Hrsg.): Arbeitsplatz: Hessischer Landtag. Lehrerhandreichung, Begleitmaterial zum Schülerheft (Autor: Lothar Scholz), Ausgabe 1992, Hrsg., Wiesbaden 1992, S. 3.

9 Hessisches Kultusministerium (Hrsg.): Rahmenlehrplan Gesellschaftslehre Sekundarstufe I, Wiesbaden 1995.

10 Hessisches Kultusministerium (Hrsg.): Rahmenplan Sozialkunde Sekundarstufe I, Wiesbaden 1995.

11 Hessisches Kultusministerium (Hrsg.): Rahmenplan Gesellschaftslehre, a. a. O., S. 8.
12 ebda, S. 9.
13 ebda, S. 1 4 f.
14 ebda, S. 10 ff.
15 ebda, S. 32 f.
16 ebda, S. 43.
17 ebda, S. 43.
18 ebda, S. 48.
19 Hessisches Kultusministerium (Hrsg.): Rahmenplan Sozialkunde, a. a. O., S. 34.
20 Hessisches Kultusministerium (Hrsg.):Rahmenplan Gymnasiale Oberstufe Aufgabenfeld II 1. Gemeinschaftskunde (Kursstrukturplan), o. O 1995, S. 34.
21 ebda, S. 38.
22 ebda, S. 37.
23 ebda, S. 6.
24 Bundespräsident Gustav W. Heinemann in einem Geleitwort zu einer Ausgabe des Grundgesetzes vom 25. November 1970.
25 Sutor, Bernhard: Erziehungsprogramm oder Rechtsrahmen? Zur Bedeutung des Grundgesetzes für die politische Bildung, in: Breit, Gotthard (Hrsg.): Die Bedeutung des Grundgesetzes für die politische Bildung. Schwalbach/ Ts 1996, S. 77.
26 Bundeszentrale für politische Bildung (Hrsg.): Grundgesetz für Einsteiger, Thema im Unterricht, EXTRA (Autor: Lothar Scholz). Bonn, 3. Aufl., 1997.
27 Hessische Landeszentrale für politische Bildung (Hrsg.): Hessische Verfassung für Einsteiger (Autor: Lothar Scholz). Wiesbaden 1997.

Dirk Berg-Schlosser

Verfassungspatriotismus und Bürgergesellschaft

Die »Verfassung« eines Staates spiegelt sich nicht nur im objektiven Gefüge seiner politischen Institutionen und rechtlichen Regelungen. Sie hat immer auch eine subjektive Seite, die sich in den Köpfen und im Verhalten der Bürger, also im Bereich der »politischen Kultur«,[1] abspielt. Dieser subjektiven Seite des Verfassungs- und Demokratieverständnisses soll an dieser Stelle nachgegangen werden. Die Debatte hierüber läßt sich u. a. auch an den von verschiedenen Autoren unterschiedlich akzentuierten Begriffen »Verfassungspatriotismus« und »Bürgergesellschaft« festmachen. Diese Begriffe werden daher im folgenden zunächst kurz erörtert. Im Anschluß hieran soll dann der Versuch unternommen werden, einige konkrete empirische Befunde hierzu, soweit sich dies eingrenzen läßt, in bezug auf das Bundesland Hessen bzw. auf die Entwicklung der Bundesrepublik insgesamt vorzustellen. Ein kurzes wertendes Résumé aus Sicht des Verfassers schließt diesen Beitrag ab.

Begriffsbestimmungen

Der Begriff »Verfassungspatriotismus« wurde von einem der (eher konservativen) Gründerväter der bundesdeutschen Politikwissenschaft nach dem Kriege, Dolf Sternberger, geprägt.[2] Er wurde dann u. a. von Richard von Weizsäcker aufgegriffen und popularisiert,[3] aber auch ein eher kritischer Denker wie Jürgen Habermas hat sich ihn zu eigen gemacht.[4] Damit stand auch seine generelle Verwendung als Gegenstand und Lernziel politischer Bildung zur Debatte.[5] Der Begriff vereint einige zunächst widersprüchliche Elemente. Zum einen hebt er auf eher affektive Bindungen zum politischen Gemeinwesen, dem man qua Staatsbürgerschaft angehört und in das man in der Regel hineingeboren wird, im Sinne eines traditionalen Patriotismus ab. Eine solche meist positiv wahrgenommene Bindung begründet dann auch in der jeweiligen Eigen- und Fremdwahrnehmung die soziale und politische Identität der Angehörigen einer solchen Gemeinschaft. Derartige Identitäten heben also jeweils historisch geprägte politisch-kulturelle Verschiedenheiten und Besonderheiten hervor. Man ist so Deutscher, Franzose oder Däne, ohne an einem solchen Tatbestand in der Regel viel ändern zu können oder zu wollen, aber auch ohne dies in nationalistischer Überspitzung zu einem Wertmaßstab anderen gegenüber zu machen.

Gegenüber diesem eher affektiven und partikularistischen Teil des Begriffs hebt die Betonung des Verfassungselementes eine Identifikation mit der konkreten politischen Ordnung und der Art des politischen Systems hervor. Diese kann und muß in der Regel eher kognitiver und relativ eigenständig reflektierter Art sein. Auch wird sie sich nicht auf mehr oder minder beliebige Verfassungsdetails, wie z. B. Aspekte des Wahlrechts, die Zahl von Bundesstaaten usw., beziehen, sondern die grundlegenden Prinzipien der jeweiligen Ordnung betreffen. Diese sind aber, gerade im Hinblick auf grundlegende Menschen- und Bürgerrechte, aber auch hinsichtlich rechts- und sozialstaatlicher Elemente potentiell universaler Natur. Nicht Besonderheiten, sondern übergreifende demokratische Gemeinsamkeiten zwischen Staaten werden so betont.

Die Verbindung solch unterschiedlicher Aspekte in einem einzigen Begriff und der in ihm angelegten Spannungen ist im Grunde nur angesichts der besonders leidvollen Erfahrungen der deutschen Geschichte und der Besonderheiten der »bundesdeutschen« Realität nach dem Kriege erklärbar. Ein unreflektierter, »frisch-fröhlicher« Patriotismus, wie er für viele Franzosen oder Dänen selbstverständlich sein mag, ist für die meisten Deutschen angesichts der nationalistischen Exzesse der Vergangenheit kaum noch nachvollziehbar. Hinzu kam die doppelte deutsche Staatlichkeit bis 1990.

Gegenüber dem Antipoden DDR sollte eine demokratisch-wertgebundene Identität begründet werden. Der proklamierte »Verfassungspatriotismus« mit seinen unterschiedlichen affektiven und kognitiven, partikularistischen und universalen Elementen entsprach also den Besonderheiten dieser »bundesrepublikanischen« Identität.[6]

Diese Elemente behalten aber auch nach der Vereinigung, wenn man mit ihrem Spannungsverhältnis reflektiert umgeht, ihre Bedeutung. Insofern ist es durchaus gerechtfertigt, weiterhin von den Besonderheiten einer »post-konventionellen«[7] oder gar »post-nationalen« bundesrepublikanisch-demokratischen Identität zu sprechen. Dies gilt insbesondere, wenn man sie auch zu anderen Identitäten sowohl lokal-regionaler als auch europäisch-supranationaler und potentiell kosmopolitischer Art, die in »multipler« Form sehr wohl in ein und derselben Person vereint sein mögen, in Beziehung setzt. In diesem Sinne können ein hessischer, ein deutscher und ein europäischer Verfassungspatriotismus durchaus einander entsprechen und gegenseitige Bezüge haben.[8]

Ähnliches gilt für den zweiten in diesem Beitrag zu behandelnden Begriff, die »Bürgergesellschaft«. Zwischen beiden Begriffen besteht ein gewisses Überlappungsverhältnis, aber auch eine deutlich unterschiedliche Akzentsetzung. Während der »Verfassungspatriotismus« eher Identitätsaspekte zum Inhalt hat, bezieht sich die Bürgergesellschaft auf die Formen der Teilnahme und Teilhabe an politischen Entscheidungsprozessen in demokratisch verfaßten Staatswesen. Beiden Begriffen liegt also ein gemeinsames Demokratieverständnis und eine damit einhergehende positive Bindung zum und Einwirkung auf das Staatswesen zugrunde. Bürgergesellschaft betont aber die *aktive* Rolle von Bürgerinnen und Bürgern und von ihnen getragenen gesellschaftlichen Gruppen und Organisationen im politischen Gemeinwesen.

Dabei hat auch dieser Begriff seine eigene sowohl ideengeschichtliche als auch konkret-historische Wirkungsgeschichte.[9] So ist er zunächst vom meist negativ besetzten Begriff der »bürgerlichen Gesellschaft« im marxistischen Sinne als einer von der Bourgeoisie beherrschten Gesellschaftsform und ihren spezifischen Produktionsverhältnissen abzugrenzen. Nicht der »Bourgeois« als

Kapitaleigentümer oder allenfalls noch Angehöriger der »alten Mittelklasse« von selbständig Gewerbetreibenden und bäuerlichen Familienbetrieben ist hier gemeint, sondern der »Citoyen« als grundsätzlich allen anderen Staatsbürgern gegenüber gleichberechtigter, aktiv politisch handelnder und mitverantwortlicher Gesellschaftsangehöriger.

In großräumigen, repräsentativ-demokratisch verfaßten Gemeinwesen sind solche aktiven Mitwirkungsmöglichkeiten allerdings vielfältig aufgefächert und erstrecken sich auf unterschiedliche politische Ebenen, z. B. kommunale, landespolitische, bundesstaatliche, aber auch, je nach konkreter Betroffenheit, sehr unterschiedliche Teilbereiche und Politikfelder, z. B. die Erziehungs-, Gesundheits-, Renten-, Verkehrspolitik, usw. Auch demokratietheoretisch gibt es in dieser Hinsicht eine große Spannbreite zwischen Vertretern, die eher die formal-passive Teilnahme an Wahlen und Elemente zumindest der Möglichkeit einer kontrollierten und regelmäßigen »Elitenzirkulation« im Schumpeterschen Sinne betonen, und Autoren, die ein möglichst breites Spektrum partizipatorischer Aktivitäten von möglichst vielen Bürgern in möglichst allen sozialen Bereichen im Rousseauschen Sinne fordern.[10]

In der politischen Realität lassen sich solche partizipatorischen Ausprägungen in ihren konkret-historischen Veränderungen auch empirisch beobachten. So konstatierte die international vergleichende Studie von Almond und Verba, deren Erhebungen sich auf die späten 1950er Jahre beziehen, für die Bundesrepublik das Vorherrschen von nach wie vor eher obrigkeitsstaatlichen und allenfalls passiv-demokratischen Denk- und Verhaltensweisen im Sinne einer durch die positive Wirtschaftsentwicklung in dieser Zeit gestützten »Schönwetterdemokratie«.[11] Erst die weitere Entwicklung sollte dann, nicht zuletzt angestoßen durch die »politische Kulturrevolution« nach 1968 und internationale Aspekte des Wertewandels, auch in Deutschland eine »Transformation« der Demokratie in einem aktiven und breiter partizipatorischen Sinne bewirken.[12] Auch die konkreten politischen Handlungsformen hatten sich ausgeweitet und erstreckten sich auf »konventionelle« Aktivitäten wie Wahlen und Mitarbeit in politischen Parteien usw., aber auch auf »unkonventionelle« Handlungen wie Teilnahme an Demonstrationen, Boykotts u. ä., die gelegentlich auch Grenzen der Legalität, wie z. B. bei Straßenblockaden oder Häuserbesetzungen, überschritten.[13]

Nicht nur Politik im engeren Sinne der Entscheidungen in Gemeinderäten, Landtagen, dem Bundestag, usw., sondern auch eher »vorpolitische« Gesellschaftsbereiche wie die Mitwirkung in Kindergärten, Schulen, den Universitäten, am Arbeitsplatz usw. durch Elternbeiräte, entsprechende Gremienvertretungen, aber auch auf Nachbarschaftsbasis, durch lokale u.z. T. überregionale Bürgerinitiativen wurden von diesen Veränderungen im Sinne eines dauerhafteren politisch-kulturellen Wandels tangiert. In der Bundesrepublik ist so eine politische »Mischkultur« entstanden, die wichtige Aspekte der Teil*habe* an politischen Prozessen und Entscheidungen im Sinne der Betroffenheit durch »Outputs« des politischen Systems, wie z. B.a. in rechts- und sozialstaatlicher Hinsicht, mit Formen der aktiven Teil*nahme* im Sinne der Einwirkung auf die Inputs des Systems in unterschiedlichster Weise vereint.[14] Eine »Zivilkultur« und Bürgergesellschaft in diesem Sinne hat auch für die Landesebene eine spezifische Bedeutung. Die unterschiedliche politisch-kulturelle Entwicklung in der DDR seit dem Kriege und Form und Wirkung der deutschen Vereinigung nach 1989 haben allerdings deutliche Differenzen zwischen »alten« und »neuen« Bundesländern offenbart und neue politisch-kulturelle Turbulenzen hervorgebracht.

Hessische Realitäten

Das 1945 neu geschaffene spätere Bundesland Hessen repräsentiert in vieler Hinsicht den »mainstream« der politisch-kulturellen Entwicklung der (alten) Bundesrepublik. Wie vielfach festgestellt, nimmt es nicht nur geographisch und demographisch eine Mittellage ein, sondern verkörpert auch charakteristische tiefgreifende ökonomische und sozialstrukturelle Veränderungen von einer gemischten kleinbäuerlichen Agrar-, Gewerbe- und Industriestruktur hin zu einer zunehmenden »Dienstleistungsgesellschaft«, insbesondere im Finanz- und Verkehrszentrum des Rhein-Main-

Gebiets.[15] Die politisch-kulturellen und parteipolitischen Entwicklungen entsprachen diesen Veränderungen, so daß Hessen in gewisser Hinsicht zu einem »Mikrokosmos«, aber auch, z. B. im Hinblick auf die Auseinandersetzungen in der FDP in den 1950er Jahren, der Entwicklung von sozialen Bewegungen und der GRÜNEN in den 1970er Jahren und ersten »rot-grünen« Koalitionen in den 1980er Jahren, zu einem Vorreiter gesamtpolitischer Tendenzen wurde.[16]

Das neue Bundesland setzte sich, von Gebietsabtretungen an »Rheinland-Pfalz« im Westerwald und in Rheinhessen abgesehen, im wesentlichen aus der ehemals preußischen (nach 1866) Provinz Hessen-Nassau und dem Gebiet des früheren Großherzogtums Hessen-Darmstadt bzw. des »Volksstaats Hessen« (seit 1919) zusammen.[17] Es wies aber, trotz der Vielstaatlichkeit der Vergangenheit, auch gewisse »gesamthessische« kulturelle und politische Traditionen auf.[18] Diese wurden durch die neue Landesregierung bewußt verstärkt. Neben den üblichen Symbolen wie Flagge und Wappen wurden auch die seit 1961 jährlich abgehaltenen »Hessentage« zu einem wichtigen identitätsstiftenden Element, das auf vielfältige dörfliche und kleinstädtische Traditionen und Vereinsstrukturen zurückgreift.

Darüber hinaus trug auch die in den ersten Jahrzehnten sozialdemokratisch dominierte Landespolitik durch Dorf- und Stadtteilentwicklungsprogramme (»Gemeinschaftshäuser«), durch eine bewußt akzentuierte Kultur- und Schulpolitik (starke Verbreitung von Gemeinschaftsschulen) und nicht zuletzt durch die Person des »Landesvaters« Georg-August Zinn (1950–1969) zu einem integrativen »Hessen vorn«-Bewußtsein bei.[19] Erst die aufbrechenden Konflikte der 1970er Jahre (Wirtschaftskrisen, Protestbewegungen) relativierten diese Modernisierungsgewißheit und führten zu einer Ausdifferenzierung und Polarisierung des parteipolitischen Spektrums (Erstarken der CDU, Entstehung der GRÜNEN).

Dennoch kann heute, wie entsprechende Umfragen belegen, von einer weitgehenden Akzeptanz der neu geschaffenen politischen Einheit und einer erheblichen Heimat- und Gemeinschaftsbindung auf dieser Basis gesprochen werden. So äußerten in einer Untersuchung des Jahres 1980 82 % der Befragten, daß sie »Hessen als ihre

Heimat bezeichnen«.[20] Als identitätsstiftende Merkmale wurden dabei sowohl die »schöne Landschaft«, aber auch die »moderne, fortschrittliche« Entwicklung genannt. Hessen wird so von vielen seiner Bürger als »Heimat aufgefaßt, in der die schwierige Balance von Modernisierung und Naturerhaltung gelungen zu sein scheint-«.[21] Auch in dieser Hinsicht nimmt Hessen heute eine Mittelposition zwischen über längere historische Zeiträume gewachsenen politischen Strukturen und Identitäten, wie in den Stadtstaaten oder dem Freistaat Bayern, und noch künstlicheren »Bindestrichländern« wie Baden-Württemberg oder Nordrhein-Westfalen ein.

Dieser »Regionalpatriotismus« wird auch durch eine mittlerweile weit verbreitete Verfassungs- und Demokratieakzeptanz im Sternbergerschen Sinne gestützt. Allerdings, soweit hierzu ausreichend differenzierte empirische Befunde vorliegen, bezieht sich eine solche Identifizierung mit dem politischen System nicht auf spezifisch hessische Verfassungsmerkmale, die in ihren abweichenden Details nur wenig wahrgenommen werden, sondern auf die »freiheitlich-demokratische Grundordnung« der Bundesrepublik als Ganzes. Wie z. B. entsprechende »Politbarometer«-Daten über einen längeren Zeitraum zeigen, entsprechen die Antworten der hessischen Befragten weitgehend dem jeweiligen Bundesdurchschnitt (s. Schaubild). Die aufgezeigten Schwankungen in diesem Zeitraum (deutliche Abnahme nach der zweiten »Ölkrise« 1979/80), die Zunahme bei der »Vereinigungseuphorie« nach 1989 und das starke Absinken danach lassen sich relativ plausibel durch allgemeine bundes- u. z. T. sogar weltpolitische Entwicklungen erklären. Die Tendenzen der 1990er Jahre weisen allerdings auch auf ein zunehmendes Krisenpotential hin.

Die Entwicklung der »Bürgergesellschaft« in Hessen weist ähnliche im Großen und Ganzen positive Verläufe, aber auch gewisse Spannungen und neuere kritisch zu bewertende Erscheinungen auf. Die kulturelle Lebenswelt, insbesondere in den Dörfern und Kleinstädten Nord- und Mittelhessens, ist durch vielfältige Gemeinschafts- und Vereinsaktivitäten geprägt. Hessen hat heute die höchste Zahl an Vereinen von allen Bundesländern.[22] Was früher bei Familienfeiern, Beerdigungen, Jubiläen, Schlachtfesten z. T. auch Ausdruck einer auf materiellem Mangel und insgesamt eher

Schaubild: Demokratiezufriedenheit in der Bundesrepublik (»alte« Bundesländer ohne Berlin) und Hessen 1977–1993

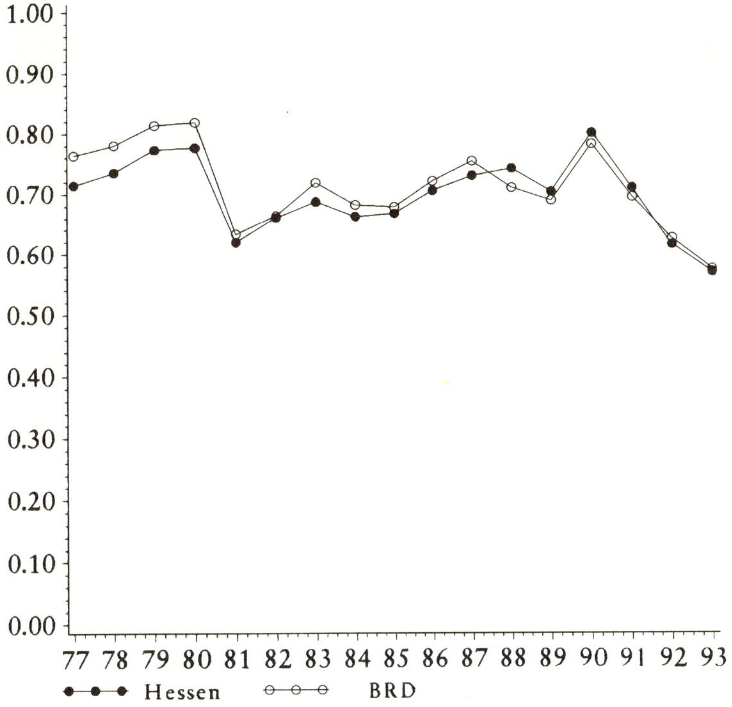

Quelle und Beschreibung:

Titel der Studie:	Partielle Kumulation der Politbarometer (West) 1977 bis 1993
Primärforscher:	Forschungsgruppe Wahlen e. V., Mannheim
Datenerhebung:	Forschungsgruppe Wahlen e. V., Mannheim
ZA-Studiennummer:	S2391

Die Variable »Demokratiezufriedenheit« wurde aus der Variable 17 des ursprünglichen Datensatzes gebildet. Da ab 1989 nur noch zwei Antwortkategorien für die Frage »Was würden Sie allgemein zur Demokratie in der Bundesrepublik, d. h. zu unserem ganzen politischen System sagen?« zur Verfügung standen, wurde die Variable für die Jahre 1977 bis 1988 dichotomisiert. Die neue Variable wurde so kodiert, daß den Antwortkategorien »sehr zufrieden« und »eher zufrieden« der Wert »1« und den Antwortka-

tegorien »eher unzufrieden« und »sehr unzufrieden« der Wert »0« entspricht. Die Mittelwerte dieser Variablen lassen sich daher auch als Anteil derjenigen, die mit dem Funktionieren der Demokratie in der Bundesrepublik (eher) zufrieden sind, interpretieren.
Bei der Ermittlung der Mittelwerte für die Bundesrepublik wurde Berlin (West), wo das Politbarometer erst seit 1990 erhoben wird, nicht berücksichtigt.

bescheidenen Lebensverhältnissen beruhenden »Notgemeinschaft« war, spiegelt heute in den zahlreichen Dorf- und Stadtteilfesten, sportlichen und kulturellen Aktivitäten usw. bei insgesamt deutlich höherem Wohlstand die Entwicklung zu einer »Freizeitgesellschaft« wider. Dabei haben lange dominante lokale »Submilieus«, insbesondere das überwiegend »kleinbürgerlich-protestantische« in Nord- und Mittelhessen, das sozialdemokratische Arbeitermilieu in den größeren Städten und Industriegemeinden und das konservativ-christdemokratische in den katholischen Regionen um Fulda und Limburg und einzelnen früher zu diesen Bistümern gehörenden Enklaven,[23] tendenziell an Bedeutung verloren, diese aber nicht völlig eingebüßt. Nach wie vor tradieren sich solche Einflüsse über die lokalen Sozialisationsstrukturen wie alteingesessene Familien, die Kirchen und Vereine, aber nach dem Kriege auch verstärkt durch parteipolitische Aktivitäten.

In den Universitäts- und Großstädten ist dieses Bild noch erheblich »bunter«. Dort haben sich vielfache »alternative« Lebensformen von Jugendlichen, Studenten, aber auch Angehörigen der »neuen Mittelklasse« und zugezogenen aus anderen Staaten stammenden Bevölkerungsgruppen herausgebildet. Diese »multi-kulturellen« Tendenzen und Aktivitäten bereichern das Bild, rufen aber auch gewisse Spannungen, z. B. zwischen unterschiedlichen ausländischen Gruppen wie Kurden und Türken, eher »fundamentalistischen« Islam-Anhängern, usw., aber auch Reaktionen der einheimischen Bevölkerung bis hin zu rechtsradikalen Ausschreitungen bei »Skinheads« u. ä. hervor. Dies gilt z. T. aber auch für in der Vergangenheit stärker rechtsextrem geprägte kleinbürgerlich-protestantische Milieus wie z. B. in Wölfersheim, Grünberg, Neustadt usw., die auch heute noch nicht unerhebliche Minderheiten von NPD-Anhängern bzw. »Republikanern« u. ä. Organisationen aufweisen.

Parteipolitisch sind in den Großstadt- und Universitätsmilieus eine starke Zunahme der »GRÜNEN«, zeitweise aber auch von linksextremen Gruppen, insgesamt aber große Fluktuationen und tendenziell eher eine Abwendung von den »etablierten« Parteien und konventionellen Politikformen überhaupt festzustellen. Dies gilt insbesondere für ein Dienstleistungszentrum wie Frankfurt, z. T. aber auch für das übrige Rhein-Main-Gebiet und Teile Südhessens.[24]

Die Wahlbeteiligung, als einem zentralen Indikator für konventionelle Partizipation, die nach dem Kriege lange Zeit relativ konstant bei Bundestagswahlen bei um die 90 % und bei Landtagswahlen deutlich über 80 % gelegen hatte,[25] ist in den 1990er Jahren um jeweils ca. 10 % abgesunken. Auch diese Zahlen weisen daher, ähnlich wie die rückläufige »Demokratiezufriedenheit« (s. o.), auf ein angesichts höherer dauerhafter Arbeitslosigkeit, der andauernden öffentlichen Finanzkrise und der Reduzierung sozialstaatlicher Sicherungsmechanismen auf ein größeres Krisenpotential und zumindest eine gewisse Abkehr von den »etablierten« Parteien und Institutionen hin.[26]

Eine solche stärkere »Parteienverdrossenheit« ist aber nicht mit einer allgemeinen »Politik-« oder gar »Demokratieverdrossenheit« gleichzusetzen. Im Gegenteil, auch in der hessischen Bürgergesellschaft bestehen heute sehr vielfältige Mitwirkungs- und Beteiligungsformen, die sich eher auf Eigeninitiative, Kleingruppen, usw. stützen und häufig weitgehend außerhalb hergebrachter staatlicher Strukturen und Versorgungseinrichtungen agieren. In diesem Sinne ist trotz mancher auch zu verzeichnender negativer Tendenzen eher eine Veränderung der Demokratie in Richtung auf eine stärkere »Unterfütterung« durch breite zivilgesellschaftliche Formen als eine grundlegende Abkehr von ihr zu erwarten. Diesen gesellschaftlichen und politischen Strömungen muß aber auch durch entsprechende institutionelle und Verwaltungsreformen verstärkt Rechnung getragen werden. Deregulierung, Dezentralisierung, »bürgernahe Verwaltung« usw. sind Stichworte, die diese Richtung markieren.[27]

Schlußfolgerungen

Hessen weist so, im Sinne der eingangs angeführten Begriffsbestimmungen, eine relativ gefestigte, mehr oder minder selbstverständlich gewordene landespolitische Identität auf, die aber kaum Anlaß zu ausschließenden Abgrenzungen aggressiverer Art nach innen oder außen bietet. Auch die politisch-kulturelle Verankerung von demokratischen Prinzipien und Verhaltensweisen hat mittlerweile eine breite und nur in extremeren, aber deutlich minoritären Teilbereichen zu problematisierende Basis gefunden. Im Gefüge der (alten) Bundesrepublik insgesamt nimmt Hessen so einen verhältnismäßig repräsentativen, aber weitgehend unspektakulären Platz ein. Die im Sternbergerschen Begriff des Verfassungspatriotismus proklamierte Symbiose von gemeinschaftsstiftenden und demokratietragenden Elementen kann daher für Hessen als weitgehend geglückt, wenn auch sicher nie völlig spannungsfrei, angesehen werden.

Ebenso hat sich in Hessen, wie vielfältige Ausdrucksformen und Belege zeigen, eine breit gefächerte »Bürgergesellschaft« und demokratiefördernde Staatsbürgerkultur entwickelt. Diese schließt heute in Teilbereichen auch gewisse »alternative« und »multi-kulturelle« Erscheinungsformen ein, die insgesamt eine politisch-kulturelle Differenzierung unter Herausbildung weitgehend toleranter Formen des Neben- und Miteinander bewirkt haben. Ein solches Urteil soll aber nicht beschönigend sein, sondern setzt auf weiter wirksame und notwendige (!) integrative Reform- und Anpassungskräfte. Demokratie ist ja nie ein Endzustand, sondern ein fortdauernder, auf effektiven Rückkopplungsmechanismen und »zentripetalen«, aber auch zukunftsgerichteten Kräften beruhender Prozeß. Solche Entwicklungen bleiben immer konfliktreich und spannungsgeladen, wie auch die jüngeren Tendenzen angesichts schwieriger gewordener wirtschaftlicher Verhältnisse, aber auch bundes-, europa- und letztlich weltpolitischer Veränderungen wieder deutlich machen. Diese weisen aber weit über die trotz allem weitgehend als relativ zufriedenstellend empfundenen Lebensverhältnisse des Hessenlandes hinaus.

Anmerkungen:

1 Vgl. grundlegend hierzu Gabriel A. Almond u. Sidney Verba, The Civic Culture, Princeton 1963.

2 So lautete zunächst der Titel eines Leitartikels von ihm in der Frankfurter Allgemeinen Zeitung vom 23. 5. 1979. Dieselbe Überschrift gab er seiner Festrede anläßlich des 25-jährigen Bestehens der Akademie für Politische Bildung in Tutzing im bayerischen Landtag 1982, u. a. abgedruckt in: Sternberger, Verfassungspatriotismus, Schriften Bd. X, Frankfurt/M. 1990, S. 17-31.

3 Richard von Weizsäcker, »Nachdenken über Patriotismus«, in: Bulletin des Presse- und Informationsamtes der Bundesregierung, Nr. 119, 11. 11. 1987, S. 1021-1024.

4 So in seiner Stellungnahme zum »Historikerstreit« in: DIE ZEIT vom 11.7.1986 und später im Kapitel über »Staatsbürgerschaft und nationale Identität« in ders., Faktizität und Geltung, Frankfurt 1992, S. 632-660.

5 Vgl. Günter C. Behrmann und Siegfried Schiele (Hrsg.), Verfassungspatriotismus als Ziel politischer Bildung?, Schwalbach/Ts. 1993.

6 Vgl. a. Dirk Berg-Schlosser und Jakob Schissler (Hrsg.), Politische Kultur in Deutschland - Bilanz und Perspektiven der Forschung, PVS-Sonderheft 18, Opladen 1987 und Dirk Berg-Schlosser und Ralf Rytlewski (Hrsg.), Political Culture in Germany, London 1993.

7 Habermas 1986, a. a. O.

8 Vgl. a. Dirk Berg-Schlosser, »Entwicklung der Politischen Kultur in der Bundesrepublik Deutschland«, in: Aus Politik und Zeitgeschichte, Beilage zur Wochenzeitung Das Parlament vom 9.2.1990, S. 29-46.

9 Vgl. z. B. John Keane (Hrsg.), Civil Society and the State, London 1988.

10 Zur allgemeinen Demokratietheorie vgl. z. B. Robert A. Dahl, Democracy and its Critics, New Haven, 1989; Giovanni Sartori, Demokratietheorie, Darmstadt 1992; Manfred G. Schmidt, Demokratietheorien, Opladen 1995.

11 Almond und Verba, a. a. O.

12 So z. B.a. der Befund von Kenneth L. Baker et al., Germany Transformed, Cambridge/Mass. 1981.

13 Vgl.a. Samuel Barnes, Max Kaase et al., Political Action - Mass Participation in Five Western Democracies, Beverly Hills 1979.
14 Vgl. z. B. Karl Rohe, »Politische Kultur und der kulturelle Aspekt von politischer Wirklichkeit«, in: Berg-Schlosser/Schissler, a. a. O., S. 39-48.
15 Vgl. z. B. Theo Schiller und Thomas von Winter, »Hessen«, in: Falk Esche u. Jürgen Hartmann (Hrsg.), Handbuch der deutschen Bundesländer, Frankfurt 1990. S. 237-273.
16 Vgl.a. Dirk Berg-Schlosser, Alexander Fack, Thomas Noetzel (Hrsg.), Parteien und Wahlen in Hessen 1946-1994, Marburg 1994.
17 Vgl. Herbert Lilge, Hessen in Geschichte und Gegenwart, Wiesbaden 1979.
18 Vgl. Wolf-Heino Struck, »Zur ideenpolitischen Vorbereitung des Bundeslandes Hessen seit dem 19. Jahrhundert«, in: Jakob Schissler (Hrsg.), Politische Kultur und politisches System in Hessen, Frankfurt 1981, S. 45-92.
19 Vgl. Hans Karl Rupp, »Die SPD-Staatspartei und demokratische Bewegungspartei«, in: Berg-Schlosser/Fack/Noetzel, a. a. O., S. 79-108.
20 Konrad Schacht, »Politische Kultur und Bürgerbewußtsein in Hessen«, in: Schissler, a. a. O., S. 183-204.
21 Ebd., S. 187.
22 Schissler, a. a. O., S. 35
23 Vgl. M. Rainer Lepsius, »Parteiensystem und Sozialstruktur - Zum Problem der Demokratisierung der deutschen Gesellschaft«, in: Wilhelm Abel (Hrsg.), Wirtschaft, Geschichte und Wirtschaftsgeschichte, Stuttgart 1966, S. 56-80.
24 Vgl. Konrad Schacht, Wahlentscheidung im Dienstleistungszentrum, Opladen 1986.
25 Berg-Schlosser/Fack/Noetzel, a. a. O., Tabellen S. 304 und 306.
26 Vgl. Richard Meng, »Abgekoppelt, aber doch stabil«, in: Bernd Heidenreich und Konrad Schacht (Hrsg.), Hessen-Wahlen und Politik, Wiesbaden 1996, S. 290-312.
27 Vgl.a. Jörg Bogumil u. Leo Kißler (Hrsg.), Verwaltungsmodernisierung und lokale Demokratie, Baden Baden 1997.

Die Autorinnen und Autoren

Professor Dr. Helmut Berding, geb. 1930 in Quakenbrück, Studium in Göttingen und Köln. 1966 Promotion, danach Wissenschaftlicher Mitarbeiter und Stipendiat der Deutschen Forschungsgemeinschaft. 1972 Habilitation für Mittlere und Neuere Geschichte in Köln. Seit 1972 Professor für Neuere Geschichte an der Justus-Liebig-Universität Gießen. Gastprofessor in Paris. Träger der Hedwig-Buchheim-Medaille. Veröffentlichungen u. a.: Rationalismus und Mythos (1969), Napoleonische Herrschafts- und Gesellschaftspolitik (1973), Moderner Antisemitismus in Deutschland (1988), Aufklären durch Geschichte (1990).

Professor Dr. oec. publ., Dr. phil. habil. Dirk Berg-Schlosser, Ph.D./UC Berkeley, geb. 1943; seit 1985 Professor für Politikwissenschaft an der Philipps-Universität Marburg.
Veröffentlichungen u. a.: Politische Kultur, München 1972; Die politischen Probleme der Dritten Welt, Hamburg 1972; (mit Theo Stammen) Einführung in die Politikwissenschaft, München 1995⁶; (Hrsg. zus. mit Ferdinand Müller-Rommel) Vergleichende Politikwissenschaft, Opladen 1997³; (Hrsg. zus. mit Jakob Schissler) Politische Kultur in Deutschland, Opladen 1987; (zus. mit Rainer Siegler) Politische Stabilität und Entwicklung, München 1988; (Hrsg. mit Ralf Rytlewski, Political Culture in Germany, London 1993; (Hrsg. mit Alexander Fack u. Thomas Noetzel) Parteien und Wahlen in Hessen 1945–1994, Marburg 1994.

Klaus Böhme, geb. 1948 in Bickenbach/Bergstraße, ist Direktor der Hessischen Landeszentrale für politische Bildung.

Professor Dr. Hartwig Brandt, geboren 1936 - Promotion 1966 - Habilitation 1976 - Professor für Neuere Geschichte in Marburg, seit 1995 in Wuppertal. Buchveröffentlichungen: Landständische Repräsentation im deutschen Vormärz (1968); Restauration und Frühliberalismus (1979); Parlamentarismus in Württemberg (1987); Umwege in die demokratische Moderne. Deutsche Verfassungsgeschichte in zwei Jahrhunderten (im Druck).

Dr. phil. Helma Brunck, geb. 14. 10. 1952 in Würzburg, Historikerin, Frankfurt a. M. Studium der Rechts- und Geschichtswissenschaften u. Altphilologie (Latein), 1981 M. A. Universität Frankfurt, 1996 Promotion Universität Mainz. Bisher tätig in Archiven (u. a. Universitätsarchiv Frankfurt a. M., Stadtarchiv Hofheim a. T.) und Museen (Historisches Museum Frankfurt u. a.), seit 1990 freie Mitarbeiterin im Bereich der politischen Bildung. Veröffentlichungen u. a zur Studentengeschichte (Studentenkorporationen, Deutsche Burschenschaft), zur Geschichte Hessens im 19./20. Jh. und zur Frankfurter Stadtgeschichte (Kulturgeschichte des Äpfelweins, »500 Jahre Fechtmeister in Deutschland«, Polytechn. Gesellschaft - gegr. 1816 - u. a.).

Dr. jur. Dipl. Dolm. Barbara Dölemeyer, geb. 1946, Wissenschaftliche Mitarbeiterin am Max-Planck-Institut für europäische Rechtsgeschichte, Frankfurt a. M., und Honorarprofessorin für Rechtsgeschichte an der Justus-Liebig-Universität Gießen. Forschungsschwerpunkte: Europäische Gesetzgebungsgeschichte; Juristen-Biographien; Geschichte der Gerichtsorganisation und Jurisdiktion. Veröffentlichungen: Frankfurter Juristen im 17. und 18. Jh. (1993); Repertorium ungedruckter Quellen zur Rechtsprechung - Deutschland 1800-1945 (Hg.) (1995); Beiträge zur hessischen Landesgeschichte.

Dr. phil. Peter Fleck, geboren 1949, Geschäftsführer der Hessischen Historischen Kommission Darmstadt und des Historischen Vereins für Hessen, Lehrbeauftragter für hessische Bildungs- und Schulgeschichte an der Johann Wolfgang Goethe-Universität Frankfurt/Main. Veröffentlichungen zur hessischen Landes- und Bildungsgeschichte.

Professor Dr. phil. Eckhart G. Franz, Ltd. Archivdirektor a. D., geb. 1931 in Marburg, nach Geschichtsstudium in Heidelberg, Portland/Ore., Freiburg/Breisgau und Köln und wiss. Archivarsausbildung ab 1959 Archivrat am Hess. Staatsarchiv Marburg, 1971–1996 Direktor des Hess. Staatsarchivs Darmstadt, Vorsitzender der Hessischen Historischen Kommission Darmstadt und des Historischen Vereins für Hessen.
Autor und Herausgeber zahlreicher Arbeiten zur hessischen Geschichte, u. a.: Darmstadts Geschichte (1980), Juden als Darmstädter Bürger (1984), Der Staat der Großherzöge von Hessen und bei Rhein 1806–1918 (in: Das Werden Hessens, 1986), Parlament im Kampf um die Demokratie. Der Landtag des Volksstaats Hessen 1919–33 (mit M. Köhler, 1991), Die Chronik Hessens (1991), Der Landtag des Großherzogtums Hessen 1820–1848 (mit P. Fleck, 1997).

Dr. Rolf Groß, geb. 1934 in Bensheim/Bergstraße. Studium der Rechtswissenschaft 1953–56. Wissenschaftlicher Mitarbeiter der juristischen Fakultät der Universität Frankfurt am Main und Rechtsreferendariat 1956–1960. Promotion 1958. Referent im Hessischen Justizministerium 1961–1980. Stellvertretender Leiter der Bundesstaatsabteilung und Medienreferent der Hessischen Staatskanzlei 1980–85. Seit 1985 Leiter der Zentralabteilung des Hessischen Ministeriums für Wirtschaft, Verkehr und Technik.

Dr. Ewald Grothe, 1981–1988 Studium der Geschichtswissenschaften, des Öffentlichen Rechts und der Rechtsgeschichte an der Philipps-Universität Marburg/Lahn, 1988 Magisterexamen, 1994 Promotion, 1993–1995 Wiss. Mitarbeiter an der Forschungsstelle Georg Büchner in Marburg, seit 1995 Wiss. Assistent am Historischen Seminar der Bergischen Universität – Gesamthochschule Wuppertal. Veröffentlichungen: Verfassungsgebung und Verfassungskonflikt. Das Kurfürstentum Hessen in der ersten Ära Hassenpflug 1830–1837. Berlin 1996; zus. mit Hellmut Seier (Bearb.): Akten und Briefe aus den Anfängen der kurhessischen Verfassungszeit 1830–1837. Hg. u. eingel. v. Hellmut Seier. Marburg 1992.

Dr. Bernd Heidenreich, geb. 1955 in Frankfurt am Main, ist Ständiger Vertreter des Direktors der Hessischen Landeszentrale für politische Bildung.

Professor Dr. phil. Wolfgang Klötzer, geboren am 8. 4. 1925 in Wiesbaden-Biebrich, 1946–1951 Studium in Mainz, 1951–1954 Hessisches Hauptstaatsarchiv Wiesbaden bzw. Archivschule Marburg, 1954–1960 Bundesarchiv Außenstelle Frankfurt am Main, 1960–1990 Stadtarchiv Frankfurt am Main, seitdem Ltd. Stadtarchivdirektor i. R. – Honorarprofessor an der Universität Frankfurt am Main, Mitglied zahlreicher Kommissionen und Vereinigungen. Herausgeber des »Archivs für Frankfurter Geschichte und Kunst«, der »Studien zur Frankfurter Geschichte« und des »Frankfurt-Archivs«. Zahlreiche Veröffentlichungen zur Stadtgeschichte, Landesgeschichte, Geschichte der deutschen Einheits- und Befreiungsbewegung und zur Archivwissenschaft in den Verlagen.

Dr. Manfred Köhler, geboren 1. 9. 1941 in Leer (Ostfriesland), lebt seit 1970 in Frankfurt: Historiker, Politologe, Pädagoge, Journalist: seit 1985 ständiger Mitarbeiter mehrerer hessischer historischer und politischer Zeitschriften; 1986–1988 Forschungsauftrag zur Geschichte des Parlamentarismus in Hessen während der Weimarer Zeit; seit 1989 Mitarbeiter den Hessischen und des Süddeutschen Rundfunks; seit 1990 Lehraufträge an der Fachhochschule für Sozialpädagogik in Frankfurt sowie an der Technischen Hochschule Darmstadt; seit 1994 Forschungsauftrag zur Geschichte der Revolution von 1848/49 in Hessen; Veröffentlichungen zur Geschichte der demokratischen Bewegung den Vormärz und der Revolution von 1848/1849, zur deutschen Emigration nach 1849 in die USA, zur Arbeiterbewegung, zum Ende der Weimarer Republik und zum antifaschistischen Widerstand sowie zur deutschen und französischen Geschichtsschreibung.

Professor Dr. Klaus Lange, geb. 1939. Habilitation für »Öffentliches Recht« an der Universität Göttingen 1972. 1975–1978 Wissenschaftlicher Rat und Professor für Öffentliches Recht an der Ruhr-Universität Bochum. Seit 1978 Professor für Öffentliches Recht und Verwaltungslehre an der Justus-Liebig-Universität Gießen. Seit 1984 Mitglied, seit 1996 Präsident des Staatsgerichtshofes des Landes Hessen. 1989–1991 Vizepräsident der Universität Gießen. Wichtige Veröffentlichungen: Die Organisation der Region, 1968; Verkehr und öffentliches Recht, 1974; Möglichkeiten und Grenzen gemeindlicher Wirtschaftsförderung, 1981; Die Grundsätze zur Entsorgungsvorsorge für Kernkraftwerke, 1990; Das Weisungsrecht des Bundes in der atomrechtlichen Auftragsverwaltung, 1990; Kommunale Frauenbeauftragte, 1993; Fehler und Fehlerfolgen im atomrechtlichen Genehmigungsverfahren, 1994; Gesamtverantwortung statt Aufgabenparzellierung im Umweltrecht, 1997 (Hrsg. und Mitautor); Die öffentlichrechtliche Anstalt, VVDStRL 44, 1986, S. 169–204; zahlreiche weitere Buch- und Zeitschriftenbeiträge.

Dr. Gerhard Menk, geboren 1946; Studium in Frankfurt a. M., Genf, Wien, 1975 Promotion an der J. W. Goethe-Universität Frankfurt a. M.; 1977 Zweites, archivisches Staatsexamen; seitdem Archivar am Hess. Staatsarchiv Marburg; seit 1986 Lehrauftrag an der Justus-Liebig-Universität Gießen: Publikationen zur Ideen- und Verfassungs-, Wissenschafts- und zur hessischen Landesgeschichte.

Professor Dr. Marie-Luise Recker, Studium der Geschichte und der Romanistik an den Universitäten Münster und Oxford, 1974 Promotion mit einer Arbeit zur britischen Außenpolitik in den 1920er Jahren, 1983 Habilitation mit einer Darstellung zur nationalsozialistischen Sozialpolitik, 1984–1989 Professorin an der Universität Münster, seit 1990 Professorin für Neueste Geschichte an der Universität Frankfurt am Main. Publikationen: England und der Donauraum 1919–1929. Probleme einer europäischen Nachkriegsordnung, Stuttgart 1976. Nationalsozialistische Sozialpolitik im Zweiten Weltkrieg, München 1985. Die Außenpolitik des Dritten Reiches 1933–1945, München 1990. Sammelbände und Aufsätze zur britischen Außenpolitik und zu den deutsch-britischen Beziehungen, zur Innen- und Außenpolitik des Dritten Reiches sowie zum politischen System der Bundesrepublik Deutschland.

Lothar Scholz, Jahrgang 1949, wohnhaft in Rödermark, Hessen, Lehramtsstudium, Lehrer an einer Integrierten Gesamtschule, Rektor als Ausbildungsleiter, Pädagogischer Mitarbeiter im Hessischen Institut für Lehrerfortbildung, z. Zt. mit der Leitung der Regionalstelle Jugenheim im Pädagogischen Institut Starkenburg (Hessisches Landesinstitut für Pädagogik) beauftragt. Veröffentlichungen: Arbeitsplatz Hessischer Landtag, Leseheft, Lehrerhandreichung, Unterrichtseinheit (Universum Wiesbaden); Wir in unserer Schule, Unterrichtseinheit RAABits, (Raabe, Stuttgart); Superwahljahr 1994, Aktivierende Arbeitsblätter (WirtschaftsSpiegel, Stuttgart); Grundgesetz für Einsteiger, Arbeitsmappe (Bundeszentrale für politische Bildung, Bonn); Hessische Verfassung für Einsteiger, Arbeitsmappe (Hessische Landeszentrale für politische Bildung, Wiesbaden); Wählen mit 16?, Unterrichtsbaustein: Streitgespräch (Praxis Politik, Diesterweg, Frankfurt). Mitautor bei dem computergestützten Planspiel Kommstedt Demokratie (Bundeszentrale für politische Bildung, Bonn), Unterrichtsmaterialien zu Themen der Gesellschaftslehre (HILF, Fuldatal); Aufsätze zu Methoden in der Politischen Bildung (PRAXIS SCHULE, Stuttgart).

Dr. phil. Winfried Schüler, geb. 1934 in Rüdesheim/Rh., Studium der Geschichte und Germanistik in Würzburg, Freiburg und Münster, Wiss. Assistent, 1968–1970 archivarische Fachausbildung, seit 1970 Archivar an den Staatsarchiven Marburg und Wiesbaden, seit 1996 Direktor des Hessischen Hauptstaatsarchivs.

Professor Dr. Friedrich von Zezschwitz, geb. 5. Januar 1935 in Königsberg, Rechtswissenschaftliche Staatsexamen in Hessen, Promotion in Marburg mit einer Arbeit zum »Gemeinwohl als Rechtsbegriff«, Habilitation in Mainz für Öffentliches Recht und Steuerrecht mit dem Thema »Eigentum und Steuer«. Seit 1973 Universitätsprofessor an der Justus-Liebig-Universität zu Gießen und seit 1978 Richter am Hessischen Verwaltungsgerichtshof in Kassel. Herausgeber und Mitverfasser des von Zinn-Stein begründeten Kommentars zur Hessischen Verfassung.